BEN ANSELL

WARUM POLITIK SO OFT VERSAGT

BEN ANSELL

WARUM POLITIK SO OFT VERSAGT

UND WARUM DAS BESSER WIRD, WENN WIR UNSEREN EGOISMUS ÜBERWINDEN

*Aus dem Englischen
von Gisela Fichtl*

Siedler

Penguin Random House Verlagsgruppe FSC® N001967

1. Auflage
Copyright © Ben Ansell 2023
Copyright © der deutschsprachigen Ausgabe 2024
Siedler Verlag, München,
in der Penguin Random House Verlagsgruppe GmbH,
Neumarkter Straße 28, 81673 München

Redaktion: Fabian Bergmann
Umschlaggestaltung: Büro Jorge Schmidt, München
Satz: satz-bau Leingärtner, Nabburg
Druck und Bindung: GGP Media GmbH, Pößneck
Printed in Germany
ISBN 978-3-8275-0185-1
www.siedler-verlag.de

Meinen Eltern

INHALT

EINLEITUNG: EINFACHE PROBLEME –
DOCH FÜR DIE POLITIK UNLÖSBAR

Die Schlagzeile in der *New York Times* kam einem Paukenschlag gleich: »Höhere Kohlendioxidbelastung wohl Grund für die Klimaerwärmung«. Der Autor, Waldemar Kaempffert, stellte eine Theorie vor, die bereits 1861 entwickelt worden war, aber erst jetzt wieder aufgegriffen wurde: Die Kohlendioxidemissionen durch den Menschen könnten die Erdatmosphäre dauerhaft aufheizen.

Kaempffert betonte, dass schon ein scheinbar geringer CO_2-Anstieg schwere Konsequenzen haben könnte, wenn »die Polarregionen in tropische Wüsten und Dschungel verwandelt werden, in denen Tiger umherstreifen und farbenprächtige Papageien in den Bäumen krächzen«. Einmal abgesehen von der blumigen Schilderung vertraten die Wissenschaftler, mit denen Kaempffert gesprochen hatte, die Ansicht, dass der Anstieg der globalen Temperaturen in den »letzten sechzig Jahren« auf »die Erhöhung des Kohlendioxidgehalts in der Atmosphäre um 30 Prozent durch den Menschen« zurückzuführen sei, »das bedeutet einen Anstieg um 1,1 Grad Celsius pro Jahrhundert«.

Dieser weitsichtige Artikel erschien in der *Times* vom 28. Oktober 1956. Die »letzten sechzig Jahre« globaler Erwärmung, von denen Kaempffert hier sprach, waren die Zeit seit Beginn des 20. Jahrhunderts. Die wissenschaftlichen Erkenntnisse, auf denen diese Vorhersagen beruhten, waren bereits an die hundert Jahre alt.

Mehr als wiederum sechzig Jahre später empfinden wir die Warnungen als deutlich realer. Die globalen Temperaturen sind um ein weiteres Grad angestiegen. Und der Wandel beschleunigt sich. Das derzeit optimistischste Szenario geht von weiteren 1,5 Grad Celsius aus, was die Aussicht auf krächzende Papageien in der Arktis durchaus näher rücken lässt. Wahrscheinlicher aber sind Wüstenbildungen in großen Teilen Südeuropas, Indiens und Mexikos sowie lokal auftretende Überschwemmungen und Milliarden von Menschen auf der Flucht.

In den späten 1950er-Jahren war sich die Wissenschaft noch nicht sicher, was den globalen Temperaturanstieg hervorrief (und ob überhaupt bewiesen werden konnte, dass die Temperaturen stiegen). Inzwischen können wir uns, trotz der Einwände von Klimawandelskeptikern, nicht mehr darauf hinausreden, dass wir nicht wüssten, was passiert. Die Debatte hat sich längst von der Frage, ob die Menschen für den Klimawandel verantwortlich sind, auf die Frage verlagert, was – wenn überhaupt – wir dagegen tun können. Das ist ein gewisser Fortschritt, der jedoch eine entscheidende Frage aufwirft. Wenn die Katastrophe jetzt auf uns zurollt, was in aller Welt haben wir eigentlich die letzten siebzig Jahre getrieben?

Der Klimawandel ist ein einfaches Problem, aber politisch unmöglich zu lösen. Mit »einfach« meine ich, dass der Weg von A nach B – Kohlendioxidemissionen führen zum Aufheizen der Erdatmosphäre – direkt und klar nachvollziehbar ist. Die Reduktion – oder gar die Beseitigung – von Kohlendioxid ist die offensichtliche Lösung. Wir verstehen die wissenschaftlichen Zusammenhänge. Hingegen verstehen wir nicht, wie wir jemanden dazu bringen können, etwas gegen den Klimawandel zu unternehmen, obwohl er uns doch alle betrifft. Warum waren wir so passiv, obwohl wir seit Jahrzehnten wissen, dass er eine fundamentale Bedrohung für die Menschheit darstellt?

Kohlendioxid ist ein globales Problem, die Politik aber agiert hoffnungslos in einer Weise, die jeweils nur das eigene Land im Blick hat. Wenn ich mehr Verschmutzungen erzeuge, bleiben die Emissionen nicht innerhalb meiner nationalen Grenzen. Sie werden auch für die anderen zum Problem. Und umgekehrt. Doch wenn ich nur ein kleines Land bin, werden meine Verschmutzungen schon nicht allzu viel Schaden anrichten – allein kann ich das globale Klima ohnehin nicht verändern. Dies gilt natürlich nicht nur für mich – es gilt für die meisten anderen Länder. Wir alle machen lieber weiter wie bisher und hoffen, dass jemand anderes die Kosten für die CO_2-Reduktion schultert. Es gibt keine Weltregierung, die uns wirksam sanktionieren könnte. Also erhitzen wir in Ermangelung einer effektiven internationalen Vereinbarung weiter munter die Atmosphäre. Unsere Politik scheint nicht einmal mächtig genug zu sein, um auf eine existenzielle Bedrohung reagieren zu können.

Aber vielleicht ist sie es ja doch. Im Lauf der letzten Jahrzehnte, zumindest seit dem sogenannten Erdgipfel, der UN-Konferenz für Umwelt und Entwicklung in Rio 1992, gab es konzertierte politische Bemühungen, die uns aus unserer Untätigkeit wecken sollten. Sie waren allerdings nicht immer erfolgreich. Das Kyoto-Protokoll von 1997, das den reichen Ländern verbindliche Ziele setzte, wurde entweder nicht mitunterzeichnet (USA), war doch nicht verbindlich (China) oder wurde ausgesetzt (Kanada). Die UN-Klimakonferenz in Kopenhagen, ein Versuch, Kyoto wiederzubeleben, scheiterte 2009 kläglich. Doch das Pariser Klimaabkommen von 2015 schien weitgehend gelungen zu sein, trotz des vorübergehenden Austritts der Vereinigten Staaten durch die Trump-Regierung. Sein Erfolg ist das Ergebnis seiner Flexibilität, von absichtlich vagen Formulierungen und der

Verschiebung von Entscheidungen in die Zukunft. Auch wenn dies alles andere als perfekt ist, so zeigt es doch, dass Politik nicht notwendig versagt.

Der Klimawandel konfrontiert uns mit fünf zentralen politischen Herausforderungen. Er stellt unsere Vorstellung von *Demokratie* infrage: Bringen wir wirklich einen stabilen globalen Konsens zustande, wie wir die Emissionen senken können, der nicht ins Chaos führt oder polarisiert?

Dabei stellen sich fundamentale Fragen über *Gleichheit*: Sollten reichere Länder mehr zur Lösung des Klimawandels beitragen, und hat jedes Land das gleiche »Recht«, Verschmutzungen zu erzeugen?

Der Klimawandel zwingt uns auch, uns den Fragen über globale *Solidarität* zu stellen: Was schulden die Menschen in den entwickelten Ländern den Menschen in ärmeren Ländern; sind wir bereit, jene, deren Küstenorte oder Strandgrundstücke durch steigende Meeresspiegel bedroht sind, aus ihrer ausweglosen Situation zu befreien?

Möglicherweise berührt das wiederum die internationale *Sicherheit*: Wie bewältigen wir den Massenexodus von Klimaflüchtlingen; wie setzen wir ohne internationale Strafverfolgung und Rechtssysteme internationale Klimagesetze durch?

Und vor allem gefährdet der Klimawandel unser aller *Wohlstand*: Riskieren wir Dürren, Hungersnöte und Verschmutzung, indem wir die Umwelt für kurzfristige Gewinne ausbeuten, und setzen wir darüber hinaus nicht langfristig unsere Überlebensfähigkeit auf unserem ziemlich einsamen Sonnentrabanten aufs Spiel?

Dies sind existenzielle politische Probleme. Neu sind sie nicht. Seit Jahrtausenden kämpfen wir als Spezies darum, die kollektiven Ziele Demokratie, Gleichheit, Solidarität, Sicherheit und

Wohlstand zu erreichen. Und es stehen uns jenseits des Klimawandels weitere große Herausforderungen bevor: von Armut über Polarisierung bis hin zu Pandemien. Wir brauchen Lösungen. Politik ist nicht vollkommen, aber sie könnte unsere letzte Hoffnung sein, eine gemeinsame Basis zu finden.

Eine gemeinsame Basis

Politik. Ein heikler Begriff. Manche verbinden damit abstoßende, korrupte Machenschaften von Politikerinnen und Politikern. Für andere beschwört er Chancen herauf – die Möglichkeit, gemeinsam etwas zu erreichen, was niemand von uns allein bewerkstelligen kann. Oder vielleicht stimmt beides. Politik bedeutet zunächst einmal die Art, wie wir kollektive Entscheidungen treffen. Die Art, wie wir in einer unsicheren Welt gegenseitige Verpflichtungen eingehen. Und Politik ist für die Lösung unserer Dilemmata von Klimawandel bis Bürgerkrieg, von globaler Armut bis zur Corona-Pandemie von wesentlicher Bedeutung.

Doch Politik ist ein zweischneidiges Schwert: Sie verspricht nicht nur, unsere Probleme zu lösen, sie schafft auch neue. Wir brauchen sie, aber oft verabscheuen wir sie auch. Wir suchen nach Alternativen: leistungsfähigen Märkten, technologischem Fortschritt, starken oder moralisch integren Führungspersönlichkeiten, die etwas bewirken können. Doch ohne Politik sind sie falsche Götter, denn jede technologische Sofortlösung, jeder perfekt gestaltete Markt, jede rechtschaffene Führungspersönlichkeit, die »für das Volk« spricht, wird auf uns Menschen und unsere Neigung zu Uneinigkeit, Widerspruch und Fehlverhalten treffen.

Politik ist die Art und Weise, wie wir mit den unausbleiblichen Meinungsverschiedenheiten umgehen. Wir können Politik nicht vermeiden oder sie uns wegwünschen. Wahlen haben Gewinner und damit auch Verlierer. In einer ungleichen Welt müssen manche Menschen mehr Geld aufbringen als andere. Über eine Polizei und Armeen zu verfügen, die uns schützen, wirft die simple Frage auf, wer uns vor ihnen schützt. Wenn wir versuchen, die Politik in einem Bereich außen vor zu lassen, taucht sie anderswo wieder auf – sie ist stets präsent und widersteht dem Versuch, sie zu ignorieren oder zu verdrängen –, drückt man die Zahnpasta in der Tube an einer Stelle weg, quillt sie bekanntlich an anderer wieder hervor. Ob man Politik verabscheut oder wertschätzt, wir sind auf sie angewiesen, wenn wir außerhalb unserer eigenen kleinen Welt etwas erreichen wollen.

Gibt es etwas, das wir beide wollen, Sie und ich, trotz aller offensichtlichen Differenzen? Die meisten Menschen sind sich – egal, wie gegensätzlich wir oberflächlich betrachtet zu sein scheinen – in einigen Dingen einig. Tatsächlich sind es fünf. Fünf Dinge, die bei der Bewältigung unserer existenziellen Herausforderungen wie dem Klimawandel eine zentrale Rolle spielen. Fünf Dinge, die auch eine Reihe von Fallen bereithalten, die wir vermeiden müssen. Schauen wir sie uns einmal genauer an.

Demokratie

Ein umstrittenes Modell, keine Frage. Betrachten wir sie als das Recht und die Möglichkeit einer breiten Öffentlichkeit, ihre Führung zu wählen und sie wieder abzusetzen. Nur etwa die Hälfte der Weltbevölkerung lebt derzeit in Ländern, die grob gefasst »demokratisch« sind. Dennoch ist die Idee für viel mehr Menschen attraktiv, unter anderem für jene, die in autoritär geführten Staaten ausharren müssen. 86 Prozent der Menschen glauben nach dem *World Values Survey*, einer globalen Werteerhebung in demokratischen und nicht demokratischen Ländern, dass Demokratien entweder eine »sehr« oder eine »ziemlich« gute Regierungsform sind. Auch 90 Prozent der Menschen in China, Äthiopien, Iran und Tadschikistan stimmen einer der beiden Aussagen zu. Tatsächlich erweist sich die Demokratie in diesen vier autoritär geführten Ländern sogar als beliebter als in den Vereinigten Staaten. Vielleicht meinen die Menschen dort etwas anderes, wenn sie von Demokratie sprechen, und die Skepsis ist größer, wenn man in einer solchen lebt. Doch die Herrschaft des Volkes durch das Volk, vielleicht sogar für das Volk, bleibt eine verlockende Vorstellung.

Dennoch war das letzte Jahrzehnt für Demokratien unerfreulich. Die »dritte Welle« demokratischer Umbrüche, die Mitte der 1970er-Jahre begann und in den frühen 1990ern die meisten kommunistischen Regime hinwegspülte, verebbte Anfang des 21. Jahrhunderts oder verkehrte sich sogar ins Gegenteil. Autoritäre Kräfte von Russland bis China ließen im militärischen Bereich vermehrt ihre Muskeln spielen. Die »Heimstätten« der Demokratie von Griechenland über Großbritannien bis hin zu den Vereinigten Staaten gerieten durch umstrittene Referenden, Erfolge populistischer Parteien und Angriffe auf die Mainstream-Medien, Behörden und die Wissenschaft ins Trudeln.

Die Demokratie mag ein weitverbreitetes Ideal sein, doch sie steht eindeutig unter wachsendem Druck. Manchmal klagen wir über das Chaos und die mangelnde Entschlossenheit, wenn sich Demokratien scheinbar zu keiner Entscheidung durchringen können. Ein anderes Mal fürchten wir die Wut und das Gift politischer Polarisierung, wenn sich die Parteien gegenseitig beschimpfen. Dennoch bleibt die Demokratie trotz ihrer Mängel für die meisten von uns unentbehrlich. Herauszufinden, wie sie effektiv funktionieren kann, ist eine der zentralen Herausforderungen unserer Epoche.

Gleichheit

Wie schon der Begriff »Demokratie« bedeutet auch der Begriff »Gleichheit« für verschiedene Menschen Unterschiedliches. Im Kern jedoch geht es darum, dass jeder gleichbehandelt wird, ohne Ansehen der Person, unparteiisch und gerecht. Nur sehr wenige erklären offen, dass Menschen systematisch ungleich behandelt werden sollten, auch wenn in unseren Gesellschaften Rassismus und Sexismus noch immer grassieren. Doch Gleichheit reicht über eine gerechte Behandlung hinaus, sie beinhaltet auch Chancengleichheit und gerechte Lebensumstände. In diesem Bereich gibt es eine hitzigere öffentliche Debatte. Die gängige »Links-rechts-Politik« in den wohlhabenden Ländern dreht sich oft um die Frage, wie die Einkommen der Reichen besteuert und auf die weniger Vermögenden umverteilt werden sollen.

Sogar bei diesem Thema, das mag überraschen, herrscht ein breiter Konsens in der Bevölkerung. 2019 waren nur 7 Prozent der Bürger wohlhabender Länder nicht der Meinung, dass die »Einkommensunterschiede« in ihren Ländern zu groß seien. 70 Prozent wünschten sich mehr Engagement ihrer Regierung, um die Kluft zu schließen. Und davon stimmten traurigerweise wiederum 70 Prozent überein, dass sich die Politikerinnen und Politiker ihres Landes »nicht darum kümmerten«, die Einkommensunterschiede zu verringern. Es ist unwahrscheinlich, dass sich die meisten Menschen exakt gleiche Einkommen wünschen. Doch die Daten dieser Umfrage legen nahe, dass eine breite Unzufriedenheit über das Ausmaß der Ungleichheit herrscht, die wir in unserem Alltag wahrnehmen.

Ungleichheit mag also unbeliebt sein, doch konnte dies offensichtlich nicht verhindern, dass die Einkommen und Vermögen in der gesamten industrialisierten Welt immer weiter auseinanderklaffen. Wir leben in einem Zeitalter eines offensichtlichen Ungleichheitsparadoxons: Die globale Ungleichheit ist zurückgegangen, da Milliarden Menschen in China und Indien aus der Armut befreit wurden; in den wohlhabenden Ländern jedoch wächst die Ungleichheit seit den 1980er-Jahren dramatisch. Die Schließung von Fabriken und stagnierende Löhne in den reichen Ländern führten zu Reaktionen sowohl gegen wohlhabende urbane Regionen als auch gegen den Handel mit ärmeren Ländern. Die politischen Auswirkungen dieser Abwehrreaktion waren gravierend und stellten die bisherige Rechts-links-Politik in Amerika und Europa auf den Kopf, als Populisten, die »Globalisten« anprangerten, eine Wahl nach der anderen gewannen. Gleichheit, beziehungsweise ihr Fehlen, war wieder in den Mittelpunkt der Politik gerückt.

Solidarität

Niemand von uns ist vor Schicksalsschlägen gefeit. Wir können sterbenskrank werden oder morgen von einem Bus überfahren werden. Unser Berufsleben ist ebenfalls nur selten ein geradliniger Aufstieg von A (Hungerlohn) nach B (Reichtum). Manchmal haben wir Pech. Wir hoffen, dass uns andere, die gerade gute Zeiten erleben, helfen können, wenn wir am Boden liegen, so wie wir es auch umgekehrt tun würden. Das ist Solidarität: Unterstützung für die Mitbürgerinnen und Mitbürger, die eine schwere Zeit durchmachen. Häufig wird darum gestritten, wer Solidarität zeigen sollte und in welchem Ausmaß. Doch egal, ob sie vom Staat oder von der Kirche ausgeht, ob sie im eigenen Land oder bei den Ärmsten der Welt beginnt, Solidarität war immer schon ein weitverbreiteter menschlicher Impuls.

In den wohlhabenden Demokratien unserer Tage sind die populärsten politischen Maßnahmen solidarische – zugleich handelt es sich um die stark aufgeladenen Themen und heißen Eisen, mit denen man leicht politischen Selbstmord begeht, wenn man sie unvorsichtigerweise aufgreift: die Sozialversicherung in den Vereinigten Staaten etwa oder der Nationale Gesundheitsdienst, der in Großbritannien eine vermeintlich »heilige Kuh« ist. In den reichen Ländern glauben 95 Prozent der Menschen, dass der Staat für die Gesundheitsversorgung zuständig sein soll. Sogar in den USA, wo die Rolle der Behörden in der Gesundheitsversorgung, vorsichtig formuliert, lückenhaft ist, wünschen sich 85 Prozent, dass der Staat hier Verantwortung übernimmt.

Und manchmal erfahren wir globale Solidarität direkter, als wir uns hätten vorstellen können. Lange wurde weltweite Gesundheitsversorgung als eher abseitiges Thema empfunden: etwas, das die Menschen »da draußen« betraf – die Zielgruppen für Entwicklungshilfe und internationale Hilfsorganisationen, aber nichts, was bei uns wirklich existenzielle Sorgen verursacht hätte. Die Corona-Pandemie hat die Risikoabwägung drastisch verändert. Mit einem Mal waren Arm und Reich, der wohlhabende Westen und der globale Süden, in Krankheit und Gesundheit miteinander verbunden. Pandemien halten sich nicht an Staatsgrenzen. Covid-19 offenbarte weltweit auch erhebliche Unterschiede im Zugang zu Gesundheitsleistungen. Die Frage, mit wem wir uns solidarisch fühlen, ist wichtiger denn je, wenn ein Virus aus einem vernachlässigten Slum in den Tropen unerkannt bis in die schimmernden Penthouse-Wohnungen in Manhattan vordringen kann. Oder natürlich auch in umgekehrter Richtung.

Sicherheit

Vielleicht ist das grundlegendste menschliche Bedürfnis, sicher zu sein und zu überleben. Wenn wir uns auf irgendetwas einigen können, dann darauf, dass wir alle am Leben und gesund bleiben wollen. In weltweiten Umfragen gaben 70 Prozent der Menschen an, dass ihnen Sicherheit wichtiger sei als Freiheit, wobei der Anteil in Ländern, in denen akut Krieg herrschte, am höchsten war. Für den größten Teil der Menschheitsgeschichte gehörte kriegerische Gewalt zu den tragischen Gewissheiten des Lebens. Doch in den letzten Jahrzehnten, bis zur russischen Invasion in der Ukraine, waren Kriege zwischen Staaten selten geworden. Auch der Alltag ist sicherer geworden als früher. Über die längste Zeit der Menschheitsgeschichte hinweg wurde der Frieden durch »Selbsthilfe« aufrechterhalten – wir fingen unsere Verbrecher selbst. Heute haben wir professionelle Polizeibehörden, die – wenn auch oft alles andere als unvoreingenommen – weitgehend in der Lage sind, für öffentliche Ordnung zu sorgen. Das Vertrauen in die Polizei ist im Allgemeinen hoch: Gut drei Viertel der Menschen in den USA, Großbritannien, Deutschland und Japan haben ein »großes« oder »sehr großes« Vertrauen in die Polizei. In Ländern wie Brasilien, Guatemala oder Mexiko, in denen die Mordrate und die Kriminalität allgemein hoch sind, ist das Vertrauen in die Polizei dagegen verständlicherweise gering und das Bedürfnis nach Sicherheit im Vergleich zu dem nach Freiheit besonders hoch.

In den letzten Jahrzehnten stieg das Gewaltniveau *innerhalb* der Länder von Menschenrechtsverletzungen über Terrorismus bis hin zu Bürgerkriegen. Polizeigewalt ist in vielen wohlhabenden Ländern zu einem zentralen politischen Problem geworden. Manchen Berichten zufolge war das Jahr 2016 das gewalttätigste seit dem Zweiten Weltkrieg. Können wir die regional auftretende

Gewalt, die Länder von der Demokratischen Republik Kongo bis Afghanistan heimsucht, verhindern? Können wir dafür sorgen, dass sich zu unserem Schutz eingesetztes Militär und die Polizei nicht gegen uns wenden? Und bedeutet die Invasion Russlands in der Ukraine eine Rückkehr zu den »schlechten alten Zeiten« zwischenstaatlicher Kriege?

Wohlstand

Wir alle wünschen uns genug Geld zum Leben. Die meisten von uns wollen mindestens so viel, wie sie heute haben. Und viele hatten Glück: Wir alle, die wir in der industrialisierten Welt leben, verfügen über einen Luxus, von dem unsere Vorfahren vor zehn Generationen nicht einmal zu träumen gewagt hätten. Wir haben uns sogar schon daran gewöhnt, unseren Wohlstand innerhalb nur einer Generation zu steigern. Weltweit halten 80 Prozent der Menschen ihr Leben für genauso gut oder besser als das ihrer Eltern – in China sind es sogar 90 Prozent.

Doch das grenzenlose Wirtschaftswachstum hat seine Schattenseiten. Wir können nicht einfach Energie erzeugen, ohne dass es Folgen hätte. Möglicherweise heizen wir unseren Planeten bis über die Grenzen seiner Belastbarkeit hinaus auf. Und wir müssen rasch handeln. Der Intergovernmental Panel on Climate Change, kurz Weltklimarat, schätzt, dass die globalen Temperaturen um das Jahr 2040 über die »tolerierbare« Grenze von zwei Grad Celsius ansteigen.

Die Folgen in Form von Dürren, Überschwemmungen und Hitzetod wollen nicht so recht in unsere Köpfe, obwohl die Zunahme von »Jahrhundert«-Fluten, -Erdrutschen und anderen Naturkatastrophen uns bereits einen verstörenden Ausblick auf unsere Zukunft gewährt. In vielen wohlhabenden Ländern wie

Australien, Deutschland und Italien halten doppelt so viele Menschen Umweltschutz für wichtiger als Wirtschaftswachstum wie umgekehrt. Ein Zielkonflikt, der sich auszuwirken beginnt. Wir alle mögen uns globalen Wohlstand wünschen, doch ihn zu bewahren, ist davon abhängig, dass wir die Zerstörung unseres Planeten stoppen oder zumindest massiv eindämmen.

Politische Ökonomie

Demokratie. Gleichheit. Solidarität. Sicherheit. Wohlstand. Wunderbare Dinge. Ziele, auf die sich die meisten von uns vernünftigerweise einigen können, selbst wenn wir über die Mittel streiten, wie sie erreicht werden sollen, oder idealerweise nur noch über die Feinheiten ihrer Ausgestaltung. Kollektive Ziele wie die genannten sollten erreichbar sein – und auch wenn wir sie nicht vollständig umsetzen können, sollten wir doch zumindest in der Lage sein, uns auf sie zuzubewegen.

Was also hindert uns, fokussiert unsere Ziele anzusteuern? Und was gefährdet sie? Wir selbst. Oder vielmehr unsere Politik. Im politischen Alltag geraten unsere individuellen Eigeninteressen und die kollektiven Ziele aneinander. Und oft überlagert das Eigeninteresse das kollektive Ziel. Wir fordern beispielsweise weiterhin billiges Benzin, um unsere SUVs betanken und über das Wochenende nach Paris fliegen zu können, obwohl wir unseren Planeten damit langsam zum Kochen bringen. Ich werde in diesem Buch zeigen, wie sich die Kluft zwischen Eigeninteresse und kollektivem Ziel auswirkt und wie wir Politik so nutzen können, dass sie effektiv für unsere Ziele arbeitet. Anders ausgedrückt, wie wir verhindern, dass Politik so oft versagt.

Meine Argumente und Erkenntnisse stützen sich auf die Politische Ökonomie, eine Denkschule, die sich ernsthaft damit auseinandersetzt, wie Individuum und Gesellschaft interagieren. Wenn wir mit einem Modell des Einzelnen beginnen – was wollen wir, und wie erreichen wir dieses Ziel? –, in einem nächsten Schritt dann unseren Blick weiten und auf die Gesellschaft als Ganzes richten, erkennen wir, dass unsere besten Pläne durch ... nun ja, uns selbst untergraben werden. Wir werden sehen, dass unsere privaten Interessen in ein kollektives Chaos münden, und uns damit auseinandersetzen, wie wir den selbst gestellten Fallen entkommen.

Mein Weg zur Politischen Ökonomie führte über ein Studium der Geschichte. Wie andere Gesellschaftswissenschaften – aber anders als die Geschichte – sucht die Politische Ökonomie nach allgemeinen Gesetzen und Mustern, die menschliches Verhalten in der Vergangenheit und Zukunft erklären können. Und wie so mancher Bekehrte stellte ich fest, dass ich die Methoden, die für meine bisherigen Forschungen galten, nicht weiterverfolgen wollte – weg von der Kontingenz und Spezifität der historischen Untersuchung hin zur Universalität, Klarheit und direkten Anwendbarkeit der Politischen Ökonomie.

Sie geht von einfachen Modellen des Individuums mit Eigeninteressen aus und betrachtet dann, wie diese Individuen interagieren und sich gegenseitig beeinflussen. Wir erarbeiten und entwickeln daraus mathematische Modelle, die Verhaltensweisen erklären und vorhersagen – nicht aus fehlgeleitetem Neid auf die Physik, sondern weil uns diese Modelle zwingen, die Konsequenzen unserer Thesen über den Menschen zu Ende zu denken.

Politische Ökonomie stellt und beantwortet Fragen zur Mikropolitik unseres täglichen Lebens – wie stehe ich zur Finanzierung der Rentenversicherung, wenn ich ein Haus kaufe? – bis hin zur Makropolitik des Lebens aller – bedroht steigende Ungleichheit unsere politische Stabilität? Dies geschieht unter der Annahme, dass Menschen im Großen und Ganzen gleich sind – Politikerinnen und Wähler, Reiche und Arme –, dass sie den gleichen Versuchungen unterliegen und vor denselben Fallen stehen. In diesem Buch will ich zeigen, wie leistungsfähig und aufschlussreich, ja wie schön sogar manchmal dieser Erklärungsansatz unserer Welt ist.

Die Grundthese, auf der die Politische Ökonomie beruht, lautet, dass jeder Mensch egoistisch ist, oder zumindest eigennützig. Es gibt vieles, was Sie sich wünschen, und Sie werden Ihr Möglichstes tun, um es zu erreichen. Eigeninteresse herrscht überall. Es erklärt, warum wir so handeln, wie wir es tun. Und warum wir davon ausgehen sollten, dass auch andere so handeln.

Sie mögen einwenden, dies sei eine sehr zynische Weltsicht. Doch sich mit Eigennutz auseinanderzusetzen, bedeutet nicht, ihn zu billigen. Er ist gewiss kein moralischer Kompass, nach dem Sie Ihr Leben ausrichten sollten. Eigennutz ist vielmehr ein nützliches Analysewerkzeug: die Grundlage der Theorien, die wir entwickeln, um menschliches Verhalten zu erklären. Die Politische Ökonomie nutzt das Modell des Eigennutzes nicht nur zur Beschreibung, Erklärung und Vorhersage individuellen Verhaltens, sondern auch, um Regierungen politische Strategien zu empfehlen – eine Politik, die das Leben aller verbessert, obwohl jeder von uns Eigeninteressen verfolgt.

Eine Fokussierung auf Eigeninteressen bedeutet, die Welt als eine Welt aus Individuen zu begreifen. Statt von Klassen, Kulturen oder anderen Gruppen zu sprechen, beginnen wir beim einzelnen Menschen und bauen darauf auf. Denn das Konzept von »Gruppeninteressen« ist fragwürdig – warum sollten sich Einzelpersonen in einer Gruppe gleich verhalten? Wie kann man behaupten, eine Gruppe habe eigene Präferenzen? Schließlich haben Gruppen keinen eigenen Willen.

Aber Individuen haben einen eigenen Willen. Wir haben

Präferenzen. Es gibt Dinge, die wir mögen, und solche, die wir ablehnen, und wir können unsere Präferenzen gewichten. Entsprechend versuchen wir zu taxieren, wie sich das gewünschte Ergebnis erreichen lässt. In einer idealen Welt treffen wir die *bestmögliche* Wahl. Mathematisch gesprochen, »maximieren« wir unser Glück entsprechend unseren Optionen, indem wir die Wahl treffen, die uns den höchsten »Nutzen« bringt. Wir verfügen also über eine Reihe von Präferenzen darüber, was passieren soll oder was wir erreichen wollen. Und wir entscheiden uns für die Möglichkeit, die uns am besten gefällt. Das ist das Konzept des Eigennutzes.

Die wichtigsten Erkenntnisse der Politischen Ökonomie ergeben sich aber nicht allein aus der Annahme, dass Menschen Präferenzen besitzen und die gewünschte Option wählen. Das würde zu der recht geistlosen Erkenntnis führen, dass Menschen möglichst viel von allem wollen. Ein höheres Einkommen macht mich glücklicher. Und ich werde immer noch glücklicher, je mehr ich verdiene. Und das bis ins Unendliche. Doch voraussichtlich wird uns etwas davon abhalten, den Nutzen immer weiter zu steigern. Dieses Etwas ist die Welt, die uns umgibt.

Menschen stoßen immer an eine Grenze, die sie daran hindert, genau das zu bekommen, was sie wollen. Diese Grenze kann physisch sein – es gibt nur eine begrenzte Menge Erdgas oder Gold auf dem Planeten Erde. Sie kann institutionell sein – ich könnte mein Einkommen dadurch maximieren, dass ich alle Banken des Landes ausraube, doch dabei werde ich es mit den Strafverfolgungsbehörden zu tun bekommen, die mich davon abhalten, mein Ziel zu erreichen. Und in vielen Fällen werden auch soziale Grenzen gesetzt – das Verhalten anderer schränkt meine Möglichkeiten ein.

Die Beschränkungen erzeugen Zielkonflikte und verlangen uns Kompromisse ab. Wir können nicht alles bekommen, was wir uns wünschen, und müssen uns entscheiden, worauf wir verzichten wollen. Kompromisse sind ein alltäglicher, banaler Teil unseres Lebens. Wenn wir in einen Laden gehen und Kaffee einer bestimmten Marke kaufen, schließen wir mehrere Kompromisse: Wir ziehen diese Marke einer anderen vor; wir entscheiden uns für Kaffee statt für Tee; und wir tauschen Geld gegen den Nutzen, dafür Kaffee zu bekommen. Und da wir das Geld durch Arbeit verdienen, erhalten wir den Nutzen, den uns der Kaffee schenkt, im Tausch gegen das Grundelement unseres Daseins: Zeit.

In der Politik geht es immer um Zielkonflikte und Kompromisse. Wenn ich in einer Wahlkabine stehe, entscheide ich mich zwischen verschiedenen Kandidaten. Letztlich tausche ich, was ich an der einen Partei mag, gegen das, was mir die andere bietet. Ich kann mir zum Beispiel niedrigere Steuern wünschen, zugleich aber sozial äußerst liberal eingestellt sein – ob ich am Ende im Vereinigten Königreich Labour oder die Konservativen wähle, in den USA die Republikaner oder die Demokraten und in Frankreich die Parti Socialiste, Macrons Renaissance oder die Republikaner, hängt davon ab, wie ich meine Präferenzen gegeneinander abwäge.

Ich habe sogar schon Zielkonflikte hinter mir, indem ich überhaupt zum Wählen gegangen bin. Wählen kostet Zeit und Mühe. Es mag von Nutzen sein, wenn die Partei, die ich präferiere, gewinnt, sodass es die Kosten aufwiegt, in einer Schlange vor der Wahlkabine anstehen zu müssen. Aber dass meine persönliche Stimme den Ausschlag gibt, dürfte eher unwahrscheinlich sein. Wäge ich sachlich die Vorteile eines Sieges meiner Partei gegen die winzige Wahrscheinlichkeit ab, dass meine Stimme entscheidend ist, werde ich die Kosten, die eine Stimmabgabe verursacht, deutlich höher bewerten. Das bedeutet, dass es vielleicht gar nicht rational ist, wählen zu gehen. Daraus folgt, so argumentiert man in der Politischen Ökonomie, dass die Präferenzen der Menschen ein Element wie »Pflicht« enthalten müssen, das diesen Umstand ausgleicht und damit eine Vorhersage ermöglicht, wer tatsächlich zur Wahl geht. Wenn ich das Gefühl mag, etwas bewirken zu können, wenn ich besonders politisch interessiert bin oder mir von der Arbeit freinehmen kann, werde ich wählen gehen. Im Gegensatz dazu wird die Wahlbeteiligung unter gleichgültigen, apolitischen oder finanziell schlechter gestellten Menschen, die es sich nicht leisten können, sich freizunehmen, niedrig ausfallen.

Auch Politikerinnen und Politiker agieren eigennützig. Kongressabgeordnete in den USA klagen häufig darüber, dass sie einen Großteil ihrer Zeit mit Anrufen bei potenziellen Spendern verbringen statt mit Politik. Warum legen sie das Telefon nicht beiseite und wenden sich der eigentlichen Arbeit eines Abgeordneten zu? Weil sie keine Gesetze machen können, ohne zuvor die Wahl zu gewinnen. Und um Wahlen zu gewinnen, brauchen sie die Unterstützung ihrer Wählerinnen und Wähler. Doch woher sollen die wissen, wie sie wählen sollen? Aus den Werbespots der Parteien, und die kosten Geld, die Amtsinhaberin genauso wie den Herausforderer. Also werden beide Kandidaten zu einem finanziellen »Wettrüsten« im Wahlkampf getrieben, schließlich wollen sie gewählt werden. Es liegt nicht daran, dass Politiker käuflich oder dumm wären (obwohl es auch solche gibt) – ihr Verhalten erklärt sich durch die Entscheidungen, die sie treffen, und die Kompromisse, die sie eingehen müssen, um gewählt zu werden.

Darauf zu bestehen, die Eigeninteressen bei der Betrachtung politischen Handelns im Blick zu behalten, mag eindimensional anmuten. Aber ich behaupte, es wirkt ziemlich befreiend. Wir müssen nicht davon ausgehen, dass manche Menschen edlere Motive haben als andere. Oder manche einfach unverständlich handeln. Häufig steckt hinter dem Verhalten der scheinbar selbstlosesten Menschen oder dem, was als wohltätiges, aufgeklärtes öffentliches Interesse erscheint, eine von Eigennutz gesteuerte Logik.

Nehmen wir das Thema Bildung. Die meisten Meinungsumfragen zeigen eine große Unterstützung für öffentliche Investitionen in das Bildungssystem. Möglicherweise wünschen sich die Menschen tatsächlich höhere Bildungsausgaben. Vielleicht aber schämen sie sich auch einfach nur, in einer Umfrage zuzugeben, dass ihnen die Finanzierung der Schulen egal ist. Graben wir jedoch etwas tiefer, erkennen wir ziemlich deutliche Unterschiede, die sich mit den grundlegenden Eigeninteressen decken. Insbesondere für wohlhabende Menschen stellt öffentliche Bildung eine Bedrohung dar. Sie müssen nicht nur mehr Steuern für die Ausbildung der Kinder anderer Leute zahlen, diese besser ausgebildeten Kinder werden auf dem Arbeitsmarkt dann auch noch zur Konkurrenz für die eigenen Kinder. Bildungsausgaben sind für Reiche »doppelt schlecht«.

In der Bildung spielen Eigeninteressen überall eine Rolle. Von autoritären Regimen, die von Reichen geführt werden, würde man vermuten, dass sie öffentliche Ausgaben drosseln und die Schulpflicht aufheben – was angefangen bei Franco in Spanien bis hin zu Marcos auf den Philippinen tatsächlich der Fall war. Ebenso würde man davon ausgehen, dass rechte Parteien weniger bereit sind, Geldmittel für Bildung zur Verfügung zu stellen oder sie in ihren Parteiprogrammen zu erwähnen – was in ganz Europa von Deutschland bis Großbritannien auch zu beobachten ist. Und schließlich könnte man annehmen, dass Reiche Bildungsausgaben seltener unterstützen, was sich tatsächlich in den öffentlichen Meinungsumfragen in wohlhabenden Ländern widerspiegelt. Reiche wenden sich am häufigsten gegen die staatliche Unterstützung einkommensschwacher Studierender, wenn die Zahl der Einschreibungen an den Universitäten bereits hoch ist. Eben weil eine breite Hochschulbildung die Abschlüsse ihrer eigenen Kinder »entwerten« könnte.

Das Konzept des Eigennutzes ist äußerst hilfreich, um das Verhalten der Leute zu verstehen. Doch was geschieht, wenn sich eigennützige Menschen zusammenschließen? Dann stehen wir einem neuen Problem gegenüber, dem des kollektiven Handelns.

Eines der wenigen Gesetze in der Politikwissenschaft lautet, dass sich Demokratien nicht gegenseitig bekämpfen. Die »Kabeljaukriege« zwischen Großbritannien und Island – nicht weniger als NATO-Verbündete – sind eine seltene Ausnahme. Diese Konflikte, die sich von den 1950er- bis in die 1970er-Jahre hinzogen, entzündeten sich daran, dass Island seine exklusiven Fangrechte im einst an Kabeljau reichen Nordostatlantik erweitern wollte. Im Lauf der Jahrzehnte brachen die Kabeljaubestände drastisch ein, und mit dem Rückgang der Fischbestände wuchsen die Spannungen zwischen isländischen und britischen Fischern. Die Konflikte führten zu einem Unfalltod durch Stromschlag, Schüsse wurden abgefeuert, Schiffe gerammt, Fregatten versenkt und Aufklärungsflugzeuge eingesetzt. Die Isländer statteten ihre Küstenwache sogar mit Drahtscheren aus, um die Netze der britischen Fangschiffe zu zerschneiden, wenn sie vorbeifuhren.

Warum waren Island die exklusiven Fangrechte so wichtig? Das Problem bestand darin, dass die Eigeninteressen britischer Fischer die isländischen Fischer direkt betrafen und umgekehrt. Fische sind eine seltsame Ressource – ihr Angebot ist begrenzt, aber es ist schwer, andere vom Fang abzuhalten. Besitzt man einen Milchviehbetrieb, gehören einem die dazugehörigen Kühe und die Milch, die sie geben. Will jemand Fremdes Zugriff auf den Betrieb, stehen ihm die Eigentumsrechte im Weg. Will man sich die Kühe oder die Milch aneignen, muss man einen für beide Seiten akzeptablen Betrag bezahlen. Das Meer zu besitzen, ist jedoch nicht leicht, und es ist schwer zu überwachen. Außerhalb der »exklusiven Fischereigebiete« auf hoher See hat niemand das Recht, Gebühren auf den Fischfang zu erheben, er ist also im Grunde für alle frei. Auch wenn ich, so wie Island, exklusive Gebietsrechte beanspruche, sind Fangboote auf dem Meer schwer zu kontrollieren und lassen sich nicht wirksam fernhalten. Folglich fischen beide Parteien mit zu vielen Fischern im selben Meer. Und am Ende dezimieren sie gemeinsam innerhalb kürzester Zeit die Fischbestände.

Die Fischerei ist ein klassisches Beispiel für die »Tragik der Allmende«. Ohne Privateigentum kann jeder nach Herzenslust Fische fangen. Das klingt großartig, doch je mehr ich fische, desto weniger Fische bleiben für Sie. Mein Eigeninteresse verletzt am Ende das Ihre und umgekehrt. Wenn wir uns an ein einklagbares Abkommen binden könnten, bei dem wir beide einen angemessenen Anteil erhielten, aber Überfischung verhinderten, wären wir am Ende beide glücklicher. Insgesamt hätten wir damit ein besseres Ergebnis erzielt. Doch wenn sich dieses Abkommen nicht kontrollieren ließe – was im stürmischen Nordatlantik schwierig wäre –, würden wir unserem momentanen Eigeninteresse folgen und fischen, bis nichts mehr da wäre. Wirtschaftswissenschaftler bezeichnen den Effekt der wechselseitigen Beeinflussung der Fischer als »externen Effekt«. Ein externer Effekt tritt dann ein, wenn eine dritte Partei – ein isländischer Fischer – von einer Markttransaktion zwischen zwei anderen Parteien betroffen ist – einem Fischer an der schottischen Küste und einem Restaurantbesitzer in Glasgow, der seinen Fisch kauft. Die Politik ist somit voller externer Effekte. Die meisten sind negativ. Eine Politik, die die Energieerzeugung subventioniert, führt zu Verschmutzung, die die lokalen Strände und damit die Lebensgrundlagen von Menschen zerstört, die dort Hotels und Restaurants betreiben. Eine verkehrsberuhigte Zone in einem Londoner Stadtbezirk führt zu verstopften Straßen in einem anderen Viertel. Manchmal gibt es zum Glück auch positive externe Effekte. Ein neuer Rosengarten, den ein Nachbar mit grünem Daumen angelegt hat, steigert den Wert der Grundstücke, die einen unverstellten Blick auf den Garten haben. Doch in jedem Fall hat das eigennützige Verhalten einer Gruppe von Menschen Einfluss auf das Leben anderer.

Diese »Probleme kollektiven Handelns« tauchen immer dann auf, wenn eine Gruppe eigennütziger Individuen auf eine Weise handelt, die – vielleicht unbeabsichtigt – ein übergeordnetes kollektives Ziel untergräbt. Probleme kollektiven Handelns treten auf, weil wir voneinander abhängig, *interdependent*, sind. Wie ich handle, wirkt sich auf die Umgebung aus, in der Sie sich bewegen, und somit auf Ihre eigenen Entscheidungen. Und die Probleme, auf die wir in diesem Buch stoßen, weil wir umzusetzen versuchen, was wir alle wollen, laufen auf dieses Spannungsverhältnis hinaus. Wir können nicht von anderen Menschen verlangen, ihre Eigeninteressen zu ignorieren und »das Richtige« zu tun – die Fischerei einstellen, auf das Autofahren verzichten, die Verschmutzung stoppen –, also können wir es auch von uns selbst nicht verlangen. So beginnen Tragödien.

Die Politik als Versprechen

Politische Ökonomie ist so faszinierend wie herausfordernd, weil Menschen – unser Untersuchungsgegenstand – auf das, was andere tun, reagieren können. Nicht nur das, Menschen vermögen vorwegzunehmen, was andere tun werden. Probleme kollektiven Handelns entstehen, *weil* wir so schlau sind. Wir können sie nicht darauf schieben, dass Menschen sich so »dumm« verhalten. Doch das erhöht den Druck. Wir müssen uns selbst überlisten, wenn wir unsere Probleme lösen wollen. Und das geschieht mithilfe der Politik.

Was ist Politik? Oberflächlich betrachtet sind es Parteien, die Wahlkampf machen. Oder Abgeordnete, die Gesetze erlassen und politische Entscheidungen treffen. Oder Länder, die Bündnisse schließen und Verträge unterzeichnen. Grundlegender jedoch geht es in der Politik darum, sich gegenseitig *Versprechen* zu geben.

Wir alle, Sie und ich, geben ständig Versprechen. Wir treffen mit jemandem eine Vereinbarung, etwas zu tun. Wir versprechen unseren Ehepartnern, einen erholsamen Urlaub zu verbringen. Wir versprechen unseren Vorgesetzten, eine Aufgabe pünktlich zu erledigen. Versprechen sind nicht immer schön. Auch Gangsterbosse machen Versprechungen – etwa einen Ladeninhaber zu drangsalieren, der sein Schutzgeld nicht bezahlen will. Das alles sind jedoch individuelle Versprechen. In der Politik geht es darum, wie wir einander kollektive Versprechen geben – Abgeordnete ihren Wählerinnen, Präsidentinnen ihrem Parlament, Verbündete ihren Gegnern.

Ein Versprechen ist eine Vereinbarung, in Zukunft etwas zu tun. Es unterscheidet sich von einem Vertrag jedoch darin, dass es von dritter Seite nicht juristisch eingefordert werden kann. Wird ein Versprechen nicht erfüllt, hat man keinen Rechtsanspruch. Hält sich Ihr Partner nicht an sein Versprechen, nun, dann sind Sie auf sich allein gestellt.

Auch in der Politik lässt sich ein gebrochenes Versprechen nicht einklagen. Scheitert eine Regierung daran, ihr Parteiprogramm umzusetzen, kann man sie dafür nicht vor Gericht zerren. Beschließt eine Partei, aus einer Koalition auszusteigen, haben die anderen Parteien Pech. Scheut ein Verbündeter vor seinem Beistand zurück, wenn man angegriffen wird, gibt es keinen internationalen Gerichtshof, den man anrufen könnte. Das Einhalten von Versprechen kann man nicht einklagen. Sie beruhen auf Vertrauen und Erwartungen. Sie sind immer mit einem gewissen Grad an Unsicherheit verbunden.

Politik gründet auf unsicheren Versprechen, weil es keine der Politik übergeordnete Macht gibt. Die Politik kann ein Rechtssystem schaffen, das unser wirtschaftliches und soziales Handeln verbindlich regelt. Aber die Politik selbst können wir nicht auf diese Weise steuern. Im Grunde ist jede Entscheidung darüber, wer Macht ausüben soll, wer welche Rechte und Pflichten hat, eine weitere Reihe an Versprechen, die wir einander gegeben haben. Außerhalb der Politik kann uns nichts zwingen, diese Versprechen zu halten. Zudem ist Politik ein soziales Konstrukt und kontingent. Politische Entscheidungen können nicht dauerhaft und endgültig sein. Genau wie Versprechen haben politische Entscheidungen nur in unseren Köpfen Bedeutung, und sie können revidiert werden.

Nehmen wir noch einmal das Fischereiproblem im Nordatlantik. Die Ozeane gehören niemandem. Und selbst wenn sie jemandem gehören würden, wäre es nahezu unmöglich, Unbefugte zu überwachen. Rechtliche Vereinbarungen wären nicht einklagbar, weil wir Zuwiderhandlungen gar nicht entdecken würden. Auf internationaler Ebene gibt es keine Polizei, keine Geschworenen oder Richter, die Rechtsverletzungen verfolgen und bestrafen könnten. Stattdessen müssen die Länder im Namen ihrer Fischer gegenseitige politische Versprechen abgeben. Diese Vereinbarungen können dazu beitragen, die Erwartungen festzuschreiben und kurzfristig Überfischung zu vermeiden. Doch wie wir im Fall Islands gesehen haben, das seine Fischereirechte kontinuierlich erweiterte, lässt sich unmöglich verhindern, dass Menschen ihre Versprechen brechen, wenn sie glauben, das sei in ihrem Interesse. Daher müssen stets neue Versprechen gemacht werden. Politik endet nie.

Dieses Buch wird zeigen, dass Politik Versprechen geben kann, die das Erreichen unserer fünf Ziele – Demokratie, Gleichheit, Solidarität, Sicherheit und Wohlstand – vorantreiben. Aber diese Versprechen können brüchig und vergänglich sein.

Demokratie: Wir können Wahlgesetze und gesetzgebende Institutionen schaffen, um unsere chaotischen Präferenzen im Zaum zu halten; doch die Gesetze können von ihren politischen Gegnern demontiert werden.

Gleichheit: Die reiche Elite kann angesichts einer drohenden Revolution oder der Unzufriedenheit der Massen versprechen, den Wohlstand an das Volk umzuverteilen; doch hat sich das Volk einmal beruhigt, kann die Elite ihr Wort brechen und die Menschen weiter unterdrücken.

Solidarität: Wir sind in schweren Zeiten wahrscheinlich gewillt, eine Politik, die für soziale Absicherung sorgt, zu unterstützen; doch womöglich unterlaufen wir sie in guten Zeiten, indem wir die Steuern ablehnen, die für ihre Finanzierung erhoben werden müssen.

Sicherheit: Wir wünschen uns eine Polizei, die stark genug ist, um uns zu schützen; aber sie kann ihre Macht auch ausnutzen und sich gegen uns wenden.

Wohlstand: Wir wollen, dass wir angesichts so fundamentaler Herausforderungen wie dem Klimawandel zusammenarbeiten; doch zugleich fordern wir billigen Treibstoff für unsere Autos.

Wir geben uns ständig gegenseitig Versprechen. Und versuchen dann, uns wieder aus ihnen herauszuwinden. Wie können wir also dafür sorgen, dass unsere politischen Versprechen wirksamer und stabiler werden? Warum versagt Politik? Und wann ist sie erfolgreich?

Politische Versprechen sind erfolgreich, wenn sie selbstverstärkend sind. Wenn wir den Problemen kollektiven Handelns begegnen wollen, müssen unsere Versprechen den Samen für die eigene Stabilität bereits in sich tragen. Wir müssen dafür sorgen, dass es schwierig wird, sie zu brechen. Und der beste Weg dahin ist, zu versuchen, politische Institutionen zu schaffen, die ihnen eine gewisse Dauerhaftigkeit verleihen – offizielle Gesetze und Standards –, und soziale Normen zu etablieren – informelle Erwartungen an unser Verhalten. Diese Institutionen und Normen leben über den Moment ihrer Entstehung hinaus weiter: Sie bilden den gedeihenden Wald, der aus den Samen früherer politischer Versprechen erwachsen ist.

Politische *Institutionen* sind nichts anderes als diese offiziellen Gesetze, Regeln und Einrichtungen, die für stabile und dauerhafte Entscheidungen sorgen. Häufig assoziieren wir Institutionen mit den Menschen, die die Gesetze schreiben und durchsetzen, und mit den Gebäuden, in denen sie ihre Arbeit tun, die Gerichte und Parlamente. Doch bei einer Institution kommt es nicht auf die Mauern aus Stein an, sondern die offizielle Niederschrift politischer Versprechen. Institutionen sorgen für die Verbindlichkeit unserer Entscheidungen. Sie stabilisieren die Prognosen darüber, wie andere handeln werden, sodass wir selbst effektiv entscheiden können. Institutionen sind die Inkarnationen vergangener Versprechen, sie vermögen die aktuellen Bedürfnisse somit nicht immer perfekt abzudecken. Politik ist ständig in Bewegung. Aber selbst wenn der Schuh nicht exakt passt, sollten wir es uns gut überlegen, bevor wir ihn wegwerfen.

Ein anschauliches Beispiel ist die Filibusterregel im US-Senat. Der Filibuster erlaubt, dass lediglich vierzig von hundert Senatoren Gesetze stoppen können. Anfangs ermöglichte es der Filibuster einem einzelnen Senator, seine Rede immer weiter in die Länge zu ziehen, um so die Verabschiedung eines Gesetzes zu blockieren, was das gesamte Regierungshandeln zum Stillstand bringen konnte. Daraufhin wurde in den 1970er-Jahren eine Vereinbarung getroffen, die es den Parteien erlaubte, ein Gesetz durch die bloße Absichtserklärung zu »filibustern«. Seither ist für die Verabschiedung der meisten Gesetze im Senat eine Mehrheit von sechzig Senatoren erforderlich.

Der Filibuster richtete in vielerlei Hinsicht Schaden an – er führte dazu, dass kleine ländliche Bundesstaaten überrepräsentiert waren und etwa in den 1960ern für die anhaltende Blockade von Bürgerrechtsreformen sorgten. Doch es ist auch nicht ohne Risiko, diese Regel aufzuheben. Zwischen 2009 und 2015 plädierten die Demokraten dafür, den Filibuster abzuschaffen, um zu verhindern, dass die Republikanische Minderheit im Senat die Reformen von Präsident Obama blockierte. Letztendlich strichen die Demokraten den Filibuster für alle Verfügungen des Präsidenten und die Ernennungen von Richtern, mit Ausnahme des Supreme Court.

Es dauerte nicht lange, da fiel ihnen diese Entscheidung auf die Füße. Als die Republikaner 2016 die Kontrolle im Senat und im Kongress übernahmen und den Präsidenten stellten, konnten sie den Filibuster auch für die Ernennung der obersten Richterinnen und Richter am Supreme Court abschaffen und innerhalb kürzester Zeit drei aufeinanderfolgende Berufungen für den Obersten Gerichtshof mit etwas mehr als fünfzig Stimmen durchbringen – eine äußerst knappe Mehrheit. 2022 entschieden diese Richter gegen das lang geltende Recht der Amerikanerinnen auf Abtreibung. Institutionen mögen zuweilen dysfunktional sein, aber sie steuern unsere Erwartungen und das Verhalten von Politikerinnen und Politikern innerhalb und außerhalb ihrer entsprechenden Ämter. Fehlen sie jedoch, steht am Ende nichts anderes als das Prinzip »Macht schafft Recht«, und die Mächtigen unterdrücken die Ohnmächtigen.

Politische *Normen* sind informelle Verhaltensregeln, denen andere bereits folgen und denen wir selbst ebenfalls entsprechen wollen. Das kann aus positiven wie negativen Gründen der Fall sein. Vielleicht übernehmen wir Normen, weil wir am Beispiel anderer erkennen, was das Beste für uns selbst ist. Oder wir akzeptieren sie, weil die anderen uns dafür bestraften, würden wir die Normen nicht erfüllen. Normen steuern unser Denken, unsere Wahrnehmung der Welt und wem wir vertrauen. Sie sind unsichtbar, aber hocheffizient, um kollektives Verhalten zu lenken – möglicherweise deutlich effizienter als offizielle Verordnungen politischer Institutionen.

Freilich sind Normen weniger konkret und schwerer durchzusetzen als offizielle Regeln. Sie herbeizuführen oder sich darauf zu berufen, ist für Politiker schwierig. Nicht jeder Präsident ist ein Kennedy oder ein Obama und hat das Talent, viele Bürgerinnen und Bürger davon zu überzeugen, die Welt neu zu betrachten und ihr Verhalten entsprechend zu ändern. Zudem waren nicht alle von Kennedy oder Obama fasziniert. Selbst wenn Normen eine wesentliche Rolle für wirksame politische Lösungen spielen, können sie Probleme wie den Klimawandel, Polizeigewalt oder politische Polarisierung nicht ohne die stärkere Macht von Gesetzen und Institutionen lösen.

Da Politik so sehr von Institutionen und Normen abhängt, entwickelt sie sich weltweit auch so unterschiedlich. Echte Demokratien verfügen über verhaltenssteuernde Normen, die sich deutlich von den Normen in Diktaturen unterscheiden. Für Staatsangehörige autoritärer Länder ist der Anreiz groß, ihre wahren Meinungen und Neigungen zu verschleiern und anders darzustellen, und es ist unwahrscheinlich, dass sie ihrer Regierung oder ihren Mitbürgern ein tiefes Vertrauen entgegenbringen.

Auch zwischen verschiedenen Demokratien sind drastische Unterschiede zu beobachten. In der Wissenschaft wird häufig der Erfolg von Ländern wie Dänemark und Schweden mit ihrem integrativen Wahlsystem, dem hohen sozialen Vertrauen und der geringen Korruption hervorgehoben. Doch sind dies keine gottgegebenen Eigenschaften nordischer Länder (denken Sie nur an die Wikingerzeit). Es sind lang bestehende politische Verhaltensmuster, die nur schwer auf andere Länder übertragbar sind und sich auf ein Netz ineinandergreifender Institutionen und Normen stützen. In diesem Buch werden wir ein breites Spektrum länderübergreifender und historischer Erfahrungen unter die Lupe nehmen, die Aufschluss darüber geben, auf welche Weise Institutionen und Normen dafür sorgen, ob Politik erfolgreich ist oder ob sie scheitert.

Demokratie, Gleichheit, Solidarität, Sicherheit und Wohlstand sind etwas Großartiges. Doch sie alle konfrontieren uns jeweils mit einer politischen Falle, die von unseren Eigeninteressen ausgelöst wird und uns daran hindert, unsere kollektiven Ziele zu erreichen. Diese Fallen sind kein tragisches Schicksal. Aber sie sind tückisch, allgegenwärtig und manchmal sogar verführerisch.

Wir haben also zwei Optionen. Wir können lernen, die Fallen »in freier Wildbahn« zu erkennen und vorsichtig zu umgehen. Oder, die traurige Variante, wir sitzen bereits in der Falle. Dann müssen wir einen Weg finden, ihr zu entkommen. Nur wenn wir verstehen, warum Politik versagt, können wir herausfinden, wie wir sie zum Erfolg führen.

TEIL I
DEMOKRATIE

So etwas wie den »Willen des Volkes«
gibt es nicht

1 WESTMINSTER: MITTWOCH, 27. MÄRZ 2019

Wir kamen eine Stunde zu früh am Eingang des Unterhauses in London an. Wir hatten mit langen Schlangen gerechnet. Die Medien waren in heller Aufregung, nachdem auch der dritte Versuch der Premierministerin Theresa May krachend gescheitert war, ein Brexit-Gesetz zu verabschieden. In den politischen Kreisen Großbritanniens wurde eifrig über die nächsten Schritte und Schachzüge diskutiert. Die britischen Parteien hatten die Kontrolle über ihre eigenen Abgeordneten verloren. Die Demokratie schien nicht mehr zu funktionieren. Chaos brach aus. Konnte man den parlamentarischen Stillstand umgehen? Musste das Parlament nicht in der Lage sein, sich auf etwas zu einigen?

Iain McLean und ich waren ins Parlament gebeten worden, um die Abgeordneten bei der Suche nach einer Lösung zu unterstützen. Der Weg zu den Sitzungssälen führte uns die Treppe hinauf und an den Statuen längst verstorbener Regierungschefs vorbei. Hier saßen wir auf grünen Wildlederstühlen in einem ansonsten leeren Gang und warteten auf unsere Gastgeber. Iain dürfte Großbritanniens führender Wahlrechtsexperte sein, er ist Autor eines Buches mit dem Titel *What's Wrong with the British Constitution?* (»Was stimmt nicht mit der britischen Verfassung?«). Falls überhaupt jemand zu einem Verfahren raten konnte, mit dem die Blockade aufzulösen war, dann Iain. Ich war als Spezialist für politische Institutionen zur Unterstützung eingeladen worden. Aber was, wenn selbst Iain, mit oder ohne meine Hilfe, keine Lösung fände? Was, wenn der Brexit grundsätzlich zu komplex war, um ihn zu lösen?

Sollte all das nicht einfacher sein? Das EU-Referendum von 2016 war ein folgenschweres Ereignis in der britischen Politikgeschichte. Der Brexit war die Folge einer einfachen Abstimmung über eine scheinbar einfache Frage:»Soll das Vereinigte Königreich Mitglied der Europäischen Union bleiben oder aus der Europäischen Union austreten?« Die Stimmen für den Austritt gewannen überraschend mit 52 zu 48 Prozent – möglicherweise ein Zeichen für ein gespaltenes Land, aber dennoch ein klarer Sieg. Gelebte Demokratie.

Die Probleme begannen, als die Politik zu entscheiden hatte, welche Art Brexit umgesetzt werden sollte. Das Volk hatte gesprochen. Aber was hatte es gesagt? Es gibt viele Länder in Europa, die nicht Mitglied der Europäischen Union sind: von Norwegen über die Schweiz bis hin zur Türkei und Russland. Manche, wie Norwegen und die Schweiz, haben sehr enge Beziehungen zur EU, übernehmen ihre Gesetze und ermöglichen europäischen Staatsangehörigen die freie Einwanderung. Andere, etwa die Türkei, teilen die Handelspolitik mit der EU, sonst aber herzlich wenig. Und wieder andere – Russland, Armenien und Aserbeidschan – werden von der EU auf Abstand gehalten. Und nun »Austritt aus der Europäischen Union«? – Ja. Aber wie?

Die letzten drei Jahre hatte Theresa May versucht, darauf eine Antwort zu finden. Im Anschluss an die einfache Abstimmungsfrage erwies sich die Frage, auf welche Weise sich das Vereinigte Königreich von einer Organisation lösen wollte, der es über vierzig Jahre lang angehört hatte, als Albtraum. Es mussten alle möglichen Entscheidungen getroffen werden, die nicht auf dem Stimmzettel gestanden hatten. Sollte Großbritannien Teil des Europäischen Binnenmarktes bleiben, was eine Begrenzung der EU-Einwanderung verhindern würde? Sollte Großbritannien Teil der Europäischen Zollunion bleiben, damit aber auf eigene Handelsabkommen verzichten? Oder sollte es jegliche Zusammenarbeit mit der EU aufkündigen und sich ohne Rücksicht auf die wirtschaftlichen Folgen allein auf den Weg machen? Ein besonderes Problem stellte sich in Nordirland. Nach Generationen gewaltsamer Konflikte hatte das Karfreitagsabkommen von 1998 zu zwei Jahrzehnten Frieden zwischen Katholiken und Protestanten geführt. Doch dieser Frieden beruhte zum Teil auch auf der Europäischen Union – die Mitgliedschaft sowohl Großbritanniens wie Irlands hieß, dass es zwischen Irland und Nordirland keine wirtschaftlichen Grenzen gab. Aber die Briten hatten für einen Austritt aus der EU gestimmt, und das bedeutete die Aussicht auf eine »harte Grenze« zu Irland, was den Frieden gefährden konnte. Die einfache Brexit-Abstimmung entpuppte sich ein weiteres Mal als Entscheidung mit komplexen Folgen, die viele Wähler – und Politiker – nicht vorhergesehen hatten.

Theresa Mays eigene Lösung versuchte den Spagat zwischen diesen Herausforderungen, dazu musste sie wie eine Polarforscherin unbehaglich auf auseinanderdriftenden Eisschollen balancieren. Sie wollte den Binnenmarkt verlassen, um die Einwanderung kontrollieren zu können. Sie wollte die Zollunion verlassen, damit Großbritannien eigene Handelsabkommen schließen konnte. Aber sie bot zugleich als Rückversicherung den *Backstop* an, der das Abweichen Großbritanniens von EU-Regeln oder der Handelspolitik so lange aufschieben würde, bis eine Lösung für die Irlandfrage gefunden wäre. Der *Backstop* bedeutete aber, dass Großbritannien viele weitere Jahre in der legislativen Einflusszone der EU verharren würde.

Das war ein Kompromiss, der kaum jemandem gefiel. May versuchte Anfang 2019 drei Mal, ihr Brexit-Gesetz durch das Parlament zu bringen. Jedes Mal wurde es von einer ziemlich eigenartigen Koalition abgelehnt. Einige konservative Brexit-Befürworter stimmten mit der Begründung dagegen, dies sei kein »richtiger Brexit«. Sie wollten die Europäische Union komplett verlassen – friss oder stirb, komme, was wolle. Brexit-Gegner in der Labour-Partei stimmten gegen das Gesetz, weil es sich eben um den Brexit handelte. Sie wollten ein zweites Referendum, vermutlich weil sie sich eine andere Antwort erhofften.

Eine einfache Volksabstimmung zwischen zwei Optionen war zu einem grandiosen Fiasko geworden, als sich herausstellte, dass es deutlich mehr als nur zwei Arten des Austritts gab. Theresa Mays Gesetz garantierte Großbritannien formal tatsächlich den Austritt aus der EU, so wie das Volk es gefordert hatte. Das Problem war das Wie. Demokratie erwies sich als schwierig.

Schließlich begaben Iain und ich uns durch die stillen Gänge zu einem hufeisenförmigen Tisch im parlamentarischen Sitzungssaal, an dem zwei Abgeordnete, ein Konservativer und ein Labour-Abgeordneter, warteten. In der britischen Politik ist es höchst ungewöhnlich, dass sich ein Konservativer Abgeordneter gegen die eigene Regierung auf die Seite eines Labour-Kollegen stellt, aber sie hatten beide erkannt, dass sie in dieser Frage zusammenarbeiten mussten. Mit dem abgelehnten Gesetzentwurf der Regierung und mindestens fünf möglichen Brexit-Gesetzen im Umlauf, dazu einem Referendum darüber, ob man die ganze Sache nicht abblasen sollte, wollten sie wissen, ob es irgendein Verfahren gebe, mit dessen Hilfe das Parlament zu einer Entscheidung gelangen könne. Mit anderen Worten: Ließ sich das demokratisch lösen?

Wir stellten eine Reihe unterschiedlicher Abstimmungsverfahren vor, die dem Parlament zur Verfügung standen. Jedes

hatte andere Stärken. Manche begünstigten Kompromissent-
scheidungen. Andere würden zu einer klaren, wenn auch polari-
sierenden Entscheidung führen. Und wieder andere Wahlverfahren prüften, ob es überhaupt eine Option gab, die eine Mehrheit
der Abgeordneten auf sich vereinen konnte.

Nachdem wir das Für und Wider der verschiedenen Abstimmungsregeln erklärt hatten, stoppte uns der Konservative Abgeordnete und zog einen Schluss, der auf der Hand lag: Die Abgeordneten konnten sich nicht einigen, also würden sie sich auch
nicht auf eine Regel einigen, nach der diese Vereinbarung zustande kommen sollte. Die Entscheidung für ein Wahlverfahren
wäre demnach lediglich eine Stellvertreterdebatte. Somit standen wir wieder am Anfang.

Doch die beiden hatten bereits einen Plan im Ärmel. Für den
Abend war eine Reihe von »Probeabstimmungen« über einzelne
Brexit-Optionen angesetzt. Man hatte sich für das einfachste
Verfahren entschieden − die »Zustimmungsabstimmung«, bei
der jede Option für sich betrachtet werden würde und die Abgeordneten lediglich angeben sollten, ob sie diese Option befürworteten. Dies würde auf jeden Fall dazu beitragen, herauszufinden, welchen Optionen die Abgeordneten zustimmen könnten.
Die schwierigere Aufgabe, welche Option davon gewählt würde,
wäre auf einen anderen Termin verschoben.

Die Zustimmungsvoten wurden abgegeben, als wir Westmins-
ter verließen. Als die Abstimmungsglocken läuteten, drängten
sich die Abgeordneten zur Wahl darüber, mit welchen Optionen
sie leben könnten. Big Ben schlug gerade neun Uhr, als Iain und
ich bei einem Drink in einem Pub gegenüber dem Parlament
die Beratungsgespräche nachbereiteten. Auf Twitter verfolgte
ich die Abstimmung. Ein Vorschlag nach dem anderen wurde
abgelehnt. Nicht eine einzige Option wurde von einer Mehrheit der Abgeordneten angenommen. Angesichts unzähliger

Optionen war die parlamentarische Demokratie bewegungs-
unfähig geworden.

Prinzipiell wünschen wir uns Demokratie, doch in der Praxis lässt sie sich oft nicht verwirklichen. Und damit befinden
wir uns bereits im Zentrum der Demokratiefalle: *So etwas wie den
»Willen des Volkes« gibt es nicht.* Die britische Öffentlichkeit hatte
gesprochen. Doch das Parlament konnte nicht liefern. Selbst
wenn man die Demokratie auf die beiden Alternativen »Austritt
oder Verbleib« reduzierte, schien es unmöglich, einen konkreten
Weg für die Umsetzung in der Praxis zu finden. Das Leben ist im
Allgemeinen komplizierter als einfache Ja-oder-nein-Fragen –
es gibt die unterschiedlichsten Kompromisse und Möglichkeiten, den Wählerwillen umzusetzen. Gab es in Sachen Brexit
und seiner Realisierung denn wirklich einen klaren »Willen des
Volkes«? Offensichtlich nicht.

2 WAS BEDEUTET DEMOKRATIE?

Demokratie scheint ein Ziel zu sein, auf das wir uns alle verständigen können. Das gilt selbst für jene, die nicht in einer Demokratie leben. Der *World Values Survey* stellt regelmäßig die Frage: »Wie wichtig ist es für Sie, in einem Land zu leben, das demokratisch geführt wird?« Die Antwort kann man auf einer Skala von 0 bis 10 gewichten. Es überrascht kaum, dass in gefestigten Demokratien wie Dänemark und Deutschland drei Viertel der Befragten der Demokratie die volle Punktzahl geben. Doch auch in vielen Ländern, die alles andere als demokratisch sind – China, Ägypten, Simbabwe, Venezuela –, schreiben zwei Drittel der Menschen der Demokratie eine hohe Bedeutung auf der Skala mit mindestens 9 Punkten zu. Es ist gut möglich, dass die Menschen ein anderes Verständnis von Demokratie haben; vielleicht halten die chinesischen Staatsbürger ihren Einparteienstaat gar für eine »Demokratie des Volkes«. Nicht jeder wünscht sich dort eine Demokratie nach westlichem Vorbild. Doch im Prinzip scheinen die meisten mitbestimmen zu wollen, wie ihre Länder regiert werden.

Die Idee der Demokratie – wörtlich »Herrschaft des Volkes« – ist einflussreich und universell. Auch wenn es in der Sozialwissenschaft im Detail unterschiedliche Definitionen von Demokratie gibt, steht der Gedanke der Selbstregierung immer im Mittelpunkt. Wir alle sollten in politische Entscheidungen, die uns betreffen, eingebunden sein.

Doch bringt die Demokratie regelmäßig Ergebnisse hervor, die nicht konsensfähig sind. Oft bleibt Uneinigkeit. Und genau diese Meinungsverschiedenheiten sind der Kern der Demokratiefalle: *So etwas wie den »Willen des Volkes« gibt es nicht.* Wie wir beim Brexit gesehen haben, führt es ins Chaos, wenn sich die Menschen nicht einig sind. Um zu bekommen, was sie wollen, gehen sie strategisch vor, sie manipulieren und verdrehen Tatsachen. Der individuelle Impuls, das gewünschte Ziel erreichen zu wollen, triumphiert über unsere Fähigkeit, eine stabile kollektive Vereinbarung zu erreichen. Jedes Mal, wenn wir uns einem Konsens zu nähern scheinen, kann jemand, der mit dem Ergebnis nicht zufrieden ist, durch einen neuen Vorschlag alles wieder zunichtemachen.

Doch selbst wenn wir das Chaos umgehen und am Ende kollektive Entscheidungen treffen, bedeutet das nicht, dass wir unsere Meinungsverschiedenheiten ausgeräumt hätten. Demokratie endet nicht selten in einem Schreiduell zwischen Gewinnern und Verlierern, reißt Freunde und Nachbarn auseinander und polarisiert uns. Damit Demokratie gelingt – und die Politik nicht mehr versagt –, müssen wir auf dem schmalen Grat zwischen Chaos und Polarisierung balancieren.

Sogar die engagiertesten Verfechter der Demokratie haben ihre Mängel erkannt, wie Winston Churchill in seinem berühmten Diktum: »Demokratie ist die schlechteste aller Staatsformen – abgesehen von allen anderen Formen, die von Zeit zu Zeit ausprobiert wurden.« Doch was meinen wir mit »Demokratie«? Und warum ist sie angesichts ihrer Mängel so erstrebenswert? Generationen von Politikwissenschaftlern haben über diese Fragen heiß debattiert – was sowohl einen Eindruck davon vermittelt, wie umstritten Demokratie ist, als auch davon, wie endlos Wissenschaftler sich mit diesem Thema befassen können.

Im Kern dieser Debatte findet sich ein gewisser Konsens. Die berühmteste – und für uns geeignetste – Definition stammt von Joseph Schumpeter, einem Österreicher, der 1883 in der heutigen Tschechischen Republik geboren wurde. Schumpeter war sehr selbstbewusst. Zu seinen erklärten Zielen gehörte es, der größte Wirtschaftswissenschaftler der Welt zu werden, der glänzendste Reiter Österreichs und der beste Liebhaber Wiens. Er behauptete, zwei dieser Vorsätze erreicht zu haben, welche beiden, blieb offen. Schumpeters Antwort auf die Frage, was wir unter Demokratie verstehen sollten, war da um einiges klarer. Für ihn bestand das zentrale Element der Demokratie – was immer sonst noch wichtig sein mag – darin, dass »Einzelne die Entscheidungsbefugnis vermittels eines Konkurrenzkampfs um die Stimmen des Volkes erwerben«.

Aus diesem einfachen Satz folgt dreierlei. Erstens, »die Stimmen des Volkes«: Die breite Öffentlichkeit entscheidet, wer regiert. Zweitens, »ein Konkurrenzkampf«: Eine öffentliche Abstimmung mit nur einer Option ist sinnlos. Und drittens, »die Entscheidungsbefugnis«: Eine Wahl ist auch dann sinnlos, wenn der erfolgreiche Kandidat am Ende nicht handeln kann.

Man beachte, dass hier nichts steht, was einer Demokratie gute Politikerinnen und Politiker garantierte. Doch zumindest kann »das Volk« sie rauswerfen, wenn sie sich als Katastrophe erweisen. Das klingt allerdings nicht gerade großartig – womit sich Churchills ironischer Aphorismus erklärt. Aber man sollte sich vor Augen führen, was passiert, wenn wir einen dieser drei demokratischen Grundsätze verletzen.

Lassen wir »die Stimmen des Volkes« weg, wer hat dann die Entscheidungsbefugnis? Wahrscheinlich eine kleine Elite – die Aristoteles »Oligarchie« nannte. Eliten haben häufig Partikularinteressen: Wohlhabende wollen in der Regel nicht besteuert werden und alte Privilegien nicht aufgeben. Zudem werden, ohne dass »das Volk« in seiner Gesamtheit entscheiden kann, ganze Gruppen ausgeschlossen oder unterdrückt: in Großbritannien vor 1918 die Frauen, in den USA bis 1965 die Afroamerikaner.

Da tut sich natürlich die hoch umstrittene Frage auf, wer eigentlich »das Volk« ist. Manche Länder, etwa Rumänien, erlauben allen im Ausland lebenden Bürgerinnen und Bürgern zu wählen; andere, wie das Vereinigte Königreich, gestatten manchen Einwanderern, zur Wahl zu gehen (solchen, die aus dem Commonwealth stammen), anderen aber nicht (EU-Bürgern). Bis vor Kurzem war man erst ab dem Alter von einundzwanzig Jahren zur Wahl zugelassen. Trotzdem ist das allgemeine Wahlrecht für die Demokratie entscheidend, darin sind wir uns (fast) alle einig.

Was, wenn wir den »Konkurrenzkampf« herausnehmen? Nun, dann landen wir bei den Wahlen der Massen, die zufällig mit 99 Prozent für Saddam Hussein votieren. Wenn wir uns die Staatenlenker der Welt ansehen, die solche überragenden Stimmenmehrheiten erzielen, denken die allermeisten von uns nicht etwa: »Wow, was für ein populärer Regierungschef, wenn wir nur auch so einen hätten, den sich 90 Prozent der Leute wünschen!« Wir neigen, völlig zu Recht, zu mehr Skepsis. Und obwohl die Menschen in demokratischen Ländern häufig beklagen, dass sie keine echte Wahl hätten oder die Parteien eine Art Kartell bilden würden, sind solche Behauptungen verglichen mit Ländern wie Russland, wo die Wahlergebnisse von vornherein feststehen, übertrieben. Linke in den USA beschweren sich oft, gefühlt lediglich die Wahl zwischen einer rechten Partei und einer der Mitte zu haben. Doch immerhin kämpfen diese Parteien mit allen Mitteln um den Sieg. Sie stehen in einem Wettbewerb, und sie bieten alternative Lösungen für die gängigen Probleme an.

Und zuletzt, was passiert, wenn wir die »Entscheidungsbefugnis« weglassen? Viele Monarchien im Europa des 19. Jahrhunderts behielten sich die höchste Macht vor, obwohl sie Wahlen erlaubten und eine Legislative zuließen. Der Adel und die Kirche gestanden sich oftmals ein Vetorecht über gewählte Politiker zu. Die Aristokraten des House of Lords, des britischen Oberhauses, hatten dieses Recht bis 1911 inne und nutzten es, um eine Besteuerung ihres Landbesitzes zu blockieren. In Deutschland konnte Kaiser Wilhelm II. das gewählte Parlament übergehen – und gemeinsam mit seinem Reichskanzler Otto von Bismarck verhindern, dass die ihnen bedrohlich erscheinenden Sozialisten durch Wahlen an die Macht kamen. Kritiker zu bestrafen, egal wie zahnlos sie auftreten, steht Monarchen selbst heute noch zu, etwa in Thailand und Marokko, die vordergründig wie Demokratien aussehen – es gibt Parteien, eine Legislative und Wahlen.

Im Kern geht es bei der Demokratie also darum, dass die Menschen zur Wahl gehen, dass es einen Wettbewerb zwischen den Kandidatinnen und Kandidaten gibt und dass die Wahlen tatsächlich die Politik bestimmen. Vielleicht erscheint Ihnen solch eine Definition zu minimalistisch, doch selbst wenn wir diese Grundlagen festgelegt haben – freie und faire Wahlen in einem offenen Wettstreit, die entscheiden, wer regiert –, verbleibt ein beträchtliches Maß an Unterschieden *zwischen* den Demokratien.

Wir müssen insbesondere darauf achten, wie gut die Demokratie individuelle Rechte und Freiheiten schützt, um zu verhindern, dass sich gewählte Mehrheiten über die Interessen von Minderheiten hinwegsetzen. Garantierte Rede-, Versammlungs- und Gewissensfreiheit, der Schutz des Eigentums vor willkürlicher Beschlagnahmung durch die Regierung, ein Rechtssystem, das diese Regeln durchsetzen kann, und die Achtung lang bestehender Normen im Parlament – all dies sind tragende Säulen einer *liberalen Demokratie*.

Liberale Demokratien sind so etwas wie eine erweiterte Version der Wahldemokratie, für die Schumpeter eintrat. Sie sind nicht einfach nur die »Herrschaft des Volkes« – in Wirklichkeit schränken sie »das Volk« oft ein, indem sie die siegreichen Parteien daran hindern, all ihre Wünsche umzusetzen. Sie legen den Siegern Fesseln an, um sicherzustellen, dass sie die Verlierer nicht ausnutzen oder gar ausbeuten. Dies geschieht durch die Schaffung und Erhaltung von Institutionen, die ihrerseits nicht immer demokratisch gewählt werden – Gerichte, Ombudsleute, Zentralbanken, Religionsgemeinschaften, Zeitungen, Gewerkschaften. Sie entwickeln Normen und Verfahren, die verhindern sollen, dass Wahlgewinner die Legislative ausschalten oder ihre Amtszeit verlängern.

Liberalen Demokratien, wie sie den meisten Leserinnen und Lesern dieses Buches geläufig sind, liegt also ein Paradox zugrunde. Um der Demokratiefalle zu entgehen, müssen wir die Demokratie mithilfe von Institutionen und Normen bändigen, die den Wahlgewinnern nicht alles erlauben, was sie gerne hätten. Die Herrschaft des Volkes kann nicht völlig uneingeschränkt sein. Wir müssen die Demokratie vielmehr beschneiden, damit sie funktioniert. Die Normen und Institutionen können uns vor dem Chaos und der Polarisierung der Demokratiefalle und unsere Politik vor dem Versagen bewahren.

Demokratie mag eine populäre Idee sein, aber führt sie auch zu guten Ergebnissen? Journalistische Beiträge, in denen über Chinas wirtschaftlichen Aufstieg gestaunt wurde, enthielten oft eine implizite Kritik an der liberalen Demokratie: »Seht euch doch mal die glänzende neue Infrastruktur an, die ein autoritärer Staat schaffen kann, ohne sich um kleinliche Regeln kümmern zu müssen.« Ähnliche Berichte wurden unzählige Male verbreitet – über die Industrialisierung der Sowjetunion durch Stalin, das brasilianische »Wirtschaftswunder« unter der Militärregierung in den 1960er-Jahren, die »Tigerstaaten« Taiwan und Südkorea, die in den 1980ern unter autoritären Regierungen boomten. Doch auf jeden autoritären Aufschwung folgen etliche Rückschläge. Und außer den ölreichen Golfstaaten und vielleicht dem China von heute sind derzeit alle wohlhabenden Länder Demokratien. Wirtschaftswachstum ist in Demokratien tendenziell nachhaltiger, weil sie zu Kurskorrekturen fähig sind. In autoritären Ländern fürchten sich Beamte und Kommunalpolitiker davor, der herrschenden Regierung schlechte Nachrichten zu überbringen, also lügen sie, verdrehen Tatsachen und vertuschen ungefällige Informationen. Die katastrophale Leistung der russischen Armee bei der Invasion der Ukraine liegt vermutlich am Unwillen der Militärführung, ihre Kampfbereitschaft Wladimir Putin gegenüber realistisch darzustellen. Ein ähnliches Muster zeigt sich in der wirtschaftlichen Entwicklung. Der indische Ökonom und Philosoph Amartya Sen geht davon aus, dass es in Demokratien keine Hungersnot gibt, weil die Presse rechtzeitig vor einer drohenden Katastrophe warnen kann und die politische Führung auf die Bevölkerung reagieren muss.

Schließlich werden vom Volk regierte Demokratien ihre Gesetze mit größerer Wahrscheinlichkeit im Namen des Volkes erlassen. Besonders Wähler mit mittleren Einkommen fordern in der Regel umfassende Dienst- und Sozialleistungen ein. Demokratien schaffen einen Anreiz für diese Art politischer Maßnahmen, da die Parteien zum einen durch Wahlen dazu gezwungen werden, populäre Versprechen zu machen, zum anderen bei Wahlen zur Rechenschaft gezogen werden, wenn sie ihre Versprechen nicht einhalten. So neigen Länder, die sich demokratisieren, zum Beispiel dazu, rund ein Drittel mehr in öffentliche Bildung zu investieren und ihren Schwerpunkt von Ausgaben für Universitäten, die einer Elite zugutekommen, auf Schulen für die breiten Massen zu verlagern. Auch im menschlichen und sozialen Bereich sind Demokratien erfolgreicher – sie senken die Kindersterblichkeit, erhöhen die Alphabetisierung und die Impfquote. Trotz der Herausforderungen der Demokratiefalle sorgen Demokratien besser für ihre Bürgerinnen und Bürger als ihre autokratischen Rivalen. Es ist kein Zufall, dass der historische Durchbruch der Demokratie weltweit zu einer Ära beispiellos hoher Lebensstandards führte. Werfen wir nun einen Blick auf ihre Geschichte.

Die Geschichte der Demokratie

Die Geschichte der Demokratie ist eine Geschichte der Demokratiefalle. Die stabilen liberalen Demokratien, in denen viele von uns heute leben, haben es geschafft, ihr zu entgehen. Es sind die Demokratien, die über hintereinandergeschaltete Institutionen und beständige Normen der Regelbefolgung verfügen, die sie vor der Demokratiefalle schützen. Zwar geht die Demokratie bis auf das klassische Athen zurück, doch selbst dort war sie nicht von Dauer. Über Jahrhunderte hinweg war die Herrschaft des Volkes unbeständig und glitt leicht ins Chaos, in die Demagogie und schließlich die Tyrannei ab. Die stabile, gefestigte Demokratie ist weniger als hundert Jahre alt.

Ihre relative Jugend mag überraschen. Die allgemeine Meinung verortet ihren Ursprung meist im alten Griechenland oder vielleicht noch in der amerikanischen Unabhängigkeitserklärung, der Französischen Revolution oder im viktorianischen Großbritannien. Doch wenn wir auf Schumpeters drei Grundsätzen bestehen – Stimmen des Volkes, Konkurrenzkampf und Entscheidungsbefugnis –, müssen wir feststellen, dass ihnen viele der berühmten Beispiele für Demokratien gar nicht entsprechen.

Nehmen wir Großbritannien. Trotz der Behauptung des früheren Premierministers Boris Johnson, Großbritannien sei die »Heimstätte der Demokratie«, wurde diese Heimstätte doch erst nach und nach errichtet, Zimmer für Zimmer. Die Unterzeichnung der Magna Charta im Jahr 1215 beschränkte die Macht der Monarchie. Doch die Profiteure dieser Vereinbarung waren jene, die im mittelalterlichen England Land besaßen, nicht die weit größere Anzahl derer, die es bestellten. Eine »Entscheidungsbefugnis« erhielten auch die Wahlgewinner erst, als das Oberhaus, dem man qua Erbe angehörte, 1911 das Recht verlor, Gesetze zu blockieren. Und erst 1928 wurden im allgemeinen Wahlrecht Männer und Frauen gleichgestellt. Aber selbst da erhielten Geschäftsinhaber noch zwei Stimmen – eine für ihr Hauseigentum, eine für ihr Unternehmen –, und das Gleiche galt für Hochschulabsolventen von Oxford und Cambridge. Die Doppelstimmen existierten über all die Jahre bis 1950. So gesehen ist Großbritannien erst seit rund siebzig Jahren eine Demokratie.

Ähnliches gilt für eine andere langjährige Demokratie: die Vereinigten Staaten von Amerika. Zweifellos hatten sie nach der Unabhängigkeit im Jahr 1776 ein weit gefasstes Wahlrecht. Doch es galt nur für freie Männer. Das Frauenwahlrecht wurde erst 1920 mit der Verabschiedung des 19. Verfassungszusatzes eingeführt. Und Afroamerikaner wurden trotz der Sklavenbefreiung 1865 bis zum *Civil Rights Act* ein ganzes Jahrhundert später bei Wahlen diskriminiert, meist unter Einsatz von Gewalt.

Andere Länder mit einer langen Geschichte vermeintlicher Demokratie hatten es ebenfalls versäumt, sie nicht nur den männlichen Bürgern zu gewähren. Bis ins 20. Jahrhundert hinein waren Frauen in allen Ländern mit Ausnahme von Neuseeland vom Wahlrecht ausgeschlossen. In Frankreich wurde

das allgemeine Wahlrecht für Männer zunächst 1792 in der
Folge der Französischen Revolution kurzzeitig eingeführt und
dann endgültig in der Zweiten Republik von 1848. Doch das
Wahlrecht für Frauen gewährte Frankreich erst 1945, auch hier
erst hundert Jahre später. In der Schweiz gilt das Wahlrecht für
Männer seit 1848, die Frauen jedoch dürfen erst seit 1971 wählen, der Kanton Appenzell Innerrhoden hielt das Frauenwahlrecht gar bis ins Jahr 1990 zurück. Eine vollwertige Demokratie
in der Schweiz ist also nicht älter als eine typische Vertreterin
der Millennial-Generation.

Beim Blick auf den Urahn all dessen, die Demokratie im
alten Athen, tut sich uns ebenfalls ein trüberes Bild auf als das
über die Jahrhunderte als so glänzend überlieferte. Die attische
Demokratie war äußerst partizipativ, ja regelrecht aufreibend.
Etwa ein Zehntel der Wahlberechtigten traf sich vierzigmal im
Jahr zu Bürgerversammlungen. Zudem wurden Bürger per Los
in einen Rat berufen, der die täglichen Themen bestimmte, sowie in ein Volksgericht mit 200 bis 500 Geschworenen. Ein solches superpartizipatives System ließe sich natürlich nur schwer
steigern – im heutigen Amerika entspräche dies einer Volksver-
sammlung von rund 25 Millionen Menschen. Doch es bedeutete
eben, dass alle Bürger an allen Aspekten der staatsbürgerlichen
Entscheidungsfindung voll beteiligt waren. Seither wird das attische Modell gern gerühmt, wenn Sorgen über zu viel Apathie
in der Bürgerschaft geäußert werden.

Allerdings war diese Art der Partizipation nur einem kleinen Teil der Einwohner Athens möglich – männlichen Bürgern. Frauen waren vollkommen ausgeschlossen. Sklaven waren ebenfalls nicht beteiligt, ebenso wenig wie alle in Athen
ansässigen Ausländer sowie alle Einwohner, die keine attische
Abstammung hatten. Athen konnte sich die partizipative Demokratie nur leisten, weil Frauen und Nichtbürger die meiste

Arbeit verrichteten und den Handel ausübten. Das ist eine verblüffende Parallele zum Amerika des frühen 19. Jahrhunderts:
In der von Alexis de Tocqueville so hochgepriesenen hyperpartizipativen Demokratie verfügten lediglich freie weiße Männer über politische Rechte. Hinzu kommt, dass die attische Demokratie sowohl polarisierte – es waren die Bürger Athens, die
Sokrates zum Tode verurteilten, weil er »die Jugend verderbe« –
als auch instabil war und in eine Jahrhunderte währende Tyrannei und Oligarchie umschlug.

Was wir als moderne Demokratie bezeichnen, ist also jünger,
als die Überlieferung nahelegt. Wie aber sieht jenseits einzelner Beispiele die allgemeine Entwicklung der Demokratie aus?
Die Politikwissenschaft spricht häufig von den drei »Wellen«
der Demokratie. Die erste Welle begann mit den Erschütterungen durch den Amerikanischen Unabhängigkeitskrieg und die
Französische Revolution, setzte sich mit der schrittweisen Ausweitung der Bürgerrechte im Vereinigten Königreich fort und
gipfelte in weitverbreiteten Gründungen demokratischer Republiken Ende des Ersten Weltkriegs in Westeuropa.

Doch es liegt in der Natur von Wellen, dass sie brechen, wenn
sie ihren Höhepunkt erreicht haben. In den 1920er- und vor
allem 1930er-Jahren stürzten faschistische Regime die Demokratie in Italien, Deutschland und Spanien, und Stalin vertiefte
den autoritären Charakter Sowjetrusslands.

Im Anschluss an diesen Umschwung gab es nach dem Zweiten Weltkrieg eine zweite demokratische Welle, als Deutschland, Italien und einige ehemalige Kolonien, insbesondere
Indien, demokratisch wurden. In den 1960er- und 1970er-
Jahren erfolgte wieder ein Umschwung, als eine Reihe lateinamerikanischer und afrikanischer Länder in Richtung Militärjuntas und Alleinherrschaft kippten, von Pinochet in
Chile über die argentinischen Generäle bis hin zu Idi Amin

in Uganda, Mobutu Sese Soko in Zaire und Muammar al-Gaddafi in Libyen.

Schließlich begann in Portugal 1974 eine dritte Welle der Demokratisierung, beschleunigt durch den Wandel in Spanien, Griechenland, Argentinien und Brasilien im Lauf der 1980er-Jahre, die mit dem Zusammenbruch der Sowjetunion und der Demokratisierung Osteuropas in den frühen 1990ern explodierte. Dies war die Phase, als Francis Fukuyamas (oft missverstandenes) Buch *Das Ende der Geschichte* erschien, in dem er die Auffassung vertrat, dass sich die Idee einer liberalen Demokratie gegenüber ihren Konkurrenten möglicherweise für immer durchgesetzt habe.

Diese Vorstellung ist noch immer mächtig. Doch wir haben bereits gesehen, dass Schumpeters Definition von Demokratie über Wahlen nicht das Gleiche ist wie eine »liberale Demokratie«. Fast jedes Land der Welt erlaubt inzwischen allen Erwachsenen zu wählen – nur wenige Länder am Persischen Golf (die Vereinigten Arabischen Emirate und Saudi-Arabien) schränken das Wahlrecht ein. Der Knackpunkt ist jedoch, ob die Wahl etwas bewirkt. Seit der Jahrtausendwende haben sich Volkswahlen weiter verbreitet, und sie werden so gut wie überall abgehalten, aber die anderen Institutionen, die eine Demokratie ausmachen, sind systematischen Angriffen ausgesetzt. Länder von Russland über die Türkei bis Venezuela sind in einen »Autoritarismus mit Wahlen« zurückgeglitten – es finden zwar Wahlen statt, aber sie entscheiden in Wirklichkeit nichts. Sogar in Ländern wie Polen, in denen die demokratischen Wahlen noch frei, fair und in echtem Wettbewerb stattfinden, stehen andere Teile der liberalen Demokratie – Justiz und freie Presse – unter Druck.

Demokratien ohne unterstützende liberale Institutionen verkommen nicht selten zu einem aggressiven Populismus. Der populistische Premierminister Ungarns, Viktor Orbán, hat explizit davon gesprochen, dass er eine »illiberale« Demokratie schuf. Vor hundert Jahren wäre eine solche Unterscheidung sinnlos gewesen – die meisten Länder, die das Wahlrecht einführten, verfügten bereits über einen weitreichenden juristischen Schutz der Rede- und Versammlungsfreiheit usw. Doch in den letzten Jahrzehnten wurden es immer mehr Demokratien, in denen diese Rechte nicht mehr garantiert sind, weshalb die Zähne der Demokratiefalle dort besonders scharf sind. Wir sollten vorsichtig sein, diese Wahldemokratien alle abzutun – das Recht zu wählen ist besser als gar keine Wahlen. Doch wie wir sehen werden, können Demokratien ohne zwingend regulierende liberale Institutionen beides sein, chaotisch und polarisierend. Eine unbeschränkte Herrschaft der Mehrheit ist gefährlich. Was soll einen skrupellosen Regierungschef davon abhalten, eine Abstimmung zu ignorieren, bei der er abgewählt wurde? Man darf nicht vergessen, dass es in der Politik keine dritte Instanz gibt, die man anrufen könnte, um Versprechen einzuklagen – wäre es dann also nicht auch möglich, dass ein führender Politiker jede Opposition ausschaltet? Solche Bedrohungen rückten seit dem Sturm auf das Kapitol in den USA am 6. Januar 2021 selbst für Bürgerinnen und Bürger wohlhabender Demokratien in den Bereich des Möglichen. Es bedarf starker Institutionen, um eine Demokratie am Leben zu halten.

Demokratie ist beides, klassisch und modern. Einige Ideen über die wahre Herrschaft der Massen gehen auf die Antike zurück. Doch die Art von Demokratie, die aktuell weltweit existiert, ist nicht viel älter als das Transistorradio. Es bedurfte eines Kampfes über Jahrhunderte, bis wir das Recht erhielten, selbst zu wählen, und die Gefahr eines Rückfalls ist allgegenwärtig. Selbst dann ist Demokratie ein unvollkommenes System. Demokratie kann wie gesagt nicht garantieren, dass wir auch gute Politikerinnen und

Politiker bekommen. Dennoch haben Demokratien, so unvollkommen sie sein mögen, einige offensichtliche Vorteile.

Wir werden repräsentiert – wenn wir etwas wollen, haben wir das Recht, dafür zu stimmen und selbst zu kandidieren, um uns dafür einzusetzen. Das ist noch keine Garantie für Politiker, die uns ähneln oder denken wie wir. Bei Weitem nicht. Aber wenn uns das wirklich stört, können wir selbst tätig werden und es ändern. In einer Demokratie könnte fast jede Wählerin, jeder Wähler selbst Regierungschef werden.

Uns gegenüber wird Rechenschaft abgelegt – zumindest in der Theorie. Wir können unsere Politiker abwählen, wenn sie ihre Arbeit schlecht machen. Wir können ihr Fehlverhalten an der Wahlurne abstrafen. Und wenn die Parteien ihre Programme vorlegen, können wir bei der nächsten Wahl unser Urteil darüber abgeben, wie gut sie ihre Versprechen gehalten haben.

Und schließlich erhalten wir eine Regierung von uns selbst. Wir haben die Wahl, und wir treffen unsere eigenen Entscheidungen. Demokratie ermöglicht es uns, unsere Irrtümer zu korrigieren und zu vermeiden, uns gehorsam den Entscheidungen unserer Vorfahren beugen zu müssen. Wir werden im politischen System mit Respekt behandelt, als Bürgerinnen und Bürger, nicht als Untertanen. Demokratie schenkt uns die Freiheit, die Welt so zu gestalten, wie wir es für richtig halten. Die Sache hat nur einen Haken. Wer sind »wir«?

3 DIE DEMOKRATIEFALLE

Wenn Demokratie so wünschenswert ist, warum ist es dann so schwer, demokratische Entscheidungen zu fällen? Die Probleme mit der Demokratie sind der Tatsache geschuldet, dass Länder nicht wie Individuen funktionieren. Vielmehr sind sie Gruppen eigennütziger Individuen. Und wie wir individuell entscheiden, lässt sich nicht ohne Weiteres auf klare kollektive Entscheidungen übertragen. Der individuelle Antrieb, zu bekommen, was wir im Einzelnen wollen, wird uns im Gegenteil eher daran hindern, überhaupt zu einer Einigung zu gelangen – unsere Politik würde komplett versagen. Wir tappen in die Demokratiefalle: *So etwas wie den »Willen des Volkes« gibt es nicht.*

Der »Wille des Volkes« existiert nur im allerbanalsten Fall: wenn wir uns bereits alle einig sind. Demokratische Institutionen, wie zum Beispiel verschiedene Wahlverfahren, können keine einheitliche, kollektive Vision herbeizaubern, weil sie entweder einer strategischen Manipulation eigennütziger Wähler zum Opfer fallen oder unsinnige Antworten liefern. Denken Sie noch einmal an den Brexit: Die Abgeordneten konnten sich nicht einmal auf ein Abstimmungsverfahren zur Entscheidungsfindung einigen, weil sich die einfache Wahl zwischen Austritt und Verbleib in der EU als eine Entscheidung mit unzähligen Varianten, wie der Brexit vollzogen werden soll, entpuppte.

Sobald man mehr als zwei Optionen hat, kann eine demokratische Wahl immer in Chaos und Unentschlossenheit münden.

Aber tatsächlich herrscht gar nicht so viel Chaos. Das liegt daran, dass Parteien Ordnung schaffen können, wenn auch nur um den Preis zunehmender Polarisierung. Wir treffen Entscheidungen, aber es sind Entscheidungen, die das Land in zwei Lager spalten und auf beiden Seiten mit dumpfem Groll einhergehen können. Das ist die Situation, in die die britische Politik durch die Brexit-Debatte geraten ist. Die Konservativen wurden zur Austrittspartei, Labour zur Partei derer, die in der EU bleiben wollten (obwohl beide Parteien zunächst gespalten waren), und die Politiker klagten über verbitterte »Remainer« und hämische »Brexiteers«.

Wie gestalten wir demokratische Politik erfolgreich, wenn wir uns nicht einig sind und vermeiden wollen, von Chaos und Polarisierung heimgesucht zu werden? Um diese Frage zu beantworten, müssen wir die Demokratiefalle näher erkunden.

Der »Wille des Volkes«

Die Vorstellung, es gebe so etwas wie den »Willen des Volkes«, hat eine lange Geschichte. Bis Mitte des 20. Jahrhunderts drehten sich die meisten großen Debatten – der Konflikt zwischen Nationalismus, Liberalismus und Kommunismus – um die Frage, wer den »Willen des Volkes« repräsentiere und was dieser Wille sei. Der Gedanke, dass er vielleicht gar nicht existiert, wurde so gut wie nicht erwogen. Daher kann es kaum überraschen, dass sich die Leute noch immer von »starken« oder »tugendhaften« Politikern und Politikerinnen angezogen fühlen, die behaupten, den »Willen des Volkes« zu vertreten.

Im Mittelpunkt dieser Debatte stehen Jean-Jacques Rousseau und seine Idee des *Volonté générale*, des »Gemeinwillens«. Rousseau vertrat die Ansicht, dass individuelle Meinungsverschiedenheiten durch die moderne Zivilisation, die Spaltung und Sonderinteressen erzeuge, künstlich heraufbeschworen würden. Doch es gebe eine Lösung: eine demokratische Republik. Wenn alle Menschen am Entscheidungsprozess teilhätten, könnten sie sich beratschlagen und ihre gemeinsamen Ziele erkennen – den Gemeinwillen. Je partizipatorischer und aktiver die Demokratie sei, desto näher komme der gebündelte Wille aller Einzelpersonen diesem wahren Gemeininteresse.

In der Nachfolge Rousseaus vertraten Denker verschiedenster Richtungen die Auffassung, dass sich das Gemeininteresse hinter den individuellen Interessen verberge, die man nur beiseiteschieben müsse, um es freizulegen. Nationalisten definierten den »Willen des Volkes« schlicht durch die Landesgrenzen und ein imaginäres ethnisch homogenes »Volk«. Die Sozialisten vertraten eine ganz andere Auffassung vom »Willen des Volkes«. Karl Marx erklärte, dass das Gemeininteresse durch die wirtschaftlichen Verhältnisse des Menschen bestimmt werde: Arbeiter und Kapitalisten würden jeweils gleiche Interesse teilen. Nach Marx konnte es kein Gemeininteresse geben, solange Klassenunterschiede existierten. Doch nach der Revolution und der allgemeinen Umverteilung des Eigentums würden die Menschen dieselben Interessen teilen. Diese höchst unterschiedlichen Weltanschauungen – Rousseaus Republikanismus, der Nationalismus und der Sozialismus – gingen alle von der Annahme aus, dass ein gemeinsames Interesse *existiert*.

Lassen wir diese Idee im Zweifel vorläufig einmal zu. Selbst wenn es einen einheitlichen »Willen des Volkes« gäbe, stünden wir vor einem Problem. Stellen Sie sich vor, wir alle wären uns als Gesellschaft über etwas einig. Wenn jedes einzelne Mitglied vom Erreichen eines gemeinsamen Ziels profitieren kann – ohne sich zu bemühen, es zu erreichen –, wird jeder das Engagement der anderen ausnutzen wollen. Nehmen wir die Aufrechterhaltung der Demokratie als Beispiel, die zur Herausforderung werden kann – wir mögen uns zwar alle wünschen, in einer demokratischen Gesellschaft zu leben, aber sind wir bereit, die individuellen Kosten dafür zu tragen? Die sinkende Wahlbeteiligung in Ländern von den USA über Großbritannien bis nach Frankreich im letzten Jahrzehnt lässt vermuten, dass dem nicht so ist. Selbst wenn wir alle uns in einem Ziel einig sind, aber nicht einig darin, dass wir uns auch dafür einsetzen müssen, dann ist der »Wille des Volkes« nicht besser als das Lippenbekenntnis einer Teilnehmerin an einem Schönheitswettbewerb zum »Weltfrieden«.

Doch in aller Regel sind wir unterschiedlicher Meinungen. Und wenn das der Fall ist, wie viele Menschen müssen übereinstimmen, damit wir sagen können, die Demokratie vertrete den »Willen des Volkes«? Das hängt davon ab, wie wir ihn definieren. Wir können extrem inklusiv argumentieren und sagen, den »Willen des Volkes« gebe es nur, wenn alle übereinstimmten. Oder extrem exklusiv und behaupten, dass bereits eine hauchdünne Mehrheit den »Willen des Volkes« abbilde. Die Geschichte lehrt uns die Gefahren beider Ansätze.

Man kann politische Systeme schaffen, in denen absolut jeder und jede zustimmen muss. Am einfachsten lässt sich ein solches System etablieren, indem man allen ein Vetorecht erteilt. Der Begriff »Veto« kommt aus dem Lateinischen und bedeutet einfach nur »ich verbiete«. Wenn niemand gegen eine Entscheidung ist, drückt sie eindeutig den »Willen des Volkes« aus. Demzufolge kann sich dies jedes politische System, das allen ein Vetorecht zubilligt, auf die Fahnen schreiben. Das Problem dabei ist offensichtlich. Es gibt nur sehr, sehr wenige Situationen, in denen wir alle übereinstimmen. Politische Systeme mit einem garantierten individuellen Vetorecht werden sich daher eher selbst lähmen.

Das berühmteste Beispiel dafür ist der Sejm, das polnisch-litauische Parlament aus dem 17. und 18. Jahrhundert. Im Sejm existierte das Recht des *Liberum Veto*, was übersetzt heißt: »Ich verbiete aus freien Stücken.« In jeder gesetzgeberischen Versammlung konnte sich jedes Mitglied des Parlaments erheben und das laufende Gesetzgebungsverfahren ablehnen, womit es gescheitert war. 1652 wurde das gesamte Parlament durch das Veto eines einzigen Abgeordneten aufgelöst. Im 18. Jahrhundert wurde in mehr als einem Drittel aller Parlamentssitzungen gar kein Gesetz verabschiedet, und nachdem diese Praxis weithin bekannt geworden war, wurden polnische Abgeordnete von ausländischen Regierungen bestochen, damit sie ihr Veto einlegten und Gesetze zum Scheitern brachten.

Das *Liberum Veto* untergrub das ohnehin instabile Polen, das von rivalisierenden Mächten von allen Seiten bedrängt wurde, noch weiter und wurde 1791 schließlich endgültig abgeschafft. Für Polen kam das leider zu spät. Innerhalb von zwei Jahren musste der Sejm unter Zwang in der Zweiten Teilung Polens die Hälfte seines Landes an Russland und Preußen abtreten, also an genau die Länder, die Polens Abgeordnete manipuliert und das Parlament durch Ausnutzung des *Liberum Veto* ausgehöhlt hatten. Das so eng gefasste Verständnis vom »Willen des Volkes« hatte das Ende eines unabhängigen Volkes herbeigeführt.

Wie sieht es mit dem anderen Extrem aus, wenn also Länder ihre Entscheidungen, die auf einer dünnen Mehrheit gründen, zum »Willen des Volkes« erklären? Da in diesen Fällen so viel auf dem Spiel steht, werden die Wahlergebnisse selbst zum Streitthema. Die Verlierer stellen deren Legitimität infrage, und die Gewinner neigen zu Extremen, um die Knappheit ihres Sieges zu kompensieren.

Das Brexit-Referendum löste bekanntlich einen vielstimmigen Aufschrei in Sachen »Wille des Volkes« aus. Über den Fotos der drei Richter, die entschieden hatten, dass trotz der Entscheidung des Referendums, die Europäische Union zu verlassen,

dem Parlament das Recht zustehe, zu entscheiden, ob man diesen Schritt tatsächlich unternehmen sollte, lautete eine reißeri-
sche Schlagzeile der *Daily Mail*: »Die Feinde des Volkes«. In dem
Artikel wurde der Abgeordnete und Euroskeptiker Iain Duncan
Smith mit den Worten zitiert, die Richter würden »das Parlament buchstäblich gegen den Willen des Volkes ausspielen«. Das
Volk habe durch das, egal wie knapp, gewonnene Referendum
2016 gesprochen, und die anderen Institutionen der britischen
Demokratie – Parlament und Justiz – hätten sich dieser Stimme
zu beugen. Doch das britische Volk und seine Abgeordneten
waren sich natürlich alles andere als einig. Und diese Uneinigkeit ließ sich nicht einfach mit Appellen, es sei der »Wille des
Volkes«, wegwischen, was mehr als deutlich wurde, als das Parlament versuchte, ein Gesetz zum Vollzug des Brexits zu verabschieden, und scheiterte.

Ein anderes plastisches Beispiel ist die Präsidentschaftswahl in den USA im Jahr 2000, die mit der Auszählung einiger Hundert zweifelhafter Stimmen im Bundesstaat Florida
entschieden wurde. In der Wahlnacht vom 7. November galten beide Kandidaten, George W. Bush und Al Gore, mal als
Gewinner, mal als Verlierer aufgrund der Verwirrung über
den Wahlausgang in Florida, dessen Sitze im Wahlmänner-
kollegium für das Endergebnis ausschlaggebend waren. Am
nächsten Tag hing das Schicksal Floridas und der USA und
vielleicht sogar das Schicksal weit entfernter Regionen wie
Afghanistan und Irak von 300 Stimmen ab. Wie man möglicherweise ungültige, schlecht gestaltete oder unvollstän-
dige Stimmzettel zählen und wie lang der Prozess wiederhol-
ter Nachzählungen durchgespielt werden sollte, wurde am
Ende vom Obersten Gerichtshof der Vereinigten Staaten entschieden – auch hier mit knapper Mehrheit. In einem Fünf-
zu-vier-Beschluss entschied der Supreme Court schließlich,

die Nachzählung zu beenden, was Bush zum Wahlgewinner
machte.

Sein unglaublich knapper Sieg steckte den Rahmen für eine
Präsidentschaft, die viele Demokraten als illegitim betrachteten
(nicht zuletzt, weil Bush den *Popular Vote*, also den prozentua-
len Anteil aller abgegebenen Stimmen, verloren hatte). Doch
Bush regierte als erklärter Sieger, als verfügte er über eine große
Mehrheit, brachte die größte Steuersenkung in der Geschichte
der USA auf den Weg und begann nach dem 11. September eine
umfangreiche militärische Intervention im Nahen Osten. Die
Beute bekam der Sieger. Doch bei den Verlierern blieb das bren-
nende Gefühl zurück, die Wahl sei nicht rechtmäßig gewesen,
was mit einer mangelnden Bereitschaft einherging, das Ergebnis zu akzeptieren. Doch schließlich gab sich Gore zähneknirschend geschlagen. Donald Trump dagegen weigerte sich 2020,
seine weitaus größere Niederlage einzugestehen, und bereitete
damit die Bühne für den gewaltsamen Sturm auf das Kapitol am
6. Januar 2021.

Nennen wir es das Problem der »Zustimmung der Verlierer«.
Schreien die Wahlverlierer Betrug, oder akzeptieren sie das Ergebnis? Das hängt teilweise von der Reaktion der Gewinner oder
vielmehr davon ab, welche Reaktion die Verlierer von den Gewinnern erwarten. Ein klassisches Beispiel ist die linksgerichtete
spanische Volksfront, die 1936 knapp gegen die konservative
Opposition siegte. Vor der Wahl hatten beide Seiten erklärt, ein
Bürgerkrieg sei unvermeidlich, falls die andere Partei gewinnen
sollte. Und nachdem die linksgerichtete Koalition den Sieg da-
vongetragen hatte, verschworen sich wütende rechte Politiker
zum Sturz der Regierung, was zum Spanischen Bürgerkrieg und
zur 36-jährigen Herrschaft General Francos führte.

Die Mehrheitsregel garantiert also noch keinen »Willen des
Volkes«. Manchmal überkompensieren Wahlgewinner einen

knappen Sieg, indem sie so tun, als hätten sie einen Erdrutschsieg eingefahren. In anderen Fällen werden sie gestürzt. Doch es gibt auch die Situationen, in denen sich überhaupt niemand mehr auf irgendetwas einigen kann.

Chaos

Einer der mutigsten und wichtigsten Akteure der Französischen Revolution war der Marquis de Condorcet. Natürlich zum Tod durch die Guillotine verurteilt, hinterließ er vor seinem allzu frühen Tod künftigen Sozialwissenschaftlern noch zwei klassische Thesen: eine optimistische und eine pessimistische. Sein optimistisches Erbe war das Jury-Theorem. Er argumentierte, dass es Lösungen gibt, über die sich alle einig sind – der wahrhaft Schuldige soll bestraft und der Unschuldige freigesprochen werden. Doch wir wissen nicht, ob der Beschuldigte tatsächlich schuldig oder ob er unschuldig ist. Condorcet führte weiter aus, dass, wenn jeder von uns mit seinem Urteil mit höherer Wahrscheinlichkeit richtig als falsch liegt, sich die Wahrscheinlichkeit, die richtige Entscheidung zu treffen, der Gewissheit nähert, sobald genügend Menschen beteiligt sind und gemeinsam – durch Mehrheitsbeschluss – entscheiden. Dies ist die erste moderne Beschreibung der »Weisheit der Vielen« – als Einzelne können wir nicht sicher sein, aber als Gruppe sehr wohl. Das sind großartige Nachrichten für die Demokratie. Darauf werden wir später in diesem Kapitel noch einmal zurückkommen.

Doch was tun, wenn mit dem gewünschten Ergebnis nicht alle übereinstimmen? An dieser Stelle kommt Condorcets pessimistische Theorie ins Spiel. Sie wurde als Condorcet-Paradoxon bekannt und zeigt, dass, selbst wenn jeder von uns eine Reihe von Lösungen in eine eindeutige Rangfolge bringt, es unmöglich sein kann, eine gemeinsame Gruppenentscheidung zu treffen. Stattdessen ist denkbar, dass es zu einem endlosen Hin und Her zwischen verschiedenen Lösungen kommt. Diese Situation tritt besonders wahrscheinlich auf, wenn mehr als zwei Optionen zur Wahl stehen.

Kehren wir als Beispiel für das Condorcet-Paradoxon zum Brexit und der Unfähigkeit der Parlamentarier zurück, überhaupt irgendeine Art Einigung zu erzielen. Der Grund dafür war, dass die Abgeordneten in drei Gruppen mit höchst unterschiedlichen Präferenzen gespalten waren und es (mindestens) drei mögliche Lösungen gab: Theresa Mays Abkommen, der Austritt aus der Europäischen Union ohne jegliches Abkommen (*No Deal*) oder ein weiteres Referendum.

Eine große Gruppe Konservativer Abgeordneter und einige Labour-Politiker sprachen sich für Mays Abkommen aus. Wenn es nicht anders ginge, würden sie auch einem *No-Deal*-Brexit zustimmen, aber keinesfalls ein neues Referendum unterstützen.

Eine andere Gruppe Konservativer Abgeordneter – die selbst ernannten »Spartaner« – vertrat die bedingungsloseste Brexit-Variante: *No Deal*. Sie betrachteten Mays Abkommen als »Verrat«, der Großbritannien für immer an die EU binden würde. Eher würden sie einem neuen Referendum zustimmen als diesem Abkommen.

Viele Vertreter der Oppositionsparteien schließlich kämpften vehement gegen den Brexit: Sie wollten ein neues Referendum, und nur wenn sie das nicht durchsetzen könnten, wären sie bereit, Mays Abkommen mitzutragen. Diese Gruppe betrachtete *No Deal* als Katastrophe.

Für sich genommen vertrat jede Politikerin und jeder Politiker in sich stimmige, rationale Präferenzen der unterschiedlichen Brexit-Varianten. Doch das Parlament als Ganzes handelte chaotisch. Und selbst mit der einfachsten demokratischen Abstimmungsregel – Mehrheitsbeschluss von jeweils nur zwei Optionen pro Abstimmung – wäre das Parlament nicht in der Lage gewesen, eine Übereinkunft zustande zu bringen.

Beginnen wir mit Mays Abkommen versus *No Deal*. Ihre Unterstützer wünschten sich ein Abkommen, und auch die Oppositionsparteien zogen ein Abkommen der *No-Deal*-Lösung vor. Damit hätte das Abkommen einen Mehrheitsbeschluss gewonnen. Doch dann wurde es kompliziert. Die Oppositionsparteien hätten fordern können, über die Alternative »Abkommen gegen neues Referendum« als ihre erste Wahl abzustimmen. Dann hätten sich die Spartaner Chancen in einem neuen Referendum ausrechnen können, statt Mays Abkommen zuzustimmen, das für sie gar kein »richtiger« Brexit war. Mit dieser neu gebildeten Allianz wäre in einer Mehrheitswahl für ein neues Referendum gestimmt worden.

An dieser Stelle hätten nun die Anhänger von Mays Abkommen sagen können, das »Volk« habe für den Brexit gestimmt, egal wie er vollzogen werde: »Also stimmen wir um *No Deal* oder Referendum ab.« Bei dieser Abstimmung hätten sie gemeinsam mit den Spartanern *No Deal* unterstützt.

Kehren wir nun an den Ausgangspunkt zurück, dass Mays Abkommen einen *No Deal* verhindern sollte. Und schon beginnt das Abstimmungskarussell von Neuem. Das Parlament dreht sich weiter im Kreis, unfähig, eine endgültige Entscheidung zu treffen.

Ein Grund, warum es so schwer war, eine Lösung für den Brexit zu finden, bestand darin, dass viele »mehrgipfelige Präferenzen« haben. Sie ziehen beide Extreme einem Kompromiss in der Mitte vor. In unserem Beispiel gaben die Spartaner einem *No Deal* und einem Referendum den Vorzug vor Mays Kompromissabkommen. Eine Vorliebe für Extreme herrscht oft auch in Kriegszeiten, wenn ein kompletter Rückzug oder ein totaler

Krieg begrenzteren Militäroperationen vorgezogen werden –
der Vietnamkrieg in den USA wurde oft so geschildert. Solche
Präferenzen für die Extreme erzeugen häufig Endlosschleifen.
Ein Weg aus dem Chaos wäre, die Menschen zu gemäßigteren
Optionen zu überreden – doch das würde ihre Wahlfreiheit ein-
schränken. Und das ist nicht gerade demokratisch.

Vielleicht halten Sie das Condorcet-Paradoxon für eine interessante, aber letztlich selten auftretende Schwachstelle von Demokratien – ein Gedankenspiel, aber keine reale Bedrohung für
die kollektive Entscheidungsfindung. Leider liegen Sie damit
falsch. In den 1950er-Jahren stellte der US-Ökonom Kenneth
Arrow den mathematischen Beweis auf, dass alle Arten demokratischer Wahlverfahren entweder ins Chaos oder in eine Diktatur führen.

Arrow untersuchte, was passiert, wenn jeder Einzelne die
verschiedenen Optionen für sich in eine Rangfolge bringt, die
wir dann durch eine Art Abstimmungsmechanismus für die
Gruppe als Ganzes in ein kollektives Ranking übersetzen. Können wir jetzt von einem geschlossenen »Willen« dieser Gruppe
sprechen? Nein. Arrows Unmöglichkeitstheorem besagt, dass
es kein Wahlverfahren gibt, das alle folgenden Bedingungen erfüllt, ausschließlich Bedingungen, die wir uns für jede Demokratie wünschen:

- Erstens *kollektive Rationalität*: Wir können uns nicht endlos im
  Kreis drehen, es muss *eine* kollektive Entscheidung geben.
- Zweitens *nicht diktatorisch*: Es darf nicht sein, dass sich immer
  die Präferenzen einer Person durchsetzen.
- Drittens *Universalität*: Es müssen alle Arten individueller Präferenzen erlaubt sein – wir können niemandem verbieten, eine
  bestimmte Auswahl zu treffen.

- Viertens *Einstimmigkeit*: Wenn alle Alternative A einer Alternative B vorziehen, können wir sie nicht ignorieren und uns trotzdem für B entscheiden.

- Schließlich, und das ist der größte Brocken, *Unabhängigkeit von irrelevanten Alternativen*: Die Entscheidung, die eine Gesellschaft zwischen zwei beliebigen Optionen trifft, darf nicht von Präferenzen für eine dritte Option abhängen, die nichts damit zu tun hat.

In unserem Brexit-Beispiel verletzt ein einfacher Mehrheitsbeschluss die kollektive Rationalität. Sobald viele Menschen die Extreme einem Kompromiss vorziehen, mündet dies in einem nicht enden wollenden Wahlkarussell. Sonstige Wahlverfahren scheitern an anderen Kriterien. Der springende Punkt ist, dass nicht alle fünf Bedingungen, die Arrow aufgestellt hat, gleichzeitig erfüllt werden können. Soll ein Wahlsystem zu einem stabilen Ergebnis führen, muss man eines der Kriterien verletzen, die Alternative wäre, sich zurückzulehnen und das Chaos zu genießen.

Auf unser Brexit-Beispiel angewandt: Hätten wir nicht einfach nach zwei Abstimmungen aufhören können? Hätte das Arrow zufriedengestellt? Jede der drei Optionen wäre dabei schließlich mindesten einmal berücksichtigt worden. Das Problem ist, dass wir entschieden hätten, ein weiteres Referendum sei besser als Mays Abkommen oder ein *No Deal*, obwohl nur eine Gruppe – die oppositionellen Pro-*Remain*-Parteien – das für richtig hielt. Hätte man darauf bestanden, nach zwei Wahlrunden aufzuhören, hätte diese Gruppe sich zum Diktator der Parlamentsentscheidung aufgeschwungen. Dies hätte aber die zweite Bedingung verletzt – es wäre diktatorisch gewesen. Allerdings bleiben wir in der Schleife gefangen, wenn niemand die Führung übernimmt. In der dritten Wahlrunde schlägt *No Deal* das Referendum; in der vierten schlägt das Abkommen die *No-Deal*-Variante und so ad infinitum. Obwohl lediglich eine einfache Entscheidung zu treffen ist und trotz eines fairen demokratischen Verfahrens, wird sich diese Debatte endlos weiter im Kreis drehen.

Ist an drei Wählergruppen und drei Wahlmöglichkeiten etwas Außergewöhnliches? Eigentlich nicht. Mehr Wahlmöglichkeiten oder mehr Wähler erhöhen lediglich die Wahrscheinlichkeit, dass jemand Präferenzen hat, die diese Art chaotischer Endlosschleifen auslösen. Was, wenn wir versuchten, die Spartaner oder die Opposition davon zu überzeugen, dass ihre Präferenzen falsch sind, und wir das Problem auf diese Weise lösen würden? Nun, das könnte klappen. Nur dass wir damit ein anderes Grundprinzip der Demokratie aufgegeben haben: Jeder darf seine bevorzugte Rangfolge wählen und muss nicht allein danach entscheiden, was für die Menschen am besten ist. Wir haben den dritten Grundsatz verletzt.

Vielleicht denken Sie jetzt: Ja, sicher, da gibt es ein grundsätzliches Problem, aber die Politik ist schließlich doch ziemlich stabil, das alles mag sehr interessant sein, aber letztendlich ist es nicht wichtig. Und in aller Regel haben Sie damit recht, denn unsere politischen Institutionen sind so ausgelegt, dass einige dieser Grundsätze im politischen Alltag verletzt werden dürfen.

Unsere Institutionen sorgen dafür, dass die politischen Versprechen glaubwürdig und stabil sind, indem sie die Wahrscheinlichkeit verringern, dass ein Chaos ausbricht. Eine Kontrolle der politischen Agenda – durch das *Order Paper* im britischen Parlament oder die Kongressausschüsse im US-Senat – soll gezielt die Anzahl der zur Abstimmung stehenden Optionen oder die Anzahl möglicher Abstimmungen reduzieren. Hätten wir die Brexit-Optionen entweder im ersten Durchgang auf zwei Möglichkeiten eingeschränkt oder festgelegt, dass nur zweimal mit

Mehrheit abgestimmt werden dürfe, hätten wir zu einer Entscheidung finden können. In diesem Falle jedoch wäre das erzielte Ergebnis von denjenigen festgelegt worden, die die Agenda erstellt haben – diktatorisch, nicht demokratisch. Wir schaffen Demokratie, indem wir sie verletzen.

Chaos entsteht dann, wenn Regierungen sich nicht auf eine einzige politische Linie einigen können. Manchmal jedoch ist es schon schwer, überhaupt eine Regierung zu bilden. Ende 2011 wurde dies in Belgien bis ins Extrem durchgespielt. 589 Tage lang verfügte das Land über keine gewählte Regierung.

Dies erscheint abwegig – und es ist schwer vorstellbar, wie dies in einem Land mit einem gewählten Premierminister, in dem regelmäßig politische Parteien Mehrheiten gewinnen, so leicht möglich ist. Doch Belgien besitzt ein Verhältniswahlrecht, in dem die Parteien selten mehr als 20 Prozent der Stimmen auf sich vereinen, zudem herrscht eine große regionale Kluft zwischen dem flämischen Teil, in dem Niederländisch gesprochen wird, und dem wallonischen, französischsprachigen Teil.

Bei der Wahl von 2010 gewann die größte Partei in Belgien – die konservative Neu-Flämische Allianz – nur 17,4 Prozent der Stimmen. Die zweitplatzierte Partei – die vor allem in Wallonien vertretene Sozialistische Partei – vertrat eine diametral entgegengesetzte Politik, hatte eine andere Sprache und wurde in völlig anderen Regionen unterstützt, erhielt aber ungefähr die gleiche Anzahl an Sitzen (26 zu 27). Hinzu kamen fünf weitere Parteien mit über 12 Sitzen in einem Parlament von insgesamt nur 150 Sitzen. Niemand hatte auch nur annähernd eine Mehrheit, wie es in der belgischen Politik sonst der Normalfall war. Es bedurfte eines Kompromisses, um eine Regierung bilden zu können. Doch im Juni 2010 war es unmöglich, einen solchen Kompromiss zu finden.

Belgien hat wie viele kleine europäische Länder noch eine Monarchie. Und die Aufgabe des Königs – deutlich weniger spannend, als eine Armee in die Schlacht zu führen – besteht darin, einen »Informateur« auszuwählen: einen Politiker, der den Auftrag erhält, eine Koalition zu bilden, die über eine parlamentarische Mehrheit verfügt. Der König wählte den Vorsitzenden der Neu-Flämischen Allianz, um eine Koalition auszuhandeln. Der Versuch scheiterte. Also benannte der König den Chef der Sozialisten, um eine Wende einzuleiten. Auch er hatte kein Glück. Drei Monate verstrichen. Der König wandte sich daraufhin an »Vermittler« aus beiden Parteien. Kein Erfolg. Noch einmal beauftragte er den Vorsitzenden der Neu-Flämischen Allianz und ernannte ihn zum »Clarificator«. Der neue Name rettete die Situation ebenfalls nicht. Nun bestellte der König einen Mediator der flämischen Sozialisten. Nachdem 200 Tage ins Land gegangen waren, legte dieser Mediator einen sechzigseitigen Vorschlag vor. Er wurde abgelehnt. Es folgte ein weiterer »Informateur«, dann ein neuer Mediator und schließlich ein »Formateur«. Ohne Ergebnis.

Im Dezember 2011 schließlich – eineinhalb Jahre nach der Wahl – wurden eine Vereinbarung getroffen und eine Regierung gebildet. Während dieser Zeit hatten Studierende Protestkundgebungen in Unterhosen abgehalten, und verschiedene Persönlichkeiten von der Politik bis hin zur Filmbranche empfahlen, die Männer sollten in einen Rasierstreik oder Politikerinnen in einen Sexstreik treten.

Was in aller Welt ging da vor sich? Der Grund, warum sich in Belgien niemand einigen konnte, war, dass fundamentale Differenzen über Wirtschaft, regionale Rechte, Sprache, ja sogar darüber, ob es für flämische Nazikollaborateure eine Amnestie geben sollte, herrschten. Da alle Parteien etwas gleich stark waren, konnte keine zum potenziellen Koalitionspartner werden, und das bedeutete, dass sie alle ein Veto einlegen konnten. Da die Parteien in so vielen Bereichen auseinanderlagen, war es möglich, jede Koalition, die einem nicht gefiel, zum Scheitern zu bringen, indem man eine neue Ebene fand, auf der man mit einigen Parteien einer Meinung war, mit anderen jedoch nicht. Und wenn sich die Lage gerade klärte, tauchte ein neuer Zwist auf und machte alles wieder zunichte.

Es gibt noch einen weiteren Grund, warum sich kollektive Entscheidungen als schwierig erweisen. Er hängt mit der fünften von Arrows Bedingungen zusammen, der »Unabhängigkeit von irrelevanten Alternativen«: Die Entscheidung zwischen zwei Optionen sollte nicht von einer dritten abhängen, die nichts damit zu tun hat. Übertragen auf einen Restaurantbesuch, wäre es etwa so, als würde man sich für ein Steak statt für den Hummer entscheiden, dann aber doch den Hummer nehmen, nachdem einem der Kellner mitgeteilt hat, es gebe da noch ein besonderes Seebarschgericht. Was wie eine einfache Wahl zwischen zwei Optionen aussieht, gerät durch eine neue durcheinander. Sobald die eigene Wahl von einer dritten Option beeinflusst wird, kann der gesamte Prozess durch neue Optionen, die plötzlich herangezogen werden, aus dem Ruder laufen. Schlimmer noch, die Situation offenbart, dass ein weiteres Problem aufgetaucht ist, das der strategischen Wahl.

Jedes Wahlsystem mit mindestens drei Optionen und keinerlei Einschränkungen für die Präferenzen der Wählerinnen und Wähler ist entweder diktatorisch oder anfällig für strategisches Wählen. Das heißt, dass fast alle Abstimmungen, mit Ausnahme von Ja-nein-Referenden, zum strategischen Wählen verleiten. Es bedeutet aber nicht, dass diese Strategien immer aufgehen. Die Wissenschaft konnte zeigen, dass vielmehr ein Drittel der strategischen Wahlentscheidungen in Ländern wie Australien und

Großbritannien nach hinten losgeht. Doch unabhängig davon, ob die Wähler mit ihrer Strategie Erfolg haben oder nicht, eine solche Wahl fördert nie ihre aufrichtigen Präferenzen zutage. Strategisches Wählen beeinflusst nicht nur die Wählerschaft – es manifestiert sich auch im Parlament. Politiker stimmen häufig für Maßnahmen, die sie im Grunde nicht unterstützen – etwa Fördermittel für Zuckerhersteller –, wenn sie auf diese Weise einen »Abstimmungshandel« mit einem anderen Politiker schließen können, um eine wirklich gewünschte Maßnahme durchzusetzen – Militärbasen. Diese Art der Vetternwirtschaft nennt man »Stimmentausch« oder *Logrolling*. Am Ende werden unzählige politische Entscheidungen, die in einer Einzelabstimmung keine Mehrheit im Parlament finden würden, dennoch in einem Sammelgesetz verabschiedet. Das Smoot-Hawley-Zollgesetz, das 1930 den US-Kongress passierte, wurde oft für die Zuspitzung der Weltwirtschaftskrise verantwortlich gemacht. Das Gesetz hob die Zölle für Tausende völlig beliebige Waren an, da jedes Kongressmitglied seine eigene bevorzugte Branche durch gegenseitige Absprachen mit anderen Politikern schützen wollte. Die Zolltarife erhöhten sich von 40 auf 60 Prozent – worauf Handel und Beschäftigung in den Folgejahren einbrachen.

Wer sich mit Wahlsystemen beschäftigt, bringt oft das Argument vor, dass Länder wie die USA, Kanada oder das Vereinigte Königreich, in denen die Abgeordneten im Mehrheitswahlrecht gewählt werden, letztlich dritte Parteien verdrängen, weil deren potenzielle Anhänger strategisch für eine der beiden großen Parteien stimmen, die eine reale Chance auf einen Sieg haben. Die Kritiker empfehlen Präferenzwahlsysteme wie die Übertragbare Einzelstimmgebung oder die Integrierte Stichwahl, um ein breiteres Spektrum an sinnvollen Wahlmöglichkeiten zu erreichen. In jüngerer Zeit wurden diese Wahlsysteme auf regionaler Ebene übernommen – bei den Bürgermeisterwahlen in New York, für die Senatswahlen in Alaska und Maine sowie für die Wahlen zum schottischen und walisischen Parlament. Doch selbst diese Wahlsysteme sind vor strategischem Wahlverhalten von Einzelpersonen nicht gefeit.

Nehmen wir noch einmal den Brexit. Iain McLean und ich waren ins Parlament gebeten worden, um ein Abstimmungsverfahren zu entwickeln, das irgendwie dazu beitragen würde, dass sich die Abgeordneten auf etwas einigen könnten. Das vielversprechendste Wahlverfahren war die Integrierte Stichwahl. Bei diesem Verfahren bringen die Wähler die von ihnen präferierten Optionen in eine Rangliste. Ist keine dieser Optionen die erste Wahl einer Mehrheit, wird die Entscheidung mit den wenigsten ersten Plätzen verworfen. Wer diese glücklose Option favorisiert hatte, wird jedoch nicht ignoriert: Wir blicken auf die zweite Wahl auf ihren Stimmzetteln und rechnen ihre Stimmen dieser Option zu. Dieses Verfahren wird so lange fortgesetzt, bis eine Option eine Mehrheit erreicht.

Die Integrierte Stichwahl führt dann zu Problemen, wenn die Wähler polarisierte Präferenzen haben. Im Fall des Brexits hatten fast alle Parlamentarier polarisierte Präferenzen – einen No-Deal-Brexit auf der einen und ein neues Referendum auf der anderen Seite. Nur wenige Abgeordnete traten für Kompromisslösungen ein. Da bei der Integrierten Stichwahl die Optionen mit den wenigsten erstplatzierten Stimmen ausgesondert werden, scheiden die Kompromissoptionen mit hoher Wahrscheinlichkeit in der ersten Runde aus, auch wenn alle damit hätten leben können. Obwohl die Integrierte Stichwahl das Ziel hat, Konsens herzustellen, könnte sie also extreme Optionen befördern.

Wir hatten einen weiteren Plan in der Hinterhand: das Coombs-Wahlverfahren zur Modifizierung der Integrierten Stichwahl. Dabei wird zuerst die am stärksten abgelehnte Option aussortiert – die von den meisten als letzte angegebene. Auf diese Weise könnten Kompromissoptionen überleben oder sogar unterstützt werden. Doch selbst die Coombs-Variante war nicht umsetzbar. Die Abgeordneten hätten eine falsche Option ganz unten auf ihre Liste setzen können, nicht die, die sie tatsächlich am stärksten ablehnten. Nichts hätte sie davon abhalten können, so zu tun, als würden sie den Kompromiss am stärksten ablehnen, und zu versuchen, ihrer präferierten Wahl zum Sieg zu verhelfen, indem sie das Wahlverfahren manipulierten. Schließlich einigten sich die Abgeordneten auf die »Zustimmungswahl«. Jede Option wurde für sich betrachtet, und die Abgeordneten stimmten lediglich darüber ab, ob eine Option beibehalten werden sollte. Doch auch dieses Verfahren scheiterte am strategischen Wählen. Einige Oppositionsparteien wollten einem Verbleib im EU-Binnenmarkt nicht zustimmen, weil sie fürchteten, dies könnte ein Referendum verhindern. Die Spartaner weigerten sich, Mays Abkommen zu unterstützen, in der Hoffnung, dann die harte Variante durchbringen zu können. Die Abgeordneten gaben ihre Präferenzen, mit welchen Deals sie leben könnten, nicht wahrheitsgemäß an, weil sie hofften, damit etwas erreichen zu können, was ihrem Wunsch eher entsprach. Strategisches Wahlverhalten sorgte dafür, dass nicht einmal in der Zustimmungswahl eine einzige Brexit-Option überlebte.

Strategisches Wählen führt ins Chaos, da Eigennutz noch die sinnvollsten Pläne untergräbt. Der Anreiz zu lügen, um das gewünschte Ziel zu erreichen, ist für alle groß. Wenn jeder versucht, das System zu manipulieren, können nicht alle recht bekommen, und am Ende gerät man in die Endlosschleife strategischer Abstimmungen.

Dieses Problem greift genauso auf unsere Entscheidung für ein Wahlverfahren über. Wenn die Menschen schon *in* jedem Wahlsystem strategisch entscheiden, werden sie auch *über* potenzielle Wahlsysteme strategisch abstimmen. Damit breitet sich das Chaos von den Abstimmungen über politische Maßnahmen auf die Entscheidung über das Wahlverfahren selbst aus. Wir können nicht kollektiv darüber entscheiden, wie gewählt werden soll. Wir sitzen in der Demokratiefalle: *So etwas wie den »Willen des Volkes« gibt es nicht.* Demokratie kann dieses Problem nicht lösen. Sie *ist* das Problem. Es gibt keine rasche Lösung. Arrows Theorem bedeutet, dass es keine technische Lösung gibt, die eine kollektive demokratische Präferenz herbeizaubern könnte. Auch die Appelle eines »starken Mannes« in der Politik, der sich auf den »Willen des Volkes« beruft, sind nicht überzeugend. Wenn wir wollen, dass das Volk zwischen verschiedenen Optionen entscheiden kann – und widersprechen darf –, brauchen wir die Demokratie. Doch um sie funktionsfähig zu machen – und mit ihr die Politik –, benötigen wir Methoden, die sie stabilisieren.

Polarisierung

Wenn hinter jedem Wahlsystem das Chaos lauert, warum wirken die meisten dann so stabil? Stabile Politik ist immer möglich, aber nur, wenn wir die Wahlmöglichkeiten der Menschen begrenzen oder die Art der Abstimmungen einschränken. Wir müssen der Politik Beschränkungen und Strukturen auferlegen. Wir müssen die Demokratie in Ketten legen. Dann können wir dem Chaos von Endlosschleifen ein Ende setzen.

Die Politik in wohlhabenden Ländern arbeitet in den meisten Fällen entlang einem eindimensionalen Wettstreit, bei dem ein Thema die gesamte politische Auseinandersetzung bestimmt. Wir nutzen noch immer die Begriffe »links« und »rechts«, die auf die Französische Revolution zurückgehen, um diese eine politische Dimension zu kennzeichnen. Normalerweise ist es die Auseinandersetzung um Geld. Beim Geld haben die Leute klare Präferenzen. Reichere plädieren in der Regel für geringere Steuern und öffentliche Ausgaben, Ärmere bevorzugen höhere Sätze. Wir können die Menschen für das Land als Ganzes in eine Ordnung bringen, angefangen bei denjenigen, die die höchsten Ausgaben wollen (die Ärmsten), bis hin zu denjenigen, die die geringsten Ausgaben wünschen (die Reichsten).

Würden wir die Menschen bitten, die von ihnen gewünschte Höhe öffentlicher Ausgaben zu benennen, ergäbe sich ein einheitliches Bild. Wenn Ihre »favorisierte« Ausgabenhöhe zum Beispiel für öffentliche Bildung bei 5 Prozent des Nationaleinkommens liegt (das ist etwa der Durchschnitt in wohlhabenden Ländern), können wir davon ausgehen, dass Sie einen Anteil von 4 Prozent einem Anteil von 2 Prozent und einen Anteil von 6 Prozent einem Anteil von 10 Prozent vorziehen würden. Je weiter wir uns von Ihrer bevorzugten Ausgabenhöhe entfernten, desto unzufriedener wären Sie.

Solche »eingipfeligen Präferenzen« bedeuten, dass Sie keine ungewöhnlichen Rangfolgen hätten, bei denen Ihr Ausgangsniveau niedrig und Ihr zweitliebstes extrem hoch wäre. Solange wir es mit eingipfeligen Präferenzen zu tun haben, kann ich Ihnen gute Nachrichten verkünden: Das Chaos demokratischer Politik verschwindet. Aber ich habe auch schlechte Nachrichten: Das Chaos wird durch Polarisierung ersetzt.

Um eingipfelige Präferenzen zu erhalten, müssen sich die politischen Auseinandersetzungen um eingipfelige Präferenzen drehen, zum Beispiel Steuern. Es sind die mehrgipfeligen Präferenzen, die Chaos und Endlosschleifen provozieren. Wenn wir es also irgendwie schaffen, die Probleme auf eine politische Dimension herunterzubrechen, können wir Stabilität erreichen. Theoretisch würden wir damit sogar einen Konsens erreichen, der in der Mitte liegt. In Wirklichkeit jedoch führt die Reduktion auf eine Dimension häufig zum Konflikt. Wir haben das Chaosdilemma wie gesagt durch ein neues Problem ersetzt – politische Polarisierung. Polarisierung erzeugt Streit und gegenseitige Abneigung zwischen den Bürgern. Sie gerät zum Stillstand, wenn Parteien mit ihren Gegnern stimmen müssen, und führt zu einer Politik der verbrannten Erde, wenn sie ungehindert regieren können. Und dieses Gift kann bis zum Tod der Demokratie selbst führen.

Bei seinem Tod 2021 hatte der Amerikaner Anthony Downs eine recht ungewöhnliche Laufbahn hinter sich. In der ersten Hälfte schrieb er bahnbrechende Abhandlungen über die ökonomische Theorie der Demokratie. In der zweiten Hälfte wurde er Vorstandsvorsitzender eines Beratungsunternehmens für Immobilieninvestitionen. Die beiden Bereiche sind einander näher, als es auf den ersten Blick scheinen mag, denn in Downs' Demokratietheorie ging es vor allem um den Standort.

Wenn sich die Wählerinnen und Wähler über nur eine Dimension verteilen, so erläuterte er, sollten die Politiker sich in der Mitte verorten. Diesen Gedanken übernahm er von dem Statistiker Harold Hotelling, der dasselbe für Ladengeschäfte gefordert hatte – entlang einer Hauptstraße ist es sinnvoll, sein Geschäft genau in der Mitte anzusiedeln. Der weiteste Weg, den die Kundschaft nehmen müsste, wäre die halbe Länge der Straße. Wenn Sie Ihr Geschäft am Nordende haben und eine andere Ladeninhaberin ihres in der Mitte, wird sie alle Kunden vom Südende bis zur Hälfte zwischen der Mitte und dem Nordende für sich haben. Solange Sie Ihr Geschäft nicht ebenfalls in der Mitte ansiedeln, werden Sie Umsatz einbüßen. Das ist der Grund, warum sich Läden oft an bestimmten Orten häufen.

Downs dachte, auch Parteien würden sich in der Mitte ballen. Eine Partei, die sich im politischen Spektrum rechts außen platziert, während ihre Rivalin zur Mitte gehört, würde nicht nur alle verlieren, die links von der Mitte stehen – sie würde darüber hi-naus eine Reihe von Wählern der rechten Mitte einbüßen. Genau dies passierte Barry Goldwater bei den Präsidentschaftswahlen in den USA 1964, die er gegen den Amtsinhaber Lyndon B. Johnson verlor, der einen Erdrutschsieg einfuhr. Goldwater hatte sich für Atomwaffen als reguläres Mittel der Kriegsführung ausgesprochen und plädierte für die Freiwilligkeit einer Sozialversicherung – nicht gerade typische Siegerthemen. Zudem war er bekannt für den Satz »Extremismus bei der Verteidigung der Freiheit ist kein Unrecht«. Vielleicht. Aber eine optimale Wahlstrategie war dies nicht.

Der Fachbegriff für Downs' Auffassung heißt »Medianwählertheorem«: Die Parteien werden sich den politischen Präferenzen der Wählerschaft in der Mitte des politischen Spektrums anpassen. Die bevorzugten politischen Maßnahmen dieser Medianwähler sollten in den Wahlprogrammen aller Parteien sowie in den politischen Maßnahmen, die die regierenden Parteien ergreifen, Vorrang haben.

Das ist ein intuitives Argument, das mitunter auch zutrifft. In den späten 1990er- und den frühen 2000er-Jahren beklagten Wählerinnen und Wähler in Großbritannien, Kanada und den USA manchmal, dass die Politiker doch »alle gleich« seien. Liegt Downs richtig, so wäre das genau der springende Punkt bei Akteuren, die bei Wahlen erfolgreich sind! Politiker verwenden viel Zeit auf Wechselwähler in der Mitte des politischen Spektrums. In den USA heißen sie »Reagan Democrats« und »Soccer Moms«. Im Vereinigten Königreich tragen sie Namen, die an Bezeichnungen für frisch entdeckte menschliche Gebeine aus dem Paläolithikum erinnern: »Mondeo Man«, »Worcester Woman« oder »Workington Man«.

Doch womöglich begann mit der Jahrhundertwende die Abkehr von diesem Prinzip. Die heutige Generation mittleren Alters wurde in den ruhigen 1990er- und frühen 2000er-Jahren erwachsen. Die 1980er dagegen waren von den *Politics of Conviction*, der »Politik aus Überzeugung«, geprägt – ein Code für einen scharfen Rechtsruck in der Politik, insbesondere unter Ronald Reagan und Margaret Thatcher. Seit dem Irakkrieg 2003 und der Finanzkrise 2008 sind die Parteien in Nordamerika und Europa so stark polarisiert wie seit Jahrzehnten nicht mehr. Was ist aus dem mäßigenden Einfluss des Medianwählers geworden?

Das Problem besteht darin, dass eindimensionale Politik sehr leicht in extreme Richtungen gleiten kann. Politik ist weitaus komplexer als die Frage, wo man in einer belebten Straße seinen Laden eröffnen soll. Politiker müssen sich bei einer Parlaments-wahl nicht nur um die Wählerinnen und Wähler kümmern – sie müssen sich auch ihre Parteimitglieder und Geldgeber gewogen halten. Je wichtiger diese eine politische Dimension wird – und Geld ist ziemlich wichtig –, desto mehr neigen diese Mitglieder und Geldgeber dazu, zu polarisieren und Einfluss zu nehmen.

Blicken wir zunächst auf die Parteimitglieder. Politische Teil-habe ist kostspielig, es sei denn, die Leute ziehen einen zusätz-lichen Nutzen daraus. Menschen, die sich gern politisch en-gagieren, versprechen sich meist entweder einen größeren finanziellen Nutzen vom Sieg ihrer Partei oder sind zutiefst von der Parteiideologie überzeugt. Dies bedeutet, dass Parteimit-glieder eher den Extremen zuneigen als der Mitte.

Finanziell profitieren die Ärmsten am meisten von einer linksgerichteten Regierung, die ein Mindesteinkommen ver-spricht. Die Reichsten profitieren eher von einer Rechtsregie-rung, die die Steuern senken will. Diese zwei Gruppen haben also einen stärkeren Anreiz, ihrer Partei beizutreten, als jemand aus der Mitte, der, wenn das Medianwählertheorem stimmt, beiden Parteien gegenüber ziemlich indifferent sein dürfte. Noch einfacher ist es im Fall der ideologischen Zustimmung – wenn Sie zutiefst an die Mission einer Partei glauben, wenn Sie davon überzeugt sind, dass der Wohlfahrtsstaat nicht nur eine wirtschaftliche, sondern eine ethische Funktion hat, sind Sie eher kein Wechselwähler in der Mitte und mit höherer Wahrscheinlichkeit Mitglied einer Partei.

Warum treten Menschen in eine Partei ein? In vielen Ländern werden die Kandidaten, Kandidatinnen und Parteivorsitzenden in einer Art Vorwahl nominiert. In manchen Fällen wird sogar das jeweilige politische Programm von den Mitgliedern festgelegt. Mitglieder können auf die Parteiführung, die Kandidaten und politischen Positionen in ihrem Sinne Einfluss nehmen. Und im Falle eindimensionaler Politik geht es um Extreme.

Der Aufstieg von so unterschiedlichen Protagonisten wie dem Republikanischen Präsidenten Donald Trump und dem britischen Sozialisten und Labour-Chef Jeremy Corbyn war demselben Phänomen geschuldet: Parteimitglieder, die zu den Extremen nach rechts oder links drängten. Auch die Gesetzgeber und Parlamentarier selbst sind von der primär induzierten Polarisierung betroffen. Seit den 1970er-Jahren lässt sich im US-Kongress ein starker Trend zur Polarisierung erkennen, der vor allem, wenn auch nicht allein, von Republikanischen Politikern betrieben wird, die immer weiter nach rechts rücken. Das hat zu einer sich immer stärker abgrenzenden Steuerpolitik geführt – Trumps Steuergesetz von 2017 kappte die Unternehmenssteuern auf ein bisher ungekanntes Niveau; im Gegenzug warben 2020 Elizabeth Warren und Bernie Sanders für ihre Präsidentschaftskandidaturen bei den Demokraten mit einer Vermögenssteuerpolitik, die direkt auf namhafte Milliardäre abzielte.

Für die wachsende Kluft können nicht allein die Parteimitglieder verantwortlich gemacht werden. Wahlkämpfe kosten Geld.

Und die Mitglieder werden genauso wie die politischen Spender zu den Extremen gezogen. Die Rendite eines Hedgefonds-Managers, der steuerlich begünstigt wird, ist weitaus größer als jeder Vorteil, den Mittelschichtwähler jemals erzielen könnten. Und Hedgefonds-Manager vermögen im Wahlkampf natürlich deutlich größere Summen zu spenden. In aller Regel unterstützen Wahlkampfspenden die politischen Vorstellungen der besonders Wohlhabenden, und vor allem rechte Kandidaten haben sich darauf verlegt, sie zu umwerben. Politikwissenschaftler sehen darin den Grund dafür, dass sich die Politik in den USA von der Mitte wegbewegt. Sie verweisen auf eine frühere Phase – zwischen den 1940er- und Anfang der 1960er-Jahre –, als die amerikanische Politik noch stärker konsensorientiert und gemäßigter war und die Banker noch deutlich höhere Steuern zahlten.

Die 1940er und 1950er scheinen oberflächlich betrachtet eine friedliche Ära in politischem Konsens gewesen zu sein. Doch war die amerikanische Politik nur deshalb weniger polarisiert, weil sie multidimensional war. Die Bürgerrechte für Afroamerikaner verliefen quer zur gängigen wirtschaftspolitischen Links-rechts-Achse. Die Demokraten waren gespalten, auf der einen Seite standen die Südstaaten-Demokraten, die den rassistischen Status quo der sogenannten Jim-Crow-Gesetze erhalten wollten, auf der anderen die Demokraten der Nordstaaten, die die Bürgerrechtsreform unterstützten. Im Lauf der 1960er wurde die Kluft bei den Demokraten über diese Frage immer tiefer, und während die Republikaner in diesem Jahrzehnt die Bürgerrechte noch weitgehend unterstützten und vormals Demokratische Sitze im Süden dazugewannen, zersplitterten auch sie in den Jahren unter Richard Nixon. An der Oberfläche schien die Nachkriegsära also einvernehmlich zu sein: Beide Parteien vertraten eine relativ hohe Besteuerung und verfolgten im Kalten Krieg eine ähnliche Strategie. Doch dieser parteiübergreifende Konsens war gleichzeitig der parteiinternen Spaltung beim Thema Rassentrennung geschuldet. Polarisierung mag unerwünscht sein, aber es bedeutet nicht unbedingt, dass ihr Fehlen eine Verbesserung darstellt. Wir sollten vorsichtig sein mit dem Ruf nach Anstand und Konsens – manchmal verbergen sich dahinter dunkle rassistische Ideen.

Die aktuelle Phase der Polarisierung kostet uns einiges – das Beharren auf Parteizugehörigkeit macht Politik zu einem endlosen Tauziehen. Die Zuordnung zu einer Partei definiert das Selbstverständnis der Menschen, und eine Winner-takes-it-all-Haltung dominiert. In einer Umfrage des Pew Research Center von 2016 betrachtete knapp die Hälfte der Demokraten und Republikaner die andere Partei als Bedrohung für das Wohlergehen des Landes. Michael Anton, Trumps Sicherheitsberater, nannte die Präsidentschaftswahl 2016 geschmackloserweise eine »Flight-93-Wahl« – womit er auf den Flug der Maschine UA 93 anspielte, die im Rahmen der Anschläge vom 11. September nach einer Revolte der Passagiere gegen die an Bord befindlichen Terroristen auf einem Feld abstürzte, wobei alle Insassen ums Leben kamen. Aus Antons Sicht war die Wahl für die Republikaner also eine Entscheidung über Leben und Tod, wenn sie nicht »das Cockpit stürmten«. Nicht ganz so bedrohlich, aber noch immer deprimierend ist, dass 38 Prozent der Republikaner »sehr« oder »etwas« verärgert wären, wenn eines ihrer Kinder jemanden heiraten würde, der Demokratisch wählt. Genauso empfände der exakt gleiche Anteil Demokratischer Eltern, sollte ihr Kind sich für einen Republikanisch wählenden Partner entscheiden. Im Vereinigten Königreich hegte ein Drittel der Labour wählenden Eltern das gleiche Gefühl, wenn ihre Kinder Konservative heiraten würden.

Polarisierung kann auch Stillstand bewirken. 2011 gerieten die Vereinigten Staaten in einen politischen Strudel; es gab

schrille Warnungen vor einem drohenden wirtschaftlichen
Untergang und Panik an den Märkten, gefolgt von Demonstra-
tionen an der Wall Street. All das nur aufgrund einer bizarren
Regelung, die der Kongress viele Jahrzehnte zuvor selbst erlassen hatte und die er eigentlich auch nicht befolgen wollte. Für
die politische Polarisierung aber wirkte sie wie ein Pulverfass:
die Schuldenobergrenze.

Als der Kongress Präsident Woodrow Wilson widerstrebend
erlaubte, dass die USA in den Ersten Weltkrieg eintraten, schuf
er eine Schuldenobergrenze, um für die Kriegsausgaben flexibel
bleiben zu können, statt die Kreditanträge des Finanzministe-
riums jedes Mal direkt genehmigen zu müssen. Im Lauf der Jahre
führte die Regelung, die der Regierung einmal zu mehr Flexibilität hatte verhelfen sollen, dazu, sie lahmzulegen. Die Staatsverschuldung der USA steigt stetig an, der Kongress muss also regelmäßig dafür stimmen, die Schuldenobergrenze anzuheben,
damit die Regierung ihre Vorhaben umsetzen kann und hand-
lungsfähig bleibt. Der Kongress beklagt die gestiegenen Staatsausgaben jedes Mal mit theatralischem Gestus und erhöht daraufhin unweigerlich die Obergrenze.

Na ja, fast unweigerlich. Denn obwohl die Schuldenobergrenze sowohl von Demokratischen wie von Republikanischen
Präsidenten erhöht wurde – und gleichermaßen von einem Demokratisch wie Republikanisch dominierten Kongress –, hatte
sich die Politik in Amerika 2011 ungewöhnlich verhärtet und
polarisiert. Präsident Obama war mit einem durch die ausga-
benfeindliche Tea-Party-Bewegung aufgeheizten »Republikanischen« Kongress konfrontiert. Die traditionellen Freundlich-
keiten beizubehalten, war für die Republikaner keine Option,
und so forderte der Kongress von Obama, bestimmten Ausgabenkürzungen zuzustimmen, dann könne er die Schuldenobergrenze erhöhen. Ohne deren Anhebung wären die USA nicht

in der Lage, ihre Schulden zu bedienen. Das hatte es noch nie gegeben.

Sowohl Obama wie die Republikaner blieben hart. Die Märkte gerieten in Panik, der Dow Jones brach im Lauf des Sommers um rund 20 Prozent ein. Man heckte die verrücktesten Ideen aus, um den Zahlungsausfall zu vermeiden, falls der Kongress stur bliebe. Höhepunkt war der frappierende Plan für das Finanzministerium, zwei 1-Billion-Dollar-Münzen aus Platin zu prägen, die bei der Zentralbank hinterlegt werden sollten, um auf diese Weise die Staatsverschuldung zu senken. Es wäre der größte Raubüberfall der Geschichte gewesen, doch so weit kam es nicht, da Obama und der Kongress zwei Tage vor dem möglichen Zahlungsausfall eine Abmachung unterschrieben und die Schuldengrenze angehoben werden konnte. Die Kreditmärkte zeigten sich davon unbeeindruckt und stuften die US-Staatsanleihen zum allerersten Mal überhaupt herab. Der durch die Polarisierung verursachte Stillstand freilich war damit beendet … zumindest für die nächsten zwei Jahre, denn die gleiche Kamikazepolitik und das gleiche Chaos wiederholten sich 2013.

Polarisierung kann ebenso wie Chaos politischen Stillstand verursachen und als Zugabe noch böses Blut erzeugen. Doch wenn Parteien nicht eingehegt werden und man von Wahl zu Wahl weiter polarisiert, wird aus dem Stillstand Volatilität. Die Geschichte Argentiniens seit seiner Demokratisierung 1983, die sich durch ein Hin- und Herschwanken zwischen Wirtschaftspopulismus – Peronismus – und einem Mitte-rechts-Liberalismus auszeichnet, ist dafür ein Paradebeispiel. Gewöhnlich folgten auf einen Sieg der Peronisten ein Anstieg öffentlicher Ausgaben und der Verstaatlichung und auf einen Sieg der Konservativen drastische Ausgabenkürzungen und Währungskrisen.

Eine solche Volatilität kann so radikale politische Vorschläge hervorbringen, dass das parteipolitische Hin und Her in Amerika und Westeuropa im Vergleich dazu friedlich wirkt. Um nur ein paar Beispiele der letzten zehn Jahre zu nennen – die peronistische Regierung unter Cristina Fernández de Kirchner verstaatlichte alle privaten Renten komplett, schränkte den Devisenverkehr ein und beglich Argentiniens Schulden nicht mehr. Danach hob ihr konservativer Nachfolger Mauricio Macri sämtliche Kontrollen des Devisenverkehrs auf, was zu einem Einbruch des Pesos um 30 Prozent führte, und versprach, die Einkommensteuer abzuschaffen, was letztlich jedoch scheiterte.

Man kann sicherlich nicht alle wirtschaftlichen Probleme Argentiniens der demokratischen Unbeständigkeit anlasten – die Militärjunta, die von 1976 bis 1983 herrschte, war ebenfalls ein ökonomisches Desaster –, doch Argentiniens endemische wirtschaftliche Volatilität ist weitgehend ein Problem seiner dysfunktionalen Demokratie. Der 1985 verstorbene Ökonom Simon Kuznets behauptete, es gebe wirtschaftlich gesehen nur vier Erscheinungsformen in der Welt: Industrieländer, Entwicklungsländer, Japan und Argentinien. Und das war kein Kompliment.

Letztendlich führt die Polarisierung zu noch schlimmeren Ergebnissen als Stillstand und Volatilität, wenn man immer auf der Verliererseite landet. Der britische Philosoph Brian Barry war der Ansicht, dass Demokratie nur mit »wechselnden Mehrheiten« funktioniert, sodass man zwar in einer aktuellen Frage auf der Verliererseite steht, am nächsten Tag aber mit einem anderen Thema durchkommt. Doch in einer eindimensionalen Politik gibt es nur ein Thema. Steht man nicht auf der Seite der Sieger, ist man auf ewig zum Verlieren verdammt. Und das wiederum bedroht die Demokratie als solche. Eine Zustimmung der Unterlegenen ist unmöglich, wenn sie davon ausgehen, nie zu den Gewinnern zu gehören. Stattdessen verhalten sie sich wie die spanischen Faschisten in den 1930er-Jahren oder Augusto Pinochet 1973 in Chile und setzen den demokratischen Wahlen durch einen Militärputsch ein Ende.

Um die Demokratie zu retten, um sie effektiv und funktionsfähig zu machen und das Politikversagen zu beenden, müssen wir herausfinden, wie wir Chaos und Polarisierung einschränken können. Wir müssen einen Weg aus der Demokratiefalle finden.

4 DER WEG AUS DER DEMOKRATIEFALLE

Das 21. war bislang kein ruhmreiches Jahrhundert für die Demokratie. Was einmal eine unaufhaltbare Welle der Demokratisierung zu sein schien, die sich über die ganze Welt ausbreitete, versickerte. Vor allem anderen ist es die Demokratie, die in so unterschiedlichen Ländern wie der Türkei, Myanmar und Ungarn den Rückwärtsgang eingelegt hat. Darüber hinaus verfechten Xi Jinping und Wladimir Putin eine »neue Weltordnung«, in der die an erster Stelle von den USA betriebene Demokratieförderung durch Einflusssphären ersetzt wird, die von den autoritären Staaten China und Russland kontrolliert werden.

Auch rhetorisch geriet die Demokratie unter Beschuss. Der Aufstieg westlicher Populisten, die sich über die Kompromisse liberaler Demokratien verächtlich machen und die Klarheit einer »starken Führung« loben, war das prägende politische Ereignis des vergangenen Jahrzehnts. In auflagenstarken Büchern wurde die These vertreten, dass die Wählerschaft für Demokratie zu irrational sei, dass die Demokratie mit dem technologischen Fortschritt oder unseren Bedürfnissen als Konsumenten nicht Schritt halten könne oder von Eliten einfach gekapert worden sei. Das Chaos und die Polarisierung, die uns die Demokratiefalle beschert hat, machten es den Verteidigern der Demokratie schwerer, dieser Art von Kritik zu begegnen.

Können wir die Demokratie retten? Sind wir dazu verdammt, trunken zwischen Chaos und Polarisierung hin und her zu wanken? Ist demokratische Politik zum Scheitern verurteilt? Wir sollten nicht aufgeben. Nicht zuletzt, weil alle anderen Optionen, wie Churchill es in seinem berühmten Ausspruch zusammenfasste, noch schlechter sind. Aber wir sollten uns dessen bewusst sein, was Demokratie nicht kann. Demokratie kann nicht dafür sorgen, dass wir uns einig sind. Und Demokratie kann uns nicht immer zu einer Entscheidung führen. Es gibt Phasen, in denen sich unsere Präferenzen nicht einfach mithilfe einer Abstimmungsregel in eine schlichte Antwort packen lassen. Und selbst wenn es möglich wäre, so sind wir alle eigennützig genug, um zu versuchen, das zu bekommen, was wir wollen, und das Verfahren zu manipulieren. Wir müssen realistisch sein mit unseren Anforderungen an die Demokratie.

Wir sind in der Lage, einiges zu tun. Wir können versuchen, einen einheitlicheren Volkswillen zu entwickeln. Wir können unsere politischen Institutionen neu gestalten und unsere sozialen Normen stärken, um uns gegen Chaos und Polarisierung zu wappnen. Was wir aber nicht können, ist, der Politik ganz zu entkommen. Die Demokratieskeptiker – egal ob illiberale Populisten, Techno-Libertäre oder schlichtweg Autokraten – bieten letztlich vergebliche Alternativen an, weil sie sich die politischen Differenzen und die Herausforderung, unsere gegenseitigen politischen Versprechen einzuhalten, wegwünschen.

Warum können wir die Demokratie nicht retten, indem wir einfach alles herausschneiden, was uns nicht gefällt – Auseinandersetzungen und Konflikte, manchmal Chaos –, und es durch eine einfachere, effizientere Weise der Entscheidungsfindung ersetzen? Das Problem ist, dass man das schmutzige Geschäft der Politik nicht sauber herauslösen kann. Wir werden es an der einen Stelle los, und schon ploppt es an einer anderen wieder auf.

Moderne Populisten – von rechts wie von links – sprechen über Politik, als müsste man nur die Politiker abschaffen, um problemlos Entscheidungen treffen zu können. Den Sumpf austrocknen. Doch zu bedenken ist, dass die Politiker miteinander im Streit liegen, weil *wir* im Streit liegen. In den meisten Fragen gibt es normalerweise kein landesweites Einverständnis und ganz sicher keinen uneingeschränkten Konsens. Wir haben am Beispiel des gescheiterten polnischen Parlaments aus dem 17. Jahrhundert bereits gesehen, was passiert, wenn man allen ein Vetorecht erteilt – es geht gar nichts mehr.

Natürlich glauben auch Populisten nicht, dass wir alle einer Meinung seien – sie hetzen »das Volk« gegen eine geheimnisvolle Elite auf. Doch fragt man einmal, wer diese Elite bildet, erweist sie sich als ziemlich große und disparate Gruppe, in der alle etwas anderes wollen. Das gilt allerdings auch für das mythische »Volk«. Ein »starker Mann an der Spitze, der die Dinge anpackt«, führt also in eine von zwei Richtungen. Entweder bekommt eine (möglicherweise dünne) Mehrheit des Volkes, die den Machthaber unterstützt, bis zur nächsten Wahl, was sie will – und die Verlierer seien verflucht. Oder, die besorgniserregendere Variante, der Machthaber fängt an, die Institutionen der liberalen Demokratie abzubauen, die ihm im Weg stehen. Keines dieser Szenarien ist eine echte Lösung für die Probleme der Demokratie, aber sie können ihr Ende bedeuten.

Eine offensichtliche Alternative zum Populismus sind »effizientere« Entscheidungen, indem man die Technik, Expertinnen oder die Märkte mit einbezieht – eine technokratische Regierungsform. Liberale Demokratien verfügen bereits über eine Vielzahl unabhängiger und politisch neutraler Gremien und Institutionen, und sie treffen ihre Entscheidungen auf der

Grundlage von Expertisen und Sachkenntnis und nicht durch Auszählen von Stimmen: durch Gerichte, Zentralbanken, wissenschaftliche Institutionen. Nichtdemokratische Institutionen spielen in Demokratien eine wichtige Rolle. Gerichte und Ombudsleute können die Rechte von Minderheiten gegen eine Tyrannei der Mehrheit verteidigen. Wissenschaftliche Berater und Zentralbanken können uns helfen – insbesondere den Politikerinnen und Politikern –, den Versuchungen einer kurzsichtigen Politik zu widerstehen, die uns auf lange Sicht schadet. Doch in beiden Fällen wird die Demokratie verwässert – unser Recht, uns selbst zu regieren.

Die Verlierer demokratischer Wahlen zu schützen, klingt moralisch richtig und vernünftig, wenn wir an Minderheiten denken, die unter Ausgrenzung durch die Mehrheit leiden. Doch wenn es sich bei diesen Verlierern um Milliardäre handelt, die danach streben, höhere Steuern und lästige Vorschriften zu vermeiden, die ihnen eine demokratisch gewählte Regierung auferlegen will, erhält das Ganze einen anderen Tenor. Und manchmal lassen sich Expertenprobleme von allgemeineren politischen Problemen nicht trennen. Sollen Wissenschaftler das uneingeschränkte Recht haben, Corona-Lockdowns zu verhängen? Warum sollten demokratisch gewählte Regierungen nicht in der Lage sein, Zinssätze, die sich auf das Wohlergehen ihrer Wählerinnen und Wähler auswirken, direkt zu ändern?

Übrigens geriet die Technokratie als Regierungsform unter wachsenden politischen Beschuss. Experten lassen sich nicht hermetisch von der Bevölkerung abschotten, die deren Entscheidungen betrifft. Eine Demokratie kann ihren Wählern nicht einfach sagen: »Seid still und hört auf die Experten.« Wenn die Wähler mit deren Lösungen nicht einverstanden sind, können sie in einer Demokratie dagegen vorgehen. Irgendwann werden neue Politikerinnen und Politiker gewählt und können diese

Experten hinauskomplimentieren. Um der Demokratiefalle zu entgehen, brauchen wir zwar Institutionen, die der brutalen Macht des Mehrheitswahlrechts entgegenwirken, aber sie dürfen die Demokratie nicht *ersetzen.*

Wenn die Expertise von oben die Politik nicht regeln kann, ist es dann möglich, sie von unten her neu zu gestalten? Wir könnten uns der Logik des Marktes anschließen und die Wählerinnen und Wähler über politische Maßnahmen entscheiden lassen oder bestimmte Politiker ablehnen. Doch ein »demokratischer Markt« ist mit dem Problem konfrontiert, dass wir in der Politik nur eine Stimme haben, während wir uns auf den Konsummärkten aussuchen können, wie viel wir wofür ausgeben wollen.

Der Rechtswissenschaftler Eric Posner und der Ökonom Glen Weyl haben eine innovative Lösung für dieses Problem entwickelt, indem sie den Leuten erlauben, mehrfach abzustimmen und so den Grad ihrer Zustimmung zu verschiedenen politischen Maßnahmen zu kennzeichnen. Statt jedem eine Stimme zu geben, erhalten die Bürger ein »Budget« an Stimmkrediten, sodass sie ihre Stimme für verschiedene Politikbereiche und Kandidaten abgeben können. Wenn über ein Thema abgestimmt wird, lässt sich eine App nutzen, um eine bestimmte Anzahl an Stimmkrediten auf den Kauf von Stimmen zu verwenden.

Und hier liegt der Clou des Ganzen. Jede Stimme kostet eine immer größere Anzahl Stimmkredite. Ihre erste Stimme kostet Sie vielleicht einen Stimmkredit, Ihre zweite aber – bei dieser Wahl – schon vier (zwei zum Quadrat) und Ihre dritte neun (drei zum Quadrat) Stimmkredite. Da die Kosten jeder Stimme ins Quadrat genommen werden, bezeichnen die Autoren das Verfahren als »Quadratisches Wählen«. Je größer Ihr Anliegen, desto teurer wird es.

Worin liegt der Vorteil des Quadratischen Wählens? Es ermöglicht die Aussage darüber, wie sehr den Menschen an welchen politischen Maßnahmen gelegen ist. Allerdings müssen sie schwere Entscheidungen treffen: Je größer das Interesse, desto mehr Stimmkredite gehen verloren. Politischer Einfluss wird immer teurer, je wichtiger einem etwas ist. Vergleichen Sie dieses Verfahren einmal mit der US-Wahlkampffinanzierung, bei der jeder Dollar denselben Einfluss hat und die Reichsten schlicht mehr Dollars in den Ring werfen können. Quadratisches Wählen wirkt möglicherweise dem Problem in der Demokratie entgegen, dass Minderheiten nie etwas durchsetzen können, indem sie mehr Stimmen verwenden, um ihre schwache Position auszugleichen.

Doch Quadratisches Wählen entlässt die Politik nicht aus der Demokratie. Wenn verschiedene Optionen in Erwägung gezogen werden, kann auch dieses Verfahren wieder im Chaos enden, denn das Ranking der Wahlmöglichkeiten führt noch immer zu strategischem Wahlverhalten. Schlimmer noch, Quadratisches Wählen könnte die Polarisierung sogar anheizen. Wer für eine bestimmte Politik den höchsten Preis zu zahlen bereit ist, zählt eher zu den Menschen mit extremen Präferenzen, die das Gewicht ihrer Mehrfachstimmen nutzen, um ihre geringe Zahl auszugleichen.

Durch den technologischen Fortschritt werden Ideen wie das Quadratische Wählen realisierbar, die demokratische Falle vermögen sie jedoch nicht völlig abzuwenden. Sie könnte sich sogar verschlimmern. Maschinell lernende Algorithmen haben in den letzten zehn Jahren so große Fortschritte gemacht, dass wir die politischen Präferenzen der Menschen immer genauer vorhersagen und modellieren können. Das Geschäftsmodell von Facebook hat (möglicherweise ungewollt) diesen Trend verstärkt, indem es den Nutzern mehr Informationen und Meinungen, die sie interessieren, anbietet. Das Problem dabei ist, dass Menschen von den Informationen angezogen werden, die ihre bestehenden

Überzeugungen und Vorurteile bestätigen. Damit werden die
Nutzer zwangsläufig in sogenannte Informationssilos getrieben,
wo sie nur Meinungen antreffen, mit denen sie übereinstimmen,
was die politische Polarisierung online noch weiter stärkt.
Auch das Chaosproblem lässt sich nicht durch Technik lösen. Wir können Algorithmen nutzen, um unsere politischen
Präferenzen zu strukturieren und herauszufinden, was uns an
neuen Themen interessiert – das Internet ist voll von Apps, die
einem bei kommunalen und nationalen Wahlen helfen, herauszufinden, wie man abstimmen will. Solche Apps mögen hilfreich sein, um rationale individuelle Entscheidungen zu treffen.
Aber kollektiv können sie immer noch ins Chaos führen –
Arrows Unmöglichkeitstheorem ist auch technisch nicht zu
überwinden. Dass ich jetzt genau weiß, was ich will, bedeutet
noch nicht, dass wir meine und Ihre Sichtweise nun einfach
miteinander kombinieren können. Kollektive Entscheidungen
sind so schwer zu treffen, *weil* wir unterschiedliche Präferenzen
haben. Würden wir diese Apps ermächtigen, für uns zu stimmen, wären wir am Ende immer noch in chaotischen Endlosschleifen gefangen, allerdings mit der Geschwindigkeit von
Mikroprozessoren.

Wenn wir Politik schon nicht vermeiden können, wie können
wir sie so gestalten, dass Demokratie funktioniert? Wir müssen politische Institutionen schaffen und soziale Normen entwickeln, die uns helfen, das Chaos fernzuhalten und die Polarisierung zu begrenzen.
Beginnen wir mit dem einfachsten Fall: wenn wir uns alle
einig sind. Die Demokratiefalle tut sich auf, weil wir selten einer
Meinung sind. Aber gibt es denn Wege, die uns helfen, eine gemeinsame Sichtweise zu erreichen? Wenn wir uns einig sind,
müssen wir uns um die Tücken von Abstimmungsregeln keine

Gedanken machen – sie würden immer dasselbe Ergebnis hervorbringen: das, worin wir alle übereinstimmen.
Das klingt reichlich naiv. Ein bisschen nach: »Warum können wir nicht einfach alle miteinander auskommen?« Und doch ist eine Gruppe mehr als ihre Teile. Manchmal können Gruppen allen zur richtigen Antwort verhelfen. Und vielleicht Meinungsänderungen bewirken.

Wir sind diesem Argument schon bei Condorcets Jury-Theorem begegnet, einer Frühversion der »Weisheit der Vielen«. Oft genug wollen wir wissen, ob etwas wahr ist. Womöglich haben wir alle eine Vermutung, aber sicher sind wir uns deshalb noch lange nicht. Condorcet vertrat die These, dass die Annahme der Gruppe als Ganzes mit höherer Wahrscheinlichkeit richtig ist als die des Einzelnen. Gehen wir einmal davon aus, wir hätten nur eine Wahrscheinlichkeit von 55 Prozent, richtig zu liegen – nicht viel, aber doch eine Spur besser, als eine Münze zu werfen. Condorcets Theorem zeigt, dass wir durch eine Mehrheitsentscheidung mit 10 000 Leuten, bei der jeder von uns die gleiche unsichere 55-prozentige Wahrscheinlichkeit hat, kollektiv in 95 Prozent der Fälle die richtige Antwort finden. In der schieren Zahl liegt eine Macht. Und demokratische Politik ist in ihrem Ursprung der Prozess, die Ansichten einer großen Zahl von Menschen zu bündeln.

Dieser Ansatz wird als *epistemische* Demokratietheorie bezeichnet – das bedeutet, Demokratie vergrößert unser Wissen. Wir brauchen die Demokratie, weil sie die großen Fragen richtig zu beantworten vermag. Diktaturen und Aristokratien bringen die Ansichten einer geringeren Anzahl an Menschen ein und neigen daher stärker dazu, falsche Antworten auf die großen Fragen zu geben. Schlimmer noch, für die Menschen in Autokratien besteht ein Anreiz darin, korrekte, aber unangenehme Informationen *nicht* weiterzugeben. Hängt Ihre Stellung oder womöglich gar Ihr Leben davon ab, Höhergestellten zu sagen, was sie hören wollen, ist es oft leichter, sie irrezuführen, als die Wahrheit zu sagen.

Erinnern wir uns an das Argument, dass Demokratien nicht unter Hungerkatastrophen leiden, weil die Informationen über Lebensmittelknappheit nach oben durchdringen. Im Gegensatz dazu starben in China während Maos Kampagne »Großer Sprung nach vorn« zehn Millionen Dorfbewohner an Unterernährung, was zum Teil daran lag, dass verängstigte Bürokraten die Getreideproduktion falsch darstellten und die »Illusion von Überfluss« schufen. Diese Fehlinformationen beschleunigten die Hungersnot, als die chinesische Führung das Getreide durch *Cash Crops* – für den Markt bestimmte Früchte – ersetzte und die Getreideausfuhr erhöhte, um an Devisen zu gelangen. Selbst als das Getreide schon ausgegangen war, fehlte dem maoistischen China die Fähigkeit zur Selbstkorrektur, weil die den Tatsachen entsprechenden Informationen von Falschdarstellungen übertönt wurden.

Demokratie ist dann gut, wenn wir uns einig sind, dass wir Antworten auf ein Problem brauchen, und alle bereit sind, dieser Antwort zu folgen, sobald wir sie kennen. Probleme dieser Art gibt es sehr viele. Sie treten auf, wenn wir einem gemeinsamen Feind gegenüberstehen – einer Krankheit oder einem militärischen Gegner – oder wenn wir versuchen, Ereignisse vorherzusagen – das Wetter, Sportergebnisse, Wahlen. Hier ist die »Weisheit der Vielen« oft besser als Vorhersagen von Experten, die eher von ihren Theorien über die Welt geleitet sind denn von den Tatsachen vor Ort. Wenn wir unsere demokratischen Instrumente nutzen, um die Meinungen der Leute einzuholen, könnten wir feststellen, dass diese sich stärker engagieren, sich besser gehört finden *und* wir bessere Ergebnisse erzielen.

Ironischerweise lässt sich mithilfe der »Weisheit der Vielen«

auch gut vorhersagen, wie die Masse sich verhalten wird. Das Geschäft mit politischen Umfragen ist in den USA, Großbritannien und im restlichen Europa inzwischen zu einer Multimillionen-Dollar-Branche geworden. Doch geriet ihre Aussagekraft nach einer Reihe von Schockwahlen in jüngerer Zeit ins Wanken. Meinungsumfragen stützen sich auf die Wahlabsichten der Befragten, aber entweder haben diese ihre Absichten falsch angegeben, oder wichtige Bevölkerungsgruppen – insbesondere jene mit niedrigerem Bildungsgrad in ländlichen Regionen – wurden völlig übersehen.

Wenn man die Leute jedoch nicht danach fragt, wie sie selbst wählen wollen, sondern wie andere ihrer Meinung nach wählen werden, sind die Ergebnisse oft zutreffender. Die Menschen nutzen ihre eigenen Kreise und Netzwerke, um vorherzusagen, wie ihre Freunde und Nachbarn wählen werden – und geben uns auf diese Weise Informationen, über die Meinungsforschungsinstitute nicht verfügen. Die zutreffendsten Ergebnisse erhalten wir, indem wir uns Bevölkerungsgruppen in unterschiedlichen Wahlkreisen ansehen und danach fragen, wie ihr Bezirk ihrer Meinung nach wählen wird, den Rest überlassen wir Condorcets Zauberkünsten. Bei den britischen Parlamentswahlen von 2015, bei denen die Meinungsumfragen völlig danebenlagen, und bei den Präsidentschaftswahlen in den USA von 1988 und 2012 waren die Prognosen der Bürgerinnen und Bürger wesentlich genauer als die Ergebnisse der Meinungsumfragen. Die epistemische Demokratietheorie ist sogar gut darin, Demokratie zu ergründen! Doch in Sachen Brexit und beim Sieg von Donald Trump gingen die Prognosen der Bürger genauso vollständig fehl wie die Meinungsumfragen. Wahrscheinlich haben wir alle Schwierigkeiten damit, die aktuelle Phase der Polarisierung zu begreifen. Auch unser Konsens kann manchmal schlichtweg falsch sein.

In den meisten Fragen der Politik stimmen wir nicht überein, und schon kehren wir zu unseren alten Feinden, dem Chaos und der Polarisierung, zurück. Um Chaos zu vermeiden, können wir aber ausgerechnet von der Polarisierung lernen, die sich einstellt, wenn sich unsere Präferenzen entlang einer einzigen Dimension bewegen. Manchmal fürchten wir das chaotische, instabile Sich-im-Kreis-Drehen in der Politik mehr als polarisierte Meinungen. Ist das der Fall, sollten wir versuchen, die Politik auf eine Dimension zu reduzieren.

Das kann zum Beispiel dadurch geschehen, dass man die Leute im selben Raum zusammenbringt. Wenn man sie auffordert, über komplexe, multidimensionale Probleme zu beratschlagen, können wir ihre Differenzen in gewisser Weise strukturieren. Das bedeutet nicht, dass die Uneinigkeiten damit ausgeräumt wären, sondern dass geklärt wird, welche Dimension in der aktuellen Streitfrage die wirklich relevante ist.

Dieses Vorgehen lässt sich durch Bürgerversammlungen intensivieren. Irland etwa hat vor dem jüngsten Referendum zur Änderung des Abtreibungsrechts und für andere wichtige gesellschaftspolitische Fragen von der Überalterung bis zum Klimawandel solche Bürgerversammlungen genutzt. Ein Teil ihres Verdienstes bestand darin, dass man Klarheit über die tatsächlichen Meinungsunterschiede zu seinen Gegnern und deren wahre Einstellung gewann. Jedes Mal wurden die Teilnehmer gebeten, sich über mehrere Fragen des jeweiligen Themas auseinanderzusetzen und zu debattieren – bei der Überalterung waren dies die Höhe der Renten, das Renteneintrittsalter und die Altenpflege.

Die zeitgleiche Behandlung all dieser Themen und das Nachdenken darüber in den Bürgerversammlungen brachte die Debatte auf eine einfachere Ebene. Das Chaos ließ sich durch Gespräche bannen. Die Bürgerinnen und Bürger waren gezwungen,

Kompromisse zu finden – in der Politik ist es nicht möglich, alles zu erreichen, was wir wollen –, und konnten die Argumente der Gegner verstehen oder gar übernehmen. Das führte zu einer neuen Praxis des Zuhörens und konstruktiver Entgegnungen auf Argumente, die man ablehnte. So zeigte sich klar, ob Konsens herrschte, und wenn nicht, ob es eine Option gab, die zumindest mehrheitsfähig war.

In den Versammlungen stand genug Zeit zur Verfügung, um eine große Bandbreite an Überlegungen zu diskutieren. Bei der Abtreibung – ein extrem polarisierendes Thema – wurden die Teilnehmer gebeten, sowohl verschiedene Situationen zu berücksichtigen, die Anlass für einen Schwangerschaftsabbruch sein können (von einer realen Gefahr für Leib und Leben der Mutter über Risiken für ihre psychische Gesundheit bis zu sozioökonomischen Gründen für einen uneingeschränkten Abbruch), als auch die unterschiedlichen zeitlichen Begrenzungen für einen Eingriff (von uneingeschränkt über die 12. oder 22. Woche bis hin zu nie). Statt sich zu polarisieren und zu den extremeren Optionen zu tendieren, versuchten die Teilnehmer, sich in der Mitte zu treffen, und waren bereit, unter großzügigen, wenn auch nicht unbegrenzten Bedingungen eine legale Abtreibung zu erlauben. Die Legalisierung des Schwangerschaftsabbruchs 2019 in Irland erfolgte dann nach diesem gemäßigten Modell – bis zur zwölften Schwangerschaftswoche wurden Abtreibungen aus beliebigen Gründen erlaubt, danach nur noch unter bestimmten strengen Bedingungen. Schwangerschaftsabbrüche werden immer ein umstrittenes Thema bleiben, aber indem das irische Parlament die Vorschläge aus den Bürgerversammlungen übernahm, hatte es sich eng an die Art und Weise gehalten, wie die Durchschnittsbürger in diesem starken Zielkonflikt übereingekommen waren.

Dank der Informationstechnologie müssen sich die Leute für

ihre Beratungen nicht einmal mehr physisch im gleichen Raum aufhalten. Das Internet und die sozialen Medien werden aufgrund der Tendenz, dass man in Echokammern feststeckt, wo man nur noch auf Meinungen trifft, die man teilt, egal wie abseitig sie sind, regelmäßig für politisches Chaos und Polarisierung verantwortlich gemacht. Doch wie bei jeder Technologie hängen Nutzen und Schaden auch beim Internet von uns ab und davon, wie wir es verwenden und welche politischen Entscheidungen wir treffen.

Ein ermutigendes Beispiel sind Taiwans Experimente mit einer digitalen Regierung. Unter der Leitung des Hacker-Wunderkinds Audrey Tang – 2016 im Alter von 35 Jahren mit der Leitung des Digitalministeriums betraut und damit jüngstes Kabinettsmitglied in der Geschichte Taiwans – entwickelte das Land ein Modell zur Konsensfindung. Tang schuf einige Apps – vTaiwan, Join –, die nach einem gemeinsamen Modell funktionieren. Umstrittene Themen werden von Leuten diskutiert, indem sie online Kommentare einstellen, die dann von anderen befürwortet oder abgelehnt werden können. Doch der Unterschied zu Kommentaren auf YouTube oder Reddit besteht darin, dass diese Apps keine Antworten zulassen. Tang zufolge verhindere der Verzicht auf die Antwort-Funktion, dass die Kommunikation in provokantes Trolling und Beleidigungen ausarte.

Wer eine andere Meinung vertritt, muss stattdessen einen neuen Kommentar schreiben, über den ebenfalls abgestimmt werden kann. Dieses minimalistische System ermöglicht es den App-Entwicklern, bei bestimmten Kommentaren die Zustimmungs- und Ablehnungsnetzwerke verschiedener Nutzergruppen zu untersuchen. Wenn die Nutzer merken, dass ihre Haltung nicht geteilt wird, können sie mit einem neuen Kommentar versuchen, die Differenzen zu überbrücken. Unter ihnen etabliert sich so ein neuer Standard bei der Suche nach Lösungen, denen mehr Leute zustimmen wollen. Und in dem Maße, wie die einvernehmlicheren Kommentare in den verschiedenen Netzwerken an Popularität gewinnen, kann die App nach und nach ermitteln, welche Positionen von Nutzern geteilt werden, die anfangs vielleicht vehement dagegen waren.

Dank Tangs Stellung im taiwanesischen Kabinett wurde dieses Modell von der Regierung eingesetzt, um konsensfähige Haltungen zu erarbeiten, wenn auch nur im Bereich der Netzpolitik wie etwa zur Regulierung von Uber oder zur Freigabe des Onlineverkaufs von Alkohol. Die Ergebnisse waren in der Regel Annäherungen – Uber wurde zugelassen, aber unter strengen Vorgaben, der Onlineverkauf von Alkohol wurde erlaubt, er muss aber in einem Geschäft abgeholt werden, um zu verhindern, dass Kinder an Alkohol gelangen. Selbst wenn unzählige Kommentare und damit politische Vorschläge erlaubt sind, herrscht am Ende kein Chaos. Das Hin und Her zwischen den Nutzern zeigt ihnen, wo ihre Meinung breite Zustimmung findet und wo nicht. Das Internet kann uns Ordnung und Chaos gleichermaßen bescheren.

Was können wir tun, wenn uns die Polarisierung Sorgen bereitet? Die Menschen zu Beratungen in einem Raum zusammenzubringen, endet womöglich mit Mord und Totschlag, zumindest im übertragenen Sinne. Mit der Polarisierung sind hauptsächlich zwei Probleme verbunden: Zum einen erzeugt sie Konflikte und gegenseitige Verachtung unter den Bürgerinnen und Bürgern, zum anderen gibt es Verlierer – doch niemand will auf der Verliererseite stehen, und die Reaktion der Unterlegenen kann den Kurs einer ganzen Nation bestimmen. Die Weigerung Donald Trumps, zu akzeptieren, dass er 2020 die Präsidentschaftswahlen verloren hatte, kulminierte in den Ausschreitungen vom 6. Januar 2021 und zeigt, dass dieses Problem unter

Umständen selbst die größten, reichsten und ältesten Demokratien heimsucht.

Wir können die Konflikte zu lösen versuchen, indem wir entweder die Meinungen der Menschen oder das politische System ändern. Das gegenseitige Verständnis zu fördern, kann dazu beitragen, die Konflikte zu entschärfen. Oder anders ausgedrückt, wir versuchen, die geltenden politischen Normen zu ändern. Von Psychologenseite wurde aufgezeigt, dass Menschen durch gesteigerte Empathie weniger dazu neigen, benachteiligte Gruppen zu stigmatisieren. Barack Obama beklagte Amerikas »Empathiedefizit« und war der Meinung, dass Empathie die politische Polarisierung im Land überwinden könnte.

Die Standpunkte und Sorgen anderer verstehen zu wollen, ist sicherlich lobenswert. Doch wir sollten vorsichtig sein. Politikwissenschaftler haben herausgefunden, dass empathischere Menschen sich vor allem um die anderen in der eigenen »Ingroup« kümmern, was paradoxerweise zu mehr Polarisierung führt. Dieser Effekt kann sich selbst unter jenen einstellen, die so etwas wie Ingroups verurteilen. Die weltoffenen Anhänger des Vorsitzenden der britischen Labour-Party Jeremy Corbyn waren häufig bekennende Menschenrechtler und Unterstützer einer freien Gesellschaft ohne Vorurteile. Einige von ihnen hingen jedoch den Stereotypen über ältere, weiße Brexit-Befürworter aus der Arbeiterklasse an, obwohl viele aus dieser Gruppe zu den ewigen Verlierern in der britischen Wirtschaft gehörten. Empathie reicht nicht immer so weit, wie wir hoffen.

Wenn die Ansichten der Menschen also nicht immer zu ändern sind, können wir dann vielleicht für neue Anreize sorgen? Politische Vorwahlen heizen die Polarisierung genauso an wie die Wahlkampffinanzierung, da sie die Parteien in Richtung der Extreme lenken. Geldmittel in der Politik rigoros einzudämmen, würde die Polarisierung wahrscheinlich abschwächen. Doch zumindest in den USA hat der Supreme Court die Möglichkeiten dazu eingeschränkt, indem er Wahlkampfspenden mit freier Meinungsäußerung gleichsetzte.

Die Abschaffung der Vorwahlen wäre mit weniger klaren rechtlichen Hindernissen belegt, aber deutlich umstrittener, denn im Grunde würden wir damit sagen, dass demokratische Teilhabe *innerhalb* von Parteien schädlich, zwischen Parteien aber hilfreich ist. Das wirkt widersprüchlich. Demokratie unter Parteimitgliedern treibt Politikerinnen und Politiker jedoch ebenfalls in extreme Richtungen, und sie entfernen sich immer weiter von dem, was die Bürger insgesamt wollen. Rein demokratisch gesprochen, wären wir, wenn wir die Standpunkte der größten Anzahl von Menschen zusammennehmen, ohne Vorwahlen besser dran.

Eine mögliche Lösung wären offene Vorwahlen, bei denen auch Nichtmitglieder der jeweiligen Partei über die Kandidaten abstimmen dürften. Im Idealfall würde dies die Kandidaten in die Mitte der Wählerschaft rücken, schließlich müssten sie zusätzlich die Interessen von Unabhängigen und überzeugbaren Mitgliedern anderer Parteien bedienen. Doch vergessen wir nicht, wir haben es mit Demokratie zu tun – nichts ist einfach. Mitglieder der anderen Parteien könnten den Vorteil einer offenen Vorwahl nutzen, um strategisch für einen Kandidaten zu stimmen, der ihrer Meinung nach bei den Wahlen eher schlecht abschneiden würde. Und schon mischt sich das Chaos in die Polarisierung. 2008 stimmten einige Wähler der Republikaner in den offenen Demokratischen Vorwahlen strategisch für Hillary Clinton, um Barack Obama zu verhindern, den sie für den chancenreicheren Kandidaten hielten. Aber diese »falschen« Demokraten stimmten bei der Präsidentschaftswahl genauso häufig für den Republikanischen Kandidaten John McCain wie die weniger intriganten Republikaner, die McCain bei den Republikanischen Vorwahlen einfach aus Überzeugung gewählt hatten.

Könnten wir die Polarisierung stattdessen bändigen, indem wir die Zahl derer, die an allgemeinen Wahlen teilnehmen, erhöhen? In den USA gibt es erbittert geführte Vorwahlen und eine große politische Polarisierung. Zugleich ist die Wahlbeteiligung bei den Präsidentschafts- und Kongresswahlen verglichen mit anderen Ländern sehr niedrig. Nicht zuletzt, weil die Polarisierung unpolitische Menschen eher vom Wählen abhält. Angenommen, man würde Wählen verpflichtend machen und die Wahlbeteiligung auf diese Weise steigern, wäre das eine Lösung des Problems?

Knapp über zwanzig Länder, darunter Australien und Argentinien, haben eine Form der Wahlpflicht. Nichtwähler müssen normalerweise eine Strafe zahlen, wenn sie keinen Stimmzettel abgeben. Die Menschen sind zwar nicht gezwungen, ihre Stimme einer Partei zu geben – sie dürfen ihre Stimme ungültig machen –, aber sie müssen an der Wahl teilnehmen. Die Strafen sind nicht hoch – in den meisten australischen Provinzen werden zum Beispiel um die zwanzig Australische Dollar erhoben, der Betrag kann sich allerdings verzehnfachen, wenn nicht gezahlt wird. Obwohl die Kosten für eine Nichtteilnahme gering sind, ist die Auswirkung auf die Wahlbeteiligung riesig. Deutlich mehr als 90 Prozent der Australier geben seit Einführung der Wahlpflicht in den 1920er-Jahren bei jeder Wahl ihre Stimme ab.

Reduziert die Wahlpflicht die Polarisierung? Bis 1992 bestand in Österreich in vielen Bundesländern eine Wahlpflicht. Der Haupteffekt war im Großen und Ganzen, dass man Wähler, die keiner Partei anhingen und wenig an Politik interessiert waren, an die Urnen holte und damit die Polarisierung dämpfte. Doch das ist nicht immer der Fall. In Australien profitierte nach Verabschiedung des Gesetzes vor allem die Labor Party, deren

Stimmenanteil um bis zu 10 Prozent stieg. Ironischerweise waren ihre Rivalen von der Liberal Party davon ausgegangen, dass sie die Gewinner der Gesetzesänderung sein würden. Die Wahrscheinlichkeit, dass ärmere Bürger zur Wahl gehen, erhöht sich, zum einen weil diese Gruppe in den meisten Ländern vermehrt der Urne fernbleibt, wenn man nicht teilnehmen muss, zum anderen weil sie die Strafzahlung im Verhältnis schmerzlicher trifft. Für die Parteien des linken Flügels ergibt sich daraus ein moralisches Dilemma. Eine Wahlpflicht mag ihnen zu Siegen verhelfen, aber für ihre Basis sind die Geldstrafen schmerzlicher, wenn sie nicht zur Wahl geht.

Und schließlich, was können wir wegen der ewigen Verlierer der Polarisierung unternehmen? Halten wir uns noch einmal vor Augen, dass eine Demokratie am besten funktioniert, wenn die Mehrheiten wechseln. Eine Möglichkeit ist die Wiederaufnahme neuer Dimensionen in die politische Debatte – solche, bei denen die Verlierer zu Gewinnern werden. Der amerikanische Politologe William Riker nannte dies *Heresthetics*, das Talent, politische Auseinandersetzung neu zu framen.

Rikers Lieblingsbeispiel war Abraham Lincoln, der die amerikanische Politik in der Frage der Sklaverei neu ausrichtete. Von 1800 bis zum Beginn des Amerikanischen Bürgerkrieges 1861 hatten die Föderalistische Partei, dann die konservativen Whigs und schließlich die Republikaner die Präsidentschaft nur neun Jahre inne, während ihre Konkurrenten – die Demokratisch-Republikanische Partei und die Demokraten – 52 Jahre lang regierten. Die Konfliktlinie darüber, was die Politik bestimmen sollte, verlief zwischen Landwirtschaft (Demokraten) und Handel (Föderalisten, Whigs, Republikaner). Die meisten Menschen bewirtschafteten Land, also gewannen die Demokraten.

Als Republikaner, der 1858 für den Senat kandidierte, sah sich Abraham Lincoln mit der bitteren Aussicht konfrontiert, auf der

ewigen Verliererseite zu stehen. Die Republikaner waren auf der
Suche nach Möglichkeiten, die politische Debatte in andere Bah-
nen zu lenken, um schließlich selbst siegen zu können. Lincoln
erkannte, dass die Bekämpfung der Sklaverei als neue Konfliktlinie dienen konnte – eine Strategie, Demokratische Wähler aus
den Nordstaaten für sich zu gewinnen, die gegen die Sklaverei
waren, ansonsten aber dennoch der Demokratischen Koalition
zugehörig blieben. Lincoln heizte ihren Unmut über die Sklaverei an, um sie auf diese Weise abzuspalten und auf die Republikanische Seite zu ziehen.

In den berühmten Debatten zwischen Lincoln und dem am-
tierenden Demokratischen Senator Stephen Douglas gelang es
Lincoln auf lange Sicht, dessen Anhängerschaft zu halbieren, indem er lediglich fragte, ob Douglas jemals akzeptieren könnte,
dass eine weitere Region der USA innerhalb ihrer Grenzen die
Sklaverei verbot. Dies führte für Douglas zu einer aussichtslosen
Situation. Er antwortete mit Ja, behielt die Stimmen der Sklave-
reigegner der Nordstaaten-Demokraten in Illinois und besiegte
Lincoln. Zwei Jahre später jedoch spaltete Douglas' Nominie-
rung zum Präsidentschaftskandidaten die Demokratische Partei,
da sich wütende Südstaaten-Demokraten, die für die Sklaverei
eintraten, an seine Antwort erinnerten und einen eigenen Kandidaten aufstellten. Und dieses Mal war nun Lincoln der Sieger.

Das sogenannte Reframing in der Politik bildet neue Ach-
sen. Es kann die Politik wiederbeleben und bewirken, dass sich
Menschen wieder gehört fühlen, die den Eindruck hatten, keine
Stimme zu haben. Was keineswegs heißt, dass nun alle miteinander auskommen – immerhin war Lincolns Sieg die Vorstufe
zum Amerikanischen Bürgerkrieg. Aber es zeigt einen Ausweg
für Fragen auf, in denen wir gespalten sind, und gestattet denen,
die über lange Phasen zu den Verlierern gehörten, sich im Glanz
eines politischen Sieges zu sonnen. Man konnte dies an der

Reaktion vieler britischer Wähler beobachten, als ihnen eine neue Dimension – der Brexit – die Möglichkeit eröffnete, ihren Standpunkt kundzutun und am Ende eine Wahl zu gewinnen. Doch erinnert uns der Brexit zugleich daran, dass sich durch die Öffnung eines neuen politischen Raums auch das Chaos einschleichen kann.

Besteht keine andere Möglichkeit, sicherzustellen, dass die Verlierer ihrer Stimme jederzeit Gehör verschaffen können, als nur dadurch, dass politische Akteure die Debatte neu ausrichten? Wir wissen, dass es kein demokratisches System gibt, das Chaos und Polarisierung komplett abwenden könnte. Aber einige Wahlsysteme scheinen beide Probleme zu dämpfen – und helfen uns, der Demokratiefalle zu entkommen.

Am offensichtlichsten ist dies die Verhältniswahl, bei der das Verhältnis der Sitze, die eine Partei in einer Legislaturperiode für sich gewinnt, proportional zur Anzahl der für sie abgegebenen Stimmen ist. Es gibt zahllose Varianten der Verhältniswahl – verschiedene Arten an Sperrklauseln, Wahlbezirkszuschnitten, Stimmengewichtung –, aber um es nicht unnötig kompliziert zu machen, betrachten wir das Wahlsystem in den Niederlanden. Das Parlament verfügt dort über 150 Sitze, die den Parteien proportional zu ihrem landesweiten Ergebnis zugeteilt werden. Sobald man mehr als 1/150 der Gesamtstimmen erreicht, ist man drin. Andere Länder, von Israel über Schweden bis Dänemark, haben sehr ähnliche Modelle, wenn auch in der Regel mit höheren Hürden für den Einzug ins Parlament, was größeren Parteien leichte Vorteile verschafft. Bei Verhältniswahlen ist es extrem selten, dass eine einzelne Partei die Mehrheit im Parlament hat. Es sind demnach Koalitionen nötig.

Koalitionen zu schmieden, kann schiefgehen – man erinnere sich an die Kämpfe um eine Regierungsbildung in Belgien im Jahr 2010. In der Regel jedoch verlaufen Koalitionsverhandlungen nach einer Wahl reibungslos. Und sie können sicherstellen, dass die Stimmen der Verlierer gehört werden. Bei Verhältniswahlen wird normalerweise die Partei mit den meisten Stimmen zuerst aufgefordert, eine Koalition zu bilden. Sie muss also mit kleineren Parteien verhandeln und sich deren Angebote anhören. Das ist der Punkt, an dem ein bisschen Chaos hilft, die Polarisierung einzudämmen. Die kleinen Parteien repräsentieren verschiedene Interessen und Identitäten in einer Gesellschaft. Wenn sie sich einer Regierungskoalition anschließen, können sie ihre Wähler auf jeden Fall schützen. Doch auch aus der Opposition heraus verfügen sie über eine gewisse Macht. Wenn sie die Politik einer der Regierungsparteien ablehnen, können sie versuchen, sie durch Nebenabsprachen mit den anderen Koalitionsparteien zu verhindern.

Das führt natürlich zu Instabilität – in Verhältniswahlsystemen sind Wechsel an der Spitze der Regierung und neu geschmiedete Koalitionen nicht ungewöhnlich. Zugleich bedeutet es aber, dass die meisten Parteien im Parlament immer wieder an die Regierung kommen. Denken Sie etwa an die letzten vom niederländischen Ministerpräsidenten Mark Rutte geführten Regierungen aus der konservativ-liberalen Volkspartei für Freiheit und Demokratie (VVD). Sein erstes Kabinett bildete er gemeinsam mit dem Christlich-Demokratischen Aufruf (CDA), toleriert von der rechtspopulistischen Partei für die Freiheit (PVV). Seine zweite Regierung war eine Koalition mit der sozialdemokratischen Partei der Arbeit (PvdA), die dritte und vierte mit den Christdemokraten, den linksliberalen Democraten 66 (D66) und der religiösen ChristenUnie (CU). Im Lauf eines Jahrzehnts waren fünf verschiedene Parteien Teil der Regierung.

Die integrative Kraft des Verhältniswahlrechts könnte erklären, warum Länder mit diesem System im Allgemeinen höhere öffentliche Ausgaben haben – zum einen weil mit mehr Parteien mehr Interessen in unterschiedlichen Bereichen zu bedienen sind, zum anderen weil in diesen Ländern häufiger linksgerichtete Parteien in der Regierung sind als in Ländern mit Mehrheitswahlrecht wie Großbritannien und den USA. Länder mit Verhältniswahlen scheinen zudem weniger Ungleichheit aufzuweisen und politisch stabiler zu sein. Sie mögen schwächere und weniger entscheidungsstarke Regierungen haben als ihre Konkurrenten mit Mehrheitswahlrecht, aber das gleicht vielleicht ein bequemerer Konsens wieder aus.

Wie entkommen wir der Demokratiefalle? Eine uneingeschränkte Demokratie produziert Chaos und Polarisierung. Für jeden von uns gibt es Gründe, strategisch zu wählen und kollektive Entscheidungen zu kippen oder das eigene Lager nach vorn zu pushen, koste es, was es wolle. Wir müssen die Demokratie also einhegen – damit sie ihre Energie, ihre Fähigkeit zur Kurskorrektur und zu einer sinnvollen Selbstregierung des Volkes behält, ihre Instabilität und Unbeständigkeit aber loswird.

Die von uns untersuchten Lösungen strukturieren die demokratische Entscheidungsfindung entweder formell mithilfe von politischen Institutionen oder informell durch Verhaltensnormen. Einige sind antimehrheitliche Institutionen – die »liberalen« Bestandteile einer »liberalen Demokratie«: Gerichte zum Schutz der Rechte, unabhängige Organisationen und eine Presse, die die Regierung kontrolliert und zur Rechenschaft zieht.

Was nicht nötig ist, um der Demokratie einen Rahmen zu geben, sind antidemokratische Institutionen. Wir vermögen die Demokratie durch mehr Demokratie besser zu machen. Das kann auf unterster kommunaler Ebene mithilfe von Bürgerversammlungen geschehen. Hier haben die Beteiligten mit Meinungsverschiedenheiten eine Chance, zu erkennen, wo Konsens herrscht, und von diesem Ausgangspunkt ausgehend eine Einigung zu erzielen. Oder man denkt auf nationaler Ebene über Änderungen nach, die mehr Menschen an die Wahlurne bringen, inklusive solcher mit gemäßigteren Ansichten, um zu verhindern, dass die lautesten und am stärksten polarisierten Stimmen auf beiden Seiten des Spektrums die Politik beherrschen. Das könnte eine Wahlpflicht sein, aber auch Änderungen, die das Wählen erleichtern – von der Registrierung am Wahltag selbst bis zur vorzeitigen Stimmabgabe –, oder eine Wahlrechtsreform wie die Verhältniswahl. Entscheidend in allen Fällen ist, dass die Institutionen stabil bleiben, Bürgerversammlungen nicht nur gelegentlich bei Streitfragen anberaumt werden und das Wahlrecht nicht bei jeder anstehenden Wahl erneut geändert wird.

Wir können der Demokratiefalle auch entkommen, indem wir eine Kultur des Zuhörens und Abwägens fördern. Chaos entsteht durch unser individuelles strategisches Lavieren, durch Polarisierung aus Verachtung anderer Meinungen. Wir sind Menschen, daher lassen sich solche Impulse nicht ausmerzen. Aber wir können versuchen, sie zu unterdrücken und ihnen entgegenzuwirken. Eine Lösung wäre, neue politische Diskussionsforen zu entwickeln, die nach dem Modell des vTaiwan-Experiments Trolling und Hetze unterbinden, Bürgerversammlungen sind eine andere; und schließlich können charismatische Politikerinnen und Politiker versuchen, die Achse der öffentlichen Debatte zu verschieben, weg von den kontroversen Themen. In der Demokratie geht es letztlich um Meinungen. Nur wenn wir lernen, die eigene Meinung überzeugend zu formulieren und andere zu tolerieren, werden wir jemals in der Lage sein, Konsens zu erreichen. Wir werden immer unterschiedlicher Meinung sein. Aber am Ende werden wir uns in manchem einigen müssen.

TEIL II
GLEICHHEIT

Gleiche Rechte und
gleiche Lebensumstände*
schließen einander aus

---

* Der Begriff *equal outcomes* hat im Deutschen keine direkte Entsprechung. In der Politikwissenschaft werden je nach Kontext die Begriffe »Ergebnisgleichheit« oder »Bedingungsgleichheit« verwendet, die den Fokus auf eine an Ergebnis und Ertrag orientierte Gleichheit setzen und Umverteilung beinhalten. Ben Ansell fasst den Begriff jedoch etwas weiter, weshalb hier der allgemeinere Begriff »gleiche Lebensumstände« bevorzugt wird. (A. d. Ü.)

5 JEFF BEZOS FLIEGT INS ALL

Im Juli 2021, als Jeff Bezos nach seinem kurzen privaten Flug ins All mit dem eigenen Raumfahrtunternehmen gelandet war, hatte er, der damals reichste Mann der Welt, etwas zu sagen. »Ich möchte allen Amazon-Mitarbeitern und allen Amazon-Kunden danken, denn all das habt ihr finanziert«, bemerkte Bezos auf der Pressekonferenz im Anschluss an den Flug. »Ganz im Ernst, an alle Amazon-Kunden da draußen und alle Amazon-Mitarbeiter, ich danke euch aus tiefstem Herzen. Ich weiß das sehr zu schätzen.«

Die Beschäftigten von Amazon arbeiten zu deutlich weniger galaktischen Konditionen als Jeff Bezos. Laut BBC verdient er »alle zehn Sekunden das mittlere Jahreseinkommen eines Amazon-Mitarbeiters in den USA«. Anders ausgedrückt: Er verdient knapp über drei Millionen Mal so viel wie der durchschnittliche Mitarbeiter. Neben der Ungleichheit in der Bezahlung gerieten auch die Arbeitsbedingungen bei Amazon in den Fokus. Der Investigativjournalist James Bloodworth arbeitete in einem Amazon-Warenlager im englischen Staffordshire und schilderte die langen Arbeitszeiten, die rigiden Zeitvorgaben und wie nahezu unmöglich es sei, auch nur eine Toilettenpause einzulegen. Man kann nicht gerade davon ausgehen, dass Bezos' Dank an seine Mitarbeiter besonders wohlwollend aufgenommen wurde.

Sein Flug ins All fand knapp über fünfzig Jahre nach der ersten Mondlandung durch die Amerikaner statt. Damals, 1969, als ausschließlich hervorragend ausgebildete Menschen ins All durften, öffentlich bezahlte Astronauten, war die Ungleichheit in Amerika auf einem historischen Tiefstand. Das Privatleben der Astronauten stellte sich, nachdem sie zurück auf der Erde waren, als Inbegriff der Kernfamilie dar: Papi als Verdiener und Mami, die zu Hause blieb und das wie in den amerikanischen Sitcoms jener Zeit mit einem Lattenzaun umgebene Heim versorgte. Kurz nach der Mondlandung begann sich das Vermögen von Arm und Reich in den USA auseinanderzubewegen. In den 1970er-Jahren verdiente das reichste 1 Prozent 11 Prozent des Nationaleinkommens. Die ärmsten 50 Prozent der Erwachsenen verdienten insgesamt knapp über 20 Prozent des Nationaleinkommens. 2014 betrug das Einkommen des obersten 1 Prozent 20 Prozent des Nationaleinkommens und das der untersten 50 Prozent nur noch 12 Prozent. Die beiden Gruppen hatten komplett die Plätze getauscht.

Kein Wunder, dass der Slogan »Wir sind die 99 Prozent« zum Motto von Occupy, der Protestbewegung gegen die Ungleichheit, wurde. Aber wahrscheinlich müsste es »99,9 Prozent« heißen. 2018 besaß das oberste 0,1 Prozent – also das oberste Tausendstel – aller Amerikaner 20 Prozent des gesamten Vermögens: siebzig Millionen US-Dollar für jeden. Jeff Bezos hat eine Menge Multimillionäre und Milliardäre an seiner Seite.

Wie konnte es in Amerika so weit kommen? Warum gab es keine erfolgreiche politische Gegenreaktion zu der explodierenden Ungleichheit? Egal, wie reich das 1 Prozent war, es sollte für dieses doch unmöglich sein, die untersten 50 Prozent bei einer demokratischen Wahl zu besiegen. Und doch scheint die Politik in Amerika versagt zu haben: Sie hat die Ungleichheit eher untermauert als unterhöhlt. Die Ungleichheit, von der nur eine winzige Minderheit profitiert, ist weiter gewachsen, und die Politik scheint hilflos oder vielleicht auch nicht willens, etwas dagegen zu unternehmen. Warum hat die amerikanische Politik so versagt, der Ungleichheit etwas entgegenzusetzen? Die USA tappten in die Gleichheitsfalle – *gleiche Rechte und gleiche Lebensumstände schließen einander aus*. Die Gleichheit ökonomischer Freiheiten, die den Amerikanern so wichtig ist, erschwert es, rigoros gegen ungleiche Lebensumstände vorzugehen. Und die individuellen Anreize für jeden von uns – von der breiten Öffentlichkeit über Politikerinnen bis hin zu Milliardären – lassen es kompliziert werden, dieser Falle zu entkommen.

Womit wir wieder bei Jeff Bezos wären. Seit der Finanzkrise 2008 frustrierte manche Politiker die gefühlte Abhängigkeit großer amerikanischer Konzerne, sei es Amazon oder Walmart, von öffentlichen Sozialleistungen auf kommunaler und staatlicher Ebene, die kompensierten, was wir in Abwandlung des berühmten Walmart-Slogans »immer Niedrigpreise« nun »immer Niedriglöhne« nennen könnten. Der sozialistische Senator von Vermont, Bernie Sanders, brachte 2018 unter dem Namen »Schlechte Arbeitgeber durch Streichung der Leistungen stoppen« oder kurz »Stoppt BEZOS« sogar ein Bundesgesetz im Parlament ein. Und im Lauf des Jahres 2019 zielten die Kritiker sogar noch höher – auf Jeff Bezos und die anderen Angehörigen dieser Elite persönlich.

In jenem Jahr kamen die Demokratischen Vorwahlen für die Präsidentschaftswahlen von 2020 richtig in Gang. Zu den aussichtsreichen Kandidaten gehörten Bernie Sanders und die progressive Senatorin und Juraprofessorin Elizabeth Warren. Beide legten im Sommer 2019 Vorschläge vor, das Vermögen der wohlhabenden amerikanischen Elite direkt zu besteuern. Sanders beispielsweise plante, Vermögen von über zehn Milliarden US-Dollar mit 8 Prozent jährlich zu besteuern, wobei seine

Vermögenssteuer bei einer bescheideneren Schwelle von 32 Millionen US-Dollar ansetzte. Wäre ein solcher Plan von 1982 an in Kraft getreten – von dem Jahr an, aus dem die ersten *Forbes-Angaben* über US-Milliardäre vorliegen –, hätte das Bezos' Vermögen aus dem Jahr 2018 von 160 auf armselige 43 Milliarden US-Dollar gesenkt. Die Vermögenssteuer schien einen Ausweg aus der Gleichheitsfalle zu bieten.

Doch weder Warren noch Sanders wurden Präsident. Das Versprechen einer Vermögenssteuer reichte nicht aus, um sie durch die Vorwahlen zu bringen. Auch der spätere Sieger Joe Biden führte keine Vermögenssteuer ein. Die Republikaner lehnten sie vehement ab, ebenso wie viele Demokraten. 158 Millionen amerikanische Wählerinnen und Wähler, die von einer solchen Steuer profitieren würden, schienen sich den Interessen der 75 000 Haushalte, die davon betroffen wären, und einem politischen System, das in diese Richtung kein Engagement zeigte, beugen zu müssen.

Dies wirft eine naheliegende Frage auf. Warum haben die meisten Demokratien, darunter auch die USA, eigentlich keine Vermögenssteuer? Nur sehr wenige Menschen müssten sie zahlen, und viele würden davon profitieren. Müsste die demokratische politische Gleichheit nicht eine Verringerung der ökonomischen Ungleichheit bewirken? Warum enttäuscht die Politik auf diesem Gebiet?

Mit der Besteuerung von Milliardären stößt man auf die Gleichheitsfalle. Wir alle wünschen uns das gleiche Recht, unser Geld auszugeben, wie wir wollen, zu arbeiten, wo wir wollen, zu wählen, wie wir wollen. Aber die Gleichheit der Rechte macht eine gleiche Verteilung von Einkommen, Ressourcen und Chancen unmöglich. Mehr noch, häufig verschlechtern gleiche Rechte die Situation. Unsere individuellen Anreize laufen einer kollektiven Gleichheit der Lebensumstände zuwider.

Milliardäre haben die gleichen ökonomischen Rechte wie wir alle, zu entscheiden, wie sie ihr Geld einsetzen, wo sie leben und wie sie sich verhalten wollen. Und das macht es schwierig, sie wirkungsvoll zu besteuern, wenn wir einen Ausgleich erzielen wollen. Milliardäre könnten bei drohenden Steuern dazu neigen, ihren Reichtum lieber auszugeben und ihr Geld für Villen, Raumschiffe oder Haartransplantationen zu verprassen. Oder um politische Kampagnen gegen die Vermögenssteuer zu finanzieren.

Die durch gleiche ökonomische Rechte geschaffene ökonomische Ungleichheit verändert unser politisches System und lässt es deutlich schwieriger werden, Gesetze für eine größere Gleichheit der Lebensumstände zu erlassen. Tatsächlich ist die Möglichkeit von Milliardären, die Politik »aus der Mitte« zu drängen, der Tatsache geschuldet, dass sie über die gleichen Rechte verfügen, Lobbyarbeit zu betreiben und Politiker zu umgarnen. Seit der »Citizens United«-Entscheidung des Obersten Gerichtshofs der Vereinigten Staaten im Jahr 2010 haben amerikanische Milliardäre wie Bezos das Recht und die Mittel, fast ohne Einschränkungen politische Werbung zu finanzieren. Unserer Politik gelingt es nicht, die Milliardäre in ihre Schranken zu weisen, weil sie teilweise von ihnen gekapert wurde.

Weltweit betrachtet sind die größten Nutznießer der Demokratie tatsächlich reiche Menschen, denn Demokratien gelingt es deutlich besser, das Eigentumsrecht und das Recht auf freie Meinungsäußerung zu schützen, als autoritären Staaten. Als Milliardär in China oder Russland lebt man gefährlich. Man könnte enteignet oder verhaftet werden oder sein privilegiertes Leben mit, nun ja, dem Leben bezahlen. Die politische Macht der Massen in Demokratien führt nicht zur Enteignung der Reichen. Eher zum Gegenteil: Demokratien schützen – und besteuern – Vermögen. Gleiche politische Rechte können also die wirtschaftliche

Gleichheit der Lebensumstände untergraben. Das bringt uns in ein Dilemma – wir schätzen unsere Gleichheitsrechte sehr, doch oft gehen sie mit einer rapide steigenden Ungleichheit einher.

Und so konnten weder die Corona-Pandemie noch die Wahl eines Demokratischen Präsidenten noch ein Kriegsausbruch in Europa den vermögendsten Milliardären in den USA etwas anhaben. Nicht alle haben deshalb das Handtuch geworfen – Bernie Sanders twitterte:»Wir müssen verlangen, dass die extrem Reichen ihren gerechten Anteil bezahlen.« Elon Musk, der Jeff Bezos 2022 als reichster Mensch der Welt ablöste, antwortete:»Ich vergesse immer wieder, dass Sie noch am Leben sind.« Der Gedanke, auch nur einen»gerechten Anteil«Steuern zu zahlen, war offenbar schon ein Reizthema.

Und was Jeff Bezos betrifft – eine Woche nachdem er wieder zurück auf dem Planeten war, den er derzeit seine Heimat nennt, sprach sich Senatorin Elizabeth Warren, die es mit ihren Vermögenssteuerplänen zwar nicht zur Präsidentin gebracht hatte, aber dennoch weiter eine einflussreiche Akteurin im Demokratisch kontrollierten Senat war, aufs Neue für eine Vermögenssteuer aus. Im Fernsehsender CNBC trat sie mit der Warnung auf:»Ich will, dass wir Vermögen besteuern, egal wie es gebunden ist. Es sollte keinen Unterschied machen, ob Sie Immobilien besitzen oder Bargeld oder Unmengen Aktien von Amazon. Ja, Jeff Bezos, Sie sind gemeint.«

6 WAS BEDEUTET GLEICHHEIT?

Über Jahrhunderte hinweg haben die Menschen sich ausgemalt, wie es wäre, in einem Gleichheits-Utopia zu leben. Der Begriff »Utopia« stammt aus einem Roman von Thomas Morus aus dem Jahr 1516. Morus stellt sich darin eine Gesellschaft vor, in der es nur gemeinsamen Besitz gibt und alle als Bauern arbeiten. Selbst ihre Häuser tauschen die Bürger alle zehn Jahre untereinander. Dass jeder Haushalt in Morus' Utopie auch zwei Sklaven besitzt, trübt das schöne Bild der Gleichheit. Dennoch war die Idee einer Gesellschaft von Gleichen für viele Philosophen reizvoll, ein Leben frei von den demütigenden Hierarchien der traditionellen Lebensweise. Von Jean-Jacques Rousseau über Karl Marx bis John Rawls machten Denker, die über eine Neuordnung der Gesellschaft nachsannen, Gleichheit zum zentralen Prinzip der von ihnen erdachten Gemeinschaften.

Stellen wir uns vor, wir würden uns ebenfalls auf den Entwurf einer neuen Gesellschaft einlassen. Wie würden wir für Gleichheit sorgen? Wir könnten so beginnen wie Morus (allerdings ohne Sklaven) oder wie Marx und darauf bestehen, dass jeder gleich großen Besitz hat. Das ließe sich umsetzen, indem es grundsätzlich keine Eigentumsrechte gäbe – in Morus' Utopia finden sich weder Türen noch Schlösser –, da alles Gemeingut wäre. In John Lennons berühmter Liedzeile ausgedrückt: *imagine no possessions* – stellt euch vor, es gäbe keinen Besitz. Oder wir gestatteten den Menschen privates Eigentum, aber in genau gleicher Größe. In jedem Fall hätten wir für *gleiche Lebensumstände* in Bezug auf den Besitz gesorgt. Herrscht in unserer Gesellschaft nun also Gleichheit? Auf einem Gebiet durchaus. Doch sofort stehen wir vor der Frage, wer diesen Besitz produziert. Hoffen wir etwa, die Bürger arbeiten genauso hart für uns alle, wie sie es für sich selbst tun würden, nur weil wir das so wollen? Oder müssen wir sie in eine Sträflingskolonie stecken? Wenn wir dafür sorgen wollen, dass die Menschen *gleiche Rechte* haben, zu entscheiden, wo, wann und wie schwer sie arbeiten wollen, können wir nicht unbedingt davon ausgehen, dass genug produziert wird, um überleben zu können, wenn wir nichts anderes anbieten als gleiche Lebensumstände.

Eine Gesellschaft mit absolut gleichen Lebensumständen würde also unseren Gerechtigkeitssinn verletzen. Erhalten die Menschen die Vergütung, die ihrer Leistung entspricht, oder die, die ihnen zusteht? Wenn jemand schwerer arbeitet, seinen Job besser macht oder der Gesellschaft mehr Nutzen bringt, sollte er dann nicht höher belohnt werden? Möglicherweise kommt es bei der Arbeit auf die Chancengleichheit an und nicht darauf, dass die Arbeitsergebnisse selbst gleich sind.

Doch wird es uns, da nun jeder Einzelne arbeiten kann, wo, wann und wie er möchte, unmöglich sein, das gemeinsame Ziel gleicher Lebensumstände zu erreichen. Die einen arbeiten mehr, die anderen weniger, und sie haben spezielle Fähigkeiten, sodass sie am Ende unterschiedlich viel verdienen. Tatsächlich könnten wir also bei explodierender ökonomischer Ungleichheit und einer milliardenschweren Oligarchie an der Spitze der Gesellschaft landen.

Wir sind also mit zwei Extremen konfrontiert, die beide nicht gerade angenehm sind, aber auf unterschiedliche Weise Gleichheit erzeugen. Auf der einen Seite steht eine Gesellschaft mit völlig gleichem Besitz für alle, in der wir die Bürger zur Arbeit zwingen müssen – und das heißt, wir müssen eine Ungleichheit der Rechte und Freiheiten akzeptieren. Auf der anderen Seite gestehen wir den Menschen gleiche ökonomische Rechte zu und lassen dem Markt freien Lauf, enden aber möglicherweise bei einer gewaltigen Ungleichheit der Lebensumstände und der Gefahr einer sich selbst verstetigenden Elite. So oder so hat die Politik dann versagt. In beiden Fällen stehen wir vor der Gleichheitsfalle – *gleiche Rechte und gleiche Lebensumstände schließen einander aus*. Wenn wir gleiche Rechte garantieren, können wir keine gleichen Lebensumstände erreichen. Und wenn wir gleiche Lebensumstände erzwingen, müssen wir die Gleichheitsrechte einschränken und den Menschen die Freiheit nehmen, so zu leben, wie sie das wollen. Wir können keinen Spagat machen und uns zu Fans *aller* Formen von Gleichheit erklären – hier herrscht ein inhärenter Zielkonflikt. Sobald wir die eine Art der Gleichheit hochhalten, müssen wir die andere dafür opfern. Und, idealerweise, einen Kompromiss in der Mitte finden, wodurch wir die meisten der von uns geschätzten Freiheiten behalten können, ohne eine *Winner-takes-it-all*-Dystopie heraufzubeschwören.

Die Zielkonflikte in Sachen Gleichheit treten immer dann auf, wenn wir in irgendeinem Bereich des menschlichen Lebens Gleichheit schaffen wollen – das können politische Rechte sein, das Recht auf Bildung oder Bürgerrechte; es kann um ökonomische Erträge oder Glück gehen. In einem dieser Bereiche Gleichheit zu befördern, führt zu mehr Ungleichheit an anderer Stelle. Im Lauf der Geschichte fiel die Ausweitung wirtschaftlicher, politischer und sozialer Gleichheitsrechte mit einer gewaltigen Ungleichheit der Lebensumstände zusammen. Und oft fand ein abruptes Ende wirtschaftlicher Ungleichheit in Phasen statt, in denen die Freiheit unterging, sei es wegen eines Krieges oder durch den Kommunismus. Das ist kein Zufall.

Wie in der Politik allgemein sehen wir uns auch hier wieder mit dem Zahnpastatubenproblem konfrontiert – wenn wir die Ungleichheit an einer Stelle niederdrücken, taucht sie an einer anderen wieder auf. Unsere Politik wird scheitern, wenn wir so tun, als gäbe es diesen Zielkonflikt nicht, und glauben, allen alles versprechen zu können.

Die zentrale Frage, die allen Debatten über Gleichheit zugrunde liegt, heißt: »Gleichheit in Bezug worauf?« Verschiedene Denker – Sozialisten, Libertäre, Utilitaristen – streiten endlos über bestimmte Ungleichheiten, sei es mit Blick auf Rechte oder Lebensumstände. In etwas Grundsätzlichem aber stimmen sie überein: Sie alle glauben an die elementare Bedeutung einer bestimmten Art der Gleichheit. Wir alle leben auf einem »egalitären Plateau«, wie der amerikanische Rechtsphilosoph Ronald Dworkin dies nennt. Eine verschwindend geringe Zahl seriöser politischer Positionen betrachtet die Menschen als grundsätzlich ungleich, sodass daraus deren unterschiedliche Behandlung abgeleitet werden könnte. Gleichheit gilt fast universell als etwas Gutes. Aber was unter Gleichheit verstanden wird, unterscheidet sich. Und hier liegt das Problem.

Verfechter des freien Marktes und Libertäre von Milton Friedman über Friedrich von Hayek bis Robert Nozick sind nicht der Meinung, die Menschen sollten gleiche Ressourcen erhalten, ja nicht einmal gleich entlohnt werden aufgrund ihrer Leistung, Bedürfnisse oder Ansprüche. Aber sie glauben, dass jeder das gleiche Recht auf Eigentum haben sollte, darauf, Handel zu treiben und Waren am Markt zu tauschen. Sie befinden niemanden aufgrund seiner Ethnie, seiner Religion oder seines Geschlechts als nicht wert, gleichbehandelt zu werden.

Ähnlich glauben sozialistische Denker nach marxistischer Tradition, dass alle Menschen über ein gleichberechtigtes Recht auf die »Produktionsmittel« verfügen sollten – jeder solle den gleichen Anteil an der Produktionsfähigkeit der Gesellschaft haben. Auch dies ist eine universalistische Forderung. Wenn die Revolution kommt, sind wir alle gleich; es gibt keine Unterschiede nach Hautfarbe, Glauben oder Eigenschaften. Doch sind Marxisten sicherlich nicht der Ansicht, dass die Menschen gleiche Rechte haben sollten, Privateigentum zu erwerben, zu nutzen oder zu verkaufen. Sie glauben überhaupt nicht an Privateigentum! Und gleiche Lebensumstände sind ihnen wichtiger als Chancengleichheit. Gemäß dem Motto: »Jeder nach seinen Fähigkeiten, jedem nach seinen Bedürfnissen.«

In der dünnen Luft des egalitären Plateaus bleibt an Gemeinsamkeit übrig, dass die Menschen in manchen Bereichen als gleichwertig behandelt werden, in anderen jedoch nicht. Bei dem kanadischen Politologen und Philosophen Will Kymlicka klingt das so: »Anders ausgedrückt, verlangt eine egalitäre Theorie, daß für den Staat seine Bürger gleich viel gelten, daß jeder Anspruch auf gleiche Beachtung und Respektierung hat.« Amartya Sen nutzt den Begriff »Unparteilichkeit« und meint damit mehr oder weniger das Gleiche. Auf jeden Fall verbindet dieses zentrale Anliegen höchst unterschiedliche Philosophien von links bis rechts. Doch das Problem des egalitären Plateaus besteht darin, dass gleiche Behandlung in der einen Dimension eine ungleiche Behandlung in einer anderen bedeutet.

Man vergisst leicht, dass wir nicht immer schon Egalitaristen waren. Die Philosophen früherer Zeiten betrachteten die Menschen häufig als grundlegend ungleich. Platon stellte sich eine Republik vor, in der hochgebildete »Philosophenherrscher« die Entscheidungen für den Rest treffen würden. Aristoteles war der Meinung, dass Sklaven und Frauen nicht die gleiche

Behandlung verdienten wie männliche Bürger. Im 17. Jahrhundert vertraten die Fürsprecher des Absolutismus und des Gottesgnadentums von Monarchien die Auffassung, dass die Herrscher über unbegrenzte Rechte über die Beherrschten verfügen sollten. Auch wenn Gläubige behaupten, dass die Anhänger ihrer Religion anders behandelt werden müssten als Ungläubige, fällt dies aus dem Rahmen des egalitären Plateaus.

Bis zur Aufklärung waren die meisten Theorien über die Organisation von Gesellschaften nicht egalitär. Seither wurden nicht egalitäre Auffassungen immer seltener, doch ganz verschwunden sind sie nicht. Herbert Spencer, einer der berühmtesten Philosophen des späten 19. Jahrhunderts, war biologischer Determinist – seiner Ansicht nach war Ungleichheit das Ergebnis evolutionärer Unterschiede, die er ungeniert mit der Kopf- und Kiefergröße in Verbindung setzte. Friedrich Nietzsche war ausdrücklich anti-egalitär. Das zeigt dieses Zitat, das die Gleichheit anprangert: »das, was sie singen, ›gleiche Rechte‹, ›freie Gesellschaft‹, ›keine Herren‹ mehr und keine Knechte‹, das lockt uns nicht! – wir halten es schlechterdings nicht für wünschenswert, daß das Reich der Gerechtigkeit und Eintracht auf Erden gegründet werde (...), wir rechnen uns selbst unter die Eroberer«. Die offen rassistischen faschistischen Bewegungen bis zur Mitte des 20. Jahrhunderts wurzelten in Generationen intellektueller Vorurteile.

In den zurückliegenden Jahrzehnten galten solche Ideen zunächst in der Wissenschaft und schließlich in der Öffentlichkeit nicht mehr als seriös. In den dunklen Reden rechtsradikaler Kreise unserer Tage erkennen wir von Charlottesville bis Budapest ihre Schatten. Das pseudowissenschaftliche Gerede über grundlegende Ungleichheiten findet noch immer Anhänger – und manchmal sind es Fanatiker. Doch sie bewegen sich, selbst in unserer populistischen Ära, in Randzonen. Die Norm des Egalitarismus beherrscht aus gutem Grund noch immer die Debatte.

Wir leben in einem egalitären Zeitalter, das paradoxerweise zugleich eine Epoche großer und wachsender wirtschaftlicher Ungleichheit ist. Seit der Finanzkrise 2008 waren das Medieninteresse an der Frage der Ungleichheit in wohlhabenden Staaten und die Sorge der Politik darüber groß, nicht nur in den Vereinigten Staaten, sondern in ganz Europa und darüber hinaus. Unsere zeitgenössischen Demokratien statten die Menschen nominell mit gleicher politscher Macht und gleichen Rechten aus, ihr Leben nach eigenem Wunsch zu gestalten. Die enorme Ungleichheit in Einkommen und Besitz aber scheinen sie dennoch zu tolerieren.

Die Ungleichheit hat ihren Preis. Es gibt umfangreiche Belege dafür, dass Länder mit geringeren Einkommensunterschieden daraus eine ganze Reihe Vorteile ziehen: angefangen von einer höheren Lebenserwartung und Alphabetisierungsrate bis hin zu geringerem Drogenkonsum, weniger Schulabbrüchen, Haftstrafen und Tötungsdelikten.

Manchen Staaten gelang es besser, gerechtere Lebensumstände zu schaffen, als anderen, auch wenn sie die gleichen politischen und ökonomischen Rechte aufrechterhielten, die wir mit kapitalistischen Demokratien verbinden. Manche Länder zogen es offenbar vor, ihre Spitzenverdiener zu besteuern und den Wohlstand an ärmere Teile der Bürgerschaft umzuverteilen, um auf diese Weise die tagtäglich erlebte Ungleichheit zu verringern.

Um die Ungleichheit in verschiedenen Staaten zu vergleichen, nutzt man den sogenannten Gini-Koeffizienten. Er kann einen Wert zwischen null – jeder erhält exakt das Gleiche – und eins – einer erhält alles, alle anderen nichts – annehmen. Je größer die

Zahl ist, desto ausgeprägter ist die Ungleichheit, eine niedrigere Zahl bedeutet mehr Gleichheit. Wenn wir nur auf die Einkommen blicken, herrscht in den meisten wohlhabenden Ländern eine ziemlich massive Ungleichheit. Manche haben einen Gini von knapp über 0,50 – und nicht etwa nur die üblichen Verdächtigen wie die USA und das Vereinigte Königreich, sondern auch Italien, Frankreich und Griechenland. In anderen Staaten sind die Einkommen etwas ausgeglichener: Schweden, Norwegen, Südkorea und die Schweiz haben Ginis unter 0,45. Tatsächlich sind dies jedoch ziemlich kleine Unterschiede. Die politische Gleichheit der Bürger in Demokratien ist weit davon entfernt, ihnen gleiche Einkommen zu garantieren.

Doch das ist nicht das Ende der Geschichte. Was die Menschen verdienen, ist nicht dasselbe wie das, was auf ihr Bankkonto fließt. Der Staat nimmt (in Form von Steuern) und gibt (in Form von Sozialleistungen). Er kann den Gini-Koeffizienten also durch Umverteilung von Reich nach Arm senken. Hier ist ein Eingreifen möglich. Manche Länder, wie Finnland, Frankreich und Belgien, haben hoch engagierte Regierungen, die die Ungleichheit um über 40 Prozent verringerten. Der Gini-Koeffizient in Frankreich fiel von über 0,50 auf 0,30, als sich der Staat einmischte. Weniger ist es in den USA, Südkorea, Israel und der Schweiz. Der Staat spielt zwar auch hier noch eine Rolle, doch reduzierte er die Ungleichheit nur um etwa 20 Prozent. Die USA verringerten bei ähnlich hoher Einkommensungleichheit wie in Frankreich ihren Gini durch Umverteilung nur auf 0,40.

Woher kommt dieser Unterschied? Politik. Regierungen können für mehr Gleichheit sorgen – und uns vielleicht aus der Gleichheitsfalle befreien. Doch wir werden sehen, dass auch dies mit Kosten verbunden ist. Höhere Steuern bedeuten vermutlich zugleich, dass ökonomische Freiheiten stärker begrenzt werden, und bei einem Übermaß können sie sogar das Wachstum hemmen. Wollen wir der Gleichheitsfalle entkommen, müssen wir diese Zielkonflikte ernst nehmen.

Die meisten Statistiken zur Ungleichheit richten ihr Hauptaugenmerk auf das Einkommen. Schließlich ist es das, was wir monatlich auf unseren Bankkonten sehen und worüber der Staat den Großteil seiner Steuereinkünfte bezieht. Doch ist das Einkommen nicht die einzig relevante Art der Ungleichheit. Die Ungleichheit der Vermögen ist deutlich größer als die Einkommensungleichheit. Die USA etwa haben bei der Einkommensungleichheit einen Gini-Koeffizienten von knapp über 0,50. Der Gini-Wert für Vermögen liegt bei schwindelerregenden 0,90. Die reichsten 5 Prozent der Amerikaner besitzen mehr als 70 Prozent des gesamten Vermögens.

Selbst dort, wo man – betrachtet man nur die Einkommen – der Gleichheitsfalle entkommen zu sein schien, sieht es beim Vermögensstand nicht so rosig aus. Sogar in Schweden und Norwegen, die beide zu den Ländern mit der höchsten Einkommensgleichheit gehören, liegt der Gini-Koeffizient bei über 0,80. Selbst dort, wo es ansonsten egalitär zugeht, stellt sich oft heraus, dass es eine kleine Gruppe unfassbar reicher Familien gibt, deren Vermögen unangetastet bleiben.

Dies führt uns zu einem weiteren Paradox: Wie konnten wir so fundamentale ungleiche Gesellschaften erhalten, obwohl wir universelle politische, bürgerliche und soziale Rechte gewährt haben? Tatsächlich lehrt uns die Geschichte der Ungleichheit, dass uns diese unpassende Verbindung zwischen gleichen Rechten und ungleichen Lebensumständen – und gelegentlich zwischen ungleichen Rechten und gleichen Lebensumständen – seit Jahrhunderten begleitet.

Die Wurzeln der Gleichheit

Die Geschichte der reichsten Länder der Erde ist seit jeher ein Konflikt zwischen gleichen Rechten und gleichen Lebensumständen. Heute haben wir mehr Freiheiten – Meinungsfreiheit, Recht auf freie Berufswahl, Bewegungsfreiheit –, als unsere Vorfahren selbst noch vor ein oder zwei Generationen hatten. Und doch leben wir in Ländern mit einer riesigen Kluft zwischen Arm und Reich. In denen das Vermögen der reichsten Bürger eine Million Mal größer ist als das durchschnittliche Einkommen. Gleiche Bürgerrechte, gleiche ökonomische und politische Rechte gehen, so scheint es, problemlos mit extrem ungleichen Einkommen zusammen. Waren wir dazu verdammt, so zu enden?

Zu Beginn unseres modernen Lebens als Homo sapiens muss nahezu Gleichheit geherrscht haben. Unsere ersten materiellen Besitztümer, ob Steinwerkzeuge, Halsketten aus Knochen oder Fellkleidung, mussten in Handarbeit erzeugt werden und transportabel sein. Die schiere Menge an Gegenständen, die einzelne Jäger und Sammler besitzen konnten, war begrenzt. Es gab eine feste Grenze für Ungleichheit – selbst wenn einem Stammesangehörigen fast alle Besitztümer gehörten, so war »fast alles« nicht besonders viel, und andere hatten noch immer genug Lebensmittel und Kleidung zum Überleben. Der Gini-Koeffizient für das Vermögen unter Jägern und Sammlern lag bei etwa 0,25 (verglichen mit dem heute üblichen Gini-Koeffizienten für Vermögen von über 0,70).

Am Ende der letzten Eiszeit, vor etwas mehr als 10 000 Jahren, kam es zu einem starken Anstieg der Ungleichheit. Warum führte ein sich erwärmender Planet zu Ungleichheit? Bei höheren Temperaturen und mehr Niederschlag konnten sich Wildgräser mit energiehaltigen Getreidekörnern besser ausbreiten.

Die Menschen lernten, Pflanzen mit nahrhafteren Samen zu selektieren, was Sesshaftigkeit und Ackerbau ermöglichte. Ertragreichere Pflanzen machten es einfacher, große Pflanzenfresser zu füttern, die der Mensch zu domestizieren lernte. Die höheren Temperaturen bescherten uns die Landwirtschaft. Die Landwirtschaft jedoch bescherte uns Ungleichheit.

Der österreichische Althistoriker Walter Scheidel spricht von dieser Phase der Menschheitsgeschichte als der *großen Entegalisierung*. Die Landwirtschaft befreite die Menschheit und fesselte sie zugleich. Sie befreite uns von den Launen des Zufalls, denen Jäger und Sammler bei der Nahrungssuche ausgesetzt waren, und sie befreite uns von den materiellen Beschränkungen, die mit dem Nomadentum einhergingen. Zugleich jedoch fesselte sie uns an feste Orte, an denen man mit Unsicherheit konfrontiert war, nun allerdings wurde sie vom Wetter, von Diebstählen oder Angriffen verursacht. Landwirtschaft schuf nicht nur unvorhergesehenen Reichtum, sondern auch hochgradig hierarchisierte Gesellschaften, die diesen Reichtum verwalteten und schützten. Die Freiheit brachte Ungleichheit mit sich.

Entscheidend war, dass die Landwirtschaft Nahrungsmittelüberschüsse erzeugte. Damit gab es genug, um auch Menschen zu ernähren, die verschiedene Handwerksberufe ausübten und neue Waren herstellten. Und diese neuen Ressourcen wurden mehr oder weniger gerecht unter den Leuten verteilt. Sesshafte Gruppen, die Landwirtschaft betrieben, waren sowohl für Nomadenstämme wie für andere sesshafte Gruppen mögliche attraktive Ziele. Um ihre Ressourcen zu schützen, brauchten die frühen landwirtschaftlichen Gemeinschaften Wächter und Soldaten, die wiederum organisiert und befehligt werden mussten. Die meisten Agrargesellschaften entwickelten dementsprechend hierarchische politische Strukturen, die von einem kleinen Kader Soldaten, Verwaltern und Priestern geführt wurden.

Eigentumsansprüche wurden in frühen Rechtssystemen festgeschrieben, was wiederum bestehende Ungleichheiten zementierte. In der Nähe lebende Stämme wurden überfallen und deren Mitglieder als Sklaven genommen, womit eine weitere Ebene der Ungleichheit geschaffen war. Da die politische Dynamik eines solchen Systems einer Pyramide mit einer breiten Basis und einer winzigen Spitze ähnelt – was verhinderte eine Vertiefung der ökonomischen Ungleichheit? Es war die Tatsache, dass die Menschen genug zum Leben haben mussten. Unverblümt gesprochen, wer nicht mehr am Leben ist, zählt auch in keiner Ungleichheitsstatistik. In armen Gesellschaften ist der verbleibende Überschuss, der für den Lebensunterhalt verteilt werden kann, möglicherweise sehr gering. Das setzt der Ungleichheit eine Grenze. Es bedeutet aber zugleich, dass es mit steigendem Reichtum auch mehr Überschuss gibt, der ungerecht verteilt werden kann, und die Ungleichheit zunimmt.

Schauen wir auf das Römische Reich im Jahr 14, als Kaiser Augustus starb. Der Gini-Koeffizient für das verfügbare Einkommen im antiken Rom wird auf etwa 0,39 geschätzt. Das ist nicht schlecht – es entspricht in etwa dem der USA im Jahr 2000. Doch das Durchschnittseinkommen in Rom war einst nur doppelt so hoch wie das Existenzminimum. Die Hälfte der Einkünfte *musste* also gerecht verteilt werden, oder die Menschen wären gestorben – der höchstmögliche Gini im antiken Rom lag also bei 0,53. Vergleichen wir dies mit den USA im Jahr 1999. Damals lag das Durchschnittseinkommen um das 77,7-Fache höher als das Existenzminimum. Das ist der Erfolg der Industrialisierung. Theoretisch hätte der Gini in den USA also bei 0,99 liegen können – ein extrem hoher Wert –, ohne das Überleben der Bevölkerung zu gefährden. Mit dem Wohlstand unserer modernen Welt haben wir Ungleichheit erst möglich gemacht.

Die Ungleichheit wuchs seit dem Mittelalter, als sich der Lebensstandard insgesamt verbesserte. Das Zeitalter steigender bürgerlicher und politischer Freiheiten vertiefte zugleich die Ungleichheit. Auch das war kein Zufall. Nachdem die Bauern ihre feudalen Fesseln abgelegt hatten, wanderten sie vom Land in die wachsenden Städte ab. Die von Monarchen und Zünften festgelegten Beschränkungen, was von wem produziert werden durfte, wurden nach und nach gelockert. Damit standen Händlern größere Märkte offen, und sie konnten neue Waren produzieren. Mit der zunehmenden wirtschaftlichen Bedeutung der Städte wuchs auch die Ungleichheit. Die Zunahme der Produktion an Gütern in den Städten hieß zugleich, dass mehr Überschuss ungleich verteilt werden konnte. Die Eigentümer der neu errichteten Fabriken oder besser bewirtschafteten Felder schöpften aus dem neuen Wachstum Gewinn. Das allgemeine, gleiche Recht, zu leben, wo man wollte, und herzustellen, was man wollte, erzeugte letztlich eine größere Ungleichheit der Lebensumstände. Ähnliche Muster können wir noch heute beobachten. Wenn Entwicklungsländer verstädtern und sich industrialisieren, nimmt die Ungleichheit häufig zunächst zu – das ist ein Merkmal, kein Fehler.

Der historische Anstieg der Ungleichheit ist seit dem Dahinschmelzen der Eiszeit jedoch nicht ungebrochen. Es gab immer Höhen und Tiefen. Im 14. Jahrhundert verringerte die Pest die Ungleichheit in Westeuropa dramatisch, denn der Mangel an Arbeitskräften, den das entsetzliche Sterben verursacht hatte, trieb die Löhne der Überlebenden in die Höhe. In jüngerer Zeit ging die Ungleichheit vom Ersten Weltkrieg bis Mitte der 1970er-Jahre drastisch zurück, ein Phänomen, das als »Große Kompression« bezeichnet wird. In den Zeiten der von 1974 bis 1984 ausgestrahlten US-Fernsehserie *Happy Days*, in jener Ära der Vorstädte und Lattenzäune, gab es wirklich glückliche Tage, jedenfalls herrschte mehr Gleichheit als heute. Was also ist passiert? Es gibt dazu eine schöne und eine weniger schöne Geschichte.

Die schöne Geschichte lautet, dass sich Arbeiter in einem dicht besiedelten städtischen Umfeld besser zusammenschließen konnten, um für höhere Löhne zu kämpfen, und politisch in der Lage waren, Reiche besteuern und ihnen Vorgaben machen zu lassen. Insbesondere die Ausweitung der öffentlichen Bildung an Grund- und weiterführenden Schulen half die Einkommenslücken zu verringern, indem das Privileg der alten Eliten aufgeweicht wurde, die nun nicht mehr allein lesen und schreiben konnten. Mit anderen Worten, Entwicklung half den Armen, ihre gerechten Ansprüche geltend zu machen.

Während der Großen Kompression wuchsen der Bildungsstand und die Macht der Arbeiter. Doch der Zeitpunkt des Rückgangs der Ungleichheit – der mit den beiden Weltkriegen zusammenfällt – verweist auf die weniger schöne Geschichte: die Gewalt und ihre Folgen. Die Kriege verringerten die Ungleichheit zum Teil aufgrund der faktischen Vernichtung von Kapital, aber auch durch den massiven Bedarf an Arbeitskräften, den sie erzeugten – denken Sie beispielsweise an Frauen, die jetzt in den Munitionsfabriken arbeiteten.

Auch die Ungleichheit nach Steuern verringerte sich aufgrund der enorm steigenden Steuern für Wohlhabende und der Zunahme öffentlicher Ausgaben. Die bundesstaatliche Einkommensteuer in den USA wurde während des Amerikanischen Bürgerkrieges eingeführt; der Höchstsatz stieg in dem Jahr, als die USA in den Ersten Weltkrieg eintraten, von 15 auf 67 Prozent; und bei Eintritt in den Zweiten Weltkrieg vervierfachte sich der unterste Steuersatz. Am Ende der beiden Kriege versprachen die Regierungen häufig neue Sozialprogramme und gestalteten, was der britische Premierminister David Lloyd George 1918 »ein

würdiges Land für Helden« nannte. In Großbritannien wurden
in den ersten Jahren nach dem Zweiten Weltkrieg der National
Health Service, Renten- und Krankenversicherungen sowie öffentlicher Wohnungsbau in großem Stil geschaffen. Zeiten, in denen die Freiheit am stärksten eingeschränkt war – Kriegszeiten –,
waren es auch, in denen die Ungleichheit am stärksten eingedämmt wurde. Ungleiche Rechte, mehr Gleichheit bei den Lebensumständen.

Seit 1980, als die Einkommens- und Vermögensungleichheit in den hoch entwickelten Industrieländern drastisch stieg,
kehrte sich die Geschichte um. Das Muster ist überall augenfäl-
lig: Vor dem Ersten Weltkrieg verfügte das reichste 1 Prozent der
Einkommensbezieher in den meisten dieser Länder über rund
20 Prozent des Einkommens. Nach dem Krieg und insbesondere
nach dem Zweiten Weltkrieg brach dieser Anteil auf unter 10 Prozent im Jahr 1970 ein. Doch dann vollzog sich eine Wende.

Nehmen wir noch einmal die USA. Mitte der 2000er-Jahre
hatte das reichste 1 Prozent einen ähnlichen Anteil am Nationaleinkommen wie 1900: 20 Prozent. In Kanada, Großbritannien
und Deutschland waren es wieder 15 Prozent. Sogar in Schweden und Australien, wo die Reichen im Vergleich nicht ganz so
reich waren, hatte sich der Einkommensanteil von 1970 verdoppelt.

Ungleichheit war in den meisten Regionen so drastisch nach
oben gegangen, weil viele Freiheiten – gleiche Rechte –, die wir
in den letzten Jahrzehnten errungen haben, zugleich die Ungleichheit anheizten. Die Globalisierung ist ein eindrucksvol-
ler Fall. Nachdem wir Bürgern anderer Länder das gleiche Recht
zuerkannten, Handel zu treiben, zu investieren oder in reichere
Länder zu ziehen, deutet einiges darauf hin, dass dies die Arbeits-
löhne in Westeuropa und Nordamerika gedrückt hat. Umgekehrt eröffneten die freieren globalen Märkte den Menschen im

Westen, die gut ausgebildet sind oder Geld zum Investieren haben, neue lukrative Möglichkeiten.

Ein weiterer Übeltäter ist der technologische Fortschritt. Computer und Handys haben Fachkräften wie Beratern, Bankerinnen und Ingenieuren geholfen, mehr Geld zu verdienen, aber auch weniger gut ausgebildete Arbeitnehmer sowohl am Fließband wie im Büro ersetzt. Gleichzeitig entfernen sich qualifizierte Arbeitnehmer immer weiter von den unqualifizierten aufgrund des stets wachsenden Werts einer akademischen Ausbildung für den Zugang zu hoch bezahlten Jobs. Die Leistungsgesellschaft ist ein zweischneidiges Schwert. Bildung erzeugt gerechtere Aufstiegschancen als die alten, auf Abstammung basierenden Hierarchien. Doch die neuen Gewinner schufen ihre eigene »Bildungsaristokratie«, in der Chancen gehortet werden.

Schließlich hat wohl auch die Deregulierung der Arbeits- und Warenmärkte Ungleichheit weiterbefördert. Länder wie Dänemark, wo die Arbeitnehmer sehr stark gewerkschaftlich organisiert sind und einen strengen Kündigungsschutz genießen, zeigten einen geringeren Anstieg der Ungleichheit. War die Marktfreiheit dagegen größer, belohnte der Markt diejenigen an der Spitze – eine *Winner-takes-it-all*-Form der Wirtschaft. Noch stärker ausgeprägt ist die Ungleichheit, wenn nicht nur die obersten 10 oder das oberste 1 Prozent mit dem Rest der Bürgerschaft verglichen werden, sondern wenn wir den Blick auf noch kleinere Gruppen reicher Mega-Eliten richten – die obersten 0,1 oder 0,01 Prozent und so weiter.

Der politische Aufruhr in wohlhabenden Ländern der letzten zehn Jahre spiegelt zum Teil die Reaktion auf diese die Ungleichheit verstärkenden Kräfte wider. Vor allem populistische Politiker von rechts wie von links haben der Globalisierung und den »Globalisten« die sinkenden Durchschnittseinkommen und das Wachsen der Ungleichheit angelastet. Auch die Hochschulbildung geriet als ein Kartell gut situierter liberaler Eliten ins Visier, und zunehmend kamen Tech-Konzerne bei den neuen Populisten unter Verdacht, vor allem von rechts. Die liberalen Verteidiger der Freizügigkeit, der Handels-, Innovations- und Bildungsfreiheit waren vielleicht ein wenig zu voreilig mit ihrer Annahme, dass diese Freiheiten ohne wirtschaftliche und politische Kosten zu haben seien. Wieder beobachten wir eine ähnliche Geschichte: die Spannung zwischen gleichen Rechten und gleichen Lebensumständen. Ungleichheit hat nur dann substanziell abgenommen, wenn Rechte beschränkt wurden – in Zeiten von Kriegen, Seuchen oder Hungersnöten. In dem Maß, wie die Welt sich öffnete, wie die Menschen über mehr gleiche Rechte verfügten, selbst zu entscheiden, was sie arbeiten, mit wem sie Handel treiben, wo sie leben wollen, kehrte die Ungleichheit zurück. Und so bleiben wir Gefangene der Gleichheitsfalle. Gleiche Rechte für die Reichen, um ihre Eigentumsrechte zu schützen und ihnen die Freiheit zu geben, zu investieren, wann und worin sie möchten, scheinen gleiche Lebensumstände in der wohlhabenden Welt fundamental zu bedrohen. Gibt es keinen Ausweg?

7 DIE GLEICHHEITSFALLE

Wir wollen alle gleichbehandelt werden. Aber meinen wir damit die Mittel oder das Ergebnis? Wir schätzen unsere allgemeinen Freiheitsrechte hoch: das Recht zu arbeiten, wo wir wollen, zu wählen, wie wir wollen, zu sagen, was wir wollen, zu heiraten, wen wir wollen. Aber es liegt uns auch an gleichen Lebensumständen. Zunehmende Ungleichheit – Slums zu Füßen glänzender Penthäuser – bereitet uns Unbehagen.

Wir haben ein gemeinsames Ziel: Gleichheit – die Kluft zwischen Arm und Reich soll sich schließen. Aber wir haben auch den individuellen Wunsch, unsere Rechte zu nutzen, um so frei wie möglich unser bestes Leben zu leben. Doch diese Rechte stehen dem gemeinsamen Streben nach gleichen Lebensumständen entgegen. Und um absolut gleiche Lebensumstände zu bekommen, müssten wir unsere Freiheiten opfern. Unsere Politik tappt in die Gleichheitsfalle: *Gleiche Rechte und gleiche Lebensumstände schließen einander aus.*

Jedes der Rechte, die wir uns über die Jahrhunderte politisch erkämpft haben, steht in einem unguten Verhältnis zu unserem Ziel gleicher Lebensumstände. Bei den *wirtschaftlichen Rechten* ist der Zusammenhang am offensichtlichsten – unseren ökonomischen Freiheiten, Eigentum zu erwerben, zu besitzen und zu veräußern. Kapitalismus also. Um die ökonomischen Lebensumstände einander völlig anzugleichen, wenn unser Wirtschaftssystem so sehr dagegen arbeitet, müssten wir die ökonomischen Rechte wahrscheinlich gewaltsam unterdrücken, vielleicht sogar unsere Bürgerrechte und politischen Rechte. Aber mit der wirtschaftlichen Freiheit »in die Vollen« zu gehen, könnte zu einer Gesellschaft führen, die politisch von den Reichen dominiert wird und in der die Möglichkeit einer wirtschaftlichen Umverteilung endgültig ausgeschlossen wird. Damit Politik nicht scheitert, müssen wir sorgfältig zwischen wirtschaftlichen Gleichheitsrechten und gleichen Lebensumständen abwägen.

Auch die *politischen Rechte*, die mit der Demokratie einhergehen, sind nicht immer harmonische Gefährten, die zu mehr Gleichheit der Lebensumstände beitragen. Tatsächlich entstehen Demokratien oft aufgrund von Ungleichheit, wenn Gruppen von Menschen, die zu neuem Reichtum gelangt sind, ihr Vermögen vor gierigen autoritären Regierungen schützen wollen. In gleichberechtigten autoritären Ländern werden die Menschen in der Regel gleichermaßen unterdrückt, da es keine konkurrierenden Machtorgane mehr gibt, die die autoritäre Führung anfechten könnten. Damit die Politik nicht weiter Gefahr läuft, in Diktaturen abzugleiten, brauchen wir womöglich mehr Ungleichheit, nicht weniger.

Zuletzt bedeuten sogar gleiche *soziale Rechte* nicht immer gerechtere wirtschaftliche Lebensumstände. Denken Sie an die 1950er-Jahre zurück. Die Einkommensgleichheit unter Familien war damals größer, aber das Leben von Frauen beschränkte sich weitgehend auf ein Dasein außerhalb der Arbeitswelt. Seither beobachten wir sowohl große Fortschritte bei der Gleichberechtigung als auch steigende Ungleichheit beim Haushaltseinkommen. Unser Wunsch, Gleichbehandlung für alle Menschen zu sichern, schlägt sich jedoch nicht immer in den Ungleichheitsstatistiken nieder. Wenn wir wollen, dass unsere Politik in beiden Bereichen mehr Gleichheit schafft, im Umgang mit den Menschen und in ihren Einkommen, müssen wir noch viel weiter gehen.

Gleiche Freiheitsrechte vs. gleiche Lebensumstände

Die reichen Länder der Welt verkörpern ein Paradox. Sie sind im Großen und Ganzen Demokratien, in denen die letzte Entscheidung durch das Volk getroffen wird. Zugleich sind sie kapitalistisch – die wirtschaftlichen Lebensumstände sind das Ergebnis von Milliarden selbstbestimmter Entscheidungen, die von Unternehmen und Verbrauchern getroffen werden, die sich darauf verlassen können, dass ihre Gewinne dank des allgemeinen Rechts auf Eigentum nicht willkürlich eingezogen werden.

Warum ist das paradox? Demokratie streut die politische Macht – sie ist die Herrschaft des Volkes: eine Person, eine Stimme. Der Kapitalismus konzentriert wirtschaftliche Macht – wer bereits über den Löwenanteil verfügt, häuft immer mehr Reichtum an.

Doch politische Macht kann über wirtschaftliche Macht verfügen. Der demokratische Staat besitzt die Souveränität – er kann mithilfe von Gesetzen oder Gewaltandrohung regieren. Wenn die politische Macht den Massen gehört und die wirtschaftliche Macht einer kleinen Elite, was hält Erstere davon ab, den Reichtum der Elite zu übernehmen und die Einkommen auszugleichen? Womöglich mit vorgehaltener Waffe? Und angesichts dieser Drohung, was hält wirtschaftliche Eliten davon ab, zu versuchen, Demokratien zu unterwandern, um dieses Szenario zu vermeiden?

Wir sind im Zentrum der Gleichheitsfalle angelangt. Kapitalismus garantiert den Menschen (theoretisch) gleiche wirtschaftliche Freiheiten – jeder hat das gleiche Recht auf Eigentum und das gleiche Recht, über dieses Eigentum zu verfügen –, die aber die Gleichheit der Lebensumstände zerstören. Und um gleiche Lebensumstände zu erreichen, müssen wir die Nutznießer des

Kapitalismus zwingen, ihre Gewinne abzugeben, womit wir wahrscheinlich ihre ökonomischen Rechte außer Kraft setzen. Im Kern des demokratischen Kapitalismus befindet sich ein unvermeidliches Dilemma. Und ungebremst bedroht diese Spannung die Demokratie an sich. In die eine Richtung steuern wir auf komplett gleiche Lebensumstände zu, wobei alle Menschen, womöglich gewaltsam, gezwungen werden, mit dem Gleichen auszukommen. Es bedeutet darüber hinaus mit großer Wahrscheinlichkeit, dass allgemeine wirtschaftliche Rechte, aber auch Bürgerrechte und politische Rechte unterdrückt werden müssen, wie es in unzähligen Beispielen einer völligen Nivellierung der Einkünfte geschehen ist, von den Jakobinern bis zu den Kommunisten. Am Ende steht der Bolschewismus.

Steuern wir in die andere Richtung, wo wir auf der Unantastbarkeit gleicher ökonomischer Rechte bestehen und dem Kapitalismus freie Bahn gewähren, riskieren wir eine *Winner-takesit-all*-Wirtschaft mit wenigen Oligarchen, die sich eine immer größere Ausbeute unter den Nagel reißen. Auch dies stellt ein eindeutiges, akutes Risiko für die Demokratie dar, da winzige Wirtschaftseliten den demokratischen Entscheidungsprozess durch Lobbying, Steuerung der Medien und Korruption verzerren. Am Ende steht eine Oligarchie.

Die reichen kapitalistischen Demokratien in Europa und Nordamerika haben in den letzten fünfzig Jahren beide Gefahren abgewendet. Sie konnten die Balance zwischen allgemeinen ökonomischen Rechten und gleichen wirtschaftlichen Lebensumständen halten. Aber dieses Gleichgewicht funktioniert nicht zwangsläufig, wie unsere Vorfahren vor hundert Jahren feststellten. Um unsere Politik vor dem Scheitern zu bewahren, müssen wir lernen, diese Spannung zu zügeln, um die wirtschaftliche Ungleichheit gering zu halten, ohne unsere geschätzten Freiheiten aufgeben zu müssen.

Als man die politischen Rechte auszudehnen begann, wurde das Dilemma zwischen Kapitalismus und Demokratie durch Besteuerung der Reichen gelöst. Der lange Marsch der Demokratie zu einer wohlhabenden Welt, wenn auch unvollständig und frustrierend, bedeutet, dass der Durchschnitt der Bürger der entsprechenden Länder deutlich mehr politische Macht besitzt als noch vor einem Jahrhundert. Und im Lauf der letzten hundert Jahre stiegen die Steuern, zunächst sprunghaft, in eine Höhe, in der selbst vornehm-beherrschte viktorianische Aristokraten spontanes Nasenbluten bekommen hätten.

Doch dann wurden die Steuern kaum noch erhöht. In den späten 1970er-Jahren war die Grenze des staatlichen Wachstums erreicht. Eine politische Gegenbewegung unter Politikern wie Margaret Thatcher und Ronald Reagan führte in den 1980er-Jahren zu einem massiven Steuerabbau. Seit den 1970ern hat die Einkommens- und Vermögensungleichheit drastisch zugenommen. Doch die Antwort auf diese neue wirtschaftliche Blütezeit und Goldgräberstimmung waren nicht etwa drakonische Steuern – wenn überhaupt etwas geschah, wuchsen die Forderungen nach *mehr* Steuersenkungen. Das stellt uns vor ein Rätsel. Warum drängten Demokratien nicht auf eine gerechtere Einkommensverteilung?

Wissenschaftler, die sich mit dem Zusammenspiel von Ungleichheit, Demokratie und Besteuerung befassen, greifen hauptsächlich auf eine obskure Wirtschaftstheorie zurück, das sogenannte Meltzer-Richard-Modell nach Allan Meltzer und Scott Richard. Meltzer lehrte mehrere Jahrzehnte lang an der Carnegie Mellon University, wo er meinen absoluten Lieblings-Professorentitel erhielt: Er wurde zum Allan-Meltzer-Professor für Politische Ökonomie ernannt. Eine Professur, die nach einem selbst benannt ist, das strebt man doch gerne mal an.

Meltzer und Richard schlugen ein denkbar einfaches Steuermodell vor, bei dem jeder auf sein Einkommen den gleichen Steuersatz zahlt. In ihrem Modell hängt die Höhe der bezahlten Steuern also vom Einkommen ab, aber jeder erhält die exakt gleichen Leistungen. Als Gutverdiener können 20 Prozent des Einkommens an Steuern eine Menge Geld sein, als Niedrigverdiener deutlich weniger, aber egal wie, beide Einkommensklassen erhalten dennoch die gleiche Summe an Leistungen. Entsprechend dürften sich alle, die über ein überdurchschnittliches Einkommen verfügen, wünschen, keine Steuern zahlen zu müssen, arme Leute dagegen eine möglichst hohe Steuerlast. Die Botschaft dieses Modells ist einfach: Je geringer Ihr Einkommen, desto positiver betrachten Sie Steuern; je höher es ist, desto stärker verabscheuen Sie Steuern.

Was bedeutet das für Demokratie und Ungleichheit? Demokratisch regiert zu werden, heißt, von der Masse regiert zu werden, oder konkreter, vom »durchschnittlichen Wähler«, den wir in der Demokratiefalle getroffen haben. Für Meltzer und Richard wären das die Personen mit durchschnittlichem Einkommen – genau in der Mitte der Einkommensverteilung zwischen Arm und Reich. Da sie bei Zwei-Parteien-Wahlen zur Gruppe der Wechselwähler gehören, sollte ihr Wille die Politik bestimmen.

Ungleichheit dürfte die Wünsche der Durchschnittswähler verändern. Sie wächst, wenn die Reichen reicher werden, das Einkommen der Durchschnittswähler aber stagniert. Ein Umstand, der bei Letzteren politische Versuchungen hervorruft. Ihr Einkommen ist das gleiche, aber in den Taschen der Reichen ist mehr Geld. Was es umso attraktiver macht, dieses Geld zu besteuern. Meltzer und Richard argumentierten daher, dass die Steuern in einer Demokratie erhöht werden sollten, möglicherweise drastisch, sobald die Ungleichheit zunimmt. Die Demokratie sollte als Dämpfer des Kapitalismus fungieren. Gleiche ökonomische Freiheiten sollten durch gleiche ökonomische

Lebensumstände ersetzt werden. Das wäre ein Weg in Richtung Sozialismus mit demokratischen Mitteln.

Demokratien sollten »den Reichen etwas nehmen, um es den Armen zu geben«. Doch angesichts der steigenden Ungleichheit seit den 1970er-Jahren und der Steuersenkungen im gleichen Zeitraum tun sie das im Allgemeinen nicht. In der Volkswirtschaft spricht man in diesem Zusammenhang vom »Robin-Hood-Effekt«. Warum nehmen demokratische Regierungen den Reichen nichts weg, um es den Armen zu geben wie einst der englische Volksheld mit dem Federhut?

Die einfachste Antwort lautet, dass wir die Bürgerinnen und Bürger nicht mit drakonischen Steuersätzen zur Kasse bitten und zugleich davon ausgehen können, dass sie ihr Verhalten nicht ändern. Menschen genießen ihre Freizeit, also arbeiten sie weniger und feiern mehr, wenn die Steuern zu hoch werden, oder sie ziehen kurzerhand irgendwohin in die Sonne, wo die Steuersätze niedriger sind.

Schon stecken wir in der Gleichheitsfalle. Wenn wir gleiche Lebensumstände wollen, müssen wir die Leute davon abhalten, einfach zu beschließen, es langsamer angehen zu lassen, sobald die Steuern steigen. Damit jedoch würden wir das allgemeine Recht abschaffen, entscheiden zu dürfen, wie viel man arbeiten möchte.

Wie es sich auswirkt, wenn gleiche Lebensumstände erzwungen werden, können wir in extremis an den 1930er-Jahren in der Sowjetunion beobachten. Da sich Anstrengung so gut wie nicht lohnte, arbeiteten die Menschen so wenig wie irgend möglich. Das führte dazu, dass die Sowjets unter Stalins Herrschaft begannen, die Leute zu ermahnen oder gar zu unterjochen. Die Bürger wurden angetrieben, dem Beispiel von Alexei Stachanow zu folgen, einem Bergmann, der die tägliche Arbeitsnorm 1935 um das Vierzehnfache übererfüllt hatte. Sich für das Wohl der

Nation einzusetzen statt für das eigene Wohl, das war die moralische Lektion, die es zu befolgen galt.

Wer je George Orwells *Farm der Tiere* gelesen hat, wird das Zugpferd Boxer vor Augen haben, das sich bis zur Erschöpfung im Dienst der Schweinerevolution verausgabt, nur um dann an einen Abdecker verkauft zu werden. Stachanow dagegen wurde zunächst mit Prämien bedacht und befördert, auch wenn er als Alkoholiker endete, ein seltener Fall, in dem Orwells Allegorie trotz Stachanows Schicksal grausamer ist als die Wirklichkeit. Da aber nicht alle Bürger von Haus aus Stachanows waren, zwang Stalin sie, in Kolchosen, Sowjets oder im Gulag zu arbeiten. Gleiche Lebensumstände wurden durch Aufhebung gleicher wirtschaftlicher, bürgerlicher und natürlich auch politischer Rechte erzwungen.

Können in einer liberalen Demokratie völlig gleiche Lebensumstände anders als in totalitären Regimen funktionieren? Der in Oxford lehrende politische Philosoph G. A. Cohen vertrat die Auffassung, dass sie nur vereinbar sind, wenn ein »egalitäres Ethos« herrscht. Wenn wir den Menschen das gleiche Recht zuerkennen, zu arbeiten, wo und wie viel sie wollen, lassen sich gleiche Lebensumstände nur dann erreichen, wenn diejenigen, die (aufgrund von Leistung oder »Talent«) mehr verdienen, bereit sind, den gleichen Lohn zu erhalten wie alle anderen. Wenn nicht, werden sie ihre Arbeitskraft mindern oder sich mit ihren Fähigkeiten verweigern. Cohen sagte, gleiche Lebensumstände wären möglich, doch dazu müssten dies alle wollen und akzeptieren, auch diejenigen, die materielle Einbußen erlitten, weil sie weniger verdienten, als sie könnten. Wir bräuchten eine soziale Norm für die zentrale Rolle von Gleichheit, die sich selbst verstärkt.

Was für eine traumhafte Situation – wenn die Leute gern darauf verzichteten, reicher zu sein als andere, könnten gleiche

Lebensumstände für alle geschaffen werden, ohne Freiheiten beschränken zu müssen. Von der Welt, in der wir leben, scheint dies weit entfernt. Nicht zuletzt deshalb, weil es vielen Menschen gar nicht so sehr auf gleiche Lebensumstände ankommt, sondern vielmehr auf Chancengleichheit, und weil sie akzeptieren, dass die Lebensumstände immer ungleich sein werden. Tatsächlich könnten ungleiche Lebensumstände nötig sein, damit die Menschen weiter bereit sind, einen hohen Arbeitseinsatz zu zeigen. Einfach ausgedrückt: Warum sollte man sich über Gebühr anstrengen, wenn man persönlich nicht davon profitiert? Es herrscht also möglicherweise ein Zielkonflikt zwischen Gleichheit und »Produktivität«. In den 1970ern entwickelte der amerikanische Ökonom Arthur Okun zur Beschreibung dieses Zielkonflikts das einprägsame Bild des »undichten Eimers«. In seiner Analogie verteilen wir in einem Eimer Geld von den Reichen an die Armen um. Aber der Eimer hat ein kleines Loch im Boden, aus dem Geld ausläuft. Wenn wir unseren Eimer zu den Armen geschleppt haben, fällt uns auf, dass nicht alle Steuereinnahmen der Reichen übrig geblieben sind. Wir können die Einkommen nicht ohne Verluste ausgleichen. Vielleicht arbeiten die Reichen weniger, sodass weniger Geld zum Verteilen bleibt. Vielleicht verschwenden die Behörden Mittel durch Bürokratie und Korruption. Vielleicht verstecken die Menschen Geld vor den Behörden, weil sie die Steuern als ungerecht empfinden. Egal auf welchem Weg, der Versuch, die Lebensumstände anzugleichen, ist verschwenderisch.

Ist der Eimer tatsächlich undicht? Im Extremfall, wenn wir eine Steuer von 100 Prozent hätten, würde womöglich niemand mehr arbeiten, wenn er nicht dazu gezwungen würde. Doch so räuberisch sind die Steuern, mit denen wir konfrontiert sind, nicht. Wirtschaftswissenschaftler haben festgestellt, dass die Besteuerung erst bei sehr hohen Strafsteuersätzen von 60 oder

70 Prozent ineffizient wird. Solcherart Steuern wurden in der jüngeren Vergangenheit erhoben – George Harrison schrieb den berühmten Beatles-Song *Taxman* als ironische Klage über die »Supertax« von 95 Prozent im Vereinigten Königreich der 1960er-Jahre. Doch seit den 1980ern haben die Regierungen extreme Steuern abgeschafft, da die Reichen entweder Schlupflöcher nutzten, um sie zu umgehen, oder auswanderten. Der Kampf zwischen gleichen Lebensumständen und gleichen Freiheitsrechten wurde zugunsten der Letzteren entschieden. Der Schwenk in Richtung gleicher Freiheitsrechte hält seine eigenen politischen Fallen bereit. So wie politische Macht in ökonomische Macht verwandelt werden kann, gilt dies auch umgekehrt. Demokratien mögen nach dem Prinzip »eine Person, eine Stimme« funktionieren, aber große Teile der Politik sind deutlich weniger egalitär. Wahlkampfinanzierung, Lobbyarbeit und andere Formen politischer Einflussnahme funktionieren eher nach der Logik »ein Dollar, eine Stimme«.

Ungleichheit und politische Polarisierung gehen eine besonders tückische Verbindung ein. Wenn die Ungleichheit zunimmt, driften die politischen Präferenzen von Arm und Reich immer stärker auseinander. Die Reichen befürworten Umverteilung immer weniger, die Armen immer mehr. In einer solchen Situation steigt zugleich der Wert von Lobbyarbeit und Wahlwerbung für wohlhabende Bürger, die noch mehr Geld haben, das sie schützen wollen.

Das bedeutet, dass die politischen Parteien, die von den Reichen unterstützt werden – in der Regel rechtsgerichtete Parteien –, rasch und in erheblichem Umfang Steuern senken, sobald sie an die Regierung kommen. Und genauso geschieht es umgekehrt, wenn linke Parteien die Regierung stellen. Die Polarisierung führt also zu Volatilität, aber im Durchschnitt bleibt alles beim Alten. In Ländern jedoch, in denen Minderheitsparteien die

Regierungsarbeit blockieren können – Länder mit zahlreichen Mechanismen der Gewaltenteilung wie die USA –, ist es rechtsgerichteten Parteien aus der Opposition heraus möglich, Steuer- und Ausgabenerhöhungen zu vereiteln. Dadurch entsteht ein Effekt wie mit einer Ratsche: Die Steuern sinken, aber die andere Richtung ist blockiert, sie steigen nicht mehr dauerhaft. Auf diese Weise verstärkt sich die Ungleichheit von selbst, da die reicheren Bürger in der Lage sind, die Politik »aus der Mitte« zu drängen.

Von den wohlhabenden Liberalen in Amerika und im Ausland lässt sich Ähnliches berichten. Die zunehmende Bedeutung von Bildung für den beruflichen Werdegang und die finanziellen Aussichten verstärkten den Vorteil, den man aus dem Besuch einer renommierten Universität und der Erlangung akademischer Grade ziehen kann, in den letzten Jahrzehnten deutlich. Wohlhabende, gebildete Eltern wissen dies besonders gut und können mit ihrem höheren Einkommen Nachhilfeunterricht oder Schulen finanzieren, die ihren Kindern über die Zugangsschwelle helfen. Daraus entwickelte sich das Phänomen des *Opportunity Hoarding,* des Hortens von Chancen: Die bereits Wohlhabenden monopolisieren die für den Aufstieg in die obere Mittelschicht erforderlichen Ressourcen. Die Nutznießer dieses *Opportunity Hoarding* sind häufig gut ausgebildete Liberale, die das kollektive Ziel der Gleichheit durchaus wertschätzen. Ihr individuelles Ziel ist jedoch immer, sicherzustellen, dass ihre Kinder weiterkommen. Kollektiv verschieben sich auf diese Weise die Hürden für den Zugang zur Elite weiter und weiter nach oben. In beiden Fällen bewirkt die steigende Ungleichheit einen Abgrenzungseffekt. Die Politik der Ungleichheit verstärkt sich selbst, und was mit gleichen ökonomischen Rechten auf Handel und Bildung – auf Chancen – begann, wird zur Abwehr gegen die Angleichung der Lebensumstände. Unsere Politik versagt, weil wir uns weiter und weiter davon entfernen, Ungleichheit substanziell verringern zu können, auch wenn viele von uns behaupten, dies zu wollen.

Doch vielleicht sind diese beiden Ergebnisse – eine drakonisch erzwungene Gleichheit und eine hyperkapitalistische Ungleichheit – zu extrem. Möglicherweise gibt es Lösungen, wie wir beides haben können: Gleichheit und die Wahrung unserer ökonomischen Freiheiten.

Wir sollten uns fragen, ob es den Zielkonflikt zwischen Gleichheit und Produktivität in der realen Welt tatsächlich gibt. Wenn wir den Grad an Ungleichheit in verschiedenen Ländern mit den Pro-Kopf-Einkommen vergleichen, besteht praktisch keinerlei Zusammenhang. Es gibt reiche Länder mit großer Ungleichheit – die USA und Australien – und reiche Länder mit großer Gleichheit – Dänemark, Norwegen, Schweden – sowie reiche Länder, die irgendwo dazwischenliegen – etwa die Schweiz. Genauso gibt es weniger reiche Staaten mit hoher Ungleichheit – Griechenland – und weniger reiche Staaten mit höherer Gleichheit – die Tschechische Republik. Manche Länder scheinen der Gleichheitsfalle entkommen zu können; andere vereinen das Schlimmste beider Welten auf sich – Ungleichheit *und* mangelnde Produktivität.

Dass die skandinavischen Länder sowohl wohlhabend sind als auch in großer Gleichheit leben, lässt vermuten, dass Staaten tatsächlich beides haben können. Besonders das schwedische Modell gewann die Sympathien linksgerichteter Parteien auf der ganzen Welt, da es eine echte »wirtschaftliche Demokratie« verspricht, in der die Sozialisten die Marktwirtschaft von innen heraus reformieren konnten. Der sozialistische US-Senator Bernie Sanders, dessen Vermögenssteuerpläne wir bereits kennengelernt haben, vertritt die Meinung, dass die USA »den Blick auf Länder wie Dänemark, Schweden und Norwegen« richten sollten. Begeisterte »Neue Linke«-Bewegungen betrachteten Schweden als Modell für einen »demokratischen Sozialismus«. Das bedeutet freilich nicht, dass Länder wie das Vorbild aus dem Norden der Gleichheitsfalle völlig entkommen wären. Ganz so glatt wie in dem utopischen Schweden aus den Wahlkampfreden läuft es im real existierenden Schweden denn doch nicht. Von 1950 bis 1970 sah es oberflächlich so aus, als hätte das Land es geschafft, die Gleichheitsfalle zu umgehen – es kombinierte eine liberale Demokratie und relativ freie Märkte mit einem geringen Einkommensgefälle (ein Gini von lediglich 0,22 bei den verfügbaren Einkommen). Hinter diesem *Sweet Spot*, dem optimalen Punkt, steckte das sogenannte Rehn-Meidner-Modell, das nach zwei schwedischen Wirtschaftswissenschaftlern benannt ist, die für die größte Gewerkschaft des Landes arbeiteten. Das Modell funktionierte folgendermaßen: Die Gewerkschaften beharrten auf landesweiten Tarifverhandlungen, die für den Großteil der Unternehmen galten, und hielten so die Kluft zwischen den am besten und den am schlechtesten bezahlten Arbeitnehmern gering. Wenn alle Firmen ähnliche Gehälter zahlen müssten, würden die am wenigsten rentablen Unternehmen verdrängt werden, und die wirtschaftliche Produktivität Schwedens bliebe erhalten. Besonders effiziente Unternehmen hatten im Gegenzug einen großen Vorteil: Sie mussten ihren hoch qualifizierten Mitarbeitern lediglich den nationalen Tarif bezahlen, was sie noch profitabler machte. Alle Vorteile kamen zusammen – die Löhne in den Unternehmen waren gedeckelt, was die Ungleichheit verringerte und den produktivsten Unternehmen ihren Erfolg sicherte.

Doch es gab Spannungen in diesem System. Eine zentralisierte Lohnfestsetzung schränkte die Freiheit der produktivsten Mitarbeiter ein, die deutlich weniger verdienten, als es anderswo der Fall gewesen wäre. Tatsächlich führte es dazu, dass ihre besondere Arbeitsleistung den Arbeitgebern enorme Profite erwirtschaftete. Und so entstand als Nächstes die Überlegung, diese Profite den Arbeitnehmern zurückzugeben. Der Meidner-Plan wurde 1971 entwickelt: Jedes Unternehmen sollte 20 Prozent seiner Gewinne durch die Ausgabe von Aktien an seine Arbeitnehmer investieren, die sogenannten Lohnempfängerfonds. Dahinter stand die Absicht, den Arbeitnehmern schrittweise zu einer wesentlichen Beteiligung an ihren Unternehmen zu verhelfen. Der demokratische Sozialismus war auf dem Weg. Doch daraus wurde nichts. Die Lohnempfängerfonds erwiesen sich politisch als ziemlich unpopulär. Im Namen größerer Gleichheit der Lebensumstände sah der Plan vor, die Rechte von Unternehmen einzuschränken, über ihre Investitionen selbst zu entscheiden. Die sozialdemokratische Partei, die sich gezwungen sah, diese von den Gewerkschaften konzipierte Politik zu unterstützen, agierte nur sehr zurückhaltend. Ihre Gegner argumentierten, die Konsequenz von Lohnempfängerfonds sei, dass sich die Unternehmen aus Schweden zurückziehen oder Investitionen verweigern würden. Die Gleichheitsrechte, die Firmen gewährten, das Land zu verlassen und selbst über ihre Investitionen zu entscheiden, kollidierten geradewegs mit der Gleichheit der Lebensumstände.

Schließlich legten die Sozialdemokraten 1982 eine stark verwässerte Version des Lohnempfängerfonds vor. Trotzdem demonstrierten in Stockholm Zehntausende dagegen. Die Unbeliebtheit dieser Maßnahme bei der Wählerschaft führte dazu, dass der Lohnempfängerfonds nicht fortgesetzt wurde, als die Sozialdemokraten 1990 die Macht verloren, und noch Jahrzehnte später galt der Begriff »Fonds« als inoffizielles Tabu in der Partei. Seit diesem Höhepunkt des demokratischen Sozialismus ist Schweden weitgehend nach rechts abgedriftet, und die Ungleichheit bei sinkenden Steuern nimmt zu. Bernie Sanders jedoch ließ sich nicht beirren – 2019 befürwortete er eine Steuer von 2 Prozent auf Unternehmensprofite in den USA zum Kauf von Aktien für die Arbeitnehmer, bis sie 20 Prozent der Unternehmensaktien erreichten.

Dass einige Versuche, die Gleichheit der Lebensumstände zu erhöhen, gescheitert sind, lässt keineswegs den Schluss zu, dass wirtschaftliche Ungleichheit naturgemäß bessere Ergebnisse erzielt. Tatsächlich haben wir am Ende nicht selten wieder einmal das Schlimmste aus beiden Welten. In der Wirtschaftswissenschaft spricht man von der »Great-Gatsby-Kurve«, wenn größere Ungleichheit zu verminderter sozialer Mobilität führt und letztlich potenziell produktive, aber derzeit ärmere Menschen ausschließt, was sich negativ auf das Wirtschaftswachstum auswirkt. Um Produktivität zu erreichen, brauchen wir hier ein gewisses Maß an Gleichheit.

Viele Industrienationen weisen eine hohe Ungleichheit auf, ohne dass die persönlichen Einkommen hoch sind. Länder wie Spanien und Griechenland haben stark regulierte, protektionistische Produkt- und Arbeitsmärkte. Wenn wenige politisch vernetzte Unternehmen große Industrien dominieren oder man familiäre Beziehung braucht, um eine Stelle zu bekommen, schaden wir am Ende der Gleichheit und der Wirtschaft. Schlechtes tritt nicht selten auch gemeinsam auf.

Das Beispiel Italien ist lehrreich. Seit der Jahrtausendwende ist das Durchschnittseinkommen dort kaum gestiegen. Die Ungleichheit der Einkünfte bleibt jedoch hoch – ähnlich wie in den USA und Großbritannien. Ein Teil des Problems kann einem stark regulierten Arbeitsmarkt sowohl am unteren wie am oberen Ende der Einkommensskala angelastet werden. Italien weist eine große Anzahl schlecht bezahlter informeller Arbeitnehmer auf, die vom gut geschützten offiziellen Arbeitsmarkt ausgeschlossen sind. Doch es gibt eine Vielzahl von Schutzmechanismen für gut ausgebildete Arbeitskräfte, die den wenigen Glücklichen äußerst lukrative Möglichkeiten eröffnen.

Die größten Nutznießer solcher Art Schutzmechanismen sind die staatlichen Notare: die *notai*. Vor über zehn Jahren lebte ich ein Jahr lang in Florenz. Mein täglicher Weg zum Bus führte mich durch das reichste Viertel der Stadt, wo das Four-Seasons-Hotel in einem Renaissancepalast untergebracht ist. In jeder Straße waren gold glänzende Schilder mit der Aufschrift »Notaio« zu sehen, die an prächtigen Palazzi prangten. Das waren die Kanzleien der Notare – weit entfernt von den schäbigen Kanzleien, wie man sie in amerikanischen Einkaufszentren findet. Die Arbeit jedoch war weitgehend die gleiche – die Bescheinigung der Rechtsgültigkeit alltäglicher Dokumente, von Hauskäufen bis zu Verträgen und vor 2006 sogar von Gebrauchtwagenkäufen. Den italienischen Notaren ist es gelungen, ihre Branche vor Eindringlingen wie Anwälten und Immobiliengesellschaften zu schützen. Und der daraus resultierende Engpass ist hoch lukrativ – ein durchschnittlicher *notaio* verdient mehrere Hunderttausend Euro pro Jahr. Im Gegenzug liegen die Gebühren, die künftige Hausbesitzer dem *notaio* für die rechtliche Anerkennung eines Immobilienkaufs zahlen müssen, bei rund 2 Prozent des Kaufpreises.

Wie das Beispiel der Notare zeigt, gibt es nicht immer einen Zielkonflikt zwischen Gleichheit und Effizienz oder Rentabilität. Ineffizienz – mangelnde Rentabilität und Produktivität – kann Ungleichheit hervorbringen, Ungleichheit wiederum kann zu Ineffizienz führen. Und dies geht über die wirtschaftliche Ungleichheit hinaus und betrifft auch ungleiche Rechte im Allgemeinen. Ein besonders krasses Beispiel ist der negative Effekt rassistischer Vorurteile auf das Wirtschaftswachstum in den Vereinigten Staaten. Die systematische politische Unterdrückung von Afroamerikanern durch Lynchjustiz und die Jim-Crow-Gesetze erstickte auch die Innovationsfähigkeit schwarzer Amerikaner. Die Zahl der Patentanmeldungen von schwarzen Amerikanern brach zu Beginn des 20. Jahrhunderts ein, als die Lynchjustiz ihren Höhepunkt erreichte. Ein Beispiel für die schlimmste aller Welten – ungleiche politische und bürgerliche Rechte, die geringeres Wachstum, Rassendiskriminierung und staatlich geförderte Gewalt erzeugen. Eine doppelte Tragödie: der Verlust individueller Chancen und des kollektiven Wohlstands.

Dass es schwierig ist, beides zu bekommen – gleiche Rechte und gleiche Lebensumstände –, bedeutet leider nicht, dass es nicht möglich wäre, ungleiche Rechte und ungleiche Lebensumstände miteinander zu vereinen. Für unterdrückte Gruppen auf der ganzen Welt ist dies eine traurige, aber nicht seltene Wahrheit.

Gleiche Stimme vs. gleiche Lebensumstände

Kapitalistische Demokratien sehen sich gewaltigen Zentrifugalkräften ausgesetzt – sie werden zu einem Zwang zur Gleichheit wie auch zu oligarchischer Ungleichheit gedrängt. Doch wie steht es mit Nichtdemokratien? Wie beeinflussen ähnlichere Lebensumstände die Chancen, überhaupt politische Gleichheitsrechte zu bewahren? Ist die Wahrscheinlichkeit, zu überleben oder unterzugehen, für Diktaturen, in denen es keine Gleichheit gibt, größer?

Man könnte meinen, politisch gerechte Systeme entstehen eher dort, wo bereits Lebensumstände herrschen, die nicht allzu stark voneinander abweichen. Aber das ist nicht immer so. Stattdessen stehen wir hier vor der anderen Seite der Gleichheitsfalle: Wenn wir ähnlichere Lebensumstände haben, erhalten wir damit nicht gleichzeitig mehr politische Gleichheitsrechte. Das heißt, dass wir wohl ein gewisses Maß an Ungleichheit brauchen, um Demokratie zu erlangen.

Der Aufstieg der Demokratie war ein extrem langsamer und holpriger Prozess über Jahrhunderte hinweg. Vor dem 19. Jahrhundert währte die Volksherrschaft nie lange – sobald die Massen den Bogen überspannten, reagierten die Eliten mit Gewalt. Die Demokratie in Athen bereitete der unverkennbar undemokratisch klingenden Herrschaft der Dreißig Tyrannen den Weg. Zwei Jahrtausende später musste die vom Volk gewählte französische Nationalversammlung ihre Macht wieder abgeben, als Robespierre und die jakobinischen Populisten unter die Guillotine kamen und zuerst durch die Thermidorianer, später durch Napoleon ersetzt wurden.

Warum waren die Eliten so oft nicht willens, die direkte Herrschaft des Volkes zu unterstützen? Eine weitverbreitete – meiner Ansicht nach jedoch fehlerhafte – Theorie lautet so: Die Eliten hatten Angst vor Robin Hood. Waren sie reich und das Volk sehr arm, hatten sie in dieser Hinsicht viel zu befürchten. Die Herrschaft des Volkes konnte die Aufteilung ihres Grundbesitzes nach sich ziehen, der an die Bauernschaft verteilt werden würde, oder eine Besteuerung ihrer üppigen Einnahmen, die sie bis an die Armutsgrenze führte. Während der Französischen Revolution wurden die überkommenen Ängste vor einer Volksherrschaft wahr: Das Land der Adeligen wurde ebenso wie das des Klerus einfachen Bürgern zugesprochen, und die Steuerprivilegien des Adels wurden aufgehoben. In Anlehnung an Karl Marx' berühmte Anfangszeile aus dem *Kommunistischen Manifest* gesprochen: Ein Gespenst ging um bei den Eliten – das Gespenst der Umverteilung.

Mein Kollege David Samuels und ich nennen dies die »redistributivistische« Theorie der Demokratie (ein reichlich sperriger

Begriff, das gebe ich zu). Die Idee dahinter ist, dass Ungleichheit Demokratie unwahrscheinlicher werden lässt. Schlüpfen Sie doch einmal in die (teuren italienischen) Schuhe der herrschenden Elite in einer extrem ungleichen Diktatur, in der Sie nicht nur die politische Macht kontrollieren, sondern auch den Reichtum des Landes – die Felder, die Minen, das Öl. Stellen Sie sich vor, Sie werden gebeten, zu prüfen, welche Vorteile eine Erweiterung der Macht des Volkes hätte. Würden Sie dies zulassen, verlören Sie jede Möglichkeit, die Besteuerung, die Verstaatlichung oder sonstige unangenehme »-ungs« aufzuhalten, die Ihnen Ihren Reichtum nähmen.

Das Volk könnte zu Ihnen sagen: »Keine Angst, wir versprechen Ihnen, Sie nicht allzu hoch zu besteuern, Sie können uns vertrauen.« Doch was sollte das Volk daran hindern, wenn Sie die politische Macht abgetreten haben, am Ende doch zu beschließen, dass es ein Stück Ihres Schlosses, Ihres Anwesens, Ihrer Penthouse-Wohnung möchte? Das Volk hat ein Verbindlichkeitsproblem – seine Versprechen sind nicht glaubwürdig. Genauso wenig, wie eine Diktatur glaubhaft versprechen kann, die Steuern für sich selbst zu erhöhen und dem Volk Geld zu übertragen. Die Versprechen einer unabhängigen Elite sind noch weniger vertrauenerweckend. Es gibt keine dritte Instanz außerhalb der Politik, die eine Elite oder das Volk zwingen könnte, ihre jeweiligen Versprechen einzuhalten.

Was das Volk tun kann: der diktatorischen Elite mit anhaltenden Aufständen drohen, wenn sie die Macht nicht abgibt. Die Elite wird den Preis, das Volk zu unterdrücken, gegen den Preis, sich mit der Demokratie zu arrangieren, abwägen müssen. Wie viel sind Sie bereit dafür zu zahlen, das Volk unter Ihrer diktatorischen Sohle zu zerquetschen? Wie schlimm wäre es für Sie, das Volk regieren zu lassen?

Dieses Dilemma führt uns wieder zur Frage der Gleichheit.

Demokratie ist je nach dem Grad an Gleichheit mehr oder weniger hinnehmbar. Bei geringer wirtschaftlicher Ungleichheit unterscheiden sich Volk und Elite nicht allzu sehr. Wenn das Volk in einem solchen Szenario die Macht ergreift, wird es wahrscheinlich keine Strafsteuern erheben – es müsste sie selbst entrichten, und die Elite wäre nicht reich genug, dass es sich lohnen würde, sie hoch zu besteuern. In extrem ungleichen Diktaturen allerdings – der deutlich häufigere Fall – ist die Bedrohung für die machthabende Elite sehr hoch, wenn sie Macht abgibt. Sie besitzt ausgedehnte Ländereien, ertragreiche Minen und Ölfelder sowie zahllose Fabriken, Banken und Stadthäuser. All das ist durch die geknechteten Armen, die nach der Macht greifen, bedroht. Demokratisierung findet also nur in Ländern statt, in denen Gleichheit herrscht. Länder mit großer Ungleichheit bleiben unter der Kontrolle autoritärer Eliten.

Unter »redistributivistischer« Perspektive gehen gleiche wirtschaftliche Lebensumstände und politische Gleichheitsrechte miteinander einher. Oberflächlich betrachtet, sieht es nach einem Ausweg aus der Gleichheitsfalle aus …

Das klingt alles recht plausibel, und es wäre schön, wenn es zutreffen würde. Doch ich habe ein paar Fragen. Wenn ich Sie nach einem Land in der Welt mit aktuell sehr ungleich verteiltem Reichtum fragen würde, hätten viele von Ihnen das Bild der Vereinigten Staaten vor Augen. Vielleicht nennen Sie auch Brasilien, Mexiko oder Südafrika. Alles Demokratien. Denken Sie an die großen Chronisten der Armut inmitten des Reichtums im Industriezeitalter – Charles Dickens, F. Scott Fitzgerald, John Steinbeck –, sie alle beschrieben die Mühsal von Arm wie von Reich in Demokratien.

Richten wir den Blick stattdessen auf einige Länder mit besonders großer Gleichheit im letzten Jahrhundert. Ja, da sehen wir wieder einmal Schweden und Norwegen, selbst wenn hier das

Vermögen deutlich ungleicher verteilt ist als die Einkommen. Aber wir erblicken auch das China unter Mao, Chruschtschows Sowjetunion oder das heutige Belarus. Dies waren (bzw. sind im Fall von Belarus) Diktaturen, in denen große Gleichheit herrscht(e). Warum übergab die »Elite« in diesen Ländern die Kontrolle nicht einfach dem Volk? Sie werden wahrscheinlich spontan antworten, dass es sich um kommunistische Diktaturen handelte, in denen »Gleichheit« Teil des Systems war. Doch das wirft die Frage auf, ob die Durchsetzung gleicher Lebensumstände wirklich mit Rechtsgleichheit einhergeht, wie wir sie mit Demokratien verbinden.

Diktaturen mit großer wirtschaftlicher Gleichheit sind gar nicht nur die Domäne des Kommunismus. Im Kaiserreich China des späten 19. Jahrhunderts herrschte in ökonomischer Hinsicht ebenfalls große Gleichheit, mit einem geschätzten Gini von gerade einmal 0,24. Die meisten Menschen im China dieser Epoche waren gleich arm. Und obwohl es eine kleine herrschende Elite gab, wurde in China einfach nicht genug an ungleich verteilter »Ware« produziert, sodass es in den Statistiken zur Ungleichheit keine Rolle spielte. Das Kaiserreich China war politisch zutiefst unegalitär, wirtschaftlich aber nicht in gleichem Maß ungleich.

Damit haben wir eine Situation mit einem im Vergleich zum redistributivistischen Argument umgekehrten Muster: Demokratien, in denen Ungleichheit, und Autokratien, in denen Gleichheit herrscht. Es ist oft die Ungleichheit, die Demokratie hervorbringt.

Diese Argumentation halte ich für einleuchtender. Meine Überlegungen sind folgende: Es gibt zwei Wege, die zu mehr Ungleichheit führen. Der erste ist, die Güter, die man bereits besitzt, ungleich zu verteilen, sodass eine kleine Gruppe einen größeren Anteil desselben Kuchens erhält. Der zweite ist, Neues zu erzeugen und dann ungleich weiterzugeben, sodass eine kleine

Gruppe einen unverhältnismäßig großen Anteil des Extra-
kuchens bekommt. Ersetzen wir unsere Kuchenmetapher nun durch die Wirtschaft. Wenn die Wirtschaft stagniert, kann die Ungleichheit nur
durch die Aneignung von Eigentum der Armen durch die Reichen steigen. Wenn die Wirtschaft jedoch wächst, kann der Anstieg der Ungleichheit daran liegen, dass manche Gruppen einen
größeren Anteil von diesem neuen Wachstum beanspruchen.
Diese Gruppe muss dann finanziell besser gestellt sein als der
Rest der Bevölkerung, damit die Ungleichheit wächst. Doch –
und das ist wichtig – dies muss nicht die regierende Elite sein.

Lassen Sie mich die Geschichte noch weiter unterfüttern. Denken Sie an die industrielle Revolution. Um 1600 war der Wohlstand in England vor allem landwirtschaftlich geprägt. Die Ungleichheit wuchs, als die adligen Grundbesitzer die Bauern von
ihren Ländereien vertrieben, um mehr Schafe weiden lassen und
die wertvolle Wolle verkaufen zu können. Sie ging zurück – was
selten vorkam –, wenn Großgrundbesitz aufgeteilt wurde oder
viele Bauern an der Pest starben, sodass die Bauern, die überlebten, im Schnitt mehr Land hatten.

Im Verlauf der industriellen Revolution wurden unvorstellbare Mengen neuen Vermögens geschaffen. Reichtum, der nicht
von Grund und Boden abhängig war. Wenn mehr Güter zirku-
lieren, können auch mehr Güter ungleich verteilt werden. Und
die Profite kamen einer neuen Gruppe zugute – den städtischen
Fabrikbesitzern und Händlern, denen das industrielle Wachstum Reichtum bescherte. Das Leben der Armen hat sich ein bis
zwei Jahrhunderte lang in materieller Hinsicht nicht wesentlich verändert – sie waren auf den Feldern arm, und sie waren in
den Fabriken arm. Doch eine neue wirtschaftliche Elite war entstanden. Das Problem war, dass das politische System sie nicht
anerkannte.

Die Geschichte der allmählichen Demokratisierung Großbritanniens im 19. Jahrhundert war die Geschichte der Anpas-
sung an die politischen Forderungen dieser neuen Elite nach
Repräsentanz, das heißt der Übertragung des Stimmrechts auf
die fleißigen Gutverdiener, der Repräsentation der neuen Industriestädte im Parlament und einer Reihe erbitterter Kämpfe
um die althergebrachten Privilegien der landwirtschaftlichen
Elite. Wirtschaftswachstum bedeutete wachsende Ungleichheit.
Wachsende Ungleichheit bedeutete das Auftreten einer neuen
wirtschaftlichen Elite, die – noch – nicht zur politischen Elite
gehörte.

Hat man sie erst einmal im Blick, erkennt man diese Art
Kämpfe zwischen neuen und alten Eliten überall. Sie finden in
Zeiten des Wachstums von Ungleichheit statt, nicht in Zeiten
des Rückgangs. Ungleichheit heißt, dass ein neuer Akteur die
Bühne betritt. Für die Demokratie kann das gut sein. Gleichheit ist Stagnation, und das wiederum bedeutet oft eine dauerhafte Diktatur. Hier haben wir die Kehrseite der Gleichheitsfalle – manchmal untergraben gleiche Lebensumstände die
Gleichheitsrechte. Ungleichheit dagegen kann für die Demokratie gut sein, wenn sie Umwälzungen bei den traditionellen
Eliten bewirkt.

Warum sollten sich neue Eliten um die Demokratie scheren?
Wollen sie nicht lieber einfach selbst die Kontrolle über den Staat
übernehmen und über alle anderen herrschen? Das mag sein.
Meist jedoch versuchen neue Eliten, sich stärker vor dem Staat
zu schützen, was ihnen die verfassungsmäßige Herrschaft des
Volkes in der Regel ermöglicht. Wenn neue wohlhabende Gruppen auftauchen, haben sie ihr Geld in der Regel eher im Handel
und in der Industrie verdient, nicht durch den Besitz von Land
und dessen Bewirtschaftung oder die Ausbeutung von Boden-
schätzen. Industrie- und Handelsbranchen sind deutlich kom-

plexer, als einfach nur Gewinn aus dem Boden zu ziehen. Sie verlangen eine Fülle von Verträgen, hoch entwickelte Produkte, globale Handelsnetze und aktive Konsumenten.

Diktaturen haben Schwierigkeiten, soziale und wirtschaftliche Beziehungen dieser Art zu gewährleisten und zu schützen. Da es für Diktatoren kaum Beschränkungen gibt, können sie nicht glaubhaft machen, dass sie die Verträge auch einhalten, den Handel nicht blockieren oder Vermögen nicht enteignen. Politische Versprechen eines Diktators können unter vorgehaltener Waffe widerrufen werden. Aufstrebende Eliten in einer Diktatur sind daher ständig der Gefahr ausgesetzt, enteignet oder erpresst zu werden.

Das heikle Verhältnis zwischen russischen Oligarchen und Wladimir Putins Regierung ist ein passendes Beispiel. Die Oligarchen sind größtenteils Männer – es sind fast immer Männer –, die ihr Vermögen durch privilegierten Zugang zu ehemals staatseigenen Unternehmen und Konzessionen nach dem Zusammenbruch des Kommunismus gemacht haben.

Als Putin den Autoritarismus in Russland ausbaute, gerieten jene Oligarchen, die sich dem Regime widersetzten, in ernsthafte juristische Schwierigkeiten – oder Schlimmeres.

Die Verhaftung von Michail Chodorkowski 2003, damals Chef des Gasgiganten Yukos und reichster Mann Russlands, war das kritische Ereignis. Chodorkowski hatte begonnen, Oppositionsparteien und Thinktanks zu unterstützen, darunter Open Russia. Als er ein Privatflugzeug in Nowosibirsk bestieg, wurde er verhaftet und wegen Betrugs und Steuerhinterziehung angeklagt. Yukos wurde seiner Kontrolle vollständig entzogen, und er kam für zehn Jahre ins Gefängnis. Andere Oligarchen hatten nicht so viel Glück. Viele ereilte ein rätselhafter Tod im Exil, etwa den Medienmogul und Putin-Gegner Boris Beresowski, der tot in seinem Badezimmer in seinem Haus bei London entdeckt wurde. Nach der Invasion Russlands in die Ukraine kamen mindestens sieben weitere Oligarchen auf mysteriöse Weise ums Leben. Diese reichen Geschäftsleute hätten die höheren Steuern in einer Demokratie der Willkür der Autokratie sicherlich vorgezogen.

Eine Demokratie mag zwar eine höhere Steuerlast bedeuten, aber sie gewährt auch eine Justiz und Beschränkungen für die Machthaber. Zumindest gibt es eine Besteuerung unter Mitspracherecht. Daher ist Ungleichheit nicht immer der Feind der Demokratie. Der Amerikanische Unabhängigkeitskrieg wurde durch die Abneigung der zunehmend wohlhabenden Siedler gegen eine Steuer ohne Mitspracherecht ausgelöst und von den einflussreichen Persönlichkeiten der aufstrebenden Handelsstädte wie Boston, New York und Philadelphia angeführt. Als die Unabhängigkeit siegte, waren sie nicht an einem amerikanischen Monarchen von eigenen Gnaden interessiert. Sie wollten – wie George Washington es ausdrückte – eine »Demokratie, wenn sie sich halten ließ«. Das politische Modell Amerikas gründet auf der Gewaltenteilung, um zu verhindern, dass einzelne Institutionen dominieren, und um die Eigentumsrechte zu schützen. Für die neuen Gewinner des Marktes war die Demokratie eine gute Sache.

Doch wir sollten vorsichtig sein mit der Annahme, dass wirtschaftliche Ungleichheit immer zu mehr Gleichheit im Bereich der politischen Rechte führt. Die amerikanische Demokratie war nur aus Sicht der weißen, männlichen Bürger gleichberechtigt. Sie waren es, die gleiche Rechte zum Schutz ihres Eigentums vor Staat und Besteuerung gefordert hatten. Die riesigen Plantagen im Süden, auf denen sich Sklaven kaputtschufteten, blieben das gesamte 19. Jahrhundert über in situ. Diese Art der Ungleichheit – ländlich, gewaltsam aufrechterhalten und rückständig – konnte nur Bestand haben, indem Afroamerikaner ihrer Freiheit, rechtsstaatlicher Verfahren und jeglicher politischer Rechte beraubt wurden. Diese Art der Ungleichheit war zutiefst autoritär.

Gleichbehandlung vs. gleiche Lebensumstände

Ende des Zweiten Weltkrieges waren die Kämpfe um gleiche wirtschaftliche Freiheiten und gleiche politische Rechte in den heutigen westlichen Demokratien weitgehend gewonnen. Die großen Schlachten der vergangenen fünfzig Jahre wurden in diesen Ländern stattdessen um gleiche soziale Rechte für Gruppen geführt, die traditionell, und häufig sogar im Rahmen des Gesetzes, weißen Männern nicht gleichgestellt waren. Bürgerrechts- und Frauenrechtsbewegungen sowie Bewegungen für die Rechte von Homosexuellen finden noch heute auf ungleichem Terrain statt. Doch ist die Diskriminierung auf dem Arbeitsmarkt und in der Politik generell im Vergleich zu der Situation von vor noch wenigen Jahrzehnten heute deutlich zurückgegangen.

Trotz dieser epochalen Verbesserung im Bereich der Gleichbehandlung von Menschen driften die wirtschaftlichen Lebensumstände seit den 1950er-Jahren immer weiter auseinander. Wie auch immer wir sie messen, die Kluft zwischen den am besten und den am schlechtesten bezahlten Arbeitnehmern hat sich in den letzten Jahrzehnten erheblich vergrößert. Das scheint paradox, ist jedoch nichts anderes als ein weiterer Fallstrick der Gleichheitsfalle.

Einer der Gründe für wachsende ökonomische Ungleichheit ist darin zu finden, dass sich die Zusammensetzung der Erwerbstätigen dramatisch verändert hat. Insbesondere fiel der Einstieg von Frauen in die Arbeitswelt – das Ergebnis gerechterer Auswahlverfahren – mit einer wachsenden Ungleichheit im Arbeitsentgelt zusammen. Wenn Frauen häufiger Teilzeitstellen annehmen und dies bei den jährlichen Lohnvergleichen nicht berücksichtigt wird, kann das die Ungleichheit verstärken, da sie weniger Stunden arbeiten. Wenn Frauen dann noch in schlechter bezahlten Jobs landen als Männer, verstärkt dies die Ungleichheit.

Dies legt den Schluss nahe, dass die Einstellungs- und Gehaltsverfahren in Wirklichkeit nicht geschlechtergerecht sind, auch wenn die Chancen, überhaupt einen Job zu finden, seit den 1950er-Jahren deutlich gleichberechtigter geworden sind. Die lückenhafte Entwicklung in Richtung voller Gleichbehandlung schafft neue wirtschaftliche Ungleichheit, die weiter Bestand hat, wenn Frauen systematisch niedriger entlohnt werden als Männer – und dies gilt sogar in den angeblich genderneutralen skandinavischen Ländern, in denen Frauen noch immer rund 20 Prozent weniger verdienen als Männer.

Um nachzuvollziehen, wie Gleichbehandlung zu mehr Ungleichheit der Lebensumstände führen kann, sehen wir uns an, wie sich der Eintritt von Frauen in das Berufsleben in einzelnen Ländern mit unterschiedlicher wirtschaftlicher Entwicklung auswirkt. Länder mit einem durchschnittlichen Jahreseinkommen von um die 5000 US-Dollar weisen eine auffallend geringe Erwerbsbeteiligung von Frauen auf – rund 50 Prozent niedriger als die der Männer. Die Einkommenskluft in diesen Ländern ist noch größer: Die Löhne von Frauen liegen 65 Prozent unter denen von Männern. In reichen Ländern mit Durchschnittseinkommen um die 45 000 US-Dollar sehen wir einen Unterschied in der Erwerbsbeteiligung von unter 10 Prozent, auch das geschlechtsspezifische Lohngefälle ist geringer, aber mit knapp 40 Prozent noch immer beträchtlich.

Für die Ungleichheit bedeutet dies zweierlei. Erstens, da der geschlechtsspezifische Einkommensunterschied dort größer ist,

wo weniger Frauen am Arbeitsmarkt sind, laufen die Früh-
phasen des Arbeitsmarkteintritts von Frauen auf im Vergleich
zu Männern schlecht bezahlte Jobs hinaus. Dies wiederum fördert die Ungleichheit. Sie ist nicht nur der Tatsache geschuldet,
dass Frauen in ärmeren Ländern weniger Stunden arbeiten – tatsächlich differieren die geschlechtsspezifischen Unterschiede in
den geleisteten Arbeitsstunden in Ländern mit mehr oder weniger Wohlstand kaum. Zweitens werden Frauen selbst in den
reichsten Ländern auf dem Arbeitsmarkt systematisch benach-
teiligt, und die Ungleichheiten setzen sich beharrlich fort. Seit
den 1980er-Jahren hält sich der Gendergap in den wohlhabenden Ländern und ist um lediglich wenig mehr als 10 Prozentpunkte zurückgegangen.

Warum besteht der Gendergap so hartnäckig fort? Was
umso erstaunlicher ist, als in den meisten reichen Ländern
mehr Frauen Hochschulen besuchen als Männer und sich der
Gendergap längst hätte aufheben müssen. Die Ungerechtig-
keit auf dem Arbeitsmarkt rührt vor allem daher, wie Frauen
in ihrer Karriere für die Geburt eines Kindes bestraft werden.
Wirtschaftswissenschaftler haben herausgefunden, dass die Verdienste von Frauen nach der Geburt des ersten Kindes auf fast
die Hälfte des Niveaus von vor der Geburt sinken, während die
Verdienste der Männer stabil bleiben.

Zunächst liegt dies an der unterschiedlichen Erwerbsbeteiligung – nach der Geburt eines Kindes ändert sich nichts an
der von Männern, während die von Frauen mit der Mutter-
schaft drastisch einbricht. Frauen, die mit der gleichen Stunden-
anzahl nach der Geburt eines Kindes weiterarbeiten, müssen
nicht mit einer sofortigen Verschlechterung ihres Stunden-
lohnes rechnen. Doch nach einigen Jahren tut sich eine enorme
Lücke im Vergleich zu Männern auf, die im selben Zeitraum Kinder haben. Das zeigt zweierlei – schlechtere Aufstiegschancen

selbst für Frauen, die nach dem ersten Kind berufstätig geblieben sind, und niedrigere Löhne für diejenigen, die eine Auszeit genommen haben und später wieder ins Berufsleben einsteigen. Wirtschaftswissenschaftler konnten auch zeigen, dass der Lohnverlust durch Kinder fast ausschließlich auf den Verlust von Berufserfahrung und die unterschiedlichen – flexibleren – Berufe zurückzuführen ist, die Frauen mit Kindern ergreifen. Und dieser Nachteil ist umso größer, je höher der Bildungsstand und das Verdienstpotenzial der Frauen sind.

Die Frage lautet, warum die angeblich auf Gleichheit beruhenden Arbeitsmärkte ohne ausdrückliche Beschäftigungsdiskriminierung noch immer ein so großes Gefälle aufweisen. Und die Antwort lautet, dass neben der formalen rechtlichen Gleichstellung noch immer tiefgreifende Unterschiede innerhalb der Haushalte bestehen. In allen wohlhabenden Ländern übernehmen Frauen weit mehr unbezahlte Hausarbeit als Männer: Das reicht von knapp unter einer Stunde in Schweden bis zu über drei Stunden in Portugal und Japan. Manches davon hängt auch mit unterschiedlichen Erwerbsstrukturen zusammen. Doch eine Studie über das Verhalten in englischen Haushalten während der Corona-Lockdowns zeigte, dass selbst in Familien, in denen die Mütter mehr verdienten als die Väter, die Frauen letztlich mehr Hausarbeit und Kinderbetreuung übernahmen und weniger durchgängig bezahlte Arbeit hatten als die Männer.

Sogar in Ländern mit genderneutralen Elternzeiten, wie Schweden, blieb die Aufteilung der Hausarbeit konsequent geschlechtsabhängig. Schweden garantiert 240 Tage bezahlte Elternzeit für jeden Elternteil, 150 davon können auf den anderen Elternteil übertragen werden. 90 Tage der Elternzeit des Vaters können also nicht weitergegeben werden: Diese Tage, die verfallen, wenn man sie nicht nutzt, werden als »Daddy-Quote« bezeichnet. Männer nehmen jedoch nur 25 Prozent der gesamten Elternzeit-

Tage, und nur 13 Prozent der Haushalte teilen die Tage ungefähr gleichmäßig untereinander auf. Darüber hinaus war die Wahrscheinlichkeit, dass Väter, die die »Daddy-Quote« in Anspruch genommen hatten, sich um ihre kranken Kinder kümmerten, nicht größer als bei Männern, die die Elternzeit nicht in Anspruch genommen hatten. Was oberflächlich als gerechte Politik erscheint, verschleiert die bereits vorhandenen Ungleichheiten in den Familien, die darin bestehen, wer seine Karriere mit Volldampf fortsetzen kann und wer Abstriche machen muss.

Für eine gerechte Elternzeit-Politik, die tatsächlich Gleichheit in den Haushalten schafft, müssten sich die allgemeinen Normen innerhalb der Gesellschaft ändern. Laut Daten aus Norwegen weist die Akzeptanz der Elternzeit von Vätern eine Art Schneeballeffekt auf – Männer nehmen dann häufiger Elternzeit, wenn auch ihre Brüder und Kollegen in Elternzeit gehen. Erhebliche Auswirkungen darauf, ob Männer davon abgehalten werden, ihre Elternzeit zu nehmen, haben zudem die Normen am Arbeitsplatz. Japan verfügt über die großzügigste Elternzeit-Politik für Väter auf der ganzen Welt – bis zu zwölf Monate bei rund 60 Prozent des Lohns –, doch nur 6 Prozent der japanischen Väter entscheiden sich dafür. Wissenschaftlich konnte gezeigt werden, dass ihre Zurückhaltung dadurch zu erklären ist, dass die negativen Reaktionen anderer Männer überschätzt werden. Gleichzeitig wurden etliche japanische Firmen beschuldigt, Männer, die ihre Elternzeit nahmen, aufs Abstellgleis geschoben zu haben. Dermaßen ungleiche Normen für Eltern bewirken, dass eine vordergründig gerechte Politik die Ungleichheit noch verstärkt.

Auch der Vergleich der Ungleichheit zwischen den Haushalten zeigt die Komplexität dieser Zusammenhänge und wie eine gleichere Behandlung dazu führt, andere Ungleichheiten verborgen zu halten. In den 1950ern hatten die meisten Haushalte

einen männlichen Alleinverdiener. Wurden die Haushaltseinkommen miteinander verglichen, wurden also hauptsächlich
die Einkommen von Männern verglichen. Mit dem Eintritt von
Frauen ins Berufsleben hatten die Haushalte nun in der Regel
zwei Verdiener. Und wenn Ehe oder Zusammenleben einem bestimmten Muster folgen, kann sich radikal verändern, wie sich
die Ungleichheit zwischen den Haushalten entwickelt.
Der Gedanke der »assortativen Paarung« beschreibt, dass sich
Gleiches mit Gleichem verbindet. Hoch qualifizierte, gut verdienende Frauen heiraten demnach hoch qualifizierte, gut verdienende Männer. Genauso heiraten schlecht bezahlte Frauen
schlecht bezahlte Männer. Wenn dies so ist, vergrößern sich bestehende Unterschiede zwischen den Haushaltseinkommen –
grob gesprochen verdoppelt sich dadurch die Einkommenskluft
zwischen armen und reichen Haushalten.
    Nehmen wir ein einfaches Beispiel. Beginnen wir mit einem
1950er-Jahre-Haushalt wie in *Happy Days* – wir haben einen
männlichen Alleinverdiener aus der Arbeiterschicht, der 40 000
US-Dollar im Jahr nach Hause bringt, und einen anderen Alleinverdiener in Führungsposition, der 80 000 US-Dollar im Jahr
verdient. Die Kluft zwischen den beiden Haushalten liegt bei
40 000 Dollar. Stellen Sie sich nun zwei Haushalte der *Friends*-
Ära aus den 1990ern vor, in denen beide, Mann und Frau, arbeiten. Würden sich Gegensätze anziehen – ein Arbeiter heiratet
eine Managerin und ein Manager eine Frau aus der Arbeiterschicht –, würden beide Familien über 120 000 Dollar verfügen,
und die Ungleichheit zwischen den Haushalten hätte sich ausgeglichen.
    Doch genau das passiert nicht. Stattdessen verbindet sich
Gleiches mit Gleichem, und wir haben einen Arbeiterhaushalt
mit 80 000 und einen Managerhaushalt mit 160 000 Dollar, was
sich zu einer Gehaltslücke von 80 000 Dollar summiert. Der

Managerhaushalt ist relativ gesehen immer noch doppelt so reich wie der Arbeiterhaushalt, doch die *absolute* Einkommensdifferenz hat sich verdoppelt. Hinzu kommt, dass die Scheidungsrate bei wohlhabenderen Paaren tendenziell niedriger liegt, sodass die Chance groß ist, dass das familiäre Einkommen mit 160 000 Dollar erhalten bleibt, während wir auf der anderen Seite bei zwei Einzelverdiener-Arbeiterhaushalten mit jeweils nur 40 000 Dollar enden. Wie sehen die Zahlen über Haushaltsungleichheit und assortative Paarung aus? Die Ergebnisse sind uneinheitlich, aber überall zeigt sich, dass die assortative Paarung in erheblichem Maß für den Anstieg der Einkommensungleichheit der letzten fünfzig Jahre in den reichen Ländern verantwortlich ist. Wissenschaftler vermuten, dass die Steigerung der Einkommensungleichheit in den USA zwischen 1967 und 2005 um 25 bis 30 Prozent niedriger ausgefallen wäre, wenn die assortative Paarung auf dem niedrigeren Niveau der 1960er-Jahre stehen geblieben wäre. Soziologen schätzen zudem, dass bis zur Hälfte der Korrelation zwischen dem Einkommen der Eltern und dem langfristigen Einkommen der Kinder der assortativen Paarung geschuldet ist – und das bedeutet, dass sich auch die intergenerationale soziale Mobilität verringert.

Ähnliche Effekte wurden in Ländern von Dänemark über Großbritannien und Deutschland bis Norwegen nachgewiesen. Doch es gibt Unterschiede. In skandinavischen Ländern mit ihrer stärkeren Arbeitsmarktregulierung scheint die assortative Paarung am schwächsten, in den Ländern der englischsprachigen Welt und Osteuropas mit ihren weniger regulierten Arbeitsmärkten am stärksten. Wo wie in Skandinavien strenger regulierte Arbeitsmärkte und eine größere Einkommensgleichheit zwischen den Geschlechtern herrschen, werden höhere Löhne gedeckt, und es wird wahrscheinlicher, dass beispielsweise eine Rechtsanwältin und ein Lehrer ein Paar werden, nicht zuletzt, weil der Einkommensunterschied zwischen ihnen gering ausfällt. Assortative Paarung kann der Einkommensgleichheit zwischen den Haushalten schaden. Ausgelöst wurde das Phänomen der assortativen Paarung jedoch anfangs aufgrund der Sorge um die Gleichheit – dass also Frauen in der Arbeitswelt gleichbehandelt werden. Besserer Zugang zu Stellen in den Bereichen Justiz, Finanzen und Medizin führte zu zahlreichen Doppel-Anwalts-, Doppel-Banker- und Doppel-Arzt-Haushalten. Gleichbehandlung auf dem Arbeitsmarkt neben dem Recht zu heiraten, wen man will, brachte auf einer anderen Ebene Ungleichheit hervor – den Haushaltseinkommen. Wie die Soziologin Christine Schwartz es ausdrückt: »Die Gleichberechtigung von Männern und Frauen ist in den letzten Jahrzehnten gewachsen (...), doch hatte die Gleichstellung der Ehepartner möglicherweise unerwartete Konsequenzen, eine wachsende Ungleichheit zwischen den Familien.«

Wieder einmal stehen wir vor dem alten Dilemma der Gleichheitsfalle. Gesteht man den Menschen das gleiche Recht zu, nach eigenem Wunsch zu leben – selbst wenn sie fair und gleichberechtigt behandelt werden –, können ihre Entscheidungen am Ende höchst ungleiche Lebensumstände erzeugen. Unsere Politik wird scheitern, wenn wir einfach davon ausgehen, dass Gleichbehandlung die wirtschaftliche Ungleichheit zwangsläufig verringert. Stattdessen müssen wir sicherstellen, dass die politischen Maßnahmen wie die Elternzeit bestehende geschlechtsspezifische Unterschiede darin, wie Arbeitgeber auf zurückkehrende Arbeitnehmer reagieren, ernst nehmen, ebenso wie die Tatsache, dass die herkömmliche Ungleichheit innerhalb der Familien die besten Pläne untergraben kann.

8 DER WEG AUS DER GLEICHHEITSFALLE

Wie können wir die Auswüchse des Kapitalismus zügeln und zugleich unsere demokratischen Freiheitsrechte bewahren? Das Erzwingen vollständiger Gleichheit mag Einschränkungen unserer Rechte nach sich ziehen, doch nur wenige würden überhaupt so weit gehen wollen. Stattdessen würden wir gern etwas gegen die sich immer stärker vertiefende Kluft zwischen Arm und Reich in den wohlhabenden Ländern unternehmen – die Ungleichheit zurückdrängen und verhindern, dass sie unsere Demokratien untergräbt. Es gibt einen Weg aus der Gleichheitsfalle – manche Länder, etwa die skandinavischen Staaten, verbinden eine viel größere Einkommensgleichheit mit einer lebendigen, liberalen demokratischen Kultur. Doch das ist nicht ohne politische Maßnahmen zu haben.

Es wäre töricht, zu glauben, wir könnten die Ungleichheit durch die Zauberkräfte des Marktes oder der Technik verringern. Freie Märkte ohne staatliches Eingreifen oder gewerkschaftlich organisierte Arbeit bewirken so gut wie immer eine Vermögenskonzentration, besonders dann, wenn die bereits Reichen den eigenen Kindern durch Eliteausbildung den Eintritt in die wohlhabenden Schichten sichern können. Natürlich reduzieren Verwerfungen auf den Märkten manchmal die Ungleichheit, doch historisch gesehen geschah dies durch Hungersnöte, Pandemien, Kriege oder Rezession. Das scheint nun nicht gerade die Lösung zu sein.

Können uns neue Technologien zu mehr Gleichheit verhelfen? Das hängt vom konkreten Fall ab. Preisgünstige Kommunikationstechnologie könnte den bislang von den nationalen und globalen Märkten Ausgeschlossenen neue Chancen eröffnen. Doch die meisten neuen technischen Errungenschaften kamen nicht den ohnehin schon Armen zugute. Stattdessen brachte die Informationstechnologie gut ausgebildeten Fachkräften überproportional großen Nutzen, die Bedeutung von Bildung nahm weiter zu, und Fach- und Führungskräfte profitierten mehr als Arbeiter. Letztlich können wir uns nicht auf äußere Kräfte verlassen, um Ungleichheit zu verringern. Wir müssen es mithilfe politischer Lösungen selbst in die Hand nehmen – Arbeiter anders ausbilden, unsere Wirtschaftszweige und die Beziehungen zwischen Arbeitgebern und Arbeitnehmern wirksamer regulieren, doch vor allem und zuallererst müssen wir Wege finden, die gewaltige Vermögensausbeute zu besteuern, die unsere ungleiche Wirtschaft hervorbringt. Wenn Tod und Steuern die einzigen unausweichlichen Dinge im Leben sind, sollten wir Letztere auch angemessen einsetzen.

Larry Summers schob seine Papiere zusammen und ging zum Mikrofon. Als ehemaliger Finanzminister, Präsident von Harvard und führender Wirtschaftsberater von Barack Obama hatte Summers seine gesamte Berufslaufbahn an der Schnittstelle zwischen seiner Arbeit als Ökonom und der Demokratischen Partei verbracht. Jetzt war er im Begriff, den Thronanwärtern die Hölle heißzumachen.

Sein Vorredner war Emmanuel Saez, der zu einer höchst einflussreichen Gruppe französischer Wirtschaftswissenschaftler gehörte, darunter auch Gabriel Zucman und Thomas Piketty. Saez und Zucman hatten eine Vermögenssteuer vorgeschlagen, die die amerikanischen Milliardäre im Visier hatte. Das Ziel war, die Allervermögendsten zu erreichen – etwa die 400 reichsten Amerikaner von der *Forbes*-Liste, deren Anteil am nationalen Vermögen sich von 0,9 Prozent im Jahr 1982 auf 3,3 Prozent 2018 fast vervierfachte.

Saez erläuterte seinen Plan: eine jährliche Steuer von 10 Prozent auf Vermögen von über einer Milliarde Dollar. Sein Entwurf hatte Elizabeth Warren und Bernie Sanders, die damaligen Spitzenkandidaten der Demokraten bei den Vorwahlen für die Präsidentschaftswahlen 2020, zu ähnlichen Vorschlägen zur Vermögenssteuer inspiriert.

Warren plädierte für eine Steuer von 2 Prozent auf Vermögen von über fünfzig Millionen US-Dollar und einen Aufschlag von 4 Prozent auf Vermögen von über eine Milliarde Dollar. Lediglich 75 000 Haushalte würden damit innerhalb eines Jahrzehnts fast vier Billionen Dollar Extrasteuern beitragen. Sanders erklärte, wie bereits erwähnt, seine Vermögenssteuer würde noch mehr Einnahmen bringen, beginnend mit einer Steuer von 1 Prozent auf Vermögen von über 32 Millionen Dollar, die schrittweise anstiege bis auf 8 Prozent für Vermögen von über zehn Milliarden Dollar. Die fünfzehn reichsten Amerikaner verfügten 2018 bereits über eine Billion Dollar Vermögen. Nach Warrens Plan wären es noch 434 Milliarden, nach Sanders' Plänen 196 Milliarden Dollar. Ein echter Rückschritt, bedenkt man, welche Privatinseln man mit dem zu versteuernden Geld kaufen könnte.

Egal welche Art Vermögenssteuer man umsetzt, die politischen wie die wirtschaftlichen Aspekte schienen eindeutig. Politisch gesehen war es ein Konflikt zwischen den weniger als 100 000 reichsten Amerikanern und, nun ja, allen anderen. Wenn Demokratie etwas bedeutet, war es nicht genau dies, dass die große Mehrheit den Reichtum der wenigen kappen kann? Wären Sanders' Steuerpläne seit den 1980ern in Kraft, wäre der

Anteil am Vermögen, den die 400 reichsten Amerikaner besitzen, kaum gewachsen. Tatsächlich hat er sich mehr als verdreifacht.

Larry Summers war nicht überzeugt. Er bezweifelte die Daten und Berechnungen von Saez. Und er vertrat die Meinung, dass eine Vermögenssteuer nicht einmal für sich genommen erfolgreich wäre. Zunächst einmal glaubte er nicht daran, dass sich die Beschneidung des Reichtums von Milliardären auf die politische Macht auswirken würde. Seiner Meinung nach wurden beide politische Parteien und ihre jeweiligen Interessen von wohlhabenden Menschen aus dem unteren Bereich im Wohlstandsspektrum finanziert, die davon nicht betroffen wären. In Wirklichkeit würde eine Vermögenssteuer für die Betroffenen Anreize schaffen, einen *größeren* Teil ihres Vermögens für Lobbyarbeit auszugeben, um die Steuern zu umgehen.

Zweitens lasse sich der Anstieg der Vermögensungleichheit auf den Anstieg der Einkommensungleichheit zurückführen, die weitgehend eine Folge auseinanderdriftender Einkommen sei. Hier liege das Problem, nicht beim Reichtum als solchem. Drittens wies Summers auf etwas hin, das viele Forscher auf dem Gebiet der Vermögensungleichheit vor ein Rätsel gestellt hatte. In Ländern mit einem weitgespannten Sicherheitsnetz oder staatlich finanzierten Renten besitzen die Menschen weniger Vermögen, weil sie staatlich abgesichert sind. In der Folge kann man in Ländern wie Schweden ein sehr hohes Maß an Wohlstandsgefälle beobachten, *weil* die Menschen in der Mittelklasse keine privaten Rentenfonds brauchen, da sie eine garantierte staatliche oder betriebliche Altersversorgung in Aussicht haben.

Schließlich, so Summers weiter, bedeute eine Vermögenssteuer eine potenzielle Besteuerung von Investitionen, da erspartes Vermögen besteuert werde. Wenn Reiche ihr Vermögen jedoch für Luxusreisen rund um die Welt ausgeben oder in

Wahlkämpfe stecken, wird es nicht besteuert. In einem freien Land können reiche Menschen ihr Verhalten entsprechend anpassen, damit sie möglichst wenig Vermögenssteuer zahlen müssen. Wie also werden sich Reiche Ihrer Meinung nach verhalten? Summers sieht uns in der Gleichheitsfalle stecken: Solange wir nicht andere Gleichheitsrechte beschneiden – das Recht, Wahlkämpfe zu unterstützen, das Recht, unser Geld auszugeben, wofür wir wollen, in ein anderes Land zu ziehen oder die Staatsbürgerschaft zu ändern –, können wir nicht davon ausgehen, eine größere Gleichheit der Lebensumstände zu erreichen.

Gibt es Möglichkeiten, die Vermögenssteuer so zu gestalten, dass wir der Gleichheitsfalle entkommen? Die Lösung, die Thomas Piketty, der berühmte Autor von *Das Kapital im 21. Jahrhundert*, entwickelt hat, ist eine globale Vermögenssteuer. Im Moment haben wir eine Fülle von Kleinststaaten – oder eher Steuerparadiesen –, die ausländischen Investoren, die sich dort niederlassen, niedrige Steuersätze anbieten. Auch wenn wir kollektiv betrachtet bessergestellt wären, sofern Milliardäre ihren fairen Anteil zahlen würden, können solche kleinen Länder, solange die Reichen die Freiheit haben, umzuziehen, wohin sie wollen, individuelle Vorteile daraus ziehen, wenn man bedenkt, dass selbst ein geringer Steuersatz von einem Milliardär noch wertvolle Einkünfte bringt. Eine globale Vermögenssteuer, die alle Länder einschließt, würde diesem Effekt ein Ende setzen. Ein Umzug würde Milliardären nicht mehr helfen, Steuern zu vermeiden. Schließlich baut dieser Vorschlag auf dem Erfolg internationaler Vereinbarungen über Unternehmenssteuern auf. 2021 stimmten 136 Länder einem Mindestunternehmenssteuersatz von 15 Prozent zu. Doch muss man Milliardäre strenger besteuern als Unternehmen?

Das Problem mit der globalen Vermögenssteuer ist, dass die Politik sie ignoriert, wie Piketty selbst einräumt. Als technokratische Lösung gegen steuerhinterziehende Milliardäre ist sie unanfechtbar. Aber sie läuft geradewegs in die Gleichheitsfalle. Oberflächlich betrachtet lösen wir das Problem, indem wir sagen, dass die Milliardäre noch immer das Recht haben, zu leben, wo es ihnen gefällt, und gleichzeitig eine Vermögenssteuer erheben, die wir zur Angleichung der Lebensumstände nutzen können. Doch wir haben ein anderes Gleichheitsrecht aufgehoben: das Recht der Menschen, die in Demokratien leben, die Höhe der Steuersätze selbst zu bestimmen. Eine globale Vermögenssteuer würde zudem einen erbitterten Streit zwischen Amerika, Europa, China und Indien darüber auslösen, wie hoch der Steuersatz ausfallen soll, wer davon profitiert und ob der Steuersatz grenzüberschreitend variieren kann. Mit anderen Worten: Wir geraten zwischen die Fronten der internationalen Politik – wir müssen nicht nur eine Regierung davon überzeugen, die Steuer einzuführen, sondern womöglich alle.

Auch mit Blick auf die öffentliche Meinung erweist sich die Vermögenssteuer als kompliziert. Man könnte meinen, die Zustimmung der Öffentlichkeit für Vermögenssteuern sei eine sichere Sache, da nur so wenige Menschen davon betroffen sind. Doch selbst wenn die Leute theoretisch befürworten, den Reichen etwas zu nehmen, werden sie plötzlich zurückhaltender, wenn es konkret wird. Vertraut man einer »moralischen Führungsfigur«, die Öffentlichkeit davon zu überzeugen, dass die Besteuerung von Vermögen »das Richtige« ist, stößt man auf das unangenehme Problem, dass die Öffentlichkeit nicht zustimmt.

Ein klassisches Beispiel sind die Steuersenkungen von George W. Bush im Jahr 2001. Damit wurden die Erbschaftssteuern in Amerika bis 2010 weitgehend abgeschafft. Bushs Steuergesetz war so stark auf wohlhabende Steuerzahler zugeschnitten, dass im Jahr 2010 51,8 Prozent der Steuervorteile an das reichste

1 Prozent der Haushalte gingen. Doch trotz der Ansicht vieler Amerikaner, dass Reiche nicht ausreichend Steuern zahlten, war das Gesetz äußerst populär.

2005 veröffentlichte der Politologe Larry Bartels unter der Überschrift »Homer bekommt eine Steuersenkung« einen Artikel mit einer Karikatur von Homer Simpson, der fröhlich ein paar Dollarscheine festhält, während Mr. Burns vor Taschen voller Geld steht und »Trottel« kichert. Auch wenn der Cartoon sicher kein Ausweis für Subtilität ist, weist er doch auf eine offensichtliche Diskrepanz in der Wahrnehmung der Amerikaner hin. Bartels zeigte, dass, obwohl 52 Prozent seiner Landsleute der Meinung waren, dass die Reichen zu wenig Steuern zahlten, weniger als 20 Prozent angaben, Bushs Steuersenkungen abzulehnen, die den Reichen noch weniger Geld abforderten.

Warum befürwortet man sowohl die höhere Besteuerung von Reichen im Allgemeinen als auch die Senkung bestimmter Steuern, die vorwiegend von Reichen gezahlt werden? Bartels argumentiert, dass die Leute ein »unaufgeklärtes Eigeninteresse« antreibt. Sie glauben, dass sie – genauer ihre Erben im Todesfall – Steuern zahlen müssen, die in Wirklichkeit nur Menschen betreffen, die deutlich reicher sind als sie. Man denkt, im Eigeninteresse zu handeln, stattdessen handelt man im Interesse der Wohlhabenden: Die Haltung gegenüber Bushs Steuersenkungen war davon geprägt, ob man der Meinung war, selbst zu hoch besteuert zu werden, und nicht davon, ob man Reiche für zu hoch besteuert hielt.

Es gibt weitere Gründe, warum die Leute keine Vermögenssteuern wollen. Da das Wohneigentum den größten Teil des Vermögens der meisten Haushalte ausmacht, fallen die Erbschaftssteuern größtenteils auf das Eigenheim an. Es sind vor allem sentimentale Gründe, warum man nicht will, dass das Eigenheim, der Bauernhof oder das eigene Geschäft von Anzugträgern aus dem Finanzamt beansprucht wird. Selbst wenn die wenigsten Menschen dieses Erbe verlieren würden, werden Politiker, die gegen Steuern sind, Beispiele von sympathischen Familien finden, bei denen es doch der Fall wäre. Es sind also moralische Gründe, die dazu führen, sich der Vermögensbesteuerung entgegenzustellen. Reichtum entsteht oft in Form von Ersparnissen, und viele Menschen wehren sich gegen die Vorstellung, für ihr hart verdientes Geld Steuern »zweimal« zahlen zu müssen. Andere fürchten, dass Steuern auf Vermögen logistisch schwierig seien – Einkommen und Transaktionen können an der Quelle besteuert werden, Vermögen aber muss verkauft oder verliehen werden, um Steuern zu zahlen.

Fragt man die Öffentlichkeit nach einer Vermögensbesteuerung, stößt man auf Skepsis. In einer Umfrage aus dem Jahr 2015 wollte man wissen, ob die verschiedenen von der britischen Regierung erhobenen Steuern gerecht sind oder nicht. Eine breite Mehrheit fand die Besteuerung von Alkohol und Zigaretten fair. Knapp über die Hälfte beurteilte die Einkommensteuer als gerecht. Doch nur um die 20 Prozent beurteilten die Erbschaftssteuer als gerecht, fast 60 Prozent der Befragten hielten sie für ungerecht. Die Stempelgebühr – eine Steuer auf Immobiliengeschäfte – war ähnlich unpopulär. Die britische Öffentlichkeit lehnte genau die Steuern am meisten ab, die die Reichen am härtesten trafen, und stand den Steuern, die die Armen belasteten, am positivsten gegenüber. Die Frage ist nur, warum?

In einer Umfrage, die ich 2021 in England und Wales durchgeführt habe, stellte ich fest, dass Vermögens- und Erbschaftssteuern noch immer höchst unpopulär waren – weniger als 20 Prozent der Befragten hielten die Erbschaftssteuern für zu niedrig; über 60 Prozent empfanden sie als zu hoch. 2019 musste jedoch in nur weniger als 4 Prozent der Todesfälle überhaupt Erbschaftssteuer entrichtet werden. Die Menschen zahlen keine

Erbschaftssteuer, verabscheuen sie aber trotzdem. Wir baten die Befragten, in einem Satz ihre Haltung zu Vermögenssteuern zu erläutern – die häufigsten Formulierungen waren:»bereits besteuert«,»zahle schon Steuern«,»arbeite hart« und»die Leute sparen«. Mit anderen Worten, die Menschen finden Vermögenssteuern ungerecht – selbst wenn sie keine zahlen müssen –, weil sie sie als doppelte Besteuerung betrachten.

Andererseits würden sie die Besteuerung vielleicht gerechter finden, wenn sie überzeugt werden könnten, dass Glück zu Reichtum führt und eben nicht Leistung oder Fleiß. 2020 unternahmen meine Kollegen und ich einen Online-Laborversuch mit mehreren Gruppen von jeweils 24 Teilnehmern. Wir wollten herausfinden, welche Haltung diese Gruppen zu Einkommen und Vermögen einnehmen würden, wenn sie sich gegenseitig besteuern durften.

Ein paar Tage vor dem Experiment mailten wir den Teilnehmern, sie würden einen großen Geldbetrag erhalten, ohne etwas dafür tun zu müssen – es sei ihr»Vermögen«. Als das Experiment begann, mussten sie sehr langweilige Aufgaben erledigen, um sich ihr Einkommen zu verdienen. Die Bezahlung erfolgte leistungsabhängig. Wir variierten dabei sowohl die Höhe des Vermögens als auch den Betrag, den die Teilnehmer für ihre Aufgaben verdienten.

Am Ende des Experiments teilten wir allen mit, wie viel sie im Vergleich zu den anderen insgesamt verdient hatten – Vermögen plus Einkommen. Sie wählten dann getrennte Steuersätze für Vermögen und Einkommen, und die Erträge wurden gleichmäßig verteilt. Zunächst stellten wir fest, dass, wenig überraschend, eigennützig entschieden wurde. Die Teilnehmer mit höheren Einkommen oder höherem Vermögen wünschten sich niedrigere Steuern.

Überraschender jedoch war, wie die Gruppe reagierte, die

Zusatzinformationen erhalten hatte. Den Teilnehmern dieser Gruppe war nicht nur mitgeteilt worden, wie sie insgesamt im Verhältnis zu den anderen abgeschnitten hatten, sondern auch getrennt nach Einkommen und Vermögen. Sie wussten also, ob die Einnahmen der anderen hart erarbeitet waren oder ob sie einfach Glück gehabt hatten.

Die Teilnehmer dieser Gruppe reagierten auf die Zusatzinformationen über die Einkommensverteilung, indem sie ihr Eigeninteresse verdoppelten – wenn sie viel verdient hatten, lehnten sie die Einkommensteuer noch stärker ab. Da die Erfüllung der Aufgabe mit Anstrengung verbunden war, war es ihnen wichtig, wie sie im Vergleich zu anderen abgeschnitten hatten. Sie hatten sich sehr angestrengt: Das Geld stand ihnen zu; andere hatten eindeutig getrödelt. Doch der Vergleich mit dem Vermögen der anderen hatte nicht denselben Effekt. Die Leute wussten, dass das Vermögen willkürlich verteilt war, und diese Zusatzinformation schien keine Rolle zu spielen.

Wir stellten fest, dass, wenn die Menschen Vermögen für etwas vom Glück und nicht von Leistung Abhängiges halten, die Besteuerung von Vermögen deutlich weniger polarisiert als die Einkommensteuer. Die Leute begreifen, wenn sie einen willkürlichen Geldsegen erhalten haben. Sie wissen, dass sie ihn nicht »verdient« haben. Also könnte man sie vielleicht davon überzeugen, auf einen Teil davon zu verzichten. Und auch diejenigen, die ohne Geldsegen dastehen, wissen, dass die anderen einfach nur Glück hatten – sodass sie einer Besteuerung ebenfalls leichter zustimmen.

Das deutet darauf hin, dass bestimmte Arten von Vermögen leichter zu besteuern sein dürften als andere. Die Menschen mögen es ganz und gar nicht, wenn ihre Ersparnisse besteuert werden, weil es sich so anfühlt, als würde ihre harte Arbeit aus vergangenen Tagen besteuert (daher die Doppelbesteuerung).

Erbschaften sind etwas komplexer – aus der Perspektive der Begünstigten ist es ein Geldsegen, doch das Geld stammt in der Regel aus den Ersparnissen der Eltern – also von harter Arbeit der vorherigen Generation. Und mit Ausnahme der extrem Reichen tragen Erbschaften selten erheblich zu lebenslangen Geldflüssen bei (unter 5 Prozent pro Jahr bei den meisten), sie wären also nicht sehr effektiv, um Ungleichheit zu reduzieren. Einleuchtender sind Steuern auf Gewinne aus spekulativen Vermögenswerten, deren Wert in geringem (oder gar keinem) Verhältnis zu einer Leistung gestiegen ist – Kryptowährungen, Aktien, Zweitwohnungen.

Wie können wir eine wirksame Vermögenssteuer gestalten? Wir müssen einem politisch gangbaren Weg folgen – da die meisten Menschen Vermögenssteuern gegenüber skeptisch eingestellt sind; selbst wenn es äußerst unwahrscheinlich ist, dass sie selbst sie jemals zahlen müssen, haben sie transparent und zielgerichtet zu sein. Die politisch tragfähigste Art des Reichtums, auf die man abzielen kann, ist unverdienter Reichtum nach Art eines Geldsegens, den man dem Glück zuschreibt und nicht harter Arbeit. Erbschaftssteuern erfüllen diese Forderung zum Teil, aber sie treffen auch zwei emotionale Brennpunkte – die Familie und das Eigenheim. Wenn sich unsere Sorgen vor allem auf die generationsübergreifende Vermögensweitergabe von Ultrareichen bezieht, könnte es sinnvoller sein, die Erbschaftssteuer auf sehr große Vermögen zu begrenzen, sie dann aber rigoros durchzusetzen.

Stattdessen wäre es vielleicht besser, uns darauf zu konzentrieren, die Steuern auf Vermögensgewinne den Einkommensteuern anzugleichen. In vielen Ländern werden Kapitalgewinne deutlich geringer besteuert als persönlich erarbeitetes Einkommen. Indem man den Unterschied zwischen Gewinnen aus Zufall und Gewinnen durch Leistung hervorhebt, könnten wir

eine soziale Norm über die Priorität von Arbeit gegenüber dem
Glücksfall schaffen, wie wir in unserem Experiment gesehen haben. Letztlich ist jede Steuer politisch nur so wirksam und be-
ständig, wie sie unserem Gerechtigkeitssinn entspricht.

Wenn Menschen schwer zu besteuern sind, wieso nicht etwas
ins Visier nehmen, das sich nicht wehren kann (zumindest hofft
man das): Roboter? Die »Robotersteuer« wurde in der *New York
Times* und dem *Wall Street Journal* diskutiert und von Bill Gates
unterstützt. Die Automatisierung von Aufgaben durch Roboter, die früher Menschen übernommen hatten, hat den Arbeitsmarkt im mittleren Bereich zweifellos ausgehöhlt. Millionen gut
bezahlter Arbeitsplätze sind weggefallen, und die Ungleichheit
nimmt zu. Der Gedanke, der hinter dieser Steuer steckt, lautet,
Unternehmen davon abzuschrecken, Arbeiter durch Roboter zu
ersetzen (oder durch Künstliche Intelligenz). Möglich wäre eine
feste Abgabe pro Roboter oder für jeden verlorenen Arbeitsplatz, etwa indem die Unternehmen auch dann weiterhin den
Arbeitgeberanteil an der Sozialversicherung zahlen, wenn der
Arbeitnehmer ersetzt wurde. Gates plädiert dafür, Roboter wie
Menschen zu behandeln – ein Roboter (bzw. dessen Besitzer)
muss die gleichen Einkommensteuern usw. abführen wie die
Arbeiter, die er ersetzt.

Kann uns die Robotersteuer aus der Gleichheitsfalle befreien?
Eine Robotersteuer hat zwei Vorteile: Erstens ersetzt sie die Einnahmequellen, die dem Staat durch Entlassung von Arbeitnehmern verloren gehen; zweitens bewirkt sie, dass Arbeitgeber
zweimal darüber nachdenken, ob sie Arbeiter ersetzen wollen,
und sich überlegen, wie man die Produktivität der vorhandenen
Arbeiter steigern kann. Wenn Betriebe durch die Einführung
von Robotern Kosten sparen können, wird es schwer sein, sie
dazu zu bewegen, im Interesse des Gemeinwohls Mitarbeiter

auszubilden. Eine Robotersteuer könnte menschlichen Arbeitnehmern die Oberhand über unsere Siliziumkonkurrenten verschaffen. Auf längere Sicht könnte sich in den Unternehmen auch als Norm durchsetzen, zuerst die Arbeitnehmer zu schulen.

Robotersteuern gibt es derzeit kaum. Südkorea hat eine Maßnahme eingeführt, die manchmal als »Robotersteuer« bezeichnet wird, aber das ist nicht ganz richtig – die Koreaner haben lediglich eine »Robotersubvention« abgeschafft, die Steuererleichterungen für Investitionen in Robotik vorsah. Das Fehlen von Robotersteuern liegt vermutlich nicht daran, dass Regierungen Angst haben, Legionen von Roboterwählern zu verärgern. Das große Problem dieser Steuerart ist die Definition von »Roboter«. So sind zum Beispiel Roboterarme im Fertigungsbereich in der Erhebung des U.S. Census Bureau enthalten, nicht aber fahrerlose Gabelstapler. Im Bereich Software wird diese Aufgabe noch schwieriger. Ist jeder Algorithmus ein Roboter oder die Gesamtheit der Algorithmen innerhalb einer Software? Wie können wir ermitteln, wie viele Menschen ihren Arbeitsplatz verloren haben – oder von Beginn an nicht eingestellt wurden –, weil eine Firma in Künstliche Intelligenz investiert hat?

Doch das größere Problem mit der Robotersteuer ist der Gedanke, es handele sich dabei um eine Steuer, die die Politik umgehe. Roboter zu besteuern, ist populär, weil es so aussieht, als würde eine Gruppe fühlloser Wesen besteuert, die sich nicht beklagen wird. Aber selbstverständlich trifft eine Robotersteuer letztlich Menschen. Jemand, der den Roboter besitzt oder nutzt, muss zahlen. Und das bedeutet, dass all unsere politischen Debatten darüber, ob wir Ungleichheit reduzieren sollen und wer dafür bezahlen soll, wieder ins Spiel kommen. Wenn unsere Sorge der Ungleichheit gilt, die durch einen explosiven technologischen Fortschritt entsteht, und wir uns dabei auf den Input

für die Produktion – die Roboter – konzentrieren statt auf das
Ergebnis – die reichen Eigentümer von Technologieunternehmen –, kommt das einer Themaverfehlung gleich. Wenn wir das
Problem der Gleichheitsfalle tatsächlich lösen wollen, können
wir die Reichsten der Gesellschaft nicht ignorieren. Wir müssen
wohl zu ihren Vermögen zurückkehren …

Was immer das Für und Wider von Vermögens- und Robotersteuern ist, letztlich sind sie nur Maßnahmen, die Ungleichheit »im Nachhinein« zu beseitigen. Steuermaßnahmen erhalten ihren Umverteilungseffekt dadurch, dass sie die vom Markt
erzeugte Ungleichheit auffangen, indem sie Bürgern mit mehr
Ressourcen Geld nehmen und es an solche mit weniger weitergeben. Doch führt uns das noch nicht zum Kern des Problems.
Politische Maßnahmen dieser Art setzen voraus, dass es immer
eine Gruppe von Menschen gibt, die reicher – vielleicht erheblich reicher – als andere sind. Gegen die zugrunde liegende Ungleichheit tun sie wenig.

Gibt es politische Maßnahmen, die die Ungleichheit verringern können, bevor wir zu Steuern und Umverteilung kommen?
Das Konzept, die Gewinne des Marktes gerechter zu verteilen,
trägt den etwas unbeholfenen Namen »Prädistribution«. Ein langes Wort für eine einfach Idee – der Staat sollte Ungleichheit bereits an der Quelle verringern. Das bedeutet, dass wir regulieren
und investieren sollten, statt Steuern zu erheben. Der Staat kann
niedrige Einkommen durch Regulierung anheben, entweder
direkt durch Mindestlöhne oder indirekt, indem Lohnverhandlungen von Gewerkschaften erleichtert werden. Dass die Mitgliedszahlen bei Gewerkschaften in den USA und Westeuropa
einbrachen, war wohl einer der zentralen Gründe für den Anstieg der Ungleichheit.

Eine weitere Möglichkeit, die Einkommen umzugestalten und

anzupassen, besteht darin, die Wirtschaft als Ganzes zu betrachten. Die Zentralbank könnte die Zinssätze niedrig und den Zugang zu Krediten offen halten, um Arbeitgebern Anreize zu geben, neue Arbeitsplätze zu schaffen. Hohe Beschäftigungsquoten erhöhen in der Regel die Verhandlungsmacht der Arbeitnehmer, da die Arbeitgeber auf dem Arbeitsmarkt um Mitarbeiter konkurrieren. Allerdings kann diese Maßnahme, wie wir aus der Post-Covid-Wirtschaft gelernt haben, auch die Inflation anheizen.

Schließlich, und das ist mit einigen Ausgaben verbunden, kann der Staat in Form von Bildung und Weiterbildung, Wissenschaft und Entwicklung in die Produktivität seiner Bürgerinnen und Bürger investieren. Vorausgesetzt, der Markt belohnt ihre Qualifikationen – und vorausgesetzt, sie sind für ärmere Bürger bestimmt, die sonst keinen Zugang dazu hätten –, dürfte dies höhere Löhne und geringere Ungleichheit schaffen und zugleich die Produktivität des Landes fördern.

Diese Strategie klingt vielversprechend. Vielleicht ist sie der Königsweg zur Gleichheit. Das Konzept wird häufig als »soziale Investition« angepriesen, im Gegensatz zu politischen Maßnahmen des »sozialen Konsums«, bei denen es darum geht, Geld für Alte, Kranke, Arme oder Arbeitslose bereitzustellen. Soziale Investition scheint uns aus der Gleichheitsfalle befreien zu können. Sie kurbelt die Löhne ärmerer Arbeitnehmer an, deren Qualifikation und Produktivität erhöht wird, und vermeidet zugleich die »negativen Anreize« einer einfachen Umverteilung von Geld. Und sie greift offenbar weniger in die Freiheitsrechte der Menschen ein, ihren Arbeitsplatz frei wählen zu können. Aber gibt es tatsächlich eine so einfache, technokratische Lösung für die Gleichheitsfalle?

Möglich. Bildungsausgaben können durchaus ausgleichend wirken. Länder, die sich demokratisieren und ärmeren Bürgern das Wahlrecht zugestehen, erhöhen ihre Bildungsausgaben. Ähnlich verhalten sich linksgerichtete Parteien, die normalerweise die ärmeren Bürger vertreten. Doch Bildungsausgaben führen nicht automatisch in eine gerechtere Gesellschaft. Die Idee der »Leistungsgesellschaft« ist oberflächlich betrachtet reizvoll – warum sollten jene mit mehr Fähigkeiten und Talenten nicht besser bezahlt werden? –, aber wie die Menschen ihre Fähigkeiten und Talente erwerben, ist in der Regel nicht gerade gerecht. Offensichtlich wird dies, wenn wir betrachten, woher das Geld für Bildung stammt. Es wird selten gleichmäßig verteilt, und häufig profitieren eher wohlhabendere Schüler und Studierende. Bildungsausgaben im Hochschulbereich mögen der nationalen Produktivität nützen (als Akademiker liegt es durchaus in meinem Interesse, dieses Argument vorzubringen!). Aber der höhere Bildungsweg korreliert stark mit dem Einkommen. Reichere Bürger plädieren deshalb dafür, mehr Geld – eigenes wie staatliches – in die höhere Bildung zu stecken als in den schulischen Primärbereich. Während demokratische Länder mehr Geld in die Schulbildung investieren, neigen autoritärere Länder dazu, die Gelder den Universitäten vorzubehalten und dem primären Bildungsbereich zu entziehen.

Parteien in reichen Ländern weisen in ihrem Verhalten ein verblüffendes Muster auf. Gibt es wenig Einschreibungen an den Universitäten, erhöhen eher die rechtsgerichteten Parteien die Ausgaben für die Hochschulbildung. Doch sobald die Studierendenzahlen kippen, sind es die linksgerichteten Regierungen, die großzügigere Hochschulausgaben freigeben. Wenn es mehr Studierende an den Universitäten gibt, kommt die Durchschnittsstudierende aus ärmeren Verhältnissen, sodass die politischen Anreize steigen. Dies zeigt, dass wir die Politik nicht wie einen schmerzenden, faulen Zahn aus der Bildungspolitik herausziehen können. Ausgaben für Hochschulen sind für verschiedene Menschen und damit für verschiedene politische Parteien zu verschiedenen Zeiten attraktiv.

Mehr Qualifikation und hohe Einschreibungsquoten an den Universitäten mögen aus Sicht von Parteien des linken Spektrums, die sich für mehr Gleichheit einsetzen, interessant erscheinen, aber es gibt, wie immer, einen Haken. Während der moderne Arbeitsmarkt eine immer größere Anzahl qualifizierter Arbeitnehmer fordert, kann die Wirtschaft nicht unbegrenzt Hochschulabsolventen aufnehmen. Immer wieder landen Akademiker in Jobs, in denen ihre (womöglich teuer erworbenen) Qualifikationen so gut wie nicht gefragt sind.

Die inadäquat beschäftigten Hochschulabgänger sind weniger zufrieden mit der Demokratie, der Wirtschaft und dem Leben allgemein; sie zeigen weniger Vertrauen in Politiker und wählen mit höherer Wahrscheinlichkeit radikal rechte Parteien als ihre Mitabsolventen, die eine adäquate Stelle gefunden haben. Eine Mitte-links-Partei, die hofft, mit der sozialen Investition ein Wahlbündnis zusammenzuhalten, die Wirtschaft anzukurbeln und eine gerechtere Gesellschaft zu schaffen, könnte sich stattdessen mit einer Reihe inadäquat beschäftigter radikalisierter und möglicherweise arbeitsloser Akademiker konfrontiert sehen.

Die Leistungsgesellschaft hat ihre Grenzen als Ausweg aus der Gleichheitsfalle. Höhere Bildung ist ein integraler Bestandteil unserer hochtechnologischen, komplexen Volkswirtschaften – doch es ist unrealistisch, zu erwarten, dass die Studierenden ihre Ausbildung mit achtzehn Jahren abschließen und direkt in Branchen wie Informationstechnologie, Pharmazeutik oder Finanzen einsteigen. Genauso unplausibel ist es derzeit, davon auszugehen, dass die Wirtschaft für die gesamte Bevölkerung adäquate Akademikerstellen bereitstellen kann. Wir haben also entweder eine breite Schicht Nichtakademiker oder eine große Zahl inadäquat beschäftigter und verbitterter Hochschulabsolventen.

Das Argument der Leistungsgesellschaft, der berufliche Status spiegele Fähigkeiten und Leistung wider, bewirkt bei den hochgebildeten Gewinnern des Systems, von denen die meisten »rein zufällig« aus wohlhabenden Verhältnissen stammen, schnell Selbstgerechtigkeit und Schulterklopfen. Um die Jahrtausendwende betrachteten Politiker von Tony Blair bis Bill Clinton Bildung als unpolitische Möglichkeit, mehr Wachstum und Gleichheit zu schaffen. Doch Bildung hat Gewinner und Verlierer. Im vergangenen Jahrzehnt entwickelte sich das Thema Bildung bei Wahlen zu einer zentralen Streitfrage. Wenn wir Bildung als Lösung aus der Gleichheitsfalle betrachten, können wir nicht einfach die Hälfte der Bevölkerung auf Universitäten schicken und die Sache für erledigt erklären. Die Hälfte derer, die keine Hochschule besuchen, durchschaut das sofort. Was können wir also stattdessen für sie tun?

Hochschulbildung ist nicht die einzige Möglichkeit, um die Wirtschaft zu modernisieren. Viele Politiker treten für eine Berufsschulbildung ein – Lehrstelle, Ausbildung am Arbeitsplatz etc. –, die Schülerinnen und Schüler mit geringem Einkommen eher erreicht und eine direkte Verbesserung der Produktivität verspricht. Ganze Politikergenerationen in Europa waren geradezu besessen vom deutschen System der »dualen Ausbildung«.

Ab dem Alter von fünfzehn Jahren können sich deutsche Schüler für eine dreijährige Ausbildung entscheiden und bei einem Arbeitgeber Fertigkeiten erlernen und parallel dazu Unterricht an einer Berufsschule absolvieren. Rund 40 Prozent der Schülerinnen und Schüler in Deutschland entscheiden sich für den dualen Weg, wobei sie wöchentlich 70 Prozent ihrer Zeit

»in der Arbeit« verbringen, den Rest in der Schule. Seit Langem gilt die duale Ausbildung als Fundament der deutschen Qualitätstradition und Handwerkskunst sowie der Förderung von Qualifikationen und höherer Löhne für Menschen im unteren und mittleren Einkommensspektrum. Ist dies eine Lösung für die Gleichheitsfalle, die mehr Gleichheit schafft, dies aber mithilfe einer dynamischen Privatwirtschaft?

Das duale Ausbildungssystem stützt sich auf eine jahrhundertealte Tradition der Lehrlingsausbildung, die ursprünglich in den mittelalterlichen Handwerkszünften in Deutschland entwickelt wurde. Es ist keine soziale Investition, die man einfach herauslösen und dem Bildungssystem anderer Länder aufpfropfen könnte. Doch Politiker hören nicht auf, sich daran zu versuchen.

Politische Institutionen sind ein kompliziertes, aber notwendiges Mittel, um einander Zusagen zu geben, wie wir uns künftig verhalten. Ähnlich ist es mit der beruflichen Ausbildung. Die Qualifikationen, die Auszubildende in einer Lehre erwerben, sind speziell an ein bestimmtes Unternehmen oder eine bestimmte Aufgabe angepasst. Wenn das Unternehmen in Konkurs geht oder die Maschinen veralten, war die Investition in diese spezifischen Fähigkeiten vergeblich. Die Unternehmen fürchten zudem, dass sie die Kosten für die Schulung der Auszubildenden tragen, diese dann aber für höhere Löhne bei einem konkurrierenden Unternehmen anheuern. Damit ein solches System funktioniert, müssen Unternehmen wie Auszubildende also einen ganzen Strauß an Versprechen leisten und sich gegenseitig vertrauen.

Für die Arbeitnehmer bedeutet dies, dass der Staat oder die Unternehmen Möglichkeiten finden müssen, um deren Investitionen in unternehmensspezifische Qualifikationen zu subventionieren oder sie auszulösen, wenn ihre Qualifikationen nicht mehr gebraucht werden. Für Unternehmen bedeutet es, dass frisch qualifizierte Arbeitnehmer nicht abgeworben werden dürfen. Angesichts der Dauer der Ausbildung von Arbeitskräften müssen die Unternehmen unter Umständen Banken davon überzeugen, ihnen langfristige Kredite zu gewähren. Für die Arbeitnehmer wird es sinnvoll sein, sich in Gewerkschaften zu organisieren, damit die Unternehmen die Mitarbeiter, deren Ausbildung nur in diesem einen Unternehmen sinnvoll ist, nicht ausbeuten. Und das Schulsystem muss sich mit Schülern arrangieren, die nur 30 Prozent der Woche für eine hochtechnische Ausbildung zur Verfügung stehen.

Das deutsche Modell stellt wirtschaftliche Gleichheit her, indem es die Abwerbung von Mitarbeitern, die Erhöhung der Löhne der produktivsten Arbeitnehmer und den Kapitalabzug von Investoren begrenzt. Mit anderen Worten, wir müssen für die Schaffung gleicher Lebensumstände die Wahl- und Chancengleichheit in gewissem Maß beschränken.

Relativ hohe, aber einheitliche Löhne für die Mitarbeiter sind für die Unternehmen ein zweischneidiges Schwert. Teure Mitarbeiter erzwingen von der Industrie, hochproduktiv zu sein, um das Beste aus jedem Arbeitnehmer herauszuholen – was wohl dazu geführt hat, dass deutsche Unternehmen in der »Wertschöpfungskette« weit oben stehen und Autos, Haushaltswaren und Maschinen der Spitzenklasse produzieren. Aber einheitliche Löhne bedeuten zugleich, dass deutsche Unternehmen davon profitieren, ihre produktivsten Arbeiter nicht danach bezahlen zu müssen, »was sie wert sind«. Das »deutsche Wunder« beruht also auf dieser Balance, bei der sowohl Arbeitnehmer als auch Unternehmen Einschränkungen ihres Handelns akzeptieren.

Das deutsche Modell basiert folglich nicht einfach nur auf einer dualen Ausbildung, die andere Länder einfach kopieren könnten. Damit diese Art der Berufsausbildung funktioniert, sind organisierte Wirtschaftsverbände, Gewerkschaften, geduldige Banken und eine großzügige Arbeitslosenversicherung nötig. Anders ausgedrückt, man braucht eine spezifische »Variante des Kapitalismus«, ein Begriff, den Peter Hall und David Soskice in ihrem Buch *Varieties of Capitalism* geprägt haben. Erfahrungen mit der Einführung der Berufslehre in Ländern ohne all diese unterstützenden Einrichtungen, etwa in Großbritannien, waren nicht erfolgversprechend. Die britischen Handwerksgewerkschaften hatten zu Beginn des 20. Jahrhunderts eher ein feindseliges als kooperatives Verhältnis zu den Arbeitgebern, sodass sie die Einrichtung von Lehrstellen vermieden. Die Banken in Großbritannien gewährten Fabrikanten nur widerwillig Kredite, sie bevorzugten Investitionen im Ausland. Und die Arbeitslosenversicherung war deutlich weniger großzügig als in Deutschland.

Als die Regierungen in Großbritannien die berufliche Bildung in den 1960er-, dann noch einmal in den 1990er- sowie in den frühen 2000er-Jahren verbessern wollten, stießen sie jedes Mal auf mangelndes Interesse auf Arbeitgeberseite, Misstrauen bei den Auszubildenden und ein Schulsystem, das nicht in der Lage war, die am Arbeitsplatz geforderten Kompetenzen zu vermitteln. So wurde die Berufsausbildung in Großbritannien über die Jahre gerade nicht zu einem Weg zu mehr Gleichheit, sie führte in eine Sackgasse. Das heißt nichts anderes, als dass eine Reform mehr erfordert als lediglich eine Einführung von Lehrstellen.

Doch solche Änderungen müssten geradezu revolutionär sein. Als der Labour-Politiker Ed Miliband in seinem Wahlkampf 2015 versuchte, Großbritannien in Richtung des deutschen Modells zu bewegen, erklärte David Soskice, der Autor der »Varianten des Kapitalismus«, selbst, dass eine Umstellung in so großem Stil nicht möglich sei und Großbritannien akzeptieren müsse,

»den USA ähnlicher« zu sein, sich daher in diese Richtung bewegen müsse.

Wie entkommen wir der Gleichheitsfalle? Lösungen können nicht stückchenweise erfolgen. Besteht die natürliche Tendenz des Kapitalismus zu immer größerer Akkumulation, muss die Politik permanent dagegenhalten, ohne auf Enteignungen zu verfallen. Wir brauchen stabile Institutionen, die den Schwankungen der Wahlzyklen standhalten.

Die »Prädistribution« steht für beides: Regulierungsbefugnisse für Wettbewerbs- und Finanzaufsichtsbehörden, um die Gewinnspannen im Rahmen halten und Arbeitnehmerorganisationen für höhere Löhne unterstützen zu können. Man verzichtet damit auf einige ökonomische Gleichheitsrechte – die Regulierung verhindert, dass Unternehmen beliebige Preise verlangen, wenn sie nur profitabel sind, und Gewerkschaften verhindern, dass Arbeitnehmer individuelle Verträge vereinbaren. Damit handelt man noch im Geist des freien Markts, um die Kluft zwischen Arm und Reich zu verkleinern. Und solche Institutionen wie Gewerkschaften können dazu beitragen, Berufsbildungssysteme zu unterstützen, die in Kontinentaleuropa erfolgreich sind. Die deutlich geringere Einkommensungleichheit in Ländern wie Schweden und Dänemark mit ihren starken Regulierungsbehörden und Gewerkschaften stellt einen Weg aus der Gleichheitsfalle dar.

Doch wir haben auch gesehen, dass die wirklichen Unterschiede zwischen den Ländern in Sachen Ungleichheit erst *nach* dem Zugriff durch das Steuersystem auftreten. Um die Lebensstandards der Menschen besser auszugleichen, brauchen wir robuste und transparente Steuersysteme. Dass wir zu Steuersätzen von 90 Prozent wie in den 1960er-Jahren zurückkehren, ist unwahrscheinlich – und auch nicht unbedingt klug. Um der steigenden Ungleichheit zu begegnen, sollten wir unser Augenmerk also lieber auf die Vermögen richten, bei denen die Ungleichheiten bedenklich hoch sind. Das heißt, wir müssen Vermögenssteuern konzipieren, die eine durchschnittliche Wählerschaft, die diese Steuern gar nicht zahlen wird, nicht verschreckt. Und es ist eine internationale Zusammenarbeit nötig, um zu verhindern, dass sich Milliardäre den Forderungen entziehen und in andere Zuständigkeiten wechseln.

Der Gleichheitsfalle zu entkommen, erfordert von uns außerdem, die von den meisten Bürgerinnen und Bürgern kapitalistischer Demokratien vertretenen Normen ernst zu nehmen. Steuern sind selten populär. Besonders stören sich die Menschen an der Idee der Doppelbesteuerung und daran, wenn Leistung nicht belohnt wird. Vermögenssteuern auf unvermittelten Geldsegen werden also am zielführendsten sein. Normen über Geschlechterrollen werden die Wirksamkeit gut gemeinter Maßnahmen für Elternzeiten beeinflussen. Veränderte Erwartungen der Arbeitgeber bei der Inanspruchnahme des vollen Elternurlaubs von Männern könnten genauso hilfreich sein wie eine gesetzliche Regelung.

Schließlich spielen auch Bildungsnormen eine Rolle. Wenn die Nutznießer der Eliteausbildung ihren Status als rein leistungsorientiert betrachten und die Vorteile ignorieren, die ihnen dazu verholfen haben, kann dies letztlich zu Bildungsunterschieden führen, die die Klassenunterschiede früherer Zeiten ersetzen. Wenn wir Gleichheit und Leistungsfähigkeit wollen, müssen wir Bildungssysteme schaffen, die nicht einfach die Hälfte der Schulabgänger in die Hochschulen schicken und den Rest im Stich lassen.

TEIL III
SOLIDARITÄT

*Solidarität interessiert
uns nur, wenn wir
sie selbst brauchen*

9 OBAMACARE: SAMSTAG, 20. MÄRZ 2010, WASHINGTON, D. C.

Der Kongressabgeordnete und engagierte Bürgerrechtler John Lewis war in den letzten Tagen der Debatte über den *Affordable Care Act*, der bald »Obamacare« hieß, Richtung Kapitol unterwegs. Zum Schrecken von Lewis und seinen afroamerikanischen Kollegen André Carson und Emanuel Cleaver wurden sie von einer in der Nähe versammelten Menge mit rassistischen Beleidigungen bombardiert. Cleaver wurde angespuckt. Der Abgeordnete James Clyburn, dritthöchstes Mitglied des Repräsentantenhauses, sagte: »Ich habe heute Menschen Dinge sagen hören, die ich seit dem 15. März 1960 nicht mehr gehört habe, als ich dafür demonstrierte, nicht mehr in die hinteren Busreihen verbannt zu werden.« Das war fünfzig Jahre her. Die Demonstranten protestierten nicht etwa gegen ein Bürgerrechtsgesetz. Sie griffen Politiker rassistisch an, die für ein bescheidenes Gesetz zur Gesundheitsversorgung stimmten.

Aus der Sicht der meisten Bürgerinnen und Bürger anderer reicher Länder wirkte die Heftigkeit in der amerikanischen Gesundheitspolitik, um es unverblümt zu sagen, geradezu irrsinnig. Anfang 2010 stellten die Vereinigten Staaten die mit Abstand geringste staatliche Gesundheitsversorgung aller reichen Länder bereit. Ich spreche mit Bedacht von »bereitstellen«, denn die

Staatsausgaben für das Gesundheitswesen waren nicht besonders niedrig. Im Schnitt gaben die USA jährlich 3857 Dollar pro Person für die Gesundheitsversorgung aus, etwas mehr als Kanada, Frankreich, Deutschland, Schweden und Großbritannien. Doch in all diesen Ländern wurden damit 100 Prozent der Einwohner erfasst. Im Gegensatz dazu waren im Jahr 2010 18 Prozent der Menschen in den Vereinigten Staaten nicht versichert – 48 Millionen Bürgerinnen und Bürger. Hinzu kommt, dass die 3857 Dollar nur öffentliche Gelder waren. Der Gesamtbetrag an Ausgaben pro Person im amerikanischen Gesundheitssystem lag bei knapp unter 8000 Dollar. Mit anderen Worten: Die öffentlichen Ausgaben, die ein Fünftel der Amerikaner nicht abdeckten, waren nicht einmal die Hälfte dessen, was in Amerika für die Gesundheit ausgegeben wurde.

Anfang 2010 hatte das amerikanische Gesundheitswesen zwei grundlegende Probleme: Es war unvorstellbar teuer und kam nicht allen zugute, es war ein hoch komplizierter Flickenteppich unterschiedlicher Systeme. Anders als die meisten anderen reichen Länder entwickelten die USA in den ersten Nachkriegsjahren keine allgemeine staatliche Gesundheitspolitik. Es gab weder eine direkte öffentliche Gesundheitsversorgung wie im britischen National Health Service noch eine öffentliche Krankenversicherung für private medizinische Leistungen wie in Kanada.

Stattdessen zahlten die meisten Amerikaner ihre Gesundheitsversorgung privat. Oder vielmehr zahlten die Arbeitgeber. In den USA sind die Menschen in ungewöhnlichem Maß von Krankenversicherungen abhängig, die der Arbeitgeber stellt. In den 1930er-Jahren mussten die meisten Patienten die Ärzte direkt bezahlen. Krankenversicherungen waren noch Versicherungen im Wortsinn, dienten also nur zur Deckung des Verdienstausfalls, nicht der Krankenhaus- oder Arztkosten. Doch in den 1940ern tauchten kommerzielle Krankenversicherungs-anbieter auf, denen freigestellt blieb, wen sie versichern woll-ten – also versicherten sie bevorzugt die am wenigsten kranken Menschen. Das war ein Vorgeschmack auf die perverse Struk-tur des heutigen Gesundheitssystems in den USA, in dem es für kranke Menschen oft besonders schwierig ist, eine Behandlung zu ergattern.

Ein entscheidender »Grundstein« für das amerikanische Gesundheitswesen wurde 1954 gelegt, als die Regierung von Arbeitgebern gestellte Krankenversicherungen von der Steuer befreite. Die Arbeitgeber drängten auf den Markt der »Gruppen-krankenversicherungen«, wo die Versicherer die Risiken großer Personengruppen bündelten, was diese Art der Versicherung billiger machte als Einzelversicherungen. Die Krankenversiche-rung durch den Arbeitgeber war ein deutlich besseres Geschäft, als eine eigene Versicherung abzuschließen. Auf diese Weise wurden die meisten Amerikaner in Sachen Gesundheitsver-sorgung von ihrem Arbeitgeber abhängig, und ihre betreffen-den Versicherungen wurden Teil ihrer Gesamtvergütung. Hatte man keine Anstellung oder war selbstständig, blieb man auf den hart umkämpften, teuren Markt für Privatversicherungen an-gewiesen. In diesem Fall verzichtete man womöglich auf eine Versicherung, weil sie so teuer war.

Der Staat geriet durch die Hintertür auf das Feld der Gesund-heitspolitik: Er verzichtete auf Steuereinnahmen, weil Kranken-versicherungskosten außen vor blieben. Als die Kosten für die Gesundheitsversorgung im Lauf der Jahrzehnte auf allen Gebie-ten stiegen, von der Medizintechnik bis hin zu den Gehältern für Ärztinnen und Ärzte, verursachten sie im US-Finanzministeri-um ein schwarzes Loch. Da die Nutzer der Gesundheitsversor-gung – normale Arbeitnehmerinnen und Arbeitnehmer – an den steigenden Kosten nicht beteiligt waren, weil die Arbeitgeber für ihre Versicherung aufkamen, gab es kaum Zurückhaltung für die Inanspruchnahme. In den USA wurden immer mehr Gesundheitsleistungen eingefordert, da gab es die »Concierge«-Versorgung und die »Cadillac«-Krankenversicherung mit exklusiver persönlicher Betreuung. Die Gesamtkosten für das Gesundheitswesen stiegen von rund 5 Prozent des Bruttoinlandsprodukts im Jahr 1960 auf 18 Prozent heute.

Was ist mit Menschen, die keinen Arbeitgeber mehr haben, weil sie im Ruhestand oder arbeitslos sind? Um dieser Gruppe zu helfen, hatte Präsident Lyndon B. Johnson 1965 Medicare für die Älteren und Medicaid für die Armen geschaffen. In diesen Programmen wurde weiterhin mit privaten Ärzten und Kliniken gearbeitet, aber es gab staatliche Zuschüsse. Medicare war politisch sehr beliebt und wurde im Lauf der Jahrzehnte erweitert, von der Krankenhausversorgung über ambulante Versorgung bis hin zu verschreibungspflichtigen Medikamenten. Medicaid als Programm für Mittellose dagegen wurde politisch verunglimpft und in Kooperation mit den Bundesstaaten ausgeführt, von denen viele es nur sehr begrenzt zur Verfügung stellten, insbesondere für ethnische Minderheiten.

Dieses System nun wollten Präsident Barack Obama und die Demokraten im Kongress 2010 reformieren. Sie waren damit nicht die Ersten. Senator Teddy Kennedy hatte Anfang der 1970er versucht, eine allgemeine öffentliche Krankenversicherung zu schaffen. Präsident Richard Nixon warb in diesen Jahren für einen weniger umfangreichen, aber noch immer großzügigen Plan. Ohne Erfolg. Die Clinton-Regierung unternahm zwei Jahrzehnte später unter Führung der damaligen First Lady Hillary Clinton einen neuen Versuch, der bald schon als »Hillarycare« verspottet wurde. Dieser Fehlschlag hatte die Demokraten vor weiteren Versuchen zurückschrecken lassen.

Warum war es so schwer, das amerikanische Gesundheitswesen zu reformieren? Die Vorschläge des *Affordable Care Act* waren alles andere als revolutionär. Die wichtigsten Ergänzungen galten einer massiven Ausweitung von Medicaid, das wie gesagt von der US-Regierung subventioniert wird, einer Regulierung des Marktes individueller Krankenversicherungen, um die Deckung von Vorerkrankungen zu garantieren und die Kosten zu begrenzen, sowie der Schaffung einer Krankenversicherungspflicht für alle Amerikaner und einer Steuerstrafe für jene, die dieser Pflicht nicht nachkommen. Trotzdem hatten ein Jahrzehnt nach Verabschiedung des Gesetzes im Jahr 2020 8,6 Prozent der amerikanischen Bevölkerung keinerlei Krankenversicherungsschutz.

Vergleichen Sie das mit der Gesundheitsversorgung ähnlicher Länder. Die Briten haben den National Health Service, bei dem der Staat die Ärzteschaft anstellt und die Krankenhäuser betreibt, er gewährt eine flächendeckende Versorgung ohne Zuzahlungen und kostet etwas mehr als 8 Prozent des Nationaleinkommens – die Hälfte dessen, was die Amerikaner insgesamt für Gesundheit ausgeben. Oder Kanada, wo alle Anspruch auf eine öffentliche Versicherung haben und die Ärzte und Krankenhäuser halb privatwirtschaftlich, halb als nicht gewinnorientierte öffentliche Einrichtungen arbeiten. Oder Frankreich, wo die Bürgerinnen und Bürger Beiträge für eine nicht gewinnorientierte Krankenversicherung zahlen müssen, die Ärzte privat arbeiten und der Staat den Großteil der Kosten erstattet. Es gibt viele Wege zu einer allgemeinen Krankenversicherung – manche, wie in Frankreich, unterscheiden sich nicht allzu sehr vom amerikanischen System. Wie wurde der *Affordable Care Act* also aufgenommen?

Die Reaktion weiter Teile der Öffentlichkeit war wenig ermutigend. Die neu gegründete Tea-Party-Bewegung war strikt dagegen. Die damalige Kandidatin für das Amt des Vizepräsidenten, die Gouverneurin von Alaska Sarah Palin, behauptete, das Gesetz werde zu »Todesgremien« führen, die wie in einem vorgetäuschten Gerichtsverfahren darüber entschieden, wer Zugang zu lebensrettender Gesundheitsversorgung erhalte. Seltsamerweise schienen viele Menschen den *Affordable Care Act* für einen Angriff auf Medicare zu halten. Präsident Obama erzählte amüsiert: »Ich bekam kürzlich einen Brief von einer Frau. Sie schrieb: ›Ich will keine staatliche Gesundheitsversorgung. Ich will eine sozial organisierte Medizin. Und Finger weg von meinem Medicare.‹« Doch natürlich wird Medicare öffentlich finanziert.

Der Grund, warum selbst eine so gemäßigte Reform wie Obamacare so kontrovers diskutiert wurde, war, dass sie die Solidaritätsfalle zuschnappen ließ: *Solidarität interessiert uns nur, wenn wir sie selbst brauchen.* Die amerikanische Politik war nicht in der Lage, diejenigen, die heute eine Gesundheitsversorgung brauchten, und diejenigen, die sie morgen brauchen könnten, zusammenzubringen.

Obamacare versuchte, das Problem der Solidaritätsfalle zu lösen, indem eine verpflichtende Krankenversicherung eingeführt wurde – die individuelle Versicherungspflicht. Doch das war unpopulär. Menschen, denen es gut ging, dachten: »Ich bin gesund. Ich will nicht krank werden. Warum sollte ich gezwungen werden, eine Versicherung abzuschließen, die ich nicht brauche?« In guten Zeiten will niemand für Menschen zahlen, denen es gerade schlecht geht. Die Kritiker wollten sich auch keine Gedanken darüber machen, was in schlechten Zeiten passieren würde, nicht einmal, wenn sie steuerlich dafür bestraft wurden, dass sie keine Versicherung abschlossen. Die Aufnahme einer Krankenversicherungspflicht in das Gesetz sollte ein klassisches Problem der Gesundheitsversorgung lösen – die adverse Selektion oder Negativauslese: Am dringendsten versichern wollen sich diejenigen, die das größte Risiko haben. Doch eine Versicherung funktioniert nicht, wenn sie nur Menschen mit hohem Risiko versichert. Man braucht zum Ausgleich Mitglieder mit niedrigem Risiko. Obamacare zwang die Versicherungsgesellschaften durch die »Versicherungsgarantie«, auch hohe Risiken zu akzeptieren. Die Versicherungspflicht war also notwendig, um Menschen mit niedrigem Risiko einzubinden und damit den Bankrott der Versicherungsbranche zu verhindern. An dieser Stelle wird die Spannung zwischen dem individuellen Eigennutz von Menschen mit niedrigem Risiko – »ist doch nicht nötig, eine Versicherung abzuschließen« – und der kollektiven Logik im Bemühen um eine flächendeckende Versorgung offenkundig.

Auch das amerikanische Gesundheitswesen stiftete Verwirrung. Die Leute dachten, die neuen öffentlichen Gelder für die Gesundheitsfürsorge gingen an die »Asozialen« – die Faulen, Mittellosen und Taugenichtse –, zugleich waren sie davon überzeugt, die öffentlichen Ausgaben für Medicare seien irgendwie verdienstvoll. Noch schwieriger, die Verbindung zwischen dem, was die Leute wollten, und dem, was die Regierung da gerade unternahm, herzustellen, wurde es dadurch, dass der Großteil der staatlichen Gesundheitsausgaben über Steuerbefreiung für die Krankenversicherungen der Arbeitgeber kanalisiert wurde. »Meine Firma zahlt doch dafür, warum muss sich da der Staat einmischen?«, so die Haltung vieler. Aber der Staat subventionierte die von den Arbeitgebern bereitgestellten Gesundheitsleistungen, nur eben über ein undurchsichtiges Steuersystem.

Und um zum Anfang unserer Geschichte zurückzukehren, da gab es noch einige besonders schändliche Motive, die mit rassistischer Politik zusammenhingen. In der Politikwissenschaft weiß man seit Langem, dass es schwierig ist, über ethnische Gruppen hinweg Solidarität zu etablieren, da viele Mitglieder der ethnischen Mehrheit Aufwendungen entweder nur für ihresgleichen befürworten oder es aktiv ablehnen, dass öffentliche Gelder an ethnische Minderheiten gehen. Viele amerikanische Sozialleistungen werden mit diesen Minderheiten assoziiert und rassistisch stigmatisiert – von Lebensmittelmarken bis hin zu Sozialhilfezahlungen. Der Ausbau von Medicaid im Jahr 2010 verlief ähnlich. Obwohl der *Affordable Care Act* den Zugang zu Medicaid ausweitete, entschied der Supreme Court, dies sollte nicht verpflichtend sein. Es war bezeichnend, welche Bundesstaaten in der Folge die Bundeszuschüsse ablehnten. Im Sommer 2021 waren es nur noch zwölf, die sich nicht beteiligten, acht davon hatten zur Zeit des Bürgerkriegs im 19. Jahrhundert zu den kurzlebigen Konföderierten Staaten von Amerika tief im Süden der USA gezählt. Während rund 75 Prozent der Afroamerikaner in fast allen Bundesstaaten die Ausweitung des Medicare-Programms befürworteten, sah das Bild bei den Weißen völlig anders aus, besonders niedrig waren die Zustimmungswerte in den Südstaaten wie Alabama, Louisiana und Mississippi. Die rassistische Politik der Vereinigten Staaten vergiftete noch immer die Chancen auf eine allgemeine Gesundheitsversorgung. Solidarität von Amerikaner zu Amerikaner war kaum vorhanden.

10 WAS BEDEUTET SOLIDARITÄT?

Das Leben ist ungerecht. Manche Menschen werden krank und büßen ihre Gesundheit und ihren Lebensunterhalt ein. Wenn Fabriken schließen, verlieren etliche ihre Arbeit. Manche werden in Armut hineingeboren und besuchen schlechte Schulen. Wir sind uns bewusst, dass das Los, das wir ziehen – wie es um unsere Gesundheit bestellt ist, wo wir arbeiten und in welche Familie wir hineingeboren werden –, unser Leben bestimmt. Wir wünschen uns sehnlichst ein wenig Sicherheit und Schutz vor der Wechselhaftigkeit des Schicksals. Aber wie? Und von wem?

Noch vor hundert Jahren war die Antwort für die meisten Menschen die Familie, und ohne sie war man auf sich allein gestellt. Heute verlassen wir uns auf den Staat. Er versichert uns, er schützt uns, er bildet uns aus, und er sorgt für unsere Gesundheit – doch all das kann er nur leisten, weil wir alle füreinander einstehen, indem wir Steuern zahlen. Und doch ist es Thema endloser politischer Debatten, was genau der Staat für uns tun soll. Wir wollen füreinander da sein. Bis es so weit ist. Wir wollen Solidarität, aber wir finanzieren sie nicht ausreichend. Die Politik enttäuscht unsere Erwartungen, wenn wir diese Kluft nicht überbrücken. Wir tappen in die Solidaritätsfalle – *Solidarität interessiert uns nur, wenn wir sie selbst brauchen.*

Was ist Solidarität? Der Begriff stammt von dem Soziologen und Ethnologen Émile Durkheim, der zu erklären versuchte, wie in Gemeinschaften Zusammenhalt entsteht, sowohl in der

Vergangenheit wie auch im sich rasch industrialisierenden Frankreich des 19. Jahrhunderts, in dem er lebte. Solidarität ist ein allgemein verbreitetes Gefühl – das Empfinden eines geteilten Schicksals innerhalb einer Gemeinschaft. Sie wird sichtbar, wenn die vom Glück Begünstigten die Benachteiligten, Armen, Kranken und Alten einer Gesellschaft unterstützen. Durkheims Problem war das gleiche wie das unsere, die Frage, wie man die sozialen Bindungen und gegenseitige Hilfe, die sich über Jahrhunderte hinweg in den kleinen Dorfgemeinschaften auf dem Land herausgebildet haben, auf unsere anonyme städtische moderne Welt übertragen kann.

Solidarität ist eine Form der Wohltätigkeit oder der Versicherung zwischen Menschen innerhalb einer Gemeinschaft. Die meisten stimmen zu, dass Gemeinschaften für ihre weniger begünstigten Mitglieder Verantwortung übernehmen müssen. Doch die Meinungen darüber, ob der Staat oder die Gesellschaft als Ganzes für die Umsetzung der Solidarität verantwortlich sein sollen, gehen auseinander. Und wenn sich der Staat einschaltet, welche Art von Politik fördert die Solidarität am besten?

Betrachten wir die Sache einmal konkret. Über welche politischen Maßnahmen oder Hilfen sprechen wir? Die grundlegendste und historisch beständigste ist die Hilfe für die Armen. In den meisten Religionen ist dies die gute Tat des »Almosengebens«. In modernen Staaten nennt man sie oft »Wohlfahrt«. Auch wenn Solidarität damit begann, geht heute das meiste Geld nicht mehr an die Armen, sondern an Menschen, die aus dem Erwerbsleben ausgeschieden sind, sei es dauerhaft – weil sie im Ruhestand sind – oder vorübergehend aufgrund von Arbeitslosigkeit oder Krankheit. Sie erhalten Altersrenten, Arbeitslosenversicherungen und Zahlungen im Fall von Krankheit oder Behinderung. Schließlich gibt es eine Form der Solidarität, die als Sach- und nicht als Geldleistung erbracht wird. Die bekanntesten Beispiele dafür sind die Gesundheitsversorgung und der Bildungsbereich, doch es gibt auch moderne Dienstleistungen wie Berufsausbildung und Kindertagesbetreuung. All diese unterschiedlichen Formen der Solidarität bilden das, was wir als »Wohlfahrtsstaat« bezeichnen.

Die Liste reicht von Formen der Solidarität, bei denen den Empfängern etwas gewährt wird, was sie sonst niemals erhalten hätten – langfristige Armutsbekämpfung –, bis hin zu Leistungen, für die man theoretisch privat hätte sparen können – Gesundheit, Bildung, Kinderbetreuung. Über diese Formen der Solidarität gehen die politischen Meinungen weit auseinander. Vielleicht will man nicht für die Armutsbekämpfung zahlen, weil man denkt, sie nie zu brauchen, nicht für Gesundheitsfürsorge oder Kinderbetreuung anderer, weil man bereits für die eigenen Kosten aufkommt oder sie im Moment nicht benötigt. Und bei jedem Schritt lösen wir die Solidaritätsfalle aus: *Solidarität interessiert uns nur, wenn wir sie selbst brauchen.*

Die Solidaritätsfalle ist allgegenwärtig, denn Solidarität kostet Geld. Es kann von rein privaten Wohltätigkeitsorganisationen stammen oder einer umfassenden öffentlichen Versorgung. In beiden Fällen werden die vom Glück Begünstigten gebeten, den weniger Wohlhabenden Ressourcen zur Verfügung zu stellen. Doch der Unterschied besteht darin, wie viel Druck oder gar Zwang ausgeübt wird und wie hoch der geforderte Betrag ist. In der aktuellen Diskussion über Solidarität herrscht grundsätzlich Einigkeit darüber, dass es eine gute Idee ist, den weniger vom Glück Begünstigten zu helfen. Doch die Debatte wird heftig, wenn es darum geht, wie und ob der Staat diese Hilfe leisten soll.

Das eine Extrem ist die Auffassung, der Staat solle sich »aus dem Solidaritätsgeschäft heraushalten«. Solidarität sei eine individuelle Verantwortung, durch religiöse oder moralische

Prinzipien motiviert und eine Sache freiwilliger karitativer Spenden und Almosen. Das könnten Kirchen oder Wohltätigkeitsverbände organisieren, oder es beschränke sich *in extremis* völlig auf individuelle altruistische Handlungen.

Das andere Extrem ist die Ansicht, dass nahezu alle individuellen Unterschiede – seien sie wirtschaftlicher, sozialer oder gesundheitlicher Natur – im Wesentlichen willkürlich sind und vom Staat ausgeglichen werden sollten. Der Staat wird zur riesigen Versicherungsanstalt, die die Prämien einzieht und die Leistungen ausschüttet.

Zunächst würde man erwarten, dass eine solche Form der sozialen Absicherung von den Reichen abgelehnt und von den Armen unterstützt wird, da die Steuereinnahmen Letzteren zugutekommen. Und ja, ärmere Bürgerinnen und Bürger sind in Umfragen Renten- und Arbeitslosenversicherungen und Ähnlichem gegenüber positiver eingestellt. Doch die Sache ist kompliziert. Je reicher man ist, desto tiefer kann man fallen, weshalb man wahrscheinlich mehr Versicherungen abschließen will. So funktionieren Lebensversicherungen. Wenn die staatlichen Pensionen oder Arbeitslosengelder an das Einkommen gebunden sind, erhalten Wohlhabendere mehr zurück, wenn sie in den Ruhestand gehen oder arbeitslos werden. Ganz im Gegensatz zur Gleichheitsfalle werden also tatsächlich wohl eher die Reichen, sofern sie riskante Jobs haben, Befürworter öffentlicher Ausgaben für die soziale Absicherung sein.

Jenseits der Wohltätigkeit für Arme bzw. der sozialen Absicherung gegen Risiken wird häufig die sogenannte Dekommodifizierung ins Spiel gebracht. Ein hässlicher, aber nützlicher Begriff. Er beschreibt die Abkopplung des Wohlstands der Menschen von den Erfahrungen auf dem Arbeitsmarkt, wo sie als Ware behandelt werden und die Lohnkosten davon abhängen, für wie wertvoll die Unternehmen sie halten. Ein umfangreicher

Wohlfahrtsstaat kann die Kluft verringern zwischen dem Leben, das man führen würde, wenn man allein den Launen des Marktes überlassen bliebe, und einem Leben mit gleichen Gehältern für alle. Folglich kann eine Politik, die Solidarität fördert, zugleich Gleichheit fördern. Das bedeutet aber auch, dass wir die Solidaritätsfalle nicht von den Schwierigkeiten abkoppeln können, die wir bei der Gleichheitsfalle beschrieben haben: Womöglich demotivieren hohe Steuern zu arbeiten oder haben sogar Abwanderung zur Folge.

Solidarität wird heute in den meisten reichen Ländern von einer Mischung aus Institutionen geleistet, die sich auf beiden Seiten der Diskussion ansiedeln lassen. In Großbritannien etwa existieren katholische Krankenhäuser, anglikanische Schulen und islamische Waqfs, »fromme Stiftungen«, neben ihren staatlich finanzierten Pendants. Abgesehen davon stellt in den meisten reichen Ländern der modernen Welt der Staat den Löwenanteil der Solidaritätsausgaben.

Verschaffen wir uns einen genaueren Überblick über die Ausgabenhöhe verschiedener Länder. In ärmeren ist der prozentuale Anteil der Sozialausgaben am Nationaleinkommen in der Regel niedriger – der mexikanische Staat gibt gerade einmal 7,5 Prozent des Nationaleinkommens für Sozialleistungen aus. Doch zwischen den reichsten Ländern der Welt gibt es eine große Bandbreite – Frankreich wendet fast ein Drittel des Nationaleinkommens für Sozialleistungen auf, in Irland ist es weniger als die Hälfte dieses Betrags. Die Länder scheinen sich in Gruppen einteilen zu lassen – die englischsprachigen haben weniger Staatsausgaben für Sozialleistungen (zwischen 15 und 20 Prozent des Bruttoinlandsprodukts), während die Skandinavier besonders freigebig sind (25 Prozent des Bruttoinlandsprodukts und mehr).

Wie lassen sich diese Unterschiede erklären? Wir wissen bereits, dass das Nationaleinkommen eine Rolle spielt. Doch

212 Teil III Solidarität

einige der reichsten Länder sind auch stark von privater Solidarität abhängig. Realistisch gesehen können Spenden nur einen kleinen Teil der Ausgaben eines Landes in diesem Bereich ausmachen – die Vereinigten Staaten sind Spitzenreiter mit knapp 1,5 Prozent des Nationaleinkommens für wohltätige Zwecke. Die wirklichen Unterschiede ergeben sich daraus, wie die Wohlfahrtsstaaten strukturiert sind.

Zuallererst unterscheiden sie sich darin, *wer* Solidarität erfährt. Manche staatlichen Wohlfahrtsprogramme sind für alle zugänglich. Alle Bürgerinnen und Bürger haben Anspruch auf die Maßnahme. Andere Programme orientieren sich an der Bedürftigkeit und richten sich an Arme oder Notleidende – das hört sich nach gezielter karitativer Hilfe an. Doch die politischen Maßnahmen, die nur Armen gewährt werden, sind oft dürftig – ihnen fehlt es an politischer Unterstützung, sodass sie leicht aufgeweicht werden können. Da die wenigsten Menschen bedürftigkeitsorientierte Zahlungen erhalten, entsteht ein allgemeiner Verdruss darüber, dass man zwar Steuern zahle, aber keine Leistungen dafür erhalte. Hinzu kommt, dass Menschen, die solche Leistungen erhalten, häufig als nicht berechtigt, faul oder Schlimmeres angesehen werden. Solche Programme können stigmatisierend wirken. Es besteht ein Zielkonflikt zwischen dem Wunsch nach Solidarität mit den Bedürftigsten und der politischen Realität, dass solche Regelungen äußerst unpopulär sein können.

Zweitens gibt es Differenzen darüber, wie großzügig Sozialpolitik sein sollte – es geht um die Frage: *Wie viel?* Die meisten Länder haben eine allgemeine Altersversorgung. Aber es gibt immense Unterschiede, wie großzügig – und damit wie teuer – sie ausfällt. Die staatlichen Renten in Großbritannien decken nur etwas mehr als 28 Prozent des Durchschnittseinkommens der Menschen im Ruhestand ab, während man sogar in Ländern wie

Kanada und den USA ungefähr 50 Prozent und in Österreich fast 90 Prozent erhält. Felix Austria, ich hätte nach Österreich ziehen sollen … In Großbritannien nehmen die Menschen normalerweise betriebliche oder private Renten in Anspruch, um die Lücke zu schließen. Doch ist dies eine Reaktion auf den Mangel an Großzügigkeit des britischen Staates.

Eben diese staatliche Großzügigkeit variiert auch deutlich bei der Dauer des Anspruchs auf Arbeitslosengeld. In Belgien kann man die Arbeitslosenversicherung im Prinzip unbegrenzt in Anspruch nehmen (zunächst in einer Höhe von 65 Prozent des vorherigen Einkommens). In Schweden ist die Höhe der Zahlung im Fall von Arbeitslosigkeit sehr hoch (80 Prozent des Einkommens), aber auf 300 Tage beschränkt. Und in Großbritannien erhalten Arbeitslose nur 182 Tage lang ein niedriges Arbeitslosengeld.

Und schließlich unterscheidet sich die Sozialpolitik darin, *wie variabel* sie ist. In manchen Ländern erhalten alle, die eine Unterstützung beziehen, exakt die gleiche Summe. Ein gutes Beispiel dafür ist der britische National Health Service (NHS). Britische Bürgerinnen und Bürger haben alle den gleichen Anspruch auf die gleiche öffentliche Gesundheitsversorgung zu den gleichen Selbstkosten von … null. Egal wie reich man ist, alle stehen in der Schlange – was Briten natürlich lieben –, einer nach dem anderen. Als der ehemalige Premierminister Boris Johnson nach einer COVID-19-Infektion 2020 fast starb, wurde er nicht von einem Privatarzt behandelt, obwohl er sich das mit ziemlicher Sicherheit hätte leisten können. Stattdessen wurde er in dem vom NHS betriebenen Londoner St Thomas' Hospital von Mitarbeitern des NHS behandelt.

Im Gegensatz dazu sind viele andere sozialpolitische Leistungen proportional zu den eingezahlten Beträgen. Das US-Rentensystem, Social Security, arbeitet auf diese Weise. Die Höhe

der Rente, die man erhält, hängt am Ende von der Höhe der eingezahlten Beiträge ab: nicht nur von den Beitragsjahren, sondern auch von der Beitragssumme. Menschen mit höheren
Einkommen erhalten also auch mehr Rente. In den Ländern
Kontinentaleuropas arbeiten die Renten- und Arbeitslosenversicherungen in der Regel ebenfalls auf diese Weise. Was man
zurückerhält, hängt davon ab, was man eingezahlt hat. Obwohl
diese Länder vordergründig häufig hohe Sozialausgaben haben,
heißt das nicht, dass davon vorwiegend Einkommensschwache
profitieren. Ein Großteil der Sozialausgaben ersetzt die höheren
Einkommen von Menschen aus der Mittelschicht, die arbeitslos
wurden oder im Ruhestand sind.

Schließlich müssen wir bei allen sozialpolitischen Maßnahmen, egal ob zielgerichtet oder universell, spärlich oder großzügig, anteilig oder gleichmäßig, darüber nachdenken, wo wir die
Grenzen unserer Solidarität ziehen, wer sie verdient – und wer
nicht. Alle politischen Maßnahmen, über die wir bislang gesprochen haben, sind nationale Maßnahmen. Die Empfänger sind
Staatsbürgerinnen und Staatsbürger oder Personen, die ihren
Wohnsitz im Land haben. Manchmal haben Einwanderer Anspruch auf Sozialleistungen (in der Regel Bildung, häufig auch
Renten, in die sie einbezahlt haben), manchmal nicht (Arbeitslosenversicherung und Hilfen für Bedürftige). Manchmal können Personen, die ins Ausland gezogen sind, Sozialleistungen
aus ihrem Heimatland beziehen (Renten), normalerweise ist das
nicht der Fall. Solidarität zwischen verschiedenen Gruppen im
selben Land ist immer schwer zu erreichen. Noch schwieriger ist
es über Ländergrenzen hinweg.

Die Geschichte der Solidarität

Wir leben heute in einer Welt, in der der Staat von der Geburt bis zum Tod für uns sorgt, häufig buchstäblich. Wir werden in staatlich betriebenen (oder geförderten) Krankenhäusern geboren, zur Welt gebracht von staatlich ausgebildeten Hebammen und Ärzten. Die meisten besuchen öffentliche Schulen und möglicherweise Universitäten. Wenn wir krank werden, kommen wir wieder in die staatlich unterstützten Krankenhäuser oder erhalten zu Hause gesetzlich geregeltes Krankengeld. Wenn wir unsere Arbeit verlieren, beantragen wir staatliches Arbeitslosengeld oder Erwerbsunfähigkeitsrenten. Und im Ruhestand beziehen wir öffentliche Renten.

Solidarität kommt nicht aus dem Nichts – wir tragen zu all diesen Leistungen bei. Unser Leben lang zahlen wir allgemeine Lohn- und Einkommensteuern und Umsatzsteuern, die den Staat mit den Geldmitteln versorgen, die er braucht, um diese Zahlungen zu leisten. Wir stecken Geld in das Versicherungssystem unseres Landes, wobei wir an unsere Sozialversicherungsnummer gebunden sind, und füllen damit einen Topf, der seinerseits an unsere persönliche Versorgung gebunden ist. Wir alle sind sowohl Geber als auch Empfänger von Solidarität durch den Staat. Vielleicht würden wir gern mehr oder weniger davon bezahlen. Aber in einer modernen Gesellschaft ist niemand wirklich davon unabhängig. Wir alle sind Teil der Sicherstellung von Solidarität.

Doch das ist ein relativ neues Phänomen. Stellen wir uns einen Bauern im Europa des 17. Jahrhunderts vor. Schon als Kind musste er arbeiten, sobald er Vögel abschrecken, Schweine füttern und Weizen ernten konnte. Er wurde erwachsen, ohne je lesen und schreiben gelernt zu haben. Wenn er krank wurde, erholte er sich von selbst oder starb. Wenn die Ernte ausfiel und er mittellos wurde, erhielt er möglicherweise Almosen von der Kirche, vielleicht gerade genug zum Überleben. Oder er riskierte alles, brach seine Pflichten gegenüber dem Feudalherrn und verließ sein Dorf, um anderswo sein Glück zu suchen oder ein Banditenleben zu führen. War man in einer der wachsenden Städte geboren, hatte man womöglich etwas mehr Glück und wurde Handwerkslehrling, oder man lebte in einem Armenhaus, wenn man mittellos oder arbeitsunfähig war. Aber man blieb immer auf die unberechenbare Wohltätigkeit von Freunden, der Familie oder der Kirche angewiesen.

Unsere Welt alles durchdringender öffentlicher Solidarität ist bemerkenswert jung, gerade einmal ein paar Generationen alt. Geburt, Kindheit, Krankheit, Tod – festgelegte Stationen unseres Lebens – waren immer nur Sache der Familie oder der Kirche gewesen. Natürlich sind sie dies in vielfältiger Weise auch heute noch – nur dass ihnen der Staat dabei eifrig über die Schulter schaut. Doch mindestens bis ins späte 19. Jahrhundert hinein war es keineswegs die Aufgabe des Staates, für das Wohlergehen seiner Bürgerinnen und Bürger zu sorgen. Wie aber kam es dann zum heutigen Wohlfahrtsstaat? Und was kann uns der Weg dorthin darüber sagen, warum es häufig so schwer ist, ihn aufrechtzuerhalten?

Die Solidaritätsfalle tut sich auf, weil die Menschen nur nach Solidarität verlangen, wenn sie selbst sie brauchen, wenn sie glauben, Hauptnutznießer zu sein. In der vormodernen Welt war das schwer zu erreichen. Solidarität ist kaum zu erlangen, wenn die Gesellschaft in gegnerische ethnische oder religiöse Gruppen gespalten ist. Oder wenn die Menschen ein vorhersehbares Leben führen und immerzu am selben Ort oder im selben Beruf bleiben. Oder wenn nur wenige alt genug werden, um zu glauben, dass sie im Alter auf Unterstützung angewiesen sind.

Und natürlich brauchen sie genug Geld, um überhaupt etwas für schlechte Zeiten zurücklegen und solidarisch sein zu können. Vor dem 19. Jahrhundert bestand kaum Bedarf für staatliche Solidaritätsmaßnahmen, und noch weniger gab es die Mittel, diese zu bezahlen.

Nachdem sich all diese Bedingungen geändert hatten, konnte sich auch Solidarität entwickeln: Nationalstaaten lösten die unzusammenhängenden lokalen Gebilde ab und schufen ein viel größeres nationales »Wir«, das nach Solidarität verlangte. Die Verstädterung und die Industrialisierung brachten komplexe Volkswirtschaften mit risikoreichen Tätigkeiten hervor, sodass die Arbeiter soziale Absicherung verlangten. Der Anstieg der Lebenserwartung führte zur Forderung nach Altersbezügen. Und das Wirtschaftswachstum, das all diese Faktoren bewirkten, produzierte die überschüssigen Einnahmen, mit denen diese Programme finanziert wurden.

Wir können die Entwicklung eines Solidarstaates als Höhepunkt des Wachstums moderner Staaten begreifen. Dabei gab es drei entscheidende Entwicklungsstufen: Eroberung nach außen, Eroberung nach innen und Solidarstaat.

Die Eroberung nach außen war die Fähigkeit eines Nationalstaates zur Selbstverteidigung und, falls erforderlich, zum Angriff. Einer der berühmtesten Aphorismen in der Politikwissenschaft stammt von dem amerikanischen Historiker und Politologen Charles Tilly und lautet: »Der Krieg hat den Staat erzeugt, und der Staat erzeugt Krieg.« Kriege zu führen, zwang den Staat, eine Reihe neuer Fähigkeiten zu entwickeln, um dem Volk etwas entziehen zu können – Militärdienst durch eine Wehrpflicht und Steuern zur Finanzierung. Es war der Staat, der seine Bevölkerung schützte, aber durch Ausübung von Zwang. Vom Mittelalter bis zu den Napoleonischen Kriegen, als der Staat die Bürokratie und das Steuersystem ausweitete, geschah dies, um

Kriege zu führen und zu gewinnen. Von Anfang an ging es bei der Solidarität um den Nationalstaat, der ein »Wir« gegen »die anderen« definierte.

Die Eroberung nach innen war die Phase, als der Staat begann, auch im Alltagsleben seiner Bürgerinnen und Bürger, jenseits rein militärischer Notwendigkeiten, eine Rolle zu spielen. Von Beginn des 19. Jahrhunderts an wandelte sich der Staat vom Beschützer zum Versorger. Er übernahm Verantwortung für die Aufrechterhaltung der Ordnung (Gefängnisse, Polizei), Bildung (Schulen, Bibliotheken) und »Gesundheit« (Spitäler, Impfungen). In dieser Phase bauten die Staaten die Schulen, Spitäler, Gefängnisse und so weiter nicht aus uneigennützigen Gründen. Es ging nicht um Wohltätigkeit. Es ging darum, sich in den gesellschaftlichen Alltag einzumischen, um eine geregelte Gesellschaft zu schaffen. Das war von hoher Dringlichkeit, da die industrielle Revolution die arme Landbevölkerung in die chaotischen Städte lockte. Neue Risiken – Verbrechen, Krankheit, Unfälle am Arbeitsplatz – beschleunigten die Notwendigkeit solidarischer Maßnahmen. Die Durchführung dieser Übergangsregelungen bedeutete zugleich die Aneignung der traditionellen Rolle der Kirche – jetzt war es der Staat, der die Verhaltensregeln, die Beschulung der Kinder und die Gesundheitsversorgung der Bevölkerung diktierte. Es trug dazu bei, eine einheitliche Nation zu schaffen – die Bewohner entlegener Regionen mit unterschiedlichen Dialekten wurden in einen Zentralstaat eingebunden. Wo der Staat im 18. Jahrhundert »uns« von »den anderen« abgegrenzt hatte, musste der Staat im 19. Jahrhundert, den Verstädterung und Industrialisierung herausforderten, seine Bürger zusammenhalten – er musste ein kohärentes »Wir« schaffen.

Die Ära der Eroberung nach innen kann als Beginn der stümperhaften staatlichen Solidaritätsbemühungen betrachtet werden. Es gab zwar noch keine allgemeine Schulbildung, aber man begann, Schüler zuzulassen, deren Eltern sich die Ausbildung ihrer Kinder nicht hätten leisten können. Gefängnisse und Polizeiarbeit verschärften zwar die Zwangsmaßnahmen des Staates, aber zugleich wurde der Alltag friedlicher und verlässlicher. Doch es war ein zweischneidiges Schwert – je mehr der Staat leistete, desto mehr erwarteten die Bürger von ihm. Macht und Autorität trugen ihm Schritt für Schritt auch die Verantwortung ein. Die typischen Risiken des modernen Stadtlebens, mit denen die Bürger konfrontiert wurden, ließen in der Öffentlichkeit Forderungen nach dem Schutz vor den Unsicherheiten entstehen. Und der wachsende Wohlstand im späten 19. und frühen 20. Jahrhundert stellte ausreichend Ressourcen zur Verfügung, diesen Schutz zu gewähren.

Anfang des 20. Jahrhunderts hatte sich der Solidarstaat herausgeschält. Ein Schlüsselmoment in der Zeit davor war die Schaffung staatlicher Renten-, Unfall- und Krankenversicherungen unter dem autoritären deutschen Reichskanzler Otto von Bismarck. Während die Bürger die Risiken fürchteten, sorgte sich der deutsche Staat um die Unordnung und den Zusammenhalt einer erst Jahrzehnte zuvor gegründeten Nation. Solidarität hatte nicht immer etwas mit Wohltätigkeit zu tun – hier ging es darum, die deutsche Nation zu definieren.

Ähnliche Systeme tauchten von nun an in ganz Europa und darüber hinaus auf. In England entwickelte die liberale Regierung 1906 eine Reihe von Sozialmaßnahmen, die von Altersrenten über Krankengeld und Zuschüsse für medizinische Betreuung bis zur Schaffung von Arbeitsämtern und Arbeitslosenversicherungen reichten. In den USA waren es erst die Weltwirtschaftskrise oder Große Depression seit Ende der 1920er und Franklin Roosevelts New Deal, die durch den *Social Security Act*, der Renten- und Arbeitslosensysteme ins

Leben rief, zu einer ähnlich drastischen Ausdehnung staatlichen Handelns auf Sozialmaßnahmen führten. Bis dahin fehlte ein großer Bereich der Solidarität noch weitgehend. Auch wenn die Staaten im 19. Jahrhundert Spitäler errichteten und Hebammen ausbildeten, blieb der Arztberuf im Großen und Ganzen unabhängig. Chirurgische Krankenhäuser, wie wir sie heute kennen, tauchten erst zu Beginn des 20. Jahrhunderts auf – Grund war die neue Theorie zu Krankheitserregern, die eine sterile Krankenhausumgebung in den Mittelpunkt rückte. Doch selbst nach der Errichtung von Krankenhäusern brauchten die meisten Länder noch bis nach dem Zweiten Weltkrieg, um eine staatliche Gesundheitsversorgung und/oder -versicherung einzurichten, in Großbritannien 1948 den National Health Service, in den USA 1965 (nur teilweise) Medicare und Medicaid. Mit der Eroberung der Gesundheitsversorgung hatte der Solidarstaat seinen Zenit erreicht.

Diese Erweiterungen des Solidarstaats hatten gemeinsam, dass sie auf einen Schock folgten, den die gesamte Bevölkerung erlebt hatte. Die Weltwirtschaftskrise setzte die Menschen neuen, von vielen geteilten Risiken aus – bei 25 Prozent Arbeitslosigkeit, wie sie 1933 in den USA herrschte, konnte praktisch jeder seine Stelle verlieren. Die beiden Weltkriege hatten sowohl die nationale Identität gefestigt als auch die Bürgerinnen und Bürger verschiedener Herkunft, Gesellschaftsschichten und Hautfarben zusammengebracht. Und sie hatten die Länder gezwungen, Einkommen- und Unternehmenssteuern zu schaffen, um den Krieg zu finanzieren. In Friedenszeiten konnte der Steuerapparat anders genutzt werden und eine Finanzierung von Solidarmaßnahmen ermöglichen.

Der Solidaritätsfalle zu entkommen, war möglich, weil der individuelle Wunsch, Solidaritätszahlungen zu vermeiden, die man selbst möglicherweise nicht brauchte, von dem drastischen wirtschaftlichen Schock, dem niemand entkommen konnte, und dem sich in Kriegszeiten üblicherweise verstärkenden Nationalgefühl übertönt wurde. Die Weltkriege und die Weltwirtschaftskrise brachten den heutigen Solidarstaat hervor. Um die Wende zum 20. Jahrhundert betrugen die staatlichen Ausgaben für Sozialleistungen normalerweise 1 bis 2 Prozent des Nationaleinkommens. Ende des Zweiten Weltkrieges war der Anteil fast zweistellig. Und in den 1960er-Jahren stieg er noch schneller an und erreichte in den meisten reichen Ländern etwa ein Fünftel des Nationaleinkommens.

Warum wuchs der Solidarstaat im Lauf des 20. Jahrhunderts so rasant? Der Staat widmete sich den Schwächeren der Gesellschaft, weil die Schwächeren der Gesellschaft jetzt die Regierung wählten. Die meisten westlichen Länder hatten bis zum Ersten Weltkrieg kein uneingeschränktes Wahlrecht für Männer, und nur wenige hatten Frauen bis dahin überhaupt ein Wahlrecht zugestanden. Im 19. Jahrhundert waren in vielen Ländern Gewerkschaften verboten oder konnten nur begrenzt handeln.

Sobald die Gesamtbevölkerung wählen durfte und sich organisieren konnte, strebte die demokratische Masse nach Solidarität. Das heißt, die Herausbildung unseres modernen Wohlfahrtsstaates war zutiefst politisch. Letztlich hieß es, die reicheren Bürger zu besteuern und die ärmeren von der Tyrannei des Marktes zu befreien, indem man sie gegen Arbeitslosigkeit, Krankheit und Alter versicherte.

Den frühen Wohlfahrtsstaaten von Deutschland über Großbritannien bis hin zu den USA ging es zunächst darum, Menschen, die vorübergehend oder dauerhaft nicht mehr Teil des Arbeitsmarktes waren, Geld zukommen zu lassen. Diese Reformen wurden von den Gewerkschaften unterstützt, die erkannt hatten, dass privatwirtschaftliche »Gesellschaften auf Gegenseitigkeit« bei gelegentlichen Unglücksfällen helfen können, aber, wenn große Teile der Arbeitnehmer aufgrund der Launen des Konjunkturzyklus arbeitslos wurden, nicht mehr lebensfähig sind. Für diese Art der Versicherung, die Sozialversicherung, ist nur der Staat groß genug.

Obwohl alle wohlhabenden Länder gegen Ende des 20. Jahrhunderts große Summen für die Sozialversicherung ausgaben, gestalteten sich die politischen Maßnahmen auffallend unterschiedlich. In manchen Fällen, wie der Arbeitslosenversicherung in Großbritannien, wurden die Maßnahmen von sozial eingestellten liberalen Parteien als Programme für »bedürftige Arme« etabliert. In diesem Fall war ihre Anwendung begrenzt und bedarfsorientiert im Gegensatz zu einer allgemeinen Sozialversicherung. Solche Programme waren sicherlich gut gemeint, aber sie waren politisch angreifbar, da die reicheren Bürger zahlten, aber nichts dafür zurückerhielten.

Im Gegensatz dazu entwickelten sozialdemokratische Parteien in Schweden und Dänemark Programme zur Sozialversicherung für die Masse, um die breite arbeitende Bevölkerung zu erfassen, was mit deutlich höheren Steuern einherging. Diese Parteien bildeten sogenannte rot-grüne Koalitionen mit Bauernparteien, um ein allumfassendes System zu verankern. Der Nutzen für die Allgemeinheit war ein wirksames Argument, die Mittelklasse für den Wohlfahrtsstaat zu gewinnen, da auch sie von der Sozialversicherung profitieren würde.

Das vielleicht überraschendste Beispiel ist die Schaffung des bereits erwähnten Wohlfahrtsstaates durch Otto von Bismarck im späten 19. Jahrhundert. Die Sozialwissenschaft bezeichnet viele Wohlfahrtsstaaten Kontinentaleuropas noch immer als »Wohlfahrtsstaaten nach dem Bismarck-Modell«. Warum ist der Eiserne Kanzler für Deutschlands Arbeitslosen- und Krankenversicherung verantwortlich? Für Bismarck waren solche politischen Maßnahmen der Weg, die Arbeiter vom drohenden

Sozialismus fernzuhalten und sie dafür zu gewinnen, das Deutsche Reich zu unterstützen. Die Konzeption der Systeme war denn auch von ihrem Charakter her konservativ – die Leistungen erfolgten je nach Einkommenshöhe, sodass Wohlhabendere höhere Zuwendungen aus der Sozialversicherung erhielten, ein Prinzip, das der deutsche Sozialstaat bis heute aufrechterhalten hat.

Solidarität kennt sehr unterschiedliche Formen in der industrialisierten Welt – Erbe aus einem Jahrhundert verschiedener politischer Verläufe. Bis heute sind der Wohlfahrtsstaat und wer dafür bezahlt, in allen Ländern hoch umstritten, nicht zuletzt aufgrund des Dilemmas, vor das uns die Solidaritätsfalle stellt. Wie schnappt sie zu, und was können wir dagegen tun?

11 DIE SOLIDARITÄTSFALLE

Warum ist es so schwer, sich umeinander zu kümmern? Die politische Polarisierung, die wir derzeit erleben, dreht sich zum großen Teil um das Bemühen, uns gegenseitig zu versorgen. Politische Parteien fordern Solidarität, haben aber sehr unterschiedliche Auffassungen, auf welche Weise sie geleistet werden soll. Von den Familien, den Kirchen oder von der Kommune? Oder vom Staat? Mit kleinen Beträgen als letztem Ausweg? Oder als großzügig gewährtes soziales Recht, das allen Bürgerinnen und Bürgern zusteht?

Selbst wenn wir uns auf eine Art der Solidarität verständigen, sind wir noch unterschiedlicher Meinung, wer sie erhalten soll und ob wir wirklich dafür zahlen wollen. Unsere Politik versagt, weil wir rasch in der Solidaritätsfalle landen, wenn wir versuchen, uns umeinander zu kümmern: *Solidarität interessiert uns nur, wenn wir sie selbst brauchen.*

Unser Hauptproblem ist, dass wir nicht wissen können, wie unser Leben verlaufen wird. Wir wissen nicht, wann wir in Schwierigkeiten geraten – arbeitslos oder in schlechter Verfassung – und öffentliche Unterstützung brauchen. Aufgrund der optimistischen Verzerrung *(Optimism Bias)* glauben viele, dass es unwahrscheinlich ist, jemals Hilfe zu benötigen. Doch die meisten von uns werden sie brauchen. Und es ist schwer, für ein ganzes Leben zu beurteilen, ob man Nettozahler sein wird – »Empfänger« oder »Geber«. Man wünschte sich immer, man hätte die Versicherung abgeschlossen, nachdem sich etwas Schlimmes tatsächlich ereignet hat. Doch es ist in der Regel schwer, die Menschen zu überzeugen, ihr Dach zu reparieren, wenn die Sonne scheint. Die Grenzen der Solidarität sind ein weiteres Dilemma. Nicht jeder versteht unter »wir« das Gleiche. Ethnische Zugehörigkeit, Religion, Sprache und nationale Unterschiede können dem Verständnis von Solidarität deutliche Grenzen setzen. In Extremfällen hält einen die Feindseligkeit gegenüber »den anderen« davon ab, politische Maßnahmen zu unterstützen, von denen man direkt profitieren würde.

Und schließlich sind viele solidarische Maßnahmen deshalb schwer zu konzipieren und durchzusetzen, weil uns die nötigen Informationen über unsere Mitbürger fehlen. Nicht einmal unsere scheinbar allmächtigen Staaten können tatsächlich abschätzen, welchem »Risiko« verschiedene Personen ausgesetzt sind – etwa die Wahrscheinlichkeit, den Arbeitsplatz zu verlieren. Hinzu kommt, dass die Menschen, denen wir Solidarität entgegenbringen wollen, in ihrem Dasein in Bewegung sind und sich verändern. Sie nehmen die politischen Maßnahmen in einer Weise für sich wahr, wie es für sie selbst von Nutzen ist. Damit können sie die eigentlichen Ziele unserer solidarischen Maßnahmen untergraben. Lassen Sie uns nun die unklaren Konturen der Solidaritätsfalle in den Blick nehmen.

Solidarität auf die Zukunft gerichtet

Das grundlegende Dilemma der Solidaritätsfalle ist die Unsicherheit, was die Zukunft betrifft. Wenn es im Leben gut läuft, vergisst man den schemenhaften »anderen«, der von der Solidarität profitieren könnte. Nämlich man selbst. Nur eben in der

Zukunft. Vielleicht hat Ihr künftiges Ich seinen sicheren Arbeitsplatz verloren. Vielleicht ist Ihr künftiges Ich krank geworden.
Ihr künftiges Ich kann nicht für immer vor den Launen des
Schicksals beschützt werden. Wer also kümmert sich um Ihr
künftiges Ich? Ihr heutiges Ich?

Würden wir unseren gesamten Lebensweg kennen, von der
Wiege bis zum Grab, wüssten wir, wie viel wir verdienen und
welche Bedürfnisse wir wann entwickeln, dann könnten wir
unsere Ausgaben darauf abstellen und für unser ganzes Leben
vorsorgen. Wir könnten uns selbst absichern, indem wir in guten Zeiten Ersparnisse anlegen, die uns über die Entbehrungen
in harten Zeiten hinweghelfen. Machen Sie Ihre guten Zeiten
weniger gut und Ihre schlechten Zeiten weniger schlecht. Das
mag langweilig sein, aber vernünftig. Doch wir wissen nicht,
ob wir morgen gesund und munter sein werden oder schwach
und kränklich. Wir können unsere Ersparnisse also nicht darauf
abstimmen und unsere Ausgaben perfekt anpassen, damit wir
ideal leben und stabil zufrieden bleiben. Dass wir nicht wissen,
wie unser Leben verlaufen wird, hält uns davon ab, uns selbst
vollständig abzusichern.

Erstens gibt es Phasen im Leben, in denen man, auch wenn
man in Zukunft wohlhabender sein wird, auf diese Ressourcen
aktuell noch nicht zugreifen kann. Könnte man sich als junger
Mensch Geld leihen und es im Alter zurückzahlen, wäre das Problem gelöst. Doch dazu müsste man jemanden finden, der bereit
wäre, einem etwas zu leihen. Und nachdem es das Buch des Lebens nicht gibt, in dem man nachschlagen könnte, welche Reichtümer Ihr künftiges Ich verdienen wird, dürfte Ihr armes Gegen-
warts-Ich Schwierigkeiten haben, eine Bank zu überzeugen, ihm
Geld zu leihen.

Das ist das Problem von Kreditbeschränkungen. Wenn Ihnen
die Bank, aus welchen Gründen auch immer, kein Geld leihen

will – selbst wenn Sie es voraussichtlich zurückzahlen werden –,
kann das Ihre großen Pläne zunichtemachen. Ein unbefriedigen-
der Ausgang – ohne Zugang zu Finanzmitteln kann man keine
Investitionen tätigen, die man später zurückzahlen würde, und
die Situation ist für alle schlechter. Man kann es aber auch aus
der Perspektive der Bank betrachten.

Viele soziale Maßnahmen des Wohlfahrtsstaates bieten eine
Lösung für das Problem der Kreditbeschränkungen. Die offen-
sichtlichste ist eine höhere Bildung. Die wenigsten könnten
Banken dazu bringen, ihre Ausbildung zu finanzieren, wenn
der »Return on Investment« mindestens ein Jahrzehnt in der Zukunft liegt. Eine Bank kann Ihre Ausbildung nicht als Sicherheit
verwenden; sie kann Sie ja nicht in den Tresorraum sperren. Daher subventioniert in den reichsten Ländern der Staat selbst Kredite für die Hochschulausbildung. Andere öffentliche Ausgaben
folgen einem ähnlichen Prinzip: Kinderbetreuung, Berufsausbildung, Elternzeiten, ja sogar Wohnungskautionen. Der Staat
springt ein und finanziert Leistungen oder Investitionen, die die
Menschen nicht im Voraus bezahlen können.

Zweitens gibt es das Problem des Katastrophenrisikos. Während es sich bei Kreditbeschränkungen um die Schwierigkeit
dreht, aktuell schwere Zeiten und künftig gute Zeiten gegeneinander abzuwägen, stellt das Katastrophenrisiko das gegen-
teilige Problem dar. Im Moment ist alles in Ordnung, und wahrscheinlich wird es in Zukunft so bleiben. Aber was, wenn das
nicht so ist? Was, wenn in Zukunft alles ganz und gar nicht mehr
in Ordnung ist? Wenn es so schlimm kommt, dass es unmöglich
ist, sich selbstständig abzusichern und darauf vorzubereiten?

Gegen eine Krankheit, die ein Leben völlig verändert, dauerhafte Arbeitslosigkeit oder völlige Mittellosigkeit kann man sich
nicht eigenständig absichern. Nur extrem Reiche sind in der
Lage, Hunderttausende Pfund oder Euro zurückzulegen, die eine

langwierige Tumorbehandlung oder mehrere Jahre Arbeitslosigkeit kosten würden. Die meisten Menschen können das nicht. Ohne Unterstützung stürzen sie ins Leid. Vielleicht fragen Sie sich, warum sie sich nicht einfach privat gegen diese Risiken versichern können, so wie gegen andere Katastrophen, etwa den Brand des Hauses.

Das Problem ist, dass manche Risiken auf dem Privatmarkt aus zwei Gründen nicht versicherbar sind: wegen adverser Selektion und Moral Hazard. Adverse Selektion findet statt, wenn diejenigen, die am ehesten eine Versicherung abschließen, dieselben sind, bei denen das Risiko am größten ist. Solange die Versicherer nicht in der Lage sind, herausfinden, wer zu dieser Gruppe gehört – was sie zugegebenermaßen sehr eifrig versuchen –, können sie nur erhöhte Risiken versichern. Das jedoch untergräbt den Sinn von Versicherungen als Mittel zur Risikobündelung. Moral Hazard bezeichnet das Phänomen, dass sich Menschen möglicherweise riskant verhalten, wenn sie versichert sind. Würde ich Ihnen beispielsweise eine dauerhafte private Arbeitslosenversicherung anbieten, könnten Sie denken: »Wunderbar, jetzt kann ich endlich beruflich umsetzen, wovon ich immer geträumt habe, Schauspielerin oder Stuntman werden.« Und ich wäre klug beraten, Ihnen eine solche Versicherung nicht anzubieten.

Wogegen man sich privat nicht absichern kann, dort springt der Staat ein. Sogar das US-Gesundheitssystem – mit all seinen Fehlern und Schwächen – übernahm auf dem Höhepunkt der Corona-Pandemie die COVID-Behandlung für Nichtversicherte. Nur sehr wenige reiche Länder lassen es zu, dass Menschen völlig mittellos werden, wenn sie ihre Arbeit verlieren, die meisten gewähren Arbeitslosen- oder Berufsunfähigkeitsversicherungen, auch wenn das Ausmaß der Unterstützung starke Unterschiede aufweist. Um sich klarzumachen, was das völlige

Fehlen von staatlicher Unterstützung bedeuten würde, versetzen Sie sich selbst einmal in die Lage, vor Verfolgung oder Krieg flüchten zu müssen. In einem fremden Land ohne Papiere gestrandet, könnten Sie dort keine Arbeit annehmen und hätten keinen Anspruch auf Sozialleistungen – eine endlose Odyssee von Sofa zu Sofa bei Freunden und von Suppenküche zu Suppenküche wäre die Folge.

Da wir alle gute und schlechte Zeiten erleben, könnte man glauben, wir hätten das verinnerlicht und würden Politikerinnen und Politiker wählen, die eine solide Politik betreiben, welche uns schützt, wenn das Unglück über uns hereinbricht. Doch Menschen denken nicht immer so. Denn das Unglück von morgen existiert heute nicht, wer weiß, vielleicht kommt es nie. Und das vergangene Unglück kann ohnehin nicht mehr geändert werden.

Die Versuchung ist groß, so wenig Steuern wie möglich zu zahlen, wenn alles gut läuft, und davon auszugehen, dass keine schlechten Zeiten kommen werden oder zumindest uns nicht treffen. Wir Menschen leiden wie schon gesagt nicht selten an optimistischer Verzerrung – wir spielen die Wahrscheinlichkeit oder die Kosten von Katastrophen herunter. Und wer viele Steuern zahlt, hat es bereits geschafft, muss sich über Kreditbeschränkungen keine Gedanken mehr machen. Bei vielen von uns rückt das gegenwärtige Glück das künftige oder vergangene Unglück in den Hintergrund. Wenn alles gut läuft, denkt man vielleicht, dass die Steuern nur zur Finanzierung von Sozialleistungen für dauerhaft Mittellose oder Taugenichtse dienen.

Die Solidaritätsfalle ist allgegenwärtig und verlockend, wenn man zu den Glücklichen zählt. Reiche Steuerzahler glauben oft, sie stünden immer auf der falschen Seite des Steuer- und Transfersystems staatlicher Solidarität. Doch überraschenderweise ist dies nicht generell der Fall, zumindest für die meisten nicht. Wie der bis zu seinem Tod 2020 an der London School of Economics lehrende Professor für Sozialpolitik John Hills feststellte, gibt es eigentlich kein »Wir« und »die anderen«. Nur ein früheres »Wir« und ein zukünftiges. Hills beschäftigte sich mit dem Sozialsystem in Großbritannien. Zwar gibt es im Vereinigten Königreich ein allgemeines Gesundheitssystem, die staatlichen Sozialausgaben aber sind niedrig, mit spärlichen staatlichen Renten und geringer Arbeitslosenversicherung. Zudem sind große Teile der Sozialausgaben »bedarfsgerecht« – also auf ärmere Bürger zugeschnitten. Für einen wohlhabenden Briten in den Fünfzigern mag es so aussehen, als würde das britische Sozialsystem Menschen wie ihm nicht helfen. Aktuell hat er nicht viel davon.

Doch was heute gilt, mag im Lauf des Lebens anders aussehen. Eine Momentaufnahme der Steuern und Ausgaben wird fast immer ergeben, dass die im untersuchten Zeitraum Reichen viele Steuern bezahlen und die Armen einen großen Teil der Leistungen erhalten. Das ist jedoch irreführend. Mit Ausnahme einiger weniger Prozent der Reichsten einer Volkswirtschaft erhalten fast alle anderen vom Staat ungefähr das zurück, was sie eingezahlt haben.

Dafür gibt es mehrere Gründe. Erstens werden diejenigen, die momentan reich sind, wenn sie einmal im Ruhestand sind, voraussichtlich ärmer sein, und sie werden dann, nicht nur bei den Renten, sondern auch bei den viel höheren Gesundheitskosten, stark vom Staat abhängig sein. Zweitens profitieren viele, die gerade reich sind, in hohem Maß von einer kostenlosen Schulbildung als Kinder und im Fall der Generation X und älter sogar von einem kostenlosen Universitätsstudium (mit wehmütigem Blick auf meine eigenen Kinder). Drittens werden manche Leistungen entweder nach Einkommen (Urlaubsgeld, Elterngeld) oder Arbeitsjahren (Renten) abgestuft. Die meisten von uns führen ein doppeltes Leben – manchmal sind wir Geber, manchmal Empfänger. Doch daran denken wir nicht immer, wenn wir zur Wahl gehen.

Die Solidaritätsfalle wird noch dadurch verschlimmert, dass der Staat vor einem ähnlichen Dilemma steht wie Sie und ich. Die Entwicklung nachhaltiger Rentensysteme oder einer effektiven öffentlichen Bildungs- und Infrastruktur erfordert einen Kompromiss zwischen der Gegenwart und der Zukunft. Politiker müssen in der Gegenwart Steuern erheben, um ein System zu reformieren, dessen Vorteile sich erst in einer Zukunft ergeben, in der sie voraussichtlich nicht mehr im Amt sind. In einer idealen Welt würden Regierungen in guten Zeiten Opfer bringen, die zum Tragen kämen, wenn das Land harte Zeiten erlebte. Doch wenn eine gegnerische Partei die Lorbeeren für eine in die Zukunft gerichtete Politik einheimsen kann und man die aktuell regierende Partei für die gegenwärtigen Steuern abstraft, wird klar, warum es so schwer ist, nachhaltige öffentliche Investitionen zu tätigen. Und wenn die Demokratiefalle – durch eine hochgradige politische Polarisierung – zuschnappt, wird es umso schwerer, eine auf lange Sicht solidarische Politik umzusetzen.

Ein klassisches Beispiel dafür, wie schwer es für Regierungen ist, aktuell Geld für Dinge aufzuwenden, die erst in der Zukunft Nutzen bringen, ist die Schaffung des öffentlichen Rentensystems in den USA, des *Social Security Act*, während des New Deal, der umfangreichen Neugestaltung staatlicher Solidarität durch die Demokratische Partei. Das ursprüngliche Gesetz, das 1935 verabschiedet wurde, verfügte die Zahlung von Sozialversicherungsbeiträgen durch Privatpersonen und Unternehmen, aber keine Leistungen bis 1942. Auch dann sollten die Rentenbeiträge noch sehr klein sein und erst in den 1980er-Jahren ihr Maximum erreichen. Die Idee war, große Reserven aufzubauen, sodass sich das Programm auch bei steigender Lebenserwartung selbst tragen könne. Mit diesem Konzept wollte man zudem vermeiden, dass Politiker solche Leistungen nutzten, um Wahlen zu gewinnen, wie es bei den Kriegsrenten nach dem Bürgerkrieg der Fall gewesen war. Alles sehr ehrenwert. Wie um alles in der Welt konnte Präsident Franklin D. Roosevelt, der schließlich Wahlen gewinnen musste, davon überzeugt werden, die Wähler fünf Jahre lang zahlen zu lassen, bis die ersten Leistungen zurückflossen?

Roosevelt war aufgrund seiner großen Popularität in der günstigen Situation, über eine Demokratische Mehrheit im Senat und im Kongress zu verfügen – somit war er politisch unabhängig und durch Wahlen wenig gefährdet. Und die neuen Abgaben würden erst nach den Präsidentschaftswahlen von 1936 in Kraft treten. Doch nicht einmal mit diesem politischen Puffer hielt der Plan stand. Nach der Rezession 1937 erzielten die Republikaner, die den New Deal vehement ablehnten, bei den Zwischenwahlen beachtliche Gewinne. 1939 wurden die Erhöhung der Beitragssätze verschoben und die Leistungen um zwei Jahre vorverlegt. Man stellte also die Zahlungen zurück, beschleunigte aber die Auszahlungen. Hier wird die Brüchigkeit politischer Versprechen über langfristige Investitionen deutlich. Sobald sich das politische Umfeld ändert, stehen dieser Art Versprechen auf der Kippe.

Zumindest waren die Demokraten noch an der Regierung, als die ersten Schecks der Sozialversicherung ausgestellt wurden, und konnten noch etwas vom politischen Erfolg dieser Maßnahme für sich gewinnen. Der Schutz der Sozialversicherung wurde zu einem wichtigen Teil des Wahlprogramms der Demokraten, und in den 1950er-Jahren hatte der Republikanische Präsident Dwight Eisenhower das Gesetz weitgehend akzeptiert. Andere politisch initiierte Investitionen können überhaupt erst

Jahrzehnte später zum Tragen kommen, wenn die Partei, die sie eingeführt hat, gar nicht mehr in der Regierungsverantwortung ist. Die von Tony Blair geleitete Labour-Regierung in Großbritannien hatte die Idee der »Baby Bonds« entwickelt. Jedes Kind erhielt bei der Geburt und noch einmal im Alter von sieben Jahren einen Gutschein über 240 Pfund, der erst nach Vollendung des achtzehnten Lebensjahres eingelöst werden konnte. Kinder einkommensschwacher Eltern erhielten die doppelte Summe. Die Baby Bonds sollten das Wohlstandsgefälle abbauen, jungen Menschen mit Kreditbeschränkungen Ressourcen bereitstellen und ihnen zugleich die Vorteile des Sparens und Investierens nahebringen.

Das war sehr gut gemeint. Aber es dauerte bis 2005, bis die Maßnahme begann. Und als Labour 2010 aus der Regierung verdrängt wurde, gaben die liberal-konservativen Nachfolger den Plan sofort auf. Erst 2020 erreichten die allerersten Empfänger der Baby Bonds das achtzehnte Lebensjahr und öffneten ihre Konten. Großbritannien hatte schon den vierten Premierminister nach Tony Blair. Es mag eine vorbildliche politische Maßnahme gewesen sein, aber politisch blieb sie ohne Resonanz – sie überlebte weder einen Regierungswechsel, noch konnte die Partei, die sie eingeführt hatte, daraus Kapital schlagen. Genauso wenig wie wir können Politiker Gegenwart und Zukunft in Einklang bringen. Und angesichts der unzähligen Herausforderungen der Demokratiefalle stürzen sie auch noch in die Solidaritätsfalle. Unsere Politik wird versagen, wenn wir nicht lernen, unsere Gegenwart mit unserer Zukunft in Einklang zu bringen.

Solidarität zwischen Menschen und Völkern

Welfare Queen ist einer der bekanntesten rassistischen Begriffe in der amerikanischen Debatte über die Rolle und den Stellenwert des Staates. Mitte der 1970er, als Ronald Reagan seine Präsidentschaftskandidatur für die Republikaner bekannt gab (zunächst ohne Erfolg, dann sehr erfolgreich), rückte er den Fall von Linda Taylor ins Rampenlicht, einer Betrügerin, die sich illegal 23 Sozialhilfeschecks erschlichen hatte. Reagan sah in Taylor das Symptom einer umfassenderen »Kultur« sozialhilfeabhängiger Mütter, die die Großzügigkeit der amerikanischen Öffentlichkeit missbrauchten, entweder gesetzeswidrig durch Betrug oder, noch heimtückischer, weil sie sich auf die Wohltätigkeit anderer verließen, statt zu arbeiten. Auch wenn Reagan Taylors Namen oder ihre Hautfarbe (sie selbst bezeichnete sich als schwarz, hispanisch und jüdisch) nie direkt erwähnte, wurden hauptsächlich afroamerikanische Frauen als besagte »Wohlfahrtsköniginnen« bezeichnet, und das Wort *welfare* nahm eine zunehmend rassistische Färbung an.

Jahrzehntelang haben Wissenschaftler, die sich mit der amerikanischen Politik befassen, festgestellt, dass die Wählerinnen und Wähler in den USA das Wohlfahrts- oder Sozialsystem ihres Landes durch eine rassistische Brille betrachten. Der Begriff »Wohlfahrt« bezeichnete immer mehr einen sehr spezifischen Teil des umfassenderen Wohlfahrtsstaates – Zahlungen an armutsbetroffene, arbeitslose Familien. Ursprünglich geschah dies über das Programm *Aid to Families with Dependent Children* (AFDC, »Hilfe für Familien mit unterhaltsberechtigten Kindern«), das im Rahmen des New Deal ins Leben gerufen worden war. Dieses Programm wurde 1997 jedoch durch das derzeitige Programm *Temporary Aid to Needy Families* (TANF, »Befristete Hilfe für bedürftige Familien«) ersetzt, nachdem Präsident Bill Clinton –

ebenfalls ein Demokrat – versprochen hatte,»die Wohlfahrt, wie wir sie kennen, abzuschaffen«. Wie konnte sich die »Wohlfahrt« innerhalb von sechzig Jahren von einem Kernbestandteil der Politik der Demokratischen Partei zu einer unerwünschten politischen Maßnahme entwickeln?

Der amerikanische Politologe Martin Gilens behauptet, Wohlfahrt wurde stigmatisiert, als die Armen in den 1950er- und 1960er-Jahren »schwarz wurden«. Er verweist auf ein offensichtliches Paradox – der Anteil an schwarzen amerikanischen Bürgern, die in Armut lebten, blieb von den späten 1950ern bis in die frühen 1990er stabil bei einem Drittel. Die Berichterstattung über Armut in Amerika jedoch wandelte sich drastisch: Der Anteil an Bildern von Armutsbetroffenen, die Menschen mit nicht weißer Hautfarbe zeigten, stieg von unter 20 Prozent in den 1950ern auf über 70 Prozent Mitte der 1970er. Der Anteil Schwarzer in den Medienberichten über Armut war doppelt so hoch wie ihr tatsächlicher Anteil in dieser Gruppe.

Warum wurde die Armutsberichterstattung in Amerika so rassistisch? Erstens gab es im Lauf des 20. Jahrhunderts die Great Migration, eine Migrationsbewegung von Afroamerikanern aus dem ländlichen Süden in die Industrieregionen des Nordens und Mittleren Westens. Die weißen Amerikaner konnten die Armut der Schwarzen nicht weiter ignorieren, da sie sich von den weit entfernten gepachteten Feldern im Mississippidelta nun in die größeren Städte der Ostküste und der Großen Seen verlagerte.

Zweitens löste die Bürgerrechtsbewegung ein Wiederaufleben der langjährigen Spaltung des Landes in Bezug auf Rassentrennung und Unterdrückung aus – was in der Präsidentschaftskandidatur von George Wallace, einem Befürworter der Rassentrennung, und der Ermordung von Martin Luther King kulminierte.

Drittens nahmen Afroamerikaner von den 1950ern an

tatsächlich mehr staatliche Sozialleistungen in Anspruch. Das
lag jedoch nicht daran, dass sie ärmer oder abhängiger vom Staat
geworden wären. Es lag daran, dass das AFDC bei seiner Einführung ursprünglich Sache der Bundesstaaten war. Die Südstaaten, in denen Rassentrennung herrschte, hatten den anspruchs-
berechtigen Afroamerikanern die Sozialhilfe vorenthalten. In
den 1960ern hatte sich die US-Regierung bereit erklärt, die
Zahlungen der Bundesstaaten anzupassen, damit mehr Bundesstaaten und mehr Afroamerikaner in das AFDC aufgenommen
wurden.

Diese drei Faktoren – räumliche Nähe, Politik und neue Maßnahmen – bilden den Kern vieler aktueller Debatten über den
Stellenwert und die Rolle des Staates. Solidarität ist definitions-
gemäß die Unterstützung anderer. Doch was passiert, wenn
die Menschen einander nicht gleichbehandeln? Was, wenn die
Mehrheit die Minderheit stigmatisiert? In diesem Fall werden andere Menschen zu »den anderen«.

Die Politik entlang ethnischen Grenzen spielte sich im Amerika
unserer Tage häufig entlang der Trennung zwischen Schwarz und
Weiß ab, wobei die ethnische Zugehörigkeit zu hispanischen und
asiatischen Gruppen eine immer größere Rolle spielt. Doch die
Unterschiede zwischen den Gruppen basieren nicht immer auf
der Hautfarbe. Manchmal schafft die Religion eine Kluft, wie in
Nordirland, wo sich die Politik traditionell auf die Spannungen
zwischen der protestantischen Mehrheit und der katholischen
Minderheit konzentriert. Manchmal ist es die Sprache, wie in
der Schweiz, wo der entscheidende Unterschied darin besteht,
ob man französisch-, deutsch- oder italienischsprachig ist. Und
manchmal spielt die Volkszugehörigkeit eine Rolle, wie bei der
Kluft zwischen Türken und Kurden in der Türkei.

Bei ethnischen Konflikten geht es nicht nur um die Hautfarbe,
sondern vielmehr um Unterschiede, die Menschen anderen oft

qua Geburt (ethnische Zugehörigkeit) oder in der Kindheit (Sprache und Religion) zuschreiben. Wenn Politikwissenschaftler die Auswirkungen ethnischer Vielfalt auf die Solidarität untersuchen, stellen sie fest, dass die Vielfalt, wie immer sie definiert ist, die Bereitschaft, Ressourcen zur gegenseitigen Unterstützung aufzuwenden, verändert.

Warum verringert ethnische Vielfalt Solidarausgaben? Ein Grund ist die geringere Kommunikation – mit unterschiedlichen Sprachen ist es schwerer, die Nachbarn zu verstehen und ihnen zu vertrauen. Und es ist nicht mehr so leicht, schlechtes Verhalten zu kontrollieren – innerhalb ethnischer Gruppen kann man sich gegenseitig für Betrug und Schummeleien bestrafen, was bei vielen unterschiedlichen Gruppen schwieriger ist. Um ein Beispiel zu nennen: In kenianischen Grundschulen ist die öffentliche Spendenbereitschaft in ethnisch homogenen Gemeinschaften deutlich höher, denn wer nicht spendet, kann dort wirksamer an den Pranger gestellt werden.

Aber seien wir ehrlich und wenden uns vom Verhalten innerhalb der Gruppe den Haltungen gegenüber außenstehenden ethnischen Gruppen zu. Ein einfacher Grund dafür, dass ethnische Vielfalt eine geringe Solidarität nach sich zu ziehen scheint, ist, dass sich verschiedene ethnische Gruppen manchmal nicht mögen. Vielleicht betrachten sie sich als Konkurrenten um dieselben öffentlichen Leistungen oder haben eine aktive Abneigung gegen »andere«, die Solidarität erfahren, unabhängig davon, ob sie sie selbst erhalten.

Weicht der relative Wohlstand der ethnischen Gruppen stark voneinander ab, verstärkt sich die gruppenfeindliche Haltung noch. In der Politikwissenschaft konnte man feststellen, dass es nicht allein die ethnische Vielfalt ist, die bestimmt, wie viel öffentliche Solidarität es gibt, sondern mehr noch die Unterschiede im Durchschnittseinkommen zwischen den ethnischen

Gruppen. Wo es eine reiche ethnische Mehrheit gibt und eine arme ethnische Minderheit, verschwindet die Solidarität für die Armen, denn nun muss das Geld nicht nur die Kluft zwischen Klassen, sondern auch noch zwischen ethnischen Gruppen überwinden. In den lateinamerikanischen Ländern, in denen die gesellschaftlichen Klassen sehr stark entlang ethnischen Grenzen verlaufen, ist dies am ausgeprägtesten. Im Gegensatz dazu gibt es wenig Anzeichen dafür, dass in Gesellschaften, die zwar ethnisch divers, in denen die verschiedenen Ethnien aber ähnlich reich sind – wie beispielsweise in Estland und der Schweiz –, weniger Sozialausgaben getätigt werden.

Ethnische Spannungen aufgrund der Sozialpolitik werden noch verstärkt, wenn wir auf Solidarität in Form von Sach- statt Geldleistungen blicken. Öffentliche Wohnungen, Schulbildung, Krankenhäuser usw. sind nur in begrenztem Umfang verfügbar. Kommen neue Gruppen hinzu, die diese Leistungen beanspruchen, kann dies das System stark belasten. Sind diese neue Gruppen Migranten und haben sie eine andere ethnische Zugehörigkeit, kann »Wohlfahrtschauvinismus« entstehen, wie die Politikwissenschaft das Phänomen nennt. Man fordert Solidarität, aber nur für sich selbst, nicht für andere.

Ein gutes Beispiel ist der öffentliche Wohnungsmarkt. 2003 beschloss die Europäische Union, dass Nicht-EU-Zuwanderer von öffentlichen Leistungen nicht ausgeschlossen werden dürfen. In Österreich, wo öffentliche Wohnungen sehr begehrt sind, hatte dies erhebliche politische Konsequenzen. Die Gesetzesänderung bedeutete, dass Zuwanderer in Österreich plötzlich sozialwohnungsberechtigt waren. Knapp die Hälfte der Haushalte in Wien lebt in öffentlichen Wohnungen, ein Privileg, das weit in die Mittelschicht hineinreicht. Wer damit gerechnet hatte, eine öffentliche Wohnung zu bekommen, sah sich plötzlich mit neuen Konkurrenten und höheren Mieten konfrontiert.

Der politische Nebeneffekt war, dass die radikale Rechte in Wiener Bezirken mit hohem Anteil an Sozialwohnungen um 5 Prozentpunkte zulegte.

Müssen wir aus diesen Befunden über ethnische Vielfalt und die staatlichen Sozialausgaben schließen, dass viele oder gar die meisten Menschen Rassisten sind? Nicht unbedingt. Thomas Schelling hat vortrefflich gezeigt, dass ethnische Segregation selbst in Gesellschaften entstehen kann, die weitgehend nicht rassistisch sind. Er entwickelte das Modell eines Viertels, in dem eine ethnische Minderheit bereit wäre zu leben, allerdings unter der Bedingung, dass nicht weniger als ein Sechstel von Angehörigen derselben Volksgruppe dort ihren Wohnsitz hat. Wenn sich die Menschen frei niederlassen dürfen, kann selbst eine geringe individuelle Vorliebe, nicht zu einer Minderheit gehören zu wollen, rasch zu einem hohen Maß an Segregation führen.

Warum? Wenn eine Einzelperson – die vielleicht unglücklich darüber ist, als Einzige ihrer ethnischen Zugehörigkeit in ihrem Viertel zu leben – wegzieht, ändert sie damit auch die Zusammensetzung des Viertels, in das sie zieht. Umgekehrt könnte dies jemanden, der einer anderen Ethnie angehört, zu einer Minderheit im neuen Viertel machen und ihn ebenfalls zu einem Umzug animieren. Es entsteht eine »Kettenreaktion«, und man siedelt sich in Vierteln an, die am Ende in hohem Maß ethnisch getrennt sind – selbst dann, wenn die meisten anfangs froh waren, in einem besonders integrierten Viertel zu leben. Es kommt zu Segregation, obwohl die wenigsten sich das individuell gewünscht hatten.

Doch lenkt dieses »strukturelle« Argument, das Diversität entschuldigend von oben betrachtet und die Menschen in abstrakte Gruppen einteilt, den Blick nicht gefährlich von der Verantwortung jedes Einzelnen ab, alle gleichzubehandeln? Zudem verstetigt es die Unterschiede zwischen Gruppen – als könnten sie nie überwunden werden und würden uns bis zum Untergang des Universums verfolgen.

Vielleicht wäre es klüger, die Verantwortung dort zu verorten, wo sie hingehört – in den Köpfen der Menschen, die die Welt durch eine Brille rassistischer Präferenzen und Feindseligkeiten sehen. Menschen, die die Welt in ethnische Gruppen unterteilen, tendieren dazu, sämtliche politischen Maßnahmen unter diesem Vorbehalt zu betrachten. Politikwissenschaftler bezeichnen das als »Ethnozentrismus«. Wenn ethnozentrische Weiße etwa an staatliche Hilfen für Einkommensschwache denken, stellen sie sich vor, dass sie Schwarzen zugutekommen, und reagieren ablehnender. Wenn ärmere weiße Bürger, die von den Sozialausgaben profitieren würden, ethnozentrische Einstellungen haben, kann sie das dazu verleiten, Vergünstigungen, etwa Lebensmittelmarken, abzulehnen, selbst wenn dies ihrem eigenen materiellen Interesse entgegensteht. Das gilt in beide Richtungen. Da das Rentensystem in den USA, die Social Security, in der kulturellen Vorstellung mit alten weißen Menschen verknüpft wird, neigen Weiße mit ausgeprägterem Ethnozentrismus dazu, für die Social Security höhere Beiträge zu fordern, als ihr Einkommen oder ihr Alter erwarten lassen würden. Die Social Security wird als eine politische Maßnahme für *uns*, nicht für *die anderen* betrachtet.

Entsprechend werden ärmere ethnozentrische Menschen Sozialausgaben nicht so stark befürworten, wie man annehmen würde. Und dies hat zunehmend dazu geführt, dass sie nicht mehr traditionell links wählen, sondern von rechten populistischen Parteien angezogen werden, die in ihren Wahlprogrammen versprechen, Migranten und Fremden Sozialleistungen zu verwehren. Heißt das, dass die Politik versagt, wenn die Menschen nicht mehr die Parteien wählen, die sie materiell unterstützen? Letztendlich hängt die Antwort davon ab, ob man der

Meinung ist, dass »kulturelles« Wählen widerspiegelt, was den Menschen wirklich wichtig ist, oder ob Falschinformationen und Kulturkriege dafür verantwortlich sind. Doch wie auch immer, für die Solidarität sind dies keine guten Nachrichten.

Wenn sich Menschen nicht nur gegenüber Einwanderern, sondern sogar gegenüber den Mitbürgern im eigenen Land ethnozentrisch verhalten, welche Hoffnung gibt es dann noch für globale Solidarität? Entwicklungshilfe ist in den reichen Ländern der Welt politisch zunehmend umstritten. Die politische Elite ist sich weitgehend einig, dass Ausgaben für die Entwicklungszusammenarbeit erhöht werden sollten – bis zu einem Wert von 0,7 Prozent des Nationaleinkommens. Die Meinung der breiten Massen steht dem diametral entgegen. Bei den allgemeinen Sozialerhebungen zwischen 1972 und 2014 waren konsequent 60 Prozent der Amerikaner der Meinung, die USA gäben zu viel für Entwicklungshilfe aus. Die tatsächlichen Aufwendungen lagen zu Beginn dieses Zeitraums bei nur 0,2 Prozent des Nationaleinkommens und unter 0,1 Prozent Anfang der 2000er-Jahre. Dass die USA angesichts der öffentlichen Meinung so weit vom internationalen Ziel von 0,7 Prozent des Bruttoinlandsprodukts entfernt liegen, dürfte nicht allzu sehr überraschen.

In Europa, wo die Ausgaben in der Entwicklungspolitik deutlich größer sind und häufig das 0,7-Prozent-Ziel erreichen, ist die Unterstützung größer. Um die 50 Prozent der Europäerinnen und Europäer befürworten die Ausgaben, doch ist diese Zustimmung keineswegs bedingungslos. Europäer, deren eigene finanzielle Lage sich verschlechtert hat, sind Entwicklungsausgaben gegenüber deutlich kritischer eingestellt. Wie zu erwarten, ist es nicht nur die persönliche wirtschaftliche Lage, die die Haltung dazu prägt. Genauso wichtig ist die Einstellung gegenüber »fremden Völkern«. Menschen mit ethnozentrischer Weltsicht unterstützen Entwicklungspolitik mit um die 20 Prozent geringerer Wahrscheinlichkeit.

Gibt es Möglichkeiten, den Ethnozentrismus zu überwinden und die Solidarität über ethnische Grenzen hinweg zu befördern? Es muss sie einfach geben. Aber dazu gehört, einen anderen Bereich der Identität zu stärken – eine gemeinsame Identität in der Nation. Nationale Identitäten sind häufig auch ethnische – nicht zuletzt deswegen, weil viele Staaten von heute entlang ethnischen Grenzen entstanden sind, etwa die des früheren Jugoslawien. Doch das muss nicht so sein. Ein inklusiver Nationalismus versucht, alle ethnischen, religiösen und sprachlichen Gruppen einzubinden und eine Identität zu schaffen, die die Solidarität innerhalb des Landes betont. Am leichtesten ist dies meist in »Nationen«, die innerhalb eines größeren Landes liegen und nach Eigenständigkeit streben: Schottland und Katalonien sind hierfür gute Beispiele. Diese Art Nationalismus beruht jedoch wahrscheinlich auf Ressentiments gegenüber dem größeren Land: Großbritannien und Spanien.

Ein inklusiver Nationalismus kann selbst in den größten Ländern entstehen, wenn die Solidarität als nationale Aufgabe verstanden wird und gemeinsame Symbole betont werden. Ein interessantes Beispiel bietet ein Onlineexperiment, in dem Hindus in Indien befragt wurden, ob sie bereit wären, für Opfer eines Brandes irgendwo in Indien zu spenden.

Der einen Hälfte der Befragten nannte man den Namen eines Hindu-Dorfes, der anderen den eines muslimischen Dorfes. Doch die beiden Gruppen wurden nach dem Zufallsprinzip noch einmal geteilt, wobei den einen Studienteilnehmern eine Landkarte Indiens in den Nationalfarben auf der gleichen Webseite angezeigt wurde. Damit wollte man dafür sorgen, dass die Teilnehmer die gesamte Nation mitdachten. Fehlte die Flagge in Gestalt der Umrisse des Landes, bevorzugten die Befragten wie vermutet, ihr Geld mit anderen Hindus zu teilen. Doch diejenigen, die die Nationalfarben vor Augen hatten, spendeten ihr Geld Moslems wie Hindus gleichermaßen. Bei Indern mit niedrigem sozialem Status war dieser Unterschied am stärksten – unter den Befragten, die einer »niederen Kaste« angehörten, wurden die ethnischen Unterschiede durch die Betonung des Nationalen wirkungsvoll verwischt.

Viele Menschen meiden nationale Symbole instinktiv, weil sie sie für spalterisch halten. Doch im Zusammenhang mit ethnischen Unterschieden *innerhalb* eines Landes können sie tatsächlich mehr Solidarität hervorrufen. Nationale politische Institutionen und Normen für nationale Solidarität können historisch tief verwurzeltes religiöses oder ethnisches Misstrauen überwinden, wenn auch möglicherweise um den Preis, einen aggressiven Nationalismus zu stärken. Aber es gibt dennoch Grenzen der Solidarität. Aufgrund des Fehlens einer globalen Regierung oder Flagge könnten wir internationaler Solidarität gegenüber distanziert bleiben, obwohl wir innerhalb des Landes großzügiger werden.

Solidarität und Information

Solidarität soll die Benachteiligten aufrichten und sicherstellen, dass die Gemeinschaft niemanden zurücklässt. Sie hängt also davon ab, ob wir wissen, wer Hilfe benötigt und wer am gefährdetsten ist. Doch wie kann der Staat herausfinden, wer bedürftig ist? Es erfordert viele Informationen darüber, wer wo lebt und wer was braucht. Und wir müssen dafür sorgen, dass die Ziele unserer Solidarität unsere besten Absichten nicht untergraben oder verfälschen.

Beginnen wir mit dem Problem der Informationsbeschaffung.

Die Welt, in der wir heute leben, ist durch eine beunruhigende Zwiespältigkeit gekennzeichnet. Big Tech weiß enorm viel über uns – die großen Tech-Unternehmen kennen unsere Gewohnheiten, unsere Interessen, unsere politische Haltung. Jedes Mal, wenn wir Cookies akzeptieren, verkaufen wir wertvolle Informationen über uns. Und diese Daten werden mit einer solchen Effizienz erhoben, zusammengeführt und abgeglichen, dass wir uns ständig gruseln, weil Anzeigen im Internet auftauchen, die sich auf unheimliche Weise auf ein diskretes Gespräch beziehen, das wir gerade mit Freunden hatten.

Wie steht es mit »Big State«? Hat der Staat dieselbe Reichweite wie Tech-Konzerne? Das hängt davon ab. Regierungen wissen durch unsere Steuernummern oder Sozialversicherungsnummern sehr viel über uns. Sie wissen, wie viel wir offiziell verdienen, welche staatlichen Leistungen wir beziehen und welche Sozialversicherungsbeiträge wir abgeführt haben. Sie kennen unsere Familiensituation, wenn wir Kinderfreibeträge oder Elternzeit beantragen. Wenn wir sterben, wissen sie, wie viel wir unseren Nachkommen hinterlassen. Und alle zehn Jahre erhalten wir ein Volkszählungsformular, in dem wir befragt werden, wer in unserem Haushalt lebt.

Auf den ersten Blick sind das eine Menge sehr persönlicher Informationen – allerdings gibt es hier echte Grenzen. Der Staat weiß am besten im Rahmen der unvermeidbaren Dinge über uns Bescheid: Tod und Steuern. Den Tod kann man schlecht vorspiegeln – es sei denn, es handelt sich um einen cleveren Trick in einer Folge der Krimiserie *Law & Order*. Aber die eingezogenen Steuern geben nicht immer akkurat wieder, wie viele Steuern man dem Staat schuldet. Dieser tut sich schwer, die Bürgerinnen und Bürger dazu zu bringen, ihr gesamtes Einkommen anzugeben. Selbst in Skandinavien, wo »Einwohnerregister« dem Staat einen unglaublichen Wissensvorrat über seine Bürger bescheren, schaffen es sehr Reiche, Steuern zu vermeiden. Die geleakten Dokumente der Panama Papers zeigen, dass das reichste 0,01 Prozent der Haushalte in Norwegen etwa ein Viertel der Steuern hinterzieht.

Wenn der Staat Solidaritätsleistungen verteilt – an ärmere Menschen –, will er wissen, ob jene, die geringe Löhne angeben, tatsächlich geringe Einnahmen haben. Und wenn er Steuern einzieht – von reicheren Menschen –, will er wissen, ob jene mit hohen Einkommen korrekt angeben, wie viel sie verdienen. Diese Lücke zwischen dem, was der Staat weiß, und dem, was »tatsächlich« da draußen abläuft, kann die Solidarität untergraben. Wenn zu viele Leistungen beanspruchen, die ihnen nicht zustehen, steigen die Kosten. Wenn zu wenige die Steuern zahlen, die sie zahlen »müssten«, schrumpfen die Einnahmen. Und der Staat kann seine solidarischen Versprechen bald nicht mehr einhalten.

Es gibt noch ein weiteres, deutlich tückischeres Problem. Wie messen wir etwas, das schlicht nicht erfassbar ist, selbst wenn unsere Steuerbehörden die allerbesten Schnüffler wären? Wer bedarf der Leistungen am dringendsten? Wer profitiert am meisten von einem neuen Park? Welchen Schülern würde eine gezielte Förderung am meisten nützen? Welche Unternehmen könnte eine Änderung von Rechtsvorschriften in den Ruin treiben?

Wie können Staaten ein zutreffendes Bild von den Wünschen ihrer Bürger erhalten? Wir wissen aus unserer Beschäftigung mit der Demokratiefalle bereits, wie schwierig es ist, zu wissen, was die Menschen wollen, da sie womöglich aus strategischen Gründen ihre wahren Standpunkte verschleiern. Die Tatsache, dass der Staat nicht in unsere Köpfe schauen kann, macht es verlockend, unsere Präferenzen oder Merkmale zu verschleiern, um von bestimmten Regelungen zu profitieren.

Der Staat zieht es zum Beispiel sicherlich vor, nur angeschlagene Unternehmen zu subventionieren, die von den Auswirkungen eines Handelsschocks tatsächlich betroffen sind. Doch solange der Staat nicht in die Firma hineinkommt und deren Bücher prüfen kann, dürfte es schwierig sein, ein Unternehmen, dessen Notlage selbst verschuldet ist, von einem Unternehmen zu unterscheiden, das tatsächlich ohne eigenes Verschulden in eine Schieflage geraten ist. Ein weitverbreitetes aktuelles Beispiel sind Betriebe, die den Staat betrogen haben, um Corona-Hilfen zu bekommen. Der britische Staat verlor durch falsche Angaben fast sechs Milliarden Pfund (fast zehn Prozent der gesamten Zahlungen). In den USA betrog eine Frau aus Oklahoma im Rahmen des Corona-Hilfsprogramms den Staat um fast 44 Millionen Dollar.

Das Gleiche gilt für staatliche Maßnahmen zugunsten von Menschen, die von einem Unglück heimgesucht wurden. Erwerbsunfähigkeit ist ein besonders umstrittener Bereich. Seit Beginn des 20. Jahrhunderts gewährten die meisten Industrienationen irgendeine Form von Leistung im Fall einer Krankheit oder eines Unfalls, anfangs meist zur Kompensation nach Arbeitsunfällen. Im Lauf der Jahrzehnte wurden die Leistungen auf Menschen ausgedehnt, deren Erwerbsunfähigkeit nicht direkt auf die Arbeit zurückzuführen war. Doch viele Behinderungen sind nicht so leicht zu ermitteln, vor allem nicht für weit entfernte Regierungsbeamte.

Auch wenn sich Staaten durch die Versicherung erhöhter Risiken wohl kaum selbst in den Bankrott treiben, könnte dies die politische Nachhaltigkeit von Sozialprogrammen gefährden, vor allem wenn die Öffentlichkeit glaubt, Sozialhilfebetrug sei weit verbreitet. Obwohl tatsächlich in Zusammenhang mit den Leistungen bei Arbeitsunfähigkeit in Großbritannien bei etwa 0,3 Prozent der Anträge betrogen wird, schätzte die britische Öffentlichkeit, dies sei bei über einem Drittel der Anträge der

Fall. Das mag atemberaubend falsch sein, doch in einer Welt, in der selbst der Staat nur schwer an Informationen gelangt, ist das nicht verwunderlich. Doch solcher Art Fehleinschätzungen stellen für die Solidarität eine echte Herausforderung dar.

Auch das Phänomen des Moral Hazard stellt ein Problem für den Staat dar, es verleitet zu risikoreichem Verhalten, weil man sich vom Staat gegen Gesundheitsrisiken, Arbeitslosigkeit usw. versichert glaubt. Dies ist von konservativer Seite ein gängiger Einwand gegen Solidarität. Eine allgemeine Krankenversicherung, so das Argument, fördere einfach nur gesundheitsschädliches Verhalten. Mit einem National Health Service würden sich die Menschen schlecht ernähren, zu viel rauchen und trinken und nicht auf sich achten, da sie ja wüssten, dass ihnen der Staat »unter die Arme greife«.

Würde das zutreffen, könnten wir in Ländern ohne allgemeine Krankenversicherung ein systematisch gesünderes Verhalten beobachten, vor allem bei Menschen, die nicht versichert sind. Ein kurzer Blick auf die Adipositaszahlen und darauf, wie sich die Menschen im Allgemeinen um ihre Gesundheit kümmern, sollte einem zu denken geben. In den USA waren 2016 37,3 Prozent der Bevölkerung fettleibig, und trotz des lückenhaften und teuren privaten Krankenversicherungssystems, das angeblich ein besseres Gesundheitsverhalten fördert, gehen 13 Prozent der Todesfälle auf Fettleibigkeit zurück. In Dänemark und Frankreich dagegen, wo alle Bürger versichert sind und der Staat den größten Teil der Kosten übernimmt, lag die Adipositasrate bei 21 und 23 Prozent, und der Anteil an Todesfällen, die auf die Fettleibigkeit zurückgehen, betrug nur 7 Prozent.

Die Arbeitslosenversicherungen bieten der Moral-Hazard-Kritik vielleicht eher ein Feld. Die allgemeine Arbeitslosenversicherung in Kontinentaleuropa könnte die Zahl der Langzeitarbeitslosen erhöhen, die keinen Sinn darin sähen, sich nach einer neuen Stelle umzuschauen, die nicht den bisherigen Arbeitsbedingungen entspreche. Wenn die Arbeitslosenversicherung aber gering ausfiele, müssten sie sich eine neue Arbeit suchen.

Die Moral-Hazard-Kritik gegen die Arbeitslosenversicherung ist eine weitverbreitete Überzeugung, da sie sich mit den Ansichten zur Bedeutung harter Arbeit deckt. Aber ist sie berechtigt? Es scheint logisch, dass großzügigere Arbeitslosengelder den Anreiz verringern, wieder eine Arbeit aufzunehmen. Doch gibt es in den reichen Ländern ein positives Verhältnis zwischen den staatlich gewährten »Ersatzzahlungen« und der Gesamtbeschäftigung. Länder wie die Schweiz, Dänemark und die Niederlande haben eine großzügige Arbeitslosenversicherung und eine hohe Beschäftigung.

Es gibt einen weiteren Grund, warum der Staat eine großzügige Arbeitslosenversicherung garantieren sollte, *selbst wenn* dies zu Moral-Hazard-Problemen führt. Denn die Menschen passen ihr Verhalten den politischen Maßnahmen des Staates an, im Guten wie im Schlechten. In Ländern mit allgemein großzügigen Leistungen im Fall einer Arbeitslosigkeit, wie Deutschland, Österreich und Schweden, gibt es auch eine große Anzahl Arbeiter, die sich berufliche Fähigkeiten in der High-End-Fertigung angeeignet haben. Es braucht seine Zeit, diese erworbenen Fähigkeiten zu vervollkommnen, und sie sind sehr eng an bestimmte Unternehmen und Produktionsprozesse gebunden. Das sieht nach einer riskanten Wette auf die Zukunft aus. Es ist kein Zufall, dass man nur dann bereit ist, in solche sehr spezifische Fähigkeiten zu investieren, wenn eine großzügige Arbeitslosenversicherung garantiert ist, auf die man zurückgreifen kann. Natürlich sind die Menschen gegen Risiken versichert, aber das bedeutet noch lange nicht, dass sie selbstschädigend handeln – sie können genauso auch investieren.

Mein Kollege in Oxford John Ahlquist und ich versuchten mithilfe eines Experiments herauszufinden, wie stichhaltig dieses Argument ist. Wir ließen die Teilnehmer ein langweiliges Spiel spielen – sie mussten an einem Computerbildschirm Schieberegler auf eine bestimmte Zahl einstellen. Wir erhöhten den Anreiz mit dem Angebot, im Vorhinein Geld in eine »Fertigkeit« zu investieren, mit der für jeden korrekt eingestellten Regler mehr zu verdienen war. Solange sie jedoch im Labor waren, konnten die Teilnehmer arbeitslos werden – das hieß, sie mussten vor dem Computer sitzen bleiben, hatten aber eine Weile lang nichts zu tun. Es war also ein Risiko, in diese Fertigkeit zu investieren. Vielleicht würden sie danach wieder am Schieberegler arbeiten, aber sie könnten auch eine andere Aufgabe zugewiesen bekommen, für die die Investition in die Fertigkeit keine Vorteile brächte.

Das Experiment war der Versuch, die realen Verhältnisse von Beschäftigung und Arbeitslosigkeit unter Laborbedingungen abzubilden. Zumindest nahmen wir etwas von der Alltäglichkeit der weniger angenehmen Jobs, die ich so hatte, mit auf. Die Frage, die uns aber eigentlich interessierte, war, was passieren würde, wenn wir die Zahlungen bei Arbeitslosigkeit großzügiger gestalteten. Wären die Teilnehmer dann eher bereit, in ihre Fertigkeiten zu investieren, wie es das Argument über Spezialfähigkeiten behauptet? Wir fanden starke Belege dafür, dass die Teilnehmer dann tatsächlich in die Fertigkeit investieren würden. Ohne Arbeitslosenversicherung investierten nur 50 Prozent in die Fertigkeit, dagegen waren es drei Viertel, als sie 75 Prozent ihres bisherigen Verdienstes als Versicherung erhielten. Ein Sicherheitsnetz aufzuspannen, kann zu kostspieligen, aber nützlichen Investitionen ermuntern.

Beides, Moral Hazard und Investitionen, stellt dynamische Probleme dar. Die Regierung führt eine politische Maßnahme ein, und die Bürger reagieren darauf und unterstützen die Maßnahme oder untergraben sie, wenn man Pech hat. Eine Politik, die dazu gedacht war, Solidarität zu fördern, kann sie im Ergebnis schwächen.

Ein deutliches Beispiel dafür sind Versuche, jungen Menschen durch Unterstützung bei Erstkäufen zu Wohnungseigentum zu verhelfen. Das britische *Help-to-Buy*-Programm zur Förderung des Erwerbs von Eigentum gewährte ein staatliches Darlehen von 20 Prozent des Kaufpreises, um Erstkäufern eine Anzahlung auf ein neu gebautes Haus zu ermöglichen. Doch die Maßnahme war unmittelbar mit der Tatsache konfrontiert, dass auch die Immobilienverkäufer davon wussten. Da sich nun mehr Menschen ein Haus leisten konnten, erhöhten die Verkäufer die Immobilienpreise. Damit war der Zusatzbetrag, mit dessen Hilfe sich junge Menschen ein Haus hätten leisten können, aufgezehrt. Wieder waren Häuser für sie unerschwinglich, und sie hatten es genauso schwer, Eigentum zu erwerben. Sämtliche Leistungen kamen den bisherigen Hauseigentümern zugute, die mehr Geld verlangen konnten.

Diese Art von Dynamik gibt es in allen Bereichen von Solidaritätsmaßnahmen. Bildungspolitische Schritte zum Beispiel werden häufig von den Eltern untergraben. Da Schulbezirke normalerweise geografisch abgesteckt werden und keine gesetzliche Regel Eltern verbietet, in andere Bezirke umzuziehen, sorgen wohlhabende Eltern nicht selten dafür, sich in den Bezirken mit den bestausgestatteten oder elitärsten Schulen niederzulassen. Da Eltern als Reaktion auf politische Maßnahmen umziehen können, kann es für Regierungen auf kommunaler wie nationaler Ebene sehr schwierig sein, eine gerechte Bildungspolitik zu etablieren.

Die Geschichte der Schulbusse in den Vereinigten Staaten ist ein klassisches Beispiel, das direkt an unsere Diskussion über Diversität anschließt. In den 1970er-Jahren versuchten viele Schulbezirke, gegen Rassendiskriminierung anzugehen, indem man nicht weiße Schüler mit Schulbussen in »weiße« Schulen schickte und umgekehrt. Die Reaktion einer Vielzahl weißer Eltern aus der Mittelschicht war, ihre Kinder einfach aus dem Schulbezirk zu nehmen – entweder unterrichteten sie ihre Kinder privat, oder sie zogen in einen anderen Bezirk um. Die Segregation in den Schulen blieb hoch, weil »ethnozentrische Eltern« die Politik unterliefen, um zu vermeiden, dass ihre Kinder mit Kindern anderer Hautfarben gemischt wurden.

Ähnliche Muster kann man beobachten, wenn Regierungen versuchen, die Schulen mit Blick auf Einkommensunterschiede ausgewogener zu organisieren. In einer von mir vorgenommenen Untersuchung über die Bildungssituation in England und Wales konnte ich feststellen, dass die lokalen Schulen in Regionen mit höheren Immobilienpreisen sehr große Unterschiede in den schulischen Leistungen aufwiesen. Hohe Preise erlauben es wohlhabenden Familien, sich wirtschaftlich in den teuersten Vierteln mit den besten Schulen abzusondern. Mag sein, denken Sie vielleicht, aber ist dies für die kommunalen Bildungsbehörden kein Anreiz, zu versuchen, einen Ausgleich zwischen den Schulen zu schaffen, um dieser Art Absonderung von Wohlhabenden entgegenzuwirken?

Nicht so schnell. Mittelklasse-Eltern spielen eine andere Karte. Die Bildungsreformen der letzten Jahrzehnte in England und Wales erlaubten es den Schulen, sich der Kontrolle durch die Kommunalbehörden zu entziehen. Obwohl auch solche Schulen nicht eigenständig geografische Grenzen setzen können, ist es reicheren Eltern noch immer möglich, die Aufnahme auf »ihresgleichen« zu beschränken. Die Schulen können darüber hinaus außerschulische Kriterien für die Auswahlverfahren zulassen, die von gewieften Eltern manipuliert werden – religiöse Präferenzen, Unterrichtsfächer usw. Mit anderen Worten, wenn man sich nicht über den Wohnort absondern kann, sucht man nach anderen Mitteln der Absonderung.

Die Menschen »segregieren«, sie »entmischen« sich, indem sie sich an den Orten ansiedeln, wo sie die gewünschten Steuern und öffentlichen Leistungen erhalten. Das ist selbstverständlich antisolidarisch. Man sondert sich ab, um zu erhalten, was man will, statt sich zusammenzutun. Das erinnert uns an die Gleichheitsfalle – das Gleichheitsrecht, in wohlhabendere Viertel zu ziehen, untergräbt die Gleichheit der Lebensumstände. Ob das nun mehr Verteilungsgerechtigkeit bringt oder nicht, in einem freien Land werden Sie mit diesem Phänomen konfrontiert sein, und es stellt für jede Art sozialpolitischer Maßnahmen eine fundamentale Herausforderung dar.

Fassen wir diese Informationsprobleme in Sachen Solidarität noch einmal zusammen. Erstens müssen wir die Leute dazu bringen, ihr Einkommen korrekt anzugeben, um einerseits entscheiden zu können, wer mehr Leistungen erhalten, andererseits, wer mehr Steuern zahlen soll. Dann haben wir das Problem, herauszufinden, wer wirklich Solidarität braucht, besonders wenn es Anreize gibt, die eigene Situation wahrheitswidrig darzustellen. Und schließlich stehen wir vor den dynamischen Herausforderungen, dass wir nicht kontrollieren können, wie sich die Menschen verhalten werden, wenn eine politische Maßnahme umgesetzt wird, sie können sie schließlich auch untergraben. Bestehen Möglichkeiten, diese Probleme zu bekämpfen und eine solidarische Politik durchzusetzen? Erstaunlicherweise gibt es eine besonders einfache Lösung: allen das Gleiche gewähren. Wie würde das konkret aussehen?

12 DER WEG AUS DER SOLIDARITÄTSFALLE

Drei Buchstaben haben die Fantasie von Reformern in den letzten zehn Jahren beflügelt: BGE. Das bedingungslose Grundeinkommen hat eine ungewöhnliche Koalition von Befürwortern zusammengebracht: von politisch links stehenden Aktivisten der Armutsbekämpfung bis hin zu Hochkarätern des libertär rechten Spektrums aus dem Silicon Valley. Und es wurde an erstaunlich vielen Orten der Welt erprobt: von Oakland bis Finnland, von Spanien bis Sierra Leone. Das bedingungslose Grundeinkommen wurde als Lösung für eine ganze Flut von Problemen des 21. Jahrhunderts vorgeschlagen: vom Wiederaufschwung nach der Corona-Pandemie bis zum Ersatz von Arbeitern durch Roboter. Ist es ein Wundermittel? Bietet es uns einen Ausweg aus der Solidaritätsfalle?

Beginnen wir mit der Abkürzung, denn »BGE« hat den in der Politik seltenen Vorzug, genau zu benennen, was es ist. Und fangen wir von hinten an, weil es so leichter zu verstehen ist. »E« (für Einkommen) bedeutet, dass das BGE eine Geldzahlung ist. Das unterscheidet es von anderen Arten sozialpolitischer Solidarität wie Gesundheitsversorgung, Lebensmittelmarken und Bildung, die in Form von Sachleistungen gewährt werden und keine Barzahlungen beinhalten. Geld kann der Staat in der Regel relativ leicht verteilen. Zumindest muss man sich über

Qualität und Beschaffenheit des Dienstes keine Gedanken machen, Geld ist Geld.

Zudem ist es in beliebiger Form verwendbar: Man kann es aufteilen und für die verschiedensten Dinge ausgeben. Sie können Ihr BGE ohne Einschränkungen einsetzen, wofür Sie wollen. Wenn Sie es komplett für Fast Food und Alkohol ausgeben möchten, tun Sie das. Nichts, mit Ausnahme des Strafrechts, hält Sie davon ab, Ihr BGE für illegale Drogen zu verwenden. Natürlich hält Sie auch nichts davon ab, außer vielleicht die Weisheit des Alters, Ihre staatliche Rente in gleicher Weise auszugeben. Das BGE ist unabhängig davon, wie es ausgegeben wird – für Gutes wie für Schlechtes.

Das »G« (Grund-) bedeutet, dass das BGE einen Grundsockel an Geld bietet. Es wird den meisten Menschen nicht ausreichen, um davon zu leben. Aber jeder erhält die gleiche Summe. Das heißt, der Staat muss nicht herausfinden, wem wie viel zusteht. Alle erhalten das Gleiche, unabhängig von Bedürftigkeit, Verdienst oder Leistung. Aber das BGE erhält bestehende Ungleichheiten auch aufrecht. Menschen mit höherem Einkommen verdienen weiterhin mehr, zusätzlich erhalten sie das BGE, abzüglich der Steuern, die sie zahlen müssen. Da der Betrag ein »Grund«-Betrag ist, wird er für extrem Reiche keinerlei Auswirkungen haben. Die extrem Bedürftigen bleiben ärmer als alle anderen, haben nun aber einen Betrag an Geld, auf den sie zurückgreifen können.

Schließlich das »B« (für bedingungslos). Es bedeutet, dass diese Leistung *alle* Bürgerinnen und Bürger eines Landes erhalten. Das BGE ist unabhängig davon, wie es ausgegeben wird, und unabhängig vom Verhalten seiner Empfänger. Darin, ob Kinder mit eingeschlossen sind, unterscheiden sich die BGE-Konzepte manchmal. In manchen gibt es im Alter von achtzehn Jahren eine Garantiesumme statt einer stetigen Zahlung. Doch das

reine BGE geht an Einzelpersonen, nicht an Haushalte (auch
wenn das Geld für die Kinder vermutlich die Eltern entgegen-
nehmen, sonst würde womöglich am Ende *Fortnite* 10 Prozent
der Wirtschaftsleistung ausmachen). Der Begriff »Bürgerinnen
und Bürger« enthält freilich ein einschränkendes Moment. Man
kann sich leicht vorstellen, dass Länder, die das BGE einführen,
neue Einwanderer davon abhalten wollen, es zu erhalten, teils
aus »sozialchauvinistischen« Gründen, teils, um eine Massen-
einwanderung zu verhindern.

Das Original-BGE wurde 1974 in der kanadischen Provinz
Manitoba erprobt, wo die kleine landwirtschaftlich geprägte
Stadt Dauphin jeder Familie die Möglichkeit gewährte, sich bedingungslos für den Bezug einer jährlichen Pauschalzahlung
von rund 14 000 Dollar (in heutigen US-Dollar) zu entscheiden.
Anders als ein »reines« BGE wurden alle darüber hinausgehen-
den Einnahmen höher versteuert, was darauf hinauslief, dass die
Leistung in Höhe ihres doppelten Wertes steuerlich wieder voll
abgezogen wurde. Das Pilotprojekt dauerte nur ein paar Jahre,
zeigte einige positive Auswirkungen auf die Gesundheit und
schien auch die Anzahl an Stunden, die gearbeitet wurden, nicht
zu verringern. Im Großen und Ganzen machte das Programm
den Eindruck, erfolgreich zu sein. Doch politisch war es nicht
stabil; kaum hatte die Konservative Partei 1979 die Regierung
übernommen, setzte sie die Maßnahme wieder aus.

Seither waren BGE-Programme im Allgemeinen weniger
großzügig bemessen, von schwankender Finanzierung oder auf
einkommensschwache Personen beschränkt. Der Alaskan Permanent Fund schüttet jährlich an alle Einwohner mit ständigem
Wohnsitz in Alaska rund 1600 Dollar aus, die aus Gewinnen der
Ölförderung stammen. Doch diese Zahl schwankt mit den Ölpreisen. Die finnische Regierung begann 2015 ein Pilotprojekt,
bei dem 2000 arbeitslose Finnen im arbeitsfähigen Alter rund

7500 Dollar jährlich zusätzlich zu den Sozialleistungen erhielten, die sie im Fall einer neuen Anstellung weiter erhalten sollten. In Spanien wurde im Rahmen eines Pilotprojekts in Barcelona Geld an die Menschen in den ärmsten Vierteln der Stadt ausgegeben, und nach der Corona-Pandemie billigte der Staat armutsbetroffenen Familien bedingungslose Zuschüsse von umgerechnet 1000 US-Dollar im Monat zu. Das aktuelle Spektrum an BGE-ähnlichen Programmen ist ein Mix aus dürftigen, schwankenden Zahlungen an alle und großzügigeren Leistungen für Arme.

Ein ehrgeizigeres BGE wurde in vielen politischen Gruppen populär: von Technokraten über Tech-Spezialisten bis hin zu Sozialisten. Bekannte Politiker wie Andrew Yang in den USA und Jeremy Corbyn in Großbritannien plädierten für die Einführung eines nationalen BGE und machten es einer breiteren Öffentlichkeit bekannt. Diese Vorschläge waren deutlich umfangreicher als das, was bisher in der Diskussion war. Andrew Yang versprach unter dem Namen *Freedom Dividend* (»Freiheitsdividende«) ein puristisches BGE von 1000 Dollar im Monat für alle US-Bürger. Der Unternehmer und CEO von OpenAI, Sam Altman, schlug vor, alle Amerikaner von einem *American Equity Fund* (»Amerikanischer Gleichheitsfonds«) profitieren zu lassen, der durch eine 2,5-Prozent-Steuer von Unternehmen und auf Grundstücke finanziert werden und aus dem jeder erwachsene Amerikaner 13 500 Dollar pro Jahr erhalten soll. Sie alle sind der Ansicht, dass ein BGE effizienter und gerechter ist als das politische Durcheinander bestehender sozialpolitischer Programme.

Doch weist das bedingungslose Grundeinkommen tatsächlich einen Weg aus der Solidaritätsfalle? Führen wir uns noch mal das Problem vor Augen, dass man in guten Zeiten in der Regel nicht bereit ist, für andere, die eine schwere Zeit durchmachen, zu zahlen. Ein BGE ist eine Art von Konsumglättung – Sie erhalten jedes Jahr die gleiche Leistung vom Staat – in guten wie in schlechten Zeiten. Zumindest sollte es Ihnen helfen, wenn Sie es gerade schwer haben.

Wie steht es um die Solidarität zwischen den Menschen? Das BGE kann nicht so leicht als etwas stigmatisiert werden, das nur »solchen Leuten da« zukommt – den Faulen und Taugenichtsen –, da es jeder erhält. Wenn ethnozentrische Menschen das BGE beschneiden wollen, um einer anderen ethnischen Gruppe zu schaden, schaden sie sich selbst. Wir haben jedoch bereits gesehen, dass es ein Problem geben könnte, wenn Einwanderern der Zugang zum BGE verweigert würde – wie viele Jahre müssten sie ansässig sein, um es zu erhalten? Wie gerecht wäre es, Einwanderer Steuern für ein bedingungsloses Grundeinkommen zahlen zu lassen, das ihnen selbst nicht zustünde? Auch dass das BGE nicht stigmatisierend sein kann, ist noch nicht ausgemacht. Die naheliegendste Kritik ist, dass es genauso die Faulen, die Zügellosen und all jene, die es nicht verdient haben, bekommen, wenn es alle bekommen. *Ich* habe mein BGE verdient, aber ob *du* es verdient hast, da bin ich mir nicht so sicher. Das größte Risiko des BGE ist, dass es irgendwann politisch unpopulär wird, eben doch mit »solchen Leuten da« assoziiert wird und das ganze Gebäude am Ende zusammenstürzt.

Um der Solidaritätsfalle zu entkommen, leistet das BGE am meisten dadurch, dass es das Informationsproblem löst. Der Staat muss nicht viel über die Einwohner des Landes wissen, um das BGE auszuzahlen, nur, wer Bürgerin oder Bürger ist und wer nicht. Es gibt wenig bürokratischen Aufwand. Und man kann sich keine besseren Voraussetzungen verschaffen, indem man bestimmte politische Maßnahmen nutzt. Es spielt keine Rolle, in welches Viertel Sie ziehen oder welche Belege Ihrer Bedürftigkeit Sie dem Staat vorlegen, Sie erhalten das Gleiche. Man kann sich beim bedingungslosen Grundeinkommen nicht absondern, außer man verlässt das Land.

Das BGE löst auch ein Problem der Zukunft: Die Fortschritte in der Informationstechnologie könnten die Funktionsfähigkeit des bestehenden Wohlfahrtsstaates bedrohen. Big Data und Künstliche Intelligenz helfen Versicherern, das Problem der adversen Selektion zu vermeiden – wenn Versicherer wissen, bei wem das Risiko hoch ist, können sie den Versicherungsschutz verweigern. Private Versicherungen werden dadurch für niedrige Risiken billiger. Und das schafft ein politisches Problem für den Wohlfahrtsstaat – wenn man sich mit niedrigem Risiko privat versichern kann, warum sollte man »doppelt« für eine Versicherung zahlen und zudem noch die Sozialversicherung über die Steuern finanzieren? Die neue Information macht die Solidarität zwischen Menschen mit hohem und Menschen mit niedrigem Risiko zunichte. Ein BGE unterliegt diesem Problem nicht – auch wenn man mehr Information über die Menschen hätte, es spielt keine Rolle, wenn alle dasselbe bekommen.

Die größte Schwierigkeit für die Befürworter eines BGE sind wahrscheinlich die Kosten. Der übliche Vorschlag für die Höhe eines BGE lautet in den Vereinigten Staaten, etwa von Andrew Yang, 12 000 Dollar pro Jahr. Das Durchschnittseinkommen in den USA lag 2019 bei rund 66 000 Dollar, doch das ist irreführend, da die Einkommen in Amerika so ungleich verteilt sind. Das mittlere Einkommen lag mit 36 000 Dollar gerade einmal bei etwas mehr als der Hälfte, also dem Dreifachen des BGE. Was passiert dann mit den bereits existierenden Sozialausgaben und -leistungen in den USA – von der Arbeitslosenversicherung bis zur staatlich unterstützten Gesundheitsversorgung? Laut der Organisation für wirtschaftliche Zusammenarbeit und Entwicklung (OECD) lagen die Sozialausgaben in den Vereinigten Staaten bei um die 19 Prozent des Nationaleinkommens in Bruttobeträgen (netto ist es deutlich mehr – 29 Prozent –, darauf kommen wir noch). Das sind etwas mehr als 12 000 Dollar pro Person. Die

Befürworter eines bedingungslosen Grundeinkommens fordern also einen zusätzlichen Wohlfahrtsstaat. Oder etwa nicht? Konservative sind aus ganz anderen Gründen als Sozialisten Fans des BGE. Ihrer Meinung nach bietet das BGE eine marktähnliche Möglichkeit, den existierenden Wohlfahrtsstaat komplett abzulösen. Keine vermeintlichen Missstände mehr in den Versicherungsbehörden, bei öffentlichen Wohnungsbauprojekten oder Medicaid, die durch die entsprechende Summe ersetzt werden. Das BGE ist zwar immer noch eine Umverteilung, aber nach Marktkriterien, da man sich selbst eine private Gesundheitsversorgung kaufen, eine Wohnung mieten und Lebensmittelmarken durch den BGE-Scheck ersetzen müsste. Manche Ärmere, vielleicht große junge Familien in preisgünstigen Gegenden, wären bessergestellt. Viele andere jedoch nicht, insbesondere Menschen mit hohen Gesundheitskosten. Wir bekommen Solidarität in Form von Geld, aber keine Solidarität in Bezug auf die Risiken, denen wir ausgesetzt sind.

Natürlich muss das BGE den existierenden Wohlfahrtsstaat nicht ersetzen. Aber möglicherweise wird er politisch untergraben. Wir wissen, was bei der Solidaritätsfalle droht – die Menschen sind jetzt schon nicht bereit, ihr künftiges Ich oder gar Leute zu versichern, die sie als »die anderen« betrachten. Ersetzt man die existierenden Programme in all ihrer Komplexität und Stigmatisierung durch Bargeld, das stattdessen ausgezahlt wird, ist es gut möglich, dass die Leute ein BGE unterstützen würden.

Was für den Wohlfahrtsstaat spricht, ist das Gegenteil dessen, was das BGE verspricht. Wohlfahrtsstaaten haben lange bestehende Institutionen aufgebaut und Normen um sich herum etabliert (auch mit manchen negativen Aspekten). Jede Renten-, Arbeitslosen- und Umverteilungsmaßnahme hat ihre Anhänger, unter den Empfängern ebenso wie in der um sie herum geschaffenen Bürokratie. Das BGE dagegen ist politisches Neuland und damit instabil. Wer wird es verteidigen? Alle? Beim ursprünglichen BGE in Manitoba haben wir bereits gesehen, dass BGE-Systeme in der Frühphase politisch leicht zu beseitigen sind. Folgt eine Rezession oder ein Regierungswechsel, könnte das BGE plötzlich ohne Verteidiger dastehen.

Eine Möglichkeit, um diese Bedenken zu zerstreuen, ist die Betonung von Leistungen, die alle erhalten, und zugleich – in höchst unsolidarischer Weise – dafür zu sorgen, dass Menschen mit höheren Einkommen mehr bekommen. Der schwedische Soziologe Walter Korpi und sein Landsmann Joakim Palme, ein Politologe, plädieren für dieses ungewöhnliche Modell. Sie argumentieren, dass Länder mit öffentlichen Leistungen, die sich nach dem Einkommen richten, in der Regel ein höheres Niveau an Einkommensumverteilung aufweisen. Sie selbst nennen dies das »Paradox der Umverteilung«: »Je mehr wir die Leistungen auf die Armen beschränken und je mehr wir uns mithilfe öffentlicher Transferleistungen um Verteilungsgerechtigkeit für alle bemühen, desto geringer ist die Wahrscheinlichkeit, dass Armut und Ungleichheit verringert werden.«

Nach Ansicht von Korpi und Palme müssen wir die Mittelklasse einbinden, damit Solidarität funktioniert. Leistungen wie Renten oder die Arbeitslosenversicherung an das Einkommen zu koppeln, erhöht den Wert des Wohlfahrtsstaates für die Mittelschicht und verhindert, dass deren Angehörige sich für private Alternativen entscheiden. Der letztgenannte Punkt ist besonders wichtig. Wenn sich Menschen mit hohem Einkommen gegen eine staatliche Versicherung entscheiden, versichert der Staat zwangsläufig nur noch Mitglieder mit hohem Risiko.

Hinzu kommt, da die Bürger der Mittelschicht in Korpis und Palmes Modell hohe Steuern bezahlen *und* hohe Leistungen erhalten, dass der Wohlfahrtsstaat für ihren Alltag wichtiger wird.

Ironischerweise führt die Tatsache, dass die Mittelschicht besonders großzügige – ja sogar bessere – Leistungen erhält im Vergleich zu den Armen, zu politisch nachhaltigeren und solidarischeren Ergebnissen, als wenn sich die Wohltätigkeit gezielt nur an die Armen richtet.

Die Alternative zum BGE besteht also darin, den Universalismus zu übernehmen und auf den Wohlfahrtsstaat als Ganzes zu übertragen. Das war im Wesentlichen das schwedische Modell. Gerade die enorme Großzügigkeit des schwedischen Wohlfahrtsstaats bewirkt, dass er von der Mittelschicht unterstützt wird. Das schwedische Sozialsystem ist kein einfacher Geldtransfer im Sinne eines BGE – es besteht aus einer Reihe von umfangreichen Sozialleistungen, die in hoher Qualität angeboten und von allen Bürgerinnen und Bürgern eifrig genutzt werden. Dazu gehören, wie nicht anders zu erwarten, eine staatlich finanzierte und bereitgestellte Gesundheitsversorgung sowie Renten. Aber es beinhaltet auch etliche öffentliche Leistungen, die in den USA zähneknirschend nur Armen zur Verfügung gestellt werden – Kinderbetreuung und Beschäftigungsförderung, etwa durch Schulungen.

Die Kinderbetreuung ist ein besonders drastisches Beispiel beim Vergleich einer schwedischen mit einer amerikanischen Familie. Schwedische Eltern zahlen unabhängig von ihrem Einkommen für die Kinderbetreuung eine vom Staat festgelegte *maxtaxa* – eine Maximalgebühr von monatlich rund 175 Dollar. Die Kinder können ab einem Alter von zwölf Monaten zur Kinderbetreuung gegeben werden. Stellen wir das einmal den Betreuungskosten für ein zwölf Monate altes Kind in Amerika gegenüber. Das Economic Policy Institute schätzt, dass die Kinderbetreuung in Massachusetts monatlich etwa 1743 Dollar kostet – das Zehnfache. Selbst für ein vierjähriges Kind liegen die monatlichen Kosten noch bei 1250 Dollar. Es wird sofort deutlich, wie wichtig öffentlich geförderte Kinderbetreuung selbst für gut verdienende Schweden ist.

Der Staat spielt im Leben der Schweden von der Wiege bis zur Bahre eine bedeutende Rolle. Auf viele Leserinnen und Leser mag das abschreckend wirken – als Reise auf dem sprichwörtlichen »Weg zur Knechtschaft«.* Doch wir sollten die Sichtbarkeit des Wohlfahrtsstaates nicht mit seiner Größe verwechseln. Ich habe bereits angedeutet, dass der Nettobetrag der US-Sozialausgaben und -Sozialleistungen deutlich höher ist als der Bruttobetrag. Was bedeutet der Finanzjargon in diesem Fall? Die Nettoausgaben umfassen Teile des Wohlfahrtsstaates, die mit bloßem Auge nicht zu erkennen sind.

Wenn es ans Zahlen von Steuern geht, beschäftigen sich viele Amerikaner mit der verwirrenden Liste von Absetzungsmöglichkeiten und Steuernachlässen, die sie nutzen können, um den Betrag zu reduzieren, den sie Uncle Sam schulden. Aus europäischer Perspektive, wo die Steuern in den meisten Ländern an der Quelle abgezogen werden und es nur wenige Abzugsmöglichkeiten gibt, wirkt dies hoch kompliziert. Doch hier ist ein Drittel des amerikanischen Wohlfahrtsstaates situiert, der sich in einem Keller versteckt, den das Steuergesetzbuch errichtet hat.

Amerikaner können alle möglichen Ausgaben für Sozialleistungen, die sie von privaten Dienstleistern beziehen, steuerlich absetzen – am offensichtlichsten ist dies bei den Gesundheitskosten (entweder direkt mit einem individuellen Gesundheitssparkonto oder indirekt durch die steuerliche Absetzbarkeit der vom Arbeitgeber bereitgestellten Gesundheitsversorgung). Sie können Bildungsausgaben und Kinderbetreuungskosten

---

* So der entsprechende deutsche Titel von *The Road to Serfdom*, dem 1944 erschienenen Buch des Wirtschaftswissenschaftlers Friedrich August von Hayek, das zum Klassiker des Marktliberalismus wurde. (A. d. Ü.)

absetzen. Sie erhalten Steuerabzüge für Kinder und, falls sie arm sind, den *Earned Income Tax Credit* – als »Arbeitseinkommensteuergutschrift« eine Art Lohnsubvention. Man kann sogar die Zinsen für die Hypothek absetzen (die wahrscheinlich ihrerseits von der staatlichen Hypothekenbank Fannie Mae abgesichert ist).

Mit anderen Worten werden vom amerikanischen Staat weiterhin Solidarmaßnahmen bereitgestellt – die USA sind, in Anlehnung an das bekannte Klischee, nicht ganz das Land der unbegrenzten Eigeninitiative –, aber er versteckt sie hinter Steuererleichterungen, statt höhere Zahlungen zu gewähren. Und weil wohlhabendere Menschen mehr Steuern zahlen, ist diese Art von Abzügen und Erleichterungen für sie sinnvoller.

Dieser »untergetauchte« Wohlfahrtsstaat entzieht sich dem Verständnis des durchschnittlichen amerikanischen Steuerzahlers, auch wenn er davon profitiert. Und angesichts der Komplexität der US-Steuergesetzgebung kann man es den Leuten nicht verdenken, dass sie sich nicht näher damit auseinandersetzen. Doch es erzeugt eine Diskrepanz zwischen dem, was die Menschen glauben, dass der Staat tut, und dem, was er tatsächlich subventioniert und bezahlt. Diese Verschleierung nützt dem Wohlfahrtsstaat in den USA offenbar nicht – anstatt die Unzufriedenheit zu lindern, scheint sie das derzeitige System eher noch zu verstärken. Ironischerweise sind gerade diejenigen, die von dem unsichtbaren Wohlfahrtsstaat am meisten profitieren – reiche Bürger mit absetzbaren Krankenversicherungen und Hypothekenzinsen –, seine größten Gegner.

Die Kluft zwischen dem sichtbaren und dem unsichtbaren Wohlfahrtsstaat ist nicht nur ein US-Phänomen – auch Australien weist zum Beispiel einen großen Unterschied zwischen Brutto- und Nettoausgaben auf –, und offenbar verzerrt dies das Verhältnis, das die Bürger zwischen der Politik und ihren Maßnahmen herstellen. In Ländern mit weniger sichtbarem

Wohlfahrtsstaat – wie den USA – finden es die Menschen schwerer, politische Parteien einem wirtschaftlichen Rechts-links-Spektrum zuzuordnen oder ihre eigenen politischen Präferenzen mit Parteien zu verbinden. Der schwedische Wohlfahrtsstaat ist also nicht etwa ein leichtes politisches Ziel, das in ständigem Kreuzfeuer stünde und permanent bedroht wäre, im Gegenteil, die schwedischen Wähler sind sich über seine Bedeutung völlig im Klaren. Die einen schätzen ihn mehr als andere, meist die ärmeren Teile der Gesellschaft. Aber es gibt kaum Meinungsverschiedenheiten darüber, was er leistet.

Dies erklärt, warum sichtbare Wohlfahrtsstaaten, obwohl sie teuer sind, am stabilsten zu sein scheinen. Politische Versprechen, den weniger Wohlhabenden zu helfen, bergen immer das Risiko, von den Reichen wieder gekippt zu werden. Sie müssen also in gut sichtbare Institutionen eingebettet werden, damit die Menschen merken, was sie erhalten, und der Logik des Systems folgen können. Die Solidaritätsfalle ist deutlich leichter zu umgehen, wenn sichtbar ist, wie das System für alle funktioniert.

Universalismus ist nicht die Lösung für alles. Was, wenn es für die möglichen Leistungen eine natürliche Grenze gibt? Manche staatlichen Angebote können nicht jedem angeboten werden, zumindest nicht, ohne sie im Charakter grundlegend zu verändern. Das naheliegendste Beispiel ist die öffentliche Elitehochschulbildung, die man aus zwei Gründen schlecht der kompletten Gesellschaft zukommen lassen kann. Der erste ist ein logistischer – eine einzige renommierte Universität kann nicht alle Schulabgänger eines Staates oder Landes ausbilden.

Der zweite Grund ist zynischer – eine elitäre Institution kann nicht allgemein zugänglich sein. Das wirft natürlich zunächst einmal die Frage auf, warum wir überhaupt Eliteeinrichtungen brauchen. Sollte sich der Staat engagieren, einigen wenigen eine

höherwertige Ausbildung zukommen zu lassen? Abgesehen davon verfügt kein Land über ein wirklich gleichwertiges Hoch-
schulsystem, in dem alle Institutionen gleich renommiert wären. Selbst in Ländern wie Schweden und Finnland, die Wert auf
gleichrangige Universitäten legen, gibt es implizite Rankings,
deren sich Schulabgänger und Eltern deutlich bewusst sind.
Kann man ein begrenztes Gut gerecht – oder sogar solidarisch – vergeben? In vergangenen Zeiten war der Zugang zu
Eliteuniversitäten eng mit dem Familieneinkommen verknüpft,
da nur wenige überhaupt eine Universität besuchten und es relativ wenige Universitäten gab. Konsequenterweise waren es
rechtsgerichtete Parteien, die traditionell als Verfechter einer
staatlichen Hochschulfinanzierung auftraten. Doch die Imma-
trikulationen an den Universitäten nahmen in den wohlhabenden Ländern immer weiter zu, und es wurden mehr und mehr
die Linksparteien, die eine stärkere staatliche Finanzierung befürworteten, während die rechten Parteien diesbezüglich zurückhaltender wurden – ein deutlicher Kontrast zu den 1960er-
Jahren. Die riesigen Studierendenzahlen stellten jedoch für beide
politischen Richtungen eine neue Herausforderung dar, da es
noch immer Eliteuniversitäten gab. Wie sollte der Zugang zu
diesen Hochschulen gestaltet werden, wenn sie nicht einfach nur
für die existierenden Eliten da sind?

Die Antwort aus allen politischen Richtungen lief auf ein »nach
Leistung« hinaus. Stark umstritten jedoch ist, wie »Leistung« be-
urteilt werden soll. Hat die Zulassung ausschließlich auf der
Grundlage von Prüfungsergebnissen zu erfolgen? Falls ja, würde
das nicht die Kinder von Wohlhabenden, deren Eltern sich ohne
Weiteres eine private Nachhilfe leisten können, privilegieren?
Und wie geht man mit den Bedenken ethnischer Minderheiten
um, dass standardisierte Tests implizite rassistische Vorurteile
enthalten? Außerdem: Sollten Universitäten tatsächlich nur die

rein akademische Leistung berücksichtigen? Das könnte eine akademische Monokultur erzeugen, dabei sollten Universitäten doch vielleicht einen umfassenderen, ganzheitlicheren Blick verfolgen und Menschen mit breiter gestreuten Fähigkeiten und Hintergründen einbeziehen.

In den USA verschärfte das Ende der *Affirmative Action* – der Zulassungspräferenzen nach Hautfarbe – durch das Urteil des Obersten Gerichtshofs diese Diskussion. Als kalifornischen Universitäten untersagt wurde, die ethnische Zusammensetzung der Studierenden zu berücksichtigen, kam es zu einer auffälligen demografischen Verschiebung an der University of California (UC), einem Verbund kalifornischer Universitäten in zehn Städten, indem die Anzahl schwarzer und hispanischer Studierenden merklich zurückging. Wie so viele andere politische Debatten um Solidarität wurde auch die ethnische Vielfalt zum Streitthema zwischen Konservativen und Liberalen.

Die den UC-Hochschulen aufgezwungene Änderung führte zu einer politischen Reaktion, die verhindern sollte, dass Universitäten in mehr als einer Hinsicht zu Monokulturen wurden. Nach den UC-Regeln erhielt jeder Schulabgänger, der zu den besten 9 Prozent an den kalifornischen Highschools gehörte, einen Studienplatz an einer der Universitäten der UC (allerdings nicht unbedingt an der gewünschten). Das sieht nach einer rein leistungsorientierten Maßnahme aus. Doch es gab an der UC eine weitere Regelung, nach der jeder Schüler und jede Schülerin, die – gemessen an den vergangenen Leistungen an der Schule – zu den besten 9 Prozent ihrer Highschool gehörten, im Rahmen der sogenannten *Eligibility in the Local Context* (ELC, »Eignung im lokalen Kontext«) ebenfalls zugelassen wurden. Ein ähnliches Verfahren wie die ältere Maßnahme in Texas, das *Texas Top Ten Percent* (TTP, »die besten zehn Prozent in Texas«), das die Leistung an einer bestimmten Highschool als Kriterium für die Zulassung an der Vorzeigeuniversität des Bundesstaates, der University of Texas at Austin (UT Austin), nutzte.

Sorgten ELC und TTP dafür, die Solidaritätsfalle bei einer gerechten Verteilung eines knappen Gutes zu vermeiden? Es gibt positive und negative Folgen. Bei Schülern, die sich ausschließlich über die ELC qualifizierten, stieg die Wahrscheinlichkeit um etwa 10 Prozent, eine Universität der UC zu besuchen statt eine weniger angesehene Hochschule. Die Hälfte dieser Schüler stammte aus unterrepräsentierten Minderheiten, und ihre Ergebnisse beim Zulassungstest waren deutlich schlechter als bei Schülern, die auf dem Standardweg zugelassen wurden. Die ELC vergrößerte also tatsächlich die Chancen von Schülern aus Schulen, von denen in der Regel weniger Abgänger Zugang zu Eliteuniversitäten erhielten.

Ähnlich positive Auswirkungen auf solche Schüler hatte das TTP. Schüler, die an die UT Austin »geholt« wurden, hatten eher einen Abschluss gemacht und mittelfristig etwas höhere Einkommen, während es für die »verdrängten« Studierenden (diejenigen, die die UT Austin auch ohne das Programm besucht hätten) keinerlei Effekte hatte. Die Maßnahme für mehr Gerechtigkeit verbesserte also zugleich die Effizienz.

Trotz des Erfolges dieser Programme kann noch immer die Solidaritätsfalle zuschnappen. Zum einen können auch diese neuen Regeln theoretisch von Eltern strategisch manipuliert werden. Will ihre Tochter an einer UC-Universität oder der UT Austin aufgenommen werden? Warum nicht in ein Viertel mit schwächeren Schülern ziehen, wo die Wahrscheinlichkeit hoch ist, dass sie zu den Klassenbesten gehört? Die Nachteile dieser Strategie leuchten unmittelbar ein: Mit der gesamten Familie umzuziehen, ist nicht einfach, und der Erfolg ist nicht garantiert. Dennoch fanden Wirtschaftswissenschaftler heraus, dass etwa 5 Prozent der Familien in Texas, für die sich der Umzug lohnen könnte, das auch taten. Dies wiederum reduziert den Anteil von Schülern ethnischer Minderheiten in der TTP-Gruppe. Selbst diese Maßnahme kann also, wie die meisten Solidarmaßnahmen, manipuliert werden.

Es gibt noch eine weitere Schwierigkeit bei der Gestaltung solcher Programme. Sie versprechen, die ethnische Vielfalt zu verbessern, weil ärmere Highschools, die von solchen Programmen profitieren, in der Regel von unverhältnismäßig vielen Schülern aus ethnischen Minderheiten besucht werden. Doch damit solche Maßnahmen die ethnische Vielfalt an Universitäten dauerhaft erhöhen, muss das ethnische Verhältnis an den Schulen bleiben, wie es ist. Mit anderen Worten, solche Programme könnten die Trennung von Schulen nach Hautfarbe und Ethnie auf bedenkliche Weise festschreiben. Solidarität durch Segregation zu ersetzen, wäre eine tragische Ironie. Programme dieser Art müssten also fortwährend reformiert und umgestaltet werden, um ein sich veränderndes Problem angehen zu können – kein leichtes Unterfangen für den Staat.

Um der Solidaritätsfalle zu entkommen, müssen wir den Begriff des »Wir« erweitern. Viele unserer Probleme mit der Solidarität sind einem engen Begriff von Gemeinwohl geschuldet, sowohl in zeitlicher Hinsicht wie bezüglich der Menschen und Völker, für die er gelten soll. Unsere Lösungen könnten voraussetzen, dass wir unsere Normen ändern müssen, wen wir als Teil der Gemeinschaft betrachten. Das bedeutet, ethnische, religiöse und sprachliche Trennungen innerhalb der Länder zu überwinden – keine leichte Aufgabe. Doch das Beispiel des zivilgesellschaftlichen Nationalismus bietet einen Ausweg. Den nationalen Charakter der Solidarität zu betonen, kann unterschiedliche Gruppen miteinander verbinden. Dass der britische National Health Service als eine Art »Nationalheiligtum« betrachtet wird, erklärt seine anhaltende Beliebtheit in einem Land mit ansonsten dürftigen Sozialleistungen. Gesundheitsdienste sind besonders geeignet, um Normen zu verändern, da das Personal in der Regel eine große ethnische und regionale Vielfalt aufweist und die Patienten der Vielgestaltigkeit ihres Landes begegnen, während sie hoffentlich wieder gesund werden.

Wir können unsere Institutionen auch so gestalten, dass wir mehr Menschen in das System »einkaufen«. Denken Sie etwa an den universalistischen schwedischen Wohlfahrtsstaat, der erfolgreich ist, weil er teuer und sichtbar ist und nicht versteckt wird. Wenn man versteht, wofür man Steuern zahlt, und öffentliche Zahlungen nicht in Abschreibungen versteckt, kann diese Transparenz die Unterstützung stärken, statt sie zu schwächen. Die Befürworter umfangreicherer staatlicher Solidarleistungen sollten ehrlich und offen darlegen, wofür die Öffentlichkeit zahlt, und es nicht durch das Steuerrecht vertuschen.

Das Gleiche gilt für die Anhänger des bedingungslosen Grundeinkommens. Das BGE hat viele Eigenschaften, die helfen, der Solidaritätsfalle zu entkommen. Doch wie ein BGE mit den existierenden wohlfahrtsstaatlichen Maßnahmen kombiniert werden soll, muss im Vorfeld geklärt werden, anstatt davon auszugehen, dass allein die Einfachheit eines BGE für dessen Einführung spricht. Wir können nicht ein ganzes Sozialsystem über Nacht ersetzen. Unsere gemeinsame Grundhaltung, unsere Unterstützung füreinander muss transparent, glaubwürdig und verlässlich sein.

TEIL IV
SICHERHEIT

Anarchie lässt sich
ohne das Risiko
der Tyrannei nicht vermeiden

13 LOCKDOWN:
ROM, SAMSTAG, 8. MÄRZ 2020

»Schluss mit der Angstmacherei vor dem Corona-Virus. Ihr versetzt meine Mutter in Panik.«

David Adler war in seiner Wohnung in San Lorenzo, einst ein Arbeiterviertel, heute ein von Hipstern geliebtes Künstlerquartier. Draußen wurde ausgelassen gefeiert. Zwar kannten alle die Nachrichten über die rasche Verbreitung des Corona-Virus aus Norditalien, doch war Rom bislang von der Pandemie verschont geblieben, und der Frühling war sonnig und trocken.

David verbrachte ein Jahr in Rom. Von hier aus wollte er zum Europäischen Hochschulinstitut pendeln, das wie ein Luxushotel in den Hügeln über Florenz liegt, wenn auch von Doktoranden überlaufen. In Rom leben, in Florenz arbeiten – David freute sich auf 2020, es würde ein gutes Jahr werden.

Online sahen die Dinge nicht ganz so rosig aus. Als Amerikaner in Italien versuchte David, seiner Familie zu Hause zu beteuern, dass in Rom alles normal war, im Moment jedenfalls. Der oben zitierte Tweet von ihm zeigt die Diskrepanz zwischen der überreizten Onlinewelt und dem, was er auf den eher entspannten Straßen Roms erlebte.

Er lief durch die Gassen von San Lorenzo und zeigte seinem Bruder in San Francisco am Telefon per Videostream, wie betrunkene Römer auf den Straßen feierten. Den Leuten war die

Katastrophe, die sich in Bergamo, Mailand und Verona abspielte, durchaus bewusst. Wenn man näher hinsah, war der Schatten der Pandemie durchaus sichtbar. Doch noch hatte der Staat das Spiel nicht abgepfiffen. Noch war alles normal.

Am nächsten Tag, Sonntag, 9. März, verkündete der italienische Ministerpräsident Giuseppe Conte in einem eleganten Anzug mit blauer Krawatte dem italienischen Volk, dass das gesamte Land »zu Hause bleiben« solle. Zu Hause bleiben war eine einfache Botschaft, die von der italienischen Polizei ohne Ausnahme und ohne jeglichen Spielraum durchgesetzt werden sollte. Plötzlich standen die Italiener unter Quarantäne und durften das Haus nur verlassen, um Nahrungsmittel einzukaufen, sich zu bewegen, für systemrelevante Arbeiten oder aus gesundheitlichen Gründen.

Für David hieß das, zwei Monate lang in einer winzigen Wohnung in Rom eingesperrt zu sein. Durch sein Fenster sah er nur leere Straßen. Er konnte blau uniformierte Carabinieri beobachten, die die wenigen Passanten befragten, was sie draußen zu suchen hatten, und sie nach Hause schickten, wenn die Gründe nicht ausreichten. Als die Beschränkungen verschärft wurden, wurde die Polizei aufgerufen, den Lockdown notfalls mit Gewalt durchzusetzen. In manchen Fällen wirkte die Machtdemonstration geradezu komisch: Es zirkulierten Videos, wie die Polizei Drohnen und Quads einsetzte, um einen Mann zu stellen, der allein auf weiter Flur am Strand in der Sonne lag. In anderen Fällen wurde es tragisch, etwa als zwölf Häftlinge bei Gefängnisunruhen starben, nachdem ihnen das Besuchsrecht entzogen worden war.

Meist hielten sich die Italiener an die Lockdownregeln, obwohl sie – trotz dieser Beispiele massiven Polizeieinsatzes – bei kleineren Verstößen in der Regel ungestraft davonkamen. David und sein Mitbewohner durften Sport treiben, aber nur innerhalb eines Radius von 200 Metern um ihr Haus. Jeden einzelnen Jogger zu verfolgen, der diese Grenze überschritt, war unmöglich, selbst für ein Land mit der höchsten Anzahl an Polizisten pro Einwohner in Europa (450 auf 100 000) – mehr als doppelt so viele wie in England oder Schweden. Der Staat musste sich darauf verlassen, dass sich die Italiener selbst überwachten – sei es aus Gewissensgründen oder weil sie befürchteten, dass neugierige Nachbarn sie verraten könnten. Was die nicht selten taten.

Als die Tage länger und wunderbar mediterran wurden, saßen die Einwohner Roms in ihren Wohnungen, verzichteten auf ihre abendliche *passeggiata*, die die Frühlingsabende in San Lorenzo ausmachen. Der Lockdown funktionierte weitgehend – die Fallzahlen sanken im Lauf des Frühlings rapide. Doch das gelang nur, indem man die heitere Anarchie des römischen Alltags zerstörte.

Wenige Monate zuvor war das Gleichgewicht der Ordnung im chinesischen Wuhan, der Stadt, in der das Virus zuerst aufgetaucht war, vollständig auf die Seite der Polizeikräfte gekippt. Ohne zu wissen, dass der Lockdown bald in ihre eigenen Freiheitsrechte eingreifen würde, starrten westliche Fernsehzuschauer ungläubig auf die dystopischen Bilder der Zwangsquarantäne in Wuhan.

Die eindrücklichsten Bilder zeigten Staatsbedienstete, die die Tür eines Wohnkomplexes zuschweißten, damit die Bewohner nicht aus ihren Wohnungen konnten. Wie im städtischen Italien lebten auch in Wuhan die meisten Menschen in großen Wohnblocks, was es für die Behörden leichter machte, das Kommen und Gehen zu überwachen. Doch anders als in Italien waren die Regeln eisern. Von Januar an durften die Einwohner Wuhans nur einmal alle drei Tage nach draußen, und immer nur Einzelpersonen. Selbst wenn man krank war, durfte man das Gebäude nicht verlassen. Um sich im Krankenhaus anmelden zu können, brauchte man die Zulassung eines Nachbarschaftskomitees. Überall in der Stadt wurden große gelbe Barrieren aufgestellt, die Wohnblocks und Stadtviertel voneinander abgrenzten. Als die elf Millionen Einwohner von Wuhan im April schließlich wieder ihre Wohnungen verlassen durften, wurden die gelben Barrikaden durch gelbe Codes ersetzt. Wer einen Checkpoint passieren wollte, musste dem Polizeiscanner einen QR-Code auf seinem Smartphone präsentieren – grün, wenn man passieren durfte, gelb für eine Woche Quarantäne, rot für zwei Wochen. Jeder konnte an den Toren seiner Wohnanlage von Staatsbeamten gewaltsam kontrolliert werden. Oder man wurde unbemerkt über den Code kontrolliert.

Ob sie von einer Metallschranke oder von einer App auf ihrem Smartphone gehindert wurden, ihre Wohnung zu verlassen, in jedem Fall waren die chinesischen Bürgerinnen und Bürger gezwungen, sich zu fügen, ob sie das wollten oder nicht. Die Erinnerung an SARS, an dem 2003 etliche Tausend Chinesen gestorben waren, half dem Staat ebenso wie das Misstrauen gegenüber Fremden in ländlichen Gebieten. Während des chinesischen Neujahrsfestes legten die Bauern aus Angst vor dem Virus Gräben rund um ihre Dörfer an und riegelten die Straßen ab, um unerwünschte Ankömmlinge draußen zu halten. Selbst in Peking und Schanghai, die vom Virus weitgehend verschont geblieben waren, wurde die Mobilität eingeschränkt. Yuan Yang, eine Redakteurin der *Financial Times* in Peking, erinnert sich, dass »die Leute in Peking nach Wuhan begonnen haben, sich freiwillig zu isolieren, noch bevor es der Staat forderte«. Sie erinnert sich, dass Wohnblockkomitees in Eigenregie anfingen, Besuchern den Zutritt zu verwehren.

Sowohl der Staat als auch die Bürgerinnen und Bürger räumten der Sicherheit den Vorrang vor der Freiheit ein. Ende des Jahres kehrte in Wuhan das normale Leben zurück – die Beschränkungen wurden aufgehoben, die Läden öffneten wieder, und die

Menschen waren wieder unterwegs. Mitte 2022 wurden in China knapp 25 000 Todesfälle gemeldet, während es in Italien 175 000 und in den USA über eine Million waren. China hatte die Pandemie – und seine eigenen Bürger – unterdrückt.

Auf einem Viertel der Strecke um die Welt von Wuhan aus liegt die amerikanische Kleinstadt Sturgis in South Dakota. Jeden August trifft sich dort eine halbe Million Motorradfahrer zur jährlichen Sturgis Rally. Zum Vergleich: South Dakota hat insgesamt nur knapp 900 000 Einwohner. Konnte man die Rally trotz steigender Infektionszahlen noch stattfinden lassen?

Während der Corona-Pandemie gab es in den USA keine einheitliche Regelung zur Kontaktbeschränkung. Jeder Bundesstaat legte eigene Regeln fest – je nach den gesundheitspolitischen Notwendigkeiten und der lokalen Politik. Und das hieß, dass sich das »Labor der Demokratie« – wie Amerikas lockere Form des Föderalismus oft bezeichnet wird – der Gefahr eines Laborunfalls aussetzte.

South Dakota ist einer der Bundesstaaten, die ihre Freiheit ernst nehmen. Er versteht sich als Ort, an dem man selbst Initiative ergreift und eigenverantwortlich handelt. Maskenpflicht, »Bleiben Sie zu Hause«-Vorschriften und andere gesundheitspolitische Vorschriften betrachtete man hier mit Skepsis. In dem ländlich geprägten Bundesstaat war Kontaktbeschränkung zudem nichts Ungewöhnliches. Die Gouverneurin von South Dakota, Kristi Noem, vertrat die Ansicht, man könne den Bürgern ihres Bundesstaates zutrauen, ihre Risiken selbst zu kontrollieren, dass »die Leute Masken tragen können, wenn sie das wollen. Genauso sollen diejenigen, die keine tragen wollen, nicht dazu gezwungen werden. Der Staat sollte dies nicht vorschreiben.«

Die Motorradrally in Sturgis fand statt und hatte kaum weniger Teilnehmer als sonst. Doch schon im September dementierte

Noem, die Rally sei ein Super-Spreader-Event gewesen. Die *New York Times* veröffentlichte Berichte über Teilnehmer, die nur Wochen später am Virus gestorben waren. Anfang November lag die Zahl der wöchentlichen Neuinfektionen bei über 1,5 Prozent der Einwohner im Staat. Auch die Todesfälle nahmen zu und lagen im Dezember im Verhältnis zur Einwohnerzahl höher als in jedem anderen Bundesstaat der Vereinigten Staaten. Weitläufige Prärien und persönliche Verantwortung waren kein ausreichender Schutz gewesen. Die Menschen »wie Erwachsene« zu behandeln, hatte sie nicht vor der Erkrankung bewahren können. In Amerika schützten die Bürger, anders als in Wuhan und Rom, ihre persönliche Freiheit. Zum Preis von einer Million Menschenleben im Jahr 2022.

War die Freiheit ein solches Maß an Unsicherheit wert? Die Sicherheitsfalle schlug in allen Ländern zu: *Anarchie lässt sich ohne das Risiko der Tyrannei nicht vermeiden.* Doch man traf unterschiedliche Entscheidungen.

Überall auf der Welt stießen öffentliche Vorschriften zu Kontaktbeschränkungen auf den Wunsch der Bürger, sich dem zu entziehen. Die Menschen in Wohnblocks einzusperren, mag Regelverstöße aufhalten, aber sobald die Regeln lockerer werden, kommt es zu Unruhe und Ausschreitungen. David Adler erinnert sich, dass die Menschen in Italien, nachdem der Lockdown aufgehoben worden war, sich noch eine Woche lang vorsichtig verhielten, geblendet von der wiedergewonnenen Freiheit, wie Kinobesucher, die aus einer Nachmittagsvorstellung strömen. Er stellte fest, dass während des Lockdowns »die politische Macht so heftig durchgesetzt worden war, dass man weiter das Gefühl hatte, es gebe unsichtbare Grenzen. Doch nach dem Ende des Lockdowns verschwanden diese Grenzen, und die Menschen verhielten sich wie die Kids an der Universität, die, kaum sind die Eltern weg, die Regeln brechen.«

Innerhalb einer Woche waren die Italiener zurück in den Bars, ohne Beschränkungen und ohne Masken. Um exakt bei der Wahrheit zu bleiben – sie hatten die Masken schon bei sich. Aber David erinnert sich, dass seine italienischen Nachbarn wieder feierten, als er auf die Straßen von San Lorenzo zurückkehrte, doch diesmal »trugen sie die Masken am Arm«.

Lockdowns sind eine harte Maßnahme. Wir sind soziale Wesen. Und wir haben Jobs. Nicht jeder kann ohne Weiteres die Regeln befolgen und weiter sein Leben meistern. Eine Taxifahrerin, die mit ihren Eltern, ihrem Mann und den Kindern in einem Hochhaus lebt, kann nur schwer Kontakte einschränken, weder in ihrem Beruf noch, wenn sie nach Hause kommt. Für einen Professor wie mich, der von zu Hause aus arbeiten kann – was bedeutet, dass man Stunden mit Zoom verbringt – und in einem Haus mit Garten wohnt, waren die Kontaktbeschränkungen zwar nicht lustig, aber möglich und erträglich. Das gilt nicht für alle.

Doch manchmal lag das abweichende Verhalten der Menschen im Lockdown nicht daran, wo sie arbeiteten oder lebten, sondern an ihrer politischen Ideologie. Der Unterschied, wie bereitwillig man die geradezu tyrannischen Lockdownmaßnahmen akzeptierte, lag im Vertrauen. Im Oktober 2020 befragte ich über 1600 Britinnen und Briten, um herauszufinden, was ihr Verhalten bei den Kontaktbeschränkungen bestimmte. Einer der stärksten Einflussfaktoren auf ihr Verhalten war, ob man 2016 im Brexit-Referendum dafür gestimmt hatte, die Europäische Union zu verlassen. Die Brexit-Befürworter wollten sich von Brüssel distanzieren, aber nicht voneinander. Sie vertrauten den wissenschaftlichen Beratern der Regierung weniger und waren seltener bereit, sich impfen zu lassen. Wenn die Menschen dem Staat im Allgemeinen weniger vertrauen, scheinen sie ihm auch in einer Pandemie weniger zu vertrauen.

Die gleichen Muster zeigten sich im Verhalten. Unter Verwendung der von Google gesammelten Daten über die Standorte von Mobiltelefonen fanden wir heraus, dass in Regionen, die für den Brexit gestimmt hatten, weniger Menschen zu Hause blieben, sogar unter Berücksichtigung des lokalen Wohlstands und der Bevölkerungsstruktur. In den Vereinigten Staaten war Ähnliches zu beobachten; die Einwohner von Landkreisen, die 2016 bei den Präsidentschaftswahlen für Trump gestimmt hatten, blieben während der Pandemie weniger zu Hause. Und sogar in den skandinavischen Ländern Dänemark und Schweden mit ihrem großen Vertrauensvorschuss waren es Regionen, die hohe Wahlerfolge der Populisten verzeichneten, in denen die Kontaktbeschränkungen weniger eingehalten wurden.

Wer dem Staat in normalen Zeiten nicht traut, wird es auch in Ausnahmesituationen nicht tun. Und häufig gibt es, wie im Fall Chinas, gute Gründe, der Staatsmacht gegenüber skeptisch zu sein. Andererseits schaden wir unserem Umfeld, wie in South Dakota, wenn wir völlig frei sind, zu tun, was wir wollen.

2019 hätte sich noch keine demokratisch gewählte Regierung vorstellen können, was sie im folgenden Jahr ihren Bürgerinnen und Bürgern abverlangen würde. Geschweige denn, dass man die Polizei einsetzen würde, ja sogar das Militär, um diese Regeln durchzusetzen. Doch Viren versetzen Regierungen in den Kriegsmodus. Sie zwingen den Staat, sich auf sein vielleicht wichtigstes Ziel zu besinnen – die Sicherheit der Bürger zu gewährleisten, vor allem wenn diese sich nicht angemessen verhalten wollen. Sicherheit balanciert also auf einem schmalen Grat. Wie kann der Staat für Sicherheit sorgen, ohne der großen Versuchung von Macht und Herrschaft zu erliegen, wenn man Regierungsverantwortung hat? Können wir die Sicherheitsfalle umgehen und sowohl der Gefahr der Anarchie wie der Gefahr der Tyrannei entkommen?

14 WAS BEDEUTET SICHERHEIT?

Jeden Morgen wache ich in meinem eigenen Bett auf, nachdem ich tief und fest geschlafen habe – nun ja, tief und fest nur manchmal, aber ich habe die Nacht jedenfalls nicht nur im Halbschlaf verbracht –, und sehe meine Nachrichten und Mails durch. Ich schaue in meinen Schrank, was ich anziehe, gehe die Treppen hinunter, schalte den Wasserkocher ein und toaste einen Bagel. Ich springe in mein Auto, das in der Auffahrt parkt. Ich setze die Kinder ab und fahre weiter ins Zentrum von Oxford und in mein Büro. Die Fahrt dauert lange, zu viel Verkehr, verläuft aber ohne Zwischenfälle. Und so ist es fast jeden Tag.

Das scheint alles normal, langweilig, alltäglich. Ist es das denn? Warum kann ich nachts durchschlafen, ohne bei jedem Rascheln, Pfeifen oder Ruf aufzuschrecken? Meine Kleider, mein Handy, meine Internetverbindung: Alles ist genauso da wie am Tag zuvor. Und zum Glück auch mein Auto, obwohl ich es draußen habe stehen lassen. Womöglich war es nicht einmal abgesperrt. Mein täglicher Arbeitsweg ist jeden Tag mehr oder weniger derselbe. Wenn ich wegen des Verkehrs stehen bleiben muss, rechne ich nicht damit, dass jemand ans Auto kommt und versucht, mir etwas zu verkaufen, mich aus dem Auto zu zerren, oder mit einer Waffe auf mich zielt. Mein Leben mag etwas langweilig scheinen, aber es ist auf jeden Fall sicher.

Ich habe Glück. Wenn Sie dieses Buch lesen, ist die Wahrscheinlichkeit relativ hoch, dass das für Sie genauso gilt. Wir leben in einer Art Bubble. Wir merken nichts davon, aber wir sind von einem von allen Seiten schützenden Kraftfeld umgeben. Nicht nur wir – dieses Kraftfeld erstreckt sich auch auf unseren Besitz. Ich weiß, es ist denkbar, dass in mein Haus eingebrochen und alles durchwühlt wurde, wenn ich zurückkomme. Ich wäre geschockt, verängstigt und würde mir wahrscheinlich selbst leidtun. Doch trotz der möglichen Gefahren von allen Seiten bleiben unser Besitz und wir selbst mit Leib und Leben unversehrt, unbehelligt und sicher.

Wirklich erschüttern sollte uns, dass dieser Zustand normal ist. Milliarden von Menschen – eine große Mehrheit in den reichen Ländern und eine wachsende Anzahl im globalen Süden – leben in einer solchen Sicherheitsblase. Das ist bemerkenswert, eine ganz und gar einzigartige Erfahrung, gemessen am Großteil der Geschichte der Menschheit. Doch leider leben heute auch viele nicht in einer solchen Welt – in ärmeren Kommunen, in Ländern ohne stabile Regierung ist diese Sicherheit im Alltag flüchtig. Vor einem Jahrtausend war dies etwas, was man sich erhoffte, aber selten etwas, worauf man sich hätte verlassen können. Und doch wurde Sicherheit in den letzten Jahrhunderten, zumindest im wohlhabenden Teil der Welt, etwas, das wir zunehmend als selbstverständlich betrachten. Sie ist zur Luft geworden, die unsere Gesellschaft atmet.

Wie sieht die Welt ohne dieses Kraftfeld aus? Ohne Sicherheit befinden wir uns in einem Zustand der *Anarchie*: der Abwesenheit von Herrschaft.

Eine Welt ohne Herrschaft ist eine Welt ohne »dritte Instanz«, die Regeln, Vereinbarungen, Rechte und Frieden durchsetzen könnte. Jeder ist allein auf sich gestellt. Eine anarchische Gesellschaft ist eine Gesellschaft der Selbsthilfe. Aber nicht die herzliche, Pulli tragende, Yoga-im-Gemeindezentrum-Art von Selbsthilfe. In einer Anarchie können wir uns auf

niemanden verlassen, auch nicht auf schriftliche Vereinbarungen.

Die einzige Art, um in einer Gesellschaft ohne Herrschafts-
strukturen zu überleben, ist, das Schlimmste anzunehmen.
Möglicherweise werde ich in der Nacht überfallen, ich *muss* also
im Halbschlaf bleiben. Vielleicht bleibt mein Besitz, wo ich ihn
zurückgelassen habe, aber vielleicht wurde er auch gestohlen
oder zerstört. Ich kann vielleicht unbehelligt von Ort zu Ort reisen, aber ich schaffe es womöglich nicht unbeschadet von meinem Haus zur Universität. Und wenn ich es doch an mein Insti-
tut in Oxford schaffe, ist noch nicht garantiert, dass es nicht in
Flammen steht.

Thomas Hobbes glaubte, die Gesellschaft laufe ständig Gefahr,
in einen anarchischen »Naturzustand« zurückzufallen. Der »Naturzustand« bei Hobbes ist leider nicht so reizvoll, wie es klingen mag. In der Natur fehlt die dritte Instanz. Das »Gesetz des
Dschungels« ist ein falscher Begriff – es gibt dort kein Gesetz,
keine Regeln oder Richter, die sie durchsetzen könnten. Man
kann niemandes Versprechen trauen. Es zählt nur die Selbst-
erhaltung.

Falls Sie bereits von Thomas Hobbes gehört haben, erinnern
Sie sich wahrscheinlich an ein Zitat – außerhalb der Gesellschaft,
im Naturzustand ist das Leben des Menschen »einsam, armselig,
scheußlich, tierisch und kurz«. Nicht gerade eine Werbung für
den Naturzustand.

Was meinte Hobbes damit? Er errichtete seine Gesellschafts-
theorie von Grund auf neu – bei der Lektüre seines berühmtesten
Werks, *Leviathan*, kann einen sein Anspruch nur beeindrucken.
Hobbes beginnt mit dem zentralen menschlichen Dilemma –
unserer Angst vor einem gewaltsamen Tod. In seiner Darstellung sind wir ohne eine Gesellschaft völlig allein, gesteuert

von unseren Regungen, unseren Trieben und dem Wunsch und
der Angst, uns zu sichern, was immer wir können; ständig im
Kampf, um uns vor dem Tod zu bewahren. Die permanente Bedrohung eines Angriffs durch andere bedeutet, dass man den
Tücken des täglichen Lebens nicht entrinnen kann. Immer über
die Schulter zurückschauen zu müssen, heißt, nie nach vorn blicken zu können. Wir könnten nichts planen, wir könnten nichts
investieren, wir wären kaum überlebensfähig.

Doch es gibt einen Ausweg aus diesem endlosen Krieg aller
gegen alle. Wenn wir einen Beschützer einsetzen könnten, der
uns Sicherheit böte und unsere Vereinbarungen verteidigte, wären wir fähig, in die Zukunft zu blicken. Um dies zu erreichen,
müssen wir einen »Gesellschaftsvertrag« schließen, der uns alle
verpflichtet, der Herrschaft eines einzelnen Souveräns zu folgen. Dieser Souverän würde nach Hobbes sowohl in unserem
Interesse handeln als auch von jedem von uns absoluten Gehorsam verlangen. Das Frontispiz von *Leviathan* zeigt diesen Souverän als majestätischen Riesen, der aus den Körpern der Bürger zusammengesetzt ist, ähnlich wie eines dieser Poster von
Barack Obama, die aus verschiedenen winzigen Fotos von ihm
bestehen.

Doch im Kern von Hobbes' Lösung tut sich eine Spannung
auf. Der Souverän schützt uns alle, weil er die absolute Macht
über uns hat. Das sollte uns Unbehagen verursachen. Wir müssen nicht mehr ständig über die Schulter zurück auf unsere Mitbürger schielen – denn nun gibt es eine dritte Instanz, die deren
Verstöße, ebenso wie unsere, bestraft. Doch wie können wir dem
Souverän trauen? Wer setzt die Regeln für den Souverän durch?
Tut das überhaupt jemand?

Hobbes lieferte die Blaupause für eine neue Form des ab-
solutistischen Staates, dessen souveräne Herrschaft nicht infrage gestellt werden kann und der man gehorchen muss. Diese

Spannung, die wir bei der Lektüre von Hobbes feststellen, ist die Sicherheitsfalle: *Anarchie lässt sich ohne das Risiko der Tyrannei nicht vermeiden.* Warum ist Sicherheit angesichts der Gefahr von Tyrannei eine gute Sache? Wir können nicht garantieren, dass sie uns das Gegenteil dessen bietet, was Hobbes beschreibt, dass sie unser Leben »gesellig, reich, angenehm, kultiviert und lang« werden lässt. Aber wir begeben uns immerhin auf den Weg in Richtung dieser Ziele.

Der erste Nutzen von Sicherheit entsteht sofort – *wir können uns auf Dinge konzentrieren, die über das bloße Überleben hinausgehen.* Solange wir uns nicht sicher sind, ob wir nicht plötzlich angegriffen werden, müssen wir ständig darauf gefasst sein, uns zu verteidigen oder gar einen Präventivschlag auszuführen. Studien zur psychischen Gesundheit der Menschen während eines Bürgerkrieges oder auch nur in Regionen mit einer hohen Kriminalitätsrate zeigen, wie belastend – psychisch und physisch – die ständige Alarmbereitschaft sein kann.

Äußere Unruhen bewirken innere Unruhe – ein chaotisches Umfeld führt zu einer chaotischen Psyche. Die Soziologie beschäftigt sich schon lange mit der Frage, wie hohe Kriminalitätsraten und ein empfundenes Chaos die psychische Gesundheit beeinflussen. Das Chaos kann sichtbar sein – Graffiti und Vandalismus – oder weniger sichtbar, etwa das Gefühl, dass man nicht aufeinander achtet. Menschen, die ein hohes Maß an Chaos empfinden, berichten häufiger über psychische Belastungen – Angst, Unruhe und Depression. Das kann sogar ungeborene Kinder betreffen. Epidemiologen, die Schwangere in Raleigh, North Carolina, untersuchten, fanden heraus, dass die Frauen, die in Vierteln mit hoher Kriminalität lebten, ein um 50 Prozent höheres Risiko einer Frühgeburt hatten.

Es gibt ein berühmtes Zitat, das fälschlicherweise oft Thomas

Jefferson zugeschrieben wird: »Der Preis der Freiheit ist ewige Wachsamkeit.« Das Problem dabei ist, dass man als Einzelperson nicht »ewig wachsam« sein kann, ohne sich zu verausgaben. Doch wenn wir wissen, dass wir geschützt werden, können wir ein wenig leben. Und auf längere Sicht können wir vielleicht sogar Pläne schmieden.

Der zweite Nutzen von Sicherheit ist, dass er uns ermöglicht, *langfristig zu investieren*. Sicherheit macht Dinge vorhersehbar. Wenn ich heute nicht fürchten muss, angegriffen, ausgeraubt oder ermordet zu werden, dann wahrscheinlich auch morgen nicht. Und genauso wenig die Menschen um mich herum. Ich kann meine Energien für Aufgaben verwenden, um die ich mich heute kümmere, um morgen einen Nutzen davon zu haben – mit anderen Worten Investitionen wie Felder bestellen, Straßen bauen, eine Ausbildung absolvieren. Seit den Anfängen des Ackerbaus entwickelte sich die Zivilisation Schritt für Schritt vorwärts, ein technischer Fortschritt folgte auf den anderen, weil man auf lange Sicht planen konnte. Doch dies erforderte Sicherheit durch einen Souverän: ein Oberhaupt, einen Monarchen und schließlich ein Parlament.

Der amerikanische Ökonom Mancur Olson beschrieb die Stabilität, die von einem Souverän ausgeht, als das Auftauchen eines »stationären Räubers«. Das klingt nicht besonders verheißungsvoll, aber Olson kontrastiert es mit einer Welt von »vagabundierenden Räubern«. Ohne eine stabile Macht werden die Menschen von jedem beliebigen vorbeiziehenden Bösewicht beraubt, ausgebeutet oder getötet. Solche vagabundierenden Räuber ziehen, wenn sie genug geplündert haben, weiter auf der Suche nach neuen Opfern und hinterlassen eine Spur der Verwüstung.

Vergleichen Sie diese Situation mit einem übermächtigen, aber stabilen Herrscher, egal ob König oder Häuptling. Der

Herrscher mag käuflich sein, skrupellos und den Menschen ihr Eigentum nehmen, aber er tut sein Bestes, indem er die Bauern und Stadtbewohner zu langfristigen Plänen und Investitionen ermutigt. Wenn diese Investitionen dann ihren Ertrag bringen, holt sich der Herrscher mit vorgehaltener Klinge seinen Anteil. Der stationäre Herrscher mag genauso böswillig sein wie ein vagabundierender Räuber, aber für ihn besteht ein Anreiz, seine Untertanen zu schützen, und sei es nur, um die Früchte ihrer Arbeit einzuheimsen. Sicherheit mag ausbeuterisch sein, aber sie löst Investitionen aus. Im Westen werden wir heutzutage nicht mehr von Häuptlingen und Monarchen regiert, aber den starken Arm eines souveränen Staates mit seinen Gesetzen, Gerichten und der Polizei – sowie einer Armee, falls nötig – haben wir uns erhalten.

Drittens und letztens: Sicherheit schafft *Vertrauen*. Die Versprechen, die wir einander geben, haben für sich allein kein Gewicht. Ein Vertrag kann sich nicht selbst vollstrecken. Wir verlassen uns darauf, dass die anderen ihre Versprechen einhalten. Wenn sie dies nicht tun, etwa weil sie unfähig oder so hinterhältig sind, dass sie von Anfang an nicht daran dachten, sich an ihr Versprechen zu halten, haben wir eben Pech. Mit Menschen, die wir nicht für vertrauenswürdig halten, werden wir erst gar keine Vereinbarungen schließen. Am Ende sind wir alle ärmer und isolierter.

Wir brauchen also eine dritte Instanz als Vollstrecker. Jemanden oder etwas, der oder das sicherstellen kann, dass Verträge und Vereinbarungen eingehalten werden. Vor diesem Hintergrund können wir nun zuversichtlich mit anderen Geschäfte machen, selbst mit Personen, denen wir noch nie begegnet sind und die wir nie wieder treffen. Denken Sie etwa an eBay. In der Frühzeit des Internets war es ein Netz anonymer Nutzer ohne übergeordnete Kontrolle. Nicht gerade ein vertrauenerweckendes Umfeld.

Die Innovation von eBay bestand darin, eine dritte Instanz einzuziehen, die die Transaktionen auf dem Online-Secondhandmarkt, der in den 1990ern entstanden war, garantieren konnte. Durch den Ausschluss unseriöser Anbieter und die Bereitstellung einer sicheren Zahlungsmethode war es gelungen, die Anarchie des Internets zu überwinden. Zudem lauerte hinter eBay das Gewicht des US-Rechts und dahinter wiederum der mächtige Gorilla namens Uncle Sam. Es brauchte Sicherheit, um Vertrauen im Internet herzustellen.

Die meisten von uns leben heute in einer Welt, in der wir uns sicher fühlen, sowohl in unserem Zuhause – persönliche Sicherheit – als auch in unseren Ländern – nationale Sicherheit. Ein Hoch also auf die Sicherheit. Doch was ist mit der dritten Instanz? Leider gibt es hier keine. Wir mögen mit dem Staat als Garant in der Lage sein, anderen Versprechen zu geben – aber an diesem Punkt kommt die Logik an ihr Ende. Was die souveräne Macht uns gegenüber verspricht, können wir nicht erzwingen. Schließlich hat sie die Herrschaft inne. Und schlimmer noch, es gibt keinen Garanten für Sicherheit im Verhältnis der Länder zueinander – keine *internationale Sicherheit*. Nationalstaaten existieren noch immer im Zustand der Anarchie, wie der Krieg gegen die Ukraine deutlich zeigt. Keine externe Macht kann sie dazu zwingen, Vereinbarungen einzuhalten, sich an ihre Versprechen gebunden zu fühlen oder aufzuhören, sich gegenseitig anzugreifen. Wir unterzeichnen Verträge, wie die zur Gründung der NATO, aber garantieren, dass sie im Ernstfall halten, können wir nicht.

Wir leben in einer Welt, die von lokaler Sicherheit, aber globaler Unsicherheit geprägt ist. Länder können nicht nachts über die Schulter nach hinten blicken, aber sie müssen wachsam bleiben. Und das ist teuer – es bedeutet kostspielige Armeen und Militärausrüstung. Für die Zukunft zu planen, wird schwieriger, wenn man nicht sicher sein kann, dass sich die Allianzen nicht verschieben und man plötzlich verwundbar wird. Zwar lassen sich Vereinbarungen mit anderen Ländern schließen, aber sie sind nicht in Stein gemeißelt – denken wir nur an die USA, die dem Pariser Klimaabkommen beigetreten, dann ausgetreten und später wieder beigetreten sind, je nach den wechselnden politischen Wetterverhältnissen im Land. Genauso können Verträge unwirksam sein, wenn sie nicht weltweit gebilligt werden. Verträge zu brechen, mag verpönt sein, aber es gibt kein Gericht, das ein Land zwingen könnte, sich an die Regeln zu halten, wenn es nicht will. Die einzige Handhabe ist die Androhung von Gewalt oder Sanktionen durch andere Länder.

Würden wir uns für die globale Sicherheit entscheiden, wenn wir dafür die nationale Souveränität aufgeben müssten? Die aktuellen Erfolge nationalistischer Bewegungen und Politikerinnen und Politiker in Ländern von Italien über Großbritannien bis Indien sprechen eher dagegen. Doch auch ohne eine endgültige globale souveräne Herrschaft leben wir heute in einem deutlich sichereren internationalen Umfeld als unsere Vorfahren. Wie ist das gelungen?

Einen Leviathan schaffen

Recht ist nichts Neues, wir mussten es früher nur selbst durchsetzen. Bevor so etwas wie die moderne Polizei existierte, lag die Sicherheit in den Händen der Allgemeinheit. Es war eine Verpflichtung. Doch man kann sich denken, dass dies nicht immer mehr Sicherheit schuf. Im Lauf der Jahrhunderte entwickelte sich eine große Bandbreite an Institutionen, um das Sicherheitsversprechen zu verankern. Unser modernes Strafrechtssystem erfüllt viele Funktionen: die Aufrechterhaltung der öffentlichen

Ordnung, die Untersuchung von Straftaten sowie die Ergreifung, strafrechtliche Verfolgung und Inhaftierung von Straftätern. Es lässt sich nicht leugnen, dass die Qualität unserer Polizei, unserer Justiz- und Strafvollzugsbehörden, die diese Funktionen gerecht und wirksam übernehmen sollen, großen Schwankungen unterliegt. Aber im Vergleich zu der Welt vor 1800 ist der Unterschied enorm.

Wir halten häufig das alte Griechenland und das antike Rom für die Vorläufer des modernen Staates mit ihren Versammlungen, Gesetzen, Regeln und Vorschriften. Doch deren Durchsetzung war weniger gut organisiert, zumindest am Anfang. Im klassischen Athen, vor Solon und seinem Gesetzeswerk, und in der römischen Republik oblag es den Privatbürgern, Verbrechen zu ahnden und Missetäter zu fassen. Über 1000 Jahre später hatte sich im mittelalterlichen England in dieser Hinsicht kaum etwas geändert.

Versetzen wir uns in die Mitte des 15. Jahrhunderts. Stellen Sie sich vor, Sie wären ein armer Dorfbewohner, der einen kleinen Streifen Land auf dem Grund eines Adeligen im ländlichen England bewirtschaftete. Jemand schreit, dass ein Schwein gestohlen worden sei. Was geschieht jetzt? Es gibt keinen Dorfpolizisten, an den man sich wenden könnte, auch keinen Schweinedetektiv, der die Spur im Fall des verschwundenen Quiekers verfolgen könnte. Sie erwarten vielleicht nicht, dass Sie als Dorfbewohner die Verantwortung für die Ergreifung des Schweinediebs tragen. Wird das vermisste Schwein im Dorf gefunden, erhebt sich ein großes Geschrei, *hue and cry* genannt. Die Dorfbewohner müssen alles stehen und liegen lassen, den Missetäter ausfindig machen und ihn zum Richter am Ort – dem Adeligen – bringen.

Die Justiz war ein gemeinschaftliches, organisches Unterfangen. Es herrschte also zwar eine Form der Sicherheit – die Übeltäter wurden von ihren Dorfmitbewohnern gestellt und von lokalen Eliten verurteilt und bestraft –, aber das Verfahren war dilettantisch und willkürlich. Und da die Dorfbewohner für ihre polizeilichen Aufgaben nicht bezahlt wurden, war die Motivation gering, ihre Sache sorgfältig zu machen – die örtlichen Gepflogenheiten und Traditionen halfen nur bedingt bei der Verhinderung und Verfolgung von Verbrechen.

Im 13. Jahrhundert entstanden die ersten Keimlinge einer örtlichen Polizei, die jedoch noch viel zu amateurhaft war. *Constables* waren lokale Beamte, die unter anderem die Nachtwachen in den Städten organisierten. Ihr Dienst war in der Regel unbezahlt und unerwünscht. Der Schriftsteller Daniel Defoe beschreibt die Tätigkeit eines Constable als »unerträgliche Härte«, die »so viel seiner Zeit beansprucht, dass er seine eigenen Geschäfte häufig vollständig vernachlässigen muss, was ihn allzu oft in den Ruin treibt«. Die lokale Selbstkontrolle war ein wackeliges Konstrukt. Das Aufkommen der Industriestädte würde es nicht überleben.

Falls Sie diese Phase der Polizeiarbeit auch für amateurhaft und willkürlich halten, warten Sie, bis Sie die Strafen kennen. Heute werden Personen, die gefasst und für ihre Verbrechen verurteilt wurden, normalerweise für einen begrenzten Zeitraum ins Gefängnis gesteckt. Es gibt viele gute Gründe, die Zweckmäßigkeit heutiger Haftanstalten mit Skepsis zu betrachten, aber zumindest sind moderne Gefängnisse eine Art der Bestrafung, die für alle gleich ist. In meinem Büro steht ein wunderbares Buch über Gefängnisarchitektur, eines dieser Bücher, die ich gern ins Regal stelle, um die Studierenden zu motivieren. Die vielen Pläne und Fotos im Buch zeigen, dass Gefängnisse überall auf der Welt, von London bis Moskau, von Havanna bis Hubei, nach sehr einheitlichen Standards erbaut sind und eine sehr ähnliche Aufgabe erfüllen, auch wenn sich das Maß an Korruption, Hygiene und Sicherheit deutlich unterscheidet.

Frühe Gefängnisse waren nicht dazu gedacht, dass Gefangene

dort mehrjährige Haftstrafen absaßen. Sie waren das, was man sich unter einem Kerker vorstellt: Orte, an denen Menschen mit eher inhumanen Mitteln zur Rechenschaft gezogen wurden. Wie aber bestrafte man »Verbrecher« in diesen Zeiten (und ich setze die Anführungszeichen bewusst)? Entweder gab es körperliche Strafen, von Auspeitschen über Folter bis hin zur Hinrichtung; oder die Strafe erfolgte durch Pranger, Verbannung oder Deportation. Das Gefängnis war nicht die Strafe; es war nur der Ort, an dem man auf noch weniger angenehme Strafen wartete.

Um einen Eindruck zu bekommen, wie selten lange Gefängnisstrafen waren: In England waren zwischen 1826 und 1833 von knapp 100 000 verhängten Strafen fast 50 000 unter sechs Monaten. Nur 46 Personen erhielten eine Gefängnisstrafe von über drei Jahren! Welche anderen Strafen gab es? Fast 10 000 Personen wurden hingerichtet, 2000 wurden ausgepeitscht oder mit einer Geldstrafe belegt, und etwa 25 000 wurden deportiert, meist in australische Gefangenenkolonien. Auf dem europäischen Festland war es nicht viel besser – französische und spanische Verurteilte mussten jahrelang auf Gefängnisgaleeren im Mittelmeer rudern.

Heute erwarten wir von Gefängnissen eine Vielzahl an Aufgaben, um unsere Sicherheit zu gewährleisten. Ja, eine Motivation ist noch immer die Strafe um der Strafe willen – als Abschreckung, für die Gerechtigkeit und manchmal vielleicht aus Blutrünstigkeit. Doch wir nutzen Gefängnisse zugleich als Abzäunung – um uns vor Personen zu schützen, die mutmaßlich unsere Sicherheit bedrohen. Und zuletzt haben wir vielleicht auch noch etwas edlere Ziele. Gefängnisse können darüber hinaus dazu dienen, Verbrecher wieder einzugliedern, um sie zu läutern und Bürger aus ihnen zu machen, die die kollektive Sicherheit nicht weiter bedrohen, wenn sie wieder auf freiem Fuß sind. Dieser Zweck von Gefängnissen ist ziemlich neu.

Angesichts der Grausamkeit anderer historischer Strafmaßnahmen ist es wenig überraschend, dass die Ursprünge moderner Gefängnisansätze im Wunsch religiöser Weltverbesserer zu
suchen sind, Gefangene durch Reue zu resozialisieren, statt sich
auf blutigere Methoden einzulassen. Die Vorläufer moderner
Gefängnisse gehen auf zwei Experimente im frühen 19. Jahrhundert in Amerika zurück: das Eastern State Penitentiary in Philadelphia und Auburn im Bundesstaat New York.

Das Eastern State Penitentiary wurde von ortsansässigen
Quäkern gegründet, deren Absicht es war, eine ideale Besse-
rungsanstalt zu schaffen, die – Sie ahnen es bereits – Reue und
Besserung bewirkt. Dieses Ziel werde am besten dadurch erreicht, dass man die Gefangenen wie Mönche behandele. Sie
wohnten in Einzelzellen, wo sie in völliger Einsamkeit verblie-
ben. Die Häftlinge durften nicht miteinander kommunizieren,
egal wie. Die Gefängniswärter trugen über den Schuhen Socken,
um keine Geräusche zu machen und besser hören zu können,
ob die Insassen versuchten, miteinander zu sprechen. Die Gefangenen wurden mit Nummern bezeichnet, es gab keine Namen,
und wenn sie aus der Zelle durften, mussten sie Masken tragen,
die das ganze Gesicht verhüllten. Das Gebäude war strahlen-
förmig gebaut – nach Jeremy Benthams berühmt gewordenem
Modell des »Panoptikums« –, ein Gefängnis, in dem man alles
sehen und umfassend disziplinieren konnte. Die Gefangenen
wurden von den Wachen beobachtet, die in der Mitte der von
dort speichenartig ausgehenden Trakte saßen. Bentham, der
philosophische Begründer des Utilitarismus, nannte seinen Entwurf »einen eisernen Käfig, gläsern gemacht« durch »eine unsichtbare Allgegenwart«.

Es war eine ziemliche Kehrtwende in der Sicherheitsfrage.
Die Gefangenen wurden von einer unanfechtbaren, allwissenden
Macht geschützt und »gebessert«. Michel Foucault bezeichnete

diese Entwicklung als eine Abkehr vom Spektakel öffentlicher Hinrichtungen und Bloßstellung hin zu einem System, das die Gefangenen zwang, die Staatsdisziplin zu verinnerlichen. Es liegt eine gewisse Ironie in der Tatsache, dass Gefängnisse zum Sicherheitsmodell wurden, weil Kerker, Arbeitshäuser und sogenannte Irrenanstalten bis dahin als Beispiele von Unordnung galten. Ein Jahrhundert zuvor hatte man von den Gefängniswärtern erwartet, ihr Geld damit zu verdienen, dass sie den Gefangenen Bier verkauften. »Irrenanstalten« erhoben Eintrittsgelder für Besucher, die kamen, um das Chaos zu begaffen. Das englische Wort *bedlam* für »durcheinander, chaotisch« geht auf die Zustände im Royal Bethlehem Hospital für psychisch Kranke zurück, das den schaulustigen Londonern als makabre Touristenattraktion diente.

Aus dem Chaos erwuchs geregelte Ordnung in den Gefängnissen und bei der Polizei. Das System der isolierten schweigenden Gefangenen in Pennsylvania erwies sich als unerschwinglich. Als Gefängnisnorm setzte sich das Auburn-Modell mit noch immer schweigenden Gruppen von Gefangenen durch, die aber miteinander lebten und arbeiteten. Schließlich durften sie sogar miteinander sprechen. Massenhafte Gefängnisstrafen ersetzten die körperliche Bestrafung und Deportation. Riesenhafte Gefängnisanstalten aus Stein wurden in den boomenden Industriestädten errichtet, um Tausende und schließlich Millionen von Langzeitinhaftierten zu beherbergen.

So wie sich die Art der Strafen änderte, wandelten sich auch die Vollzugskräfte, die die Menschen hinter Schloss und Riegel brachten. Von Beginn des 19. Jahrhunderts an entwickelten die Länder eine erkennbar moderne Polizei. Jetzt waren nicht mehr alle Bürger dafür verantwortlich, Nachtwache zu halten oder unseren Schweinedieb zu fassen, vielmehr übernahm diese Rolle ein Kader uniformierter, ausgebildeter und professioneller

Polizisten. Die zentrale Neuerung bei der modernen Polizei in England und Amerika war, dass sie sich aus genau denselben Bürgern des Landes zusammensetzte, die sie schützen sollte. Sie war keine bloße Erweiterung des Militärs, sondern der Versuch einer Selbstverwaltung.

Doch für Amerikaner und Engländer zu Beginn des 19. Jahrhunderts wirkte eine ständige Polizei wie ein gefährlicher Rückschritt in Richtung einen Absolutismus à la Hobbes, weg von den lieb gewonnenen Freiheiten. Die »Polizei« wurde mit den Wachen auf dem europäischen Festland assoziiert, die in den Hauptstädten patrouillierten und die politischen Feinde der Monarchie festnahmen. Oder sie waren militärische Einheiten, die auf der Suche nach Banditen durch die Lande zogen, wie im Fall der Gendarmerie in Frankreich und Belgien sowie der Carabinieri in Italien. Die kontinentaleuropäischen Polizeikräfte waren tatsächlich ein innerstaatliches Militär – zum Schutz der inneren Ordnung, so wie ihre Kameraden in der Infanterie die äußere Ordnung sicherten.

Sogar das Wort »Polizei« hatte in Europa einen anderen Beiklang. Während wir im Englischen die Begriffe *politics* (Politik), *policy* (Regelwerk) und *police* (Polizei) unterscheiden, waren ihre französischen und deutschen Entsprechungen unklarer. Für einen Deutschen des 18. Jahrhunderts bedeutete »Polizei« die allgemeine Organisation der Öffentlichkeit – von der öffentlichen Ordnung und Verbrechensbekämpfung bis hin zur Kontrolle von Maßen und Gewichten und der Kleiderordnung bei Festen. Dies alles gehörte zu einem »wohlgeordneten Polizeistaat« – ein Ausdruck, der für viele von uns heute eher bedrohlich klingt.

Ein so umfassender Polizeibegriff, um unsere Sicherheit zu gewährleisten, würde uns zu weit gehen. Und unsere Vorfahren in der englischsprachigen Welt empfanden diese Art Polizei wie gesagt als Bedrohung langjähriger Freiheitsrechte. Das *Daily*

Universal Register erklärte 1785 abfällig: »Unsere Verfassung lässt etwas der französischen Polizei Vergleichbares nicht zu; und viele Ausländer haben erklärt, ihr Geld lieber an einen englischen Dieb zu verlieren als ihre Freiheit an einen *Lieutenant de Police*.« Doch mit der industriellen Revolution und der Entstehung moderner Städte wuchs auch das Chaos. Was sollte man also tun? New York, London, Boston und Manchester galten im Jahr 1800 als kriminell und anarchisch. Wie lange konnte die Furcht vor einem Absolutismus die Entwicklung einer Polizei noch aufhalten? Die Lösung war eine »zivile Polizei«, durch eine Uniform erkennbare Ordnungskräfte, für deren Einsatz strenge Regeln und Prinzipien galten. Es ging schließlich um Selbstverwaltung – New Yorker kontrollierten die New Yorker. Auf die Entstehung der nach ihrem Gründer Robert Peel benannten Londoner »Bobbys« im Jahr 1829 hin schossen in den Städten überall auf der Welt zivile Polizeikräfte aus dem Boden – 1834 in Toronto, 1844 in New York, 1851 in Amsterdam.

Die zivile Polizei war eine Lösung für das Problem mangelnder Sicherheit und für ihre düstere Kehrseite, die Tyrannei der Sicherheit. Es war ein Weg aus der Sicherheitsfalle. Der Anarchie konnte mit einer geregelten, unvoreingenommenen Polizeiarbeit Einhalt geboten werden – eine zivile Polizei sollte ohne Ausnahme oder Bevorzugung die Regeln durchsetzen: Sie sollte die Menschen gleichbehandeln. Doch auch ein skrupelloses Militär konnte die Menschen gleichbehandeln: gleich schlecht durch Verhängung eines Ausnahmezustands. Das allein war also noch nicht genug. Wie konnte die Polizei ihrerseits in Schranken gehalten werden? Sie musste Teil der Gesellschaft sein, über die sie Macht ausübte, und die Gesellschaft musste letztlich in die Lage versetzt werden, die Polizei zu kontrollieren. Wenn die Polizei zu mächtig wurde, musste der Staat ihre Macht beschneiden können, indem er ihr die Mittel entzog. Mit anderen Worten: Damit sich das Sicherheitsversprechen durchsetzen konnte, musste das Volk die Beschützer überwachen können.

Sieht die Geschichte über das Entstehen von Ordnung, wie ich sie hier erzählt habe, nicht allzu gut aus, um wahr zu sein? Nun, in der Tat. Während moderne Gefängnisse und Polizeikräfte das Chaos, das vor 200 Jahren herrschte, tatsächlich verdrängten, erfüllten sie das Versprechen, Sicherheit zu schaffen, ohne der Tyrannei Raum zu geben, nicht immer – tatsächlich war dies sogar eher selten der Fall. In vielen Polizeidienststellen und Gefängnisabteilungen herrscht Korruption. Ethnische Minderheiten, Stadtbewohner und ärmere Bürger werden nicht immer gleich und gerecht behandelt. Alle Probleme, die die ersten beiden Ebenen der Sicherheit betreffen, die persönliche und die nationale, konnten nicht gelöst werden. Dennoch war die Erfindung der Polizei ein großer Schritt zu der Art von Sicherheit, die Thomas Hobbes für notwendig hielt, damit das Leben nicht »scheußlich, tierisch und kurz« ist.

So viel zur *persönlichen* und *nationalen Sicherheit*. Was ist mit der dritten Ebene: der *internationalen Sicherheit*? Es wäre nur zu verständlich, wenn Sie sich bei der Lektüre der letzten Absätze gedacht hätten, ob dies denn nicht an der Sache vorbeigehe. Es mag ja sicherer sein, die Straßen von Whitechapel oder Hell's Kitchen zu überqueren, ohne von Taschendieben überfallen zu werden wie noch vor hundert Jahren. Aber was war in dieser Zeit nicht sonst alles geschehen?

Die beiden Weltkriege in der ersten Hälfte des 20. Jahrhunderts waren um ein Vielfaches blutiger und erfassten viel größere Teile der Welt als alle vorhergehenden Konflikte. Es gab keine uniformierte Polizei, die hätte einschreiten und das deutsche Kaiserreich und das England unter Eduard VII., Nazideutschland und die Dritte Republik Frankreich, das kaiserliche Japan und New-Deal-Amerika einhegen können. Allein die Vorstellung wirkt albern. Die unzähligen schlimmen Akteure des 20. Jahrhunderts konnte man nicht einfach festnehmen, vor Gericht stellen und ins Gefängnis stecken. Wer sollte das sein, der die Armeen aufhielt und die Staatschefs inhaftierte? Die Länder als solche lebten weiter in der Anarchie, die Hobbes beschreibt. Weit entfernt davon, sich einer dritten Instanz zu unterwerfen, musste man sich selbst helfen. Bündnisse mögen Staaten wirksam von Alleingängen abhalten, die Gegner aber bleiben ungebunden.

Der Zweite Weltkrieg ist nun seit fast achtzig Jahren vorbei. Hat sich an der Ausgangssituation irgendetwas wirklich verändert? Sind wir nicht sicherer geworden, und falls ja, liegt es nicht daran, dass wir auf internationaler Ebene mithilfe von Diplomatie, Abkommen und Normen im Konfliktfall irgendwie Sicherheit geschaffen haben?

Die Antwort ist ein für die Wissenschaft typisches »Es kommt darauf an«. 2011 veröffentlichte Steven Pinker, unter anderem Harvard-Professor für Psychologie und ein Mann mit einem Gespür für schwelende wissenschaftliche Debatten, die nur darauf warten, befeuert zu werden, ein Buch mit dem Titel *Gewalt: Eine Geschichte der Menschheit*. Im Original lautete der Titel *The Better Angels of Our Nature*, zu Deutsch etwa »Die besseren Engel unseres Wesens«, in dem er die These vertrat, dass wir heute tatsächlich in einer deutlich sichereren, friedlicheren Welt leben, wie man sie sich noch vor wenigen Jahrzehnten kaum hätte vorstellen können. Pinker zufolge befänden sich Kriege seit Jahrhunderten auf dem Rückzug und seien so überholt wie ein fünf Jahre altes iPhone. Er behauptet, die wissenschaftliche und intellektuelle Aufklärung der letzten paar Hundert Jahre habe uns vom Abgrund des Krieges entfernt.

Eine höchst verlockende These, doch leider ist nicht erwiesen, dass tatsächlich weniger Kriege geführt werden. Laut dem amerikanischen Politologen Bear Braumoeller gibt es gute Gründe, sowohl Pinkers These als auch seine Datengrundlage infrage zu stellen. Pinker behauptet, dass die Ideen der Aufklärung einen neuen Glauben an Vernunft und Gleichheit untermauert hätten und – wenn Sie Ihren Kant gelesen haben – die Möglichkeit eines »ewigen Friedens«. Das Problem seiner Beweisführung ist, dass uns die Aufklärung nicht nur Kant geschenkt hat – sie brachte auch Hobbes und Hegel hervor mit ihren Vorstellungen eines starken Staates; sie gab uns Rousseau und Herder mit ihren Begriffen des kulturellen Zusammenhalts und Nationalismus und Karl Marx, der an den Klassenkampf glaubte. Die Aufklärung war eine Epoche, kein Ideenbündel, dem alle zustimmten. Zu den konkurrierenden Ideen gehörten die Notwendigkeit einer mächtigen Staatsbürokratie, rassische und nationale »Reinheit« und ein nie endender Klassenkampf – nichts davon hört sich nach Pazifismus an, wie Pinker nahelegt.

Doch es ist nicht allein seine spezielle Sicht auf die Aufklärung, warum wir die These des Verschwindens von Kriegen mit Vorsicht behandeln sollten. Über einen längeren Zeitraum betrachtet und unter fast allen Aspekten gab es zwischen 1900 und dem Ende des Kalten Krieges mehr Konflikte als während des gesamten 19. Jahrhunderts. Es ist richtig, dass zwischenstaatliche Konflikte seit 1990 zurückgegangen sind. Doch das liegt daran, dass die Waffen sich nach innen richteten. Bürgerkriege nahmen seit 1990 deutlich zu, und was es noch schlimmer macht, sie dauern in der Regel länger als Konflikte zwischen Nationen. Und schließlich kämpfen die reichen Demokratien seit zwei Jahrzehnten gegen nicht staatliche Akteure – al-Qaida, die Taliban und den Islamischen Staat. Auch wenn die Ängste vor einem Krieg der Großmächte – zumindest bis zum russischen Krieg gegen die Ukraine – nachgelassen hatten, so heißt das noch lange nicht, dass die Streitkräfte der USA, Frankreichs, Großbritanniens oder Chinas Staub angesetzt hätten. Wenn wir diese »internationalen Bürgerkriege« mit einrechnen, war laut Braumoeller (sein eigenes Buch mit dem hier übertragenen Titel »Nur die Toten: Die Beständigkeit des Krieges in der Moderne« erschien 2019) das Jahr 2016 das konfliktreichste seit 1945.

Festzustellen ist, dass Länder – insbesondere die größeren – zumindest bis vor Kurzem weniger geneigt waren, gegeneinander Krieg zu führen, als noch vor fünfzig Jahren. Bedeutet das Sicherheit? Und falls ja, haben wir sie durch das Äquivalent einer internationalen Polizeitruppe geschaffen? Die Antwort lautet auf beide Fragen Nein. Die Vereinten Nationen, selbst eher ein hingekritzelter Entwurf einer Weltregierung, haben Friedenstruppen mobilisiert. Bei Konflikten zwischen kleineren Staaten, für die die UN eine glaubhafte Bedrohung darstellt, sowie in manch einem Bürgerkrieg konnten die Blauhelme der Friedenstruppen tatsächlich ein Ersatz für blau uniformierte Polizisten sein. Doch auch hier scheiterten die Friedenstruppen damit, Genozide in Bosnien, Ruanda und Myanmar zu verhindern, um nur drei von zahlreichen Beispielen zu nennen. Und die Big Player können die Warnungen der UN weitgehend ignorieren – wie beim Einmarsch der USA im Irak geschehen.

Die Invasion Russlands in der Ukraine 2022 hat die landläufige Einschätzung der Wahrscheinlichkeit eines ernsthaften zwischenstaatlichen Konflikts freilich verändert. Die Seltenheit von grenzüberschreitenden Konflikten und der Annexion von Gebieten verleitete Militäranalysten zu einer gewissen Sorglosigkeit. Die tragische Liste von Kriegsverbrechen, die russische Soldaten von Bucha bis Mariupol verübt haben, erinnert uns daran, dass die Zivilbevölkerung nicht vor der Wiederkehr von Gewalt und Grausamkeit gefeit ist. Und es führt uns vor Augen, dass internationale Sicherheit ein Widerspruch in sich bleibt.

15 DIE SICHERHEITSFALLE

Unsere langweiligen, friedlichen Leben kippeln tatsächlich auf Messers Schneide. Wenn wir die Ordnung aufrechterhalten wollen, laufen wir Gefahr, die Kontrolle über unsere Beschützer zu verlieren, aber wenn wir unsere Beschützer abziehen, könnten wir leicht ins Chaos zurückstürzen. Wir sitzen in der Sicherheitsfalle: *Anarchie lässt sich ohne das Risiko der Tyrannei nicht vermeiden.*

Das Problem mit Tyrannei ist, wie man die mit der Sicherheit Beauftragten davon abhalten kann, ihre Grenzen zu überschreiten. Es ist ein Problem mit *den anderen.* Wir müssen diese spezielle Gruppe von Menschen irgendwie kontrollieren, auch wenn sie das Gewaltmonopol innehaben. Wenn wir als Zivilbevölkerung die Polizei oder das Militär nicht in ihren Schranken halten, wie in aller Welt können wir dann erwarten, dass sie ihre Befugnisse nicht überschreiten? Wenn es eine höhere Macht gäbe, die von uns anzurufen wäre, könnte sie unseren Beschützern drohen, wenn sie sich nicht an ihre Grenzen halten. Doch wenn dies der Fall ist, was hält diese höhere Macht davon ab, ihrerseits ihre herausgehobene Stellung zu nutzen? Wie bei einer infernalischen Matrjoschka müssten wir uns jedes Mal, wenn wir eine höhere Macht einsetzen, fragen, wie wir diese neue Instanz kontrollieren können. Wir stehen vor der ewigen Frage, die der römische Dichter Juvenal stellte: *Wer schützt uns vor den Beschützern?*

Wenden wir uns der anderen Seite der Sicherheitsfalle zu – der

302 Teil IV Sicherheit

Anarchie –, ein Problem nicht mit *den anderen*, sondern mit *uns*. Wenn uns niemand beschützt oder uns bestrafen kann, warum sollten wir uns dann noch mit Regeln aufhalten? Wenn es keinen Big Brother gibt, werden wir uns benehmen, oder fangen wir an zu randalieren? So gut wie kein Sicherheitssystem kann all unsere Handlungen ständig überwachen, schon gar nicht, wenn wir uns ernsthaft bemühen, sie zu umgehen. Ein bestimmtes Maß an Anarchie wird sich in der Realität immer einschleichen.

Um der Sicherheitsfalle zu entkommen, müssen wir uns also auf einem Grat zwischen dem Abgrund von Tyrannei und Gewaltherrschaft auf der einen Seite und der Anarchie auf der anderen bewegen und versuchen, unsere Institutionen so einzurichten – von der Polizei bis zu den Gefängnissen und dem Militär –, dass sie stark genug sind, uns zu verteidigen, aber nicht so stark, dass sie uns instrumentalisieren. Um die Politik vor dem Scheitern zu bewahren, müssen wir herausfinden, wie sich die Balance halten lässt.

Tyrannei

Juvenals *Wer schützt uns vor den Beschützern?* trifft den Kern der Sicherheitsfalle. Schon in der Frage steckt, dass wir es mit einer Endlosschleife zu tun haben könnten.

Das Problem der Tyrannei beruht auf der Tatsache, dass jede neu geschaffene Ebene an Beschützern mächtig genug sein muss, sämtliche Ebenen darunter zu kontrollieren. Jedes Mal, wenn wir glauben, Sicherheit gewonnen zu haben, haben wir in Wirklichkeit eine noch mächtigere – und möglicherweise schwerer kontrollierbare – Macht etabliert. Und wir könnten auf diese Weise ein weitaus größeres Problem geschaffen haben als das, welches wir vermeiden wollten.

Spieltheoretiker beschäftigen sich schon lange mit Juvenals Frage und dachten über mögliche Lösungen aus der Endlosspirale an Beschützern nach. Eine davon ist, die Spirale zu stoppen, indem man sie in einen Kreis zwingt. Wenn jeder von uns bereit ist, Missetäter zu bestrafen, und jemand bereit ist, uns zu bestrafen, sind wir diejenigen, die Strafen erteilen und Strafen empfangen, in einem. Wir können das Problem des unendlichen Regresses umgehen, indem die Bewacher einander bewachen. Das ist eine elegante Lösung für die Sicherheitsfalle, aber letztlich nicht befriedigend. Man steht vor dem »Dichtungsring«-Problem: dem Gummiring an einer Verbindungsstelle eines Raketentriebwerks an der verunglückten Raumfähre *Challenger*. Diese Ringe wurden aufgrund der – für Florida – niedrigen Temperaturen brüchig. Am Tag des Starts hielten sie nicht. Und so brachte das Versagen eines schlichten Gummirings das gesamte US-Raumfahrtprogramm zum Scheitern. Viele wirtschaftliche und politische Schwierigkeiten stehen vor diesem »Schwächstes-Glied-Dilemma«: Das ganze Gebäude stürzt ein, sobald ein Akteur seiner Verantwortung nicht gerecht wird.

Die Kreislösung für die Sicherheitsfalle ist ähnlich brüchig – sobald ich nicht bestrafe, wen ich bestrafen soll, durchbreche ich den Kreis, und alles fällt auseinander. Demokratische Wahlen können den Kreis wieder festigen – und die Abhängigkeit davon, dass jeder seiner Verantwortung nachkommt, verringern. Wahlen können als »letzte Instanz« fungieren. Eine neue Bürgermeisterin, die gewählt wurde, um »aufzuräumen«, kann korrupte Polizisten bestrafen, wenn selbst die Gerichte zu bestechlich sind, um das zu übernehmen. Eine schöne Idee. Aber die Erfahrungen aus Amerika, die Polizei mit demokratischen Maßnahmen zu zügeln, scheinen weit entfernt von der perfekten Lösung.

Die Black-Lives-Matter-Bewegung ist nach dem Mord an George

Floyd wiedererstanden, eine breite Öffentlichkeit hatte sie zuvor erstmals nach der Schießerei in Ferguson, Missouri, 2014 wahrgenommen, bei der Michael Brown, ein afroamerikanischer Teenager, von einem weißen Polizisten, Darren Wilson, erschossen wurde. Als Anwältinnen, Journalisten, Demonstrantinnen und Politiker nach Ferguson kamen, wurde die örtliche Polizeibehörde plötzlich in ein grelles Licht gerückt. Sie sah nicht gut aus im Scheinwerferlicht der Medien. Eine vernichtende Kritik an der Polizeibehörde in Ferguson kam vom US-Justizministerium. In über hundert Seiten akribisch aufgelisteter Details legte es eine sorgfältig ausgeführte Anklageschrift vor. Die Polizei von Ferguson, die oft mit der Stadtverwaltung und der kommunalen Justiz unter einer Decke steckte, wurde beschuldigt, Schutzgelderpressung zu betreiben. Die Stadt war von Bußgeldern abhängig und ermunterte die Polizei, für die geringsten Verstöße Geldstrafen zu verhängen, sowie die Gerichte, weitere Geldstrafen und Bußgeldbescheide zu erlassen, wenn die ersten Geldstrafen nicht rechtzeitig bezahlt wurden, wodurch die Bürger in massive Verschuldung getrieben wurden.

Ein in den Ermittlungsunterlagen des Justizministeriums zitiertes Beispiel ist das eines Afroamerikaners, der verhaftet wurde, weil er, um sich nach einem Basketballspiel abzukühlen, neben einem Spielplatz in seinem Auto saß. Ein Polizeibeamter kam auf ihn zu, beschuldigte ihn der Pädophilie und verlangte, sein Auto zu durchsuchen. Als der Mann sich auf sein verfassungsgemäßes Recht berief, nicht ohne triftigen Grund durchsucht zu werden, wurde er unter vorgehaltener Waffe festgenommen und wegen acht Ordnungswidrigkeiten beschuldigt, darunter die Nennung eines falschen Namens – er gab seinen Namen statt mit Michael mit Mike an – und das Versäumnis, einen Sicherheitsgurt zu tragen – das Auto war geparkt. Er wurde vor Gericht gestellt und verlor am Ende seinen Arbeitsplatz.

Diese Art von Polizeiarbeit mit an den Haaren herbeigezogenen Vorwürfen, bei der die geringsten vermeintlichen Verstöße zu Geldstrafen, Gerichtsvorladungen und Arbeitsplatzverlust führten, kennzeichnete das grundsätzliche Vorgehen der Polizeibehörde in Ferguson. Ihr Interesse schien darin zu bestehen, den Bürgern Geld abzupressen und sie einzuschüchtern, nicht darin, sie zu beschützen. Um wörtlich aus dem Bericht des Justizministeriums zu zitieren:»Viele Polizisten scheinen einige Einwohner, insbesondere solche aus überwiegend afroamerikanischen Vierteln von Ferguson, weniger als zu schützende Staatsbürger denn als potenzielle Straftäter und Einnahmequellen zu betrachten.« Polizeikräfte, deren angebliche Rolle es war, die Bürger zu beschützen, trugen eine »Wir gegen die«-Brille – durch die sich ihr Blick weitgehend auf die Hautfarbe richtete. Die Polizeibehörde von Ferguson bestand zu 90 Prozent aus Weißen, die Kommune, die sie »beschützte«, zu zwei Dritteln aus Menschen mit dunkler Hautfarbe. Die Polizei schien afroamerikanische Bürger nicht nur anders zu behandeln, sie betrachtete sie als »potenzielle Straftäter« – die Menschen, die von ihr beschützt werden sollten, galten ihr als Personen, vor denen sie selbst sich schützen musste oder die sie erpresste.

Wie kam es in Ferguson zu dieser schrecklichen Umkehrung – Beschützer machten ihre Schutzbefohlenen zu Opfern? Die rassistische Politik in Missouri ist sicherlich ein wesentlicher Teil der Geschichte: Dreißig Jahre zuvor war die Bevölkerung Fergusons zu drei Vierteln weiß gewesen, und die Polizei schien die demografische Entwicklung in der Stadt als kriminelle Bedrohung und »Goldesel« zugleich begriffen zu haben. Sie war nicht nur von einem offensichtlich rassistischen Geist getrieben, sondern auch von Gewinnstreben. Das wiederum lag an Amerikas stark dezentralisiertem Strafrechtssystem, sodass sich sowohl die Stadt wie die Polizei selbst finanzieren mussten und davon abhängig waren, neue Einnahmequellen zu finden. Keine nationale oder bundesstaatliche Aufsichtsbehörde trat auf den Plan, bis Ferguson weltweit Schlagzeilen gemacht hatte.

Dieser Aktionismus, die Einnahmen zu erhöhen, fiel mit der Verfügbarkeit von militärischen Waffen aus dem Verteidigungsministerium zusammen, das im Zuge der Beendigung der Kriege in Irak und Afghanistan Fahrzeuge, Schusswaffen und sogar Flugzeuge verkaufte. In Ferguson waren schockierende Bilder von Polizeibeamten mit martialischer Ganzkörperschutzkleidung die Folge, die in gepanzerten Humvees unterwegs waren und Blendgranaten auf Demonstranten warfen. Hier türmt sich eine Sicherheitsfalle auf die nächste, da Instrumente, die angeblich geschaffen wurden, um amerikanische Bürger vor Bedrohungen aus dem Ausland zu schützen, nun auf dieselben Bürger in ihren Heimatstädten gerichtet wurden.

Anarchie

Eine unbarmherzige Regeldurchsetzung durch uniformierte Staatsbeamte wie in Ferguson würden wir alle gern vermeiden. Das Problem ist, dass wir die ganze Hand nehmen, wenn man uns einen Finger reicht. Wir alle profitieren von jedem, der sich an die Regeln hält, scheinen aber unfähig zu sein, uns selbst daran zu halten, sobald wir glauben, dass keiner hinsieht. Anarchie ist ein Zustand der Versuchung. Und er ist teuer – wenn wir anderen nicht vertrauen können, müssen wir unsere wertvollen Ressourcen für die Sicherheit einsetzen: Es lassen sich keine Vereinbarungen mehr schließen, und wir zerstören unseren Erfolg.

Wir können über Anreize nachdenken, die es lohnend machen,

sich an die Regeln zu halten, oder stattdessen der Anarchie das Feld überlassen. Dabei haben wir drei Möglichkeiten. Erstens, wir verfügen über gesetzliche Regelungen und Normen, die vom Staat durchgesetzt werden. Wenn wir wissen, dass man uns beobachtet, sobald wir gegen gesetzliche Vorschriften verstoßen, können wir davon ausgehen, sehr wahrscheinlich bestraft zu werden. Hier guckt sozusagen Hobbes' Leviathan um die Ecke und hebt demonstrativ den Zeigefinger. Doch auch dann werden noch immer Menschen gegen gesetzliche Regeln verstoßen, weil sie glauben, nicht erwischt zu werden.

In diesem Fall kann der Staat versuchen, das Zufallsprinzip bei der Durchsetzung der Regeln walten zu lassen. Diese Art Spießrutenlaufen geschieht jedes Mal, wenn Sie eine »Nichts zu verzollen«-Schranke passieren. Manche Passagiere werden von Zollbeamten aufgehalten, weil das Gepäck ihren Verdacht erregt hat, wegen des Abflugortes oder (mit großem Spielraum für Missbrauch) aufgrund des Aussehens, oder die Taschen werden einfach nur nach dem Zufallsprinzip durchsucht. Das ist eine probabilistische Regelung – Sie könnten von einem Staatsbeamten erwischt werden oder auch nicht, es hängt einfach nur davon ab, ob Sie gerade Glück haben. Wer im Straßenverkehr zu schnell fährt, seine Steuern hinterzieht oder mit Drogen in der Tasche einen Nachtclub besucht, spielt auf Risiko. Wir können einiges an Anarchie zulassen, vorausgesetzt, dass die reale Wahrscheinlichkeit besteht, geschnappt zu werden, und dass die Bestrafung für den Verstoß einschneidend genug ist. Das kleine Risiko schwerer Konsequenzen kann ein hohes Maß an Fehlverhalten verhindern.

Zweitens befolgen wir die Regeln auch dann, wenn Verstöße nicht gesetzlich verfolgt werden, wir aber fürchten, unsere Freunde und unsere Familie würden uns für unseren Verstoß verachten. Hier befinden wir uns im Bereich der sozialen Normen.

Unter Umständen geraten wir mit einer sozialen Norm in Konflikt, wenn wir vom Auge des Gesetzes unbemerkt gegen ein Gesetz verstoßen, wohl aber unsere Familie uns dabei beobachtet, wie wir zum Beispiel eine Tafel Schokolade stehlen. In anderen Fällen zwingen uns die sozialen Normen dazu, uns ordentlich zu benehmen, selbst wo wir nicht gegen Gesetze verstoßen – sie halten uns etwa davon ab, Passanten zu beschimpfen, in öffentlichen Verkehrsmitteln Leute zu schubsen oder eine Schlägerei vom Zaun zu brechen.

Soziale Normen beruhen auf Information – wir müssen wissen, wer sich ordentlich benimmt und wer nicht – und auf einer gewissen Art der Gruppenzugehörigkeit: Ich kann in der Gesellschaft als Ganzes schlechtes Verhalten nicht ohne Weiteres verhindern, aber in meiner Gruppe kann ich Verhalten durchaus bestrafen oder belohnen. Dies wiederum erfordert, dass Gruppenmitglieder bestraft werden müssen, die Regelverstöße anderer nicht bestrafen.

Es ist gut nachvollziehbar, dass ein solches System Normen in den Gruppen zwar aufrechterhalten, aber auch in einem Teufelskreis aus Rache, Ausgrenzung und sogar Ehrenmorden enden kann. In Nordalbanien zwingt der sogenannte *Kanun* die Dorfbewohner zu gewaltsamen Vergeltungsmaßnahmen, bis die Rache vollzogen ist und das Dorf als »sauber« gilt. Ein Verstoß gegen den *Kanun* bedeutet Ausgrenzung und Demütigung durch Dorfbewohner. Soziale Normen vermögen in der Anarchie in der Tat Ordnung zu schaffen, aber kann man eine Sicherheit, die auf einem Teufelskreis aus Rache gebaut ist, überhaupt noch als Sicherheit bezeichnen?

Und schließlich haben wir noch moralische Normen: Regeln und Prinzipien, die wir befolgen, auch wenn niemand zusieht. Das kann etwa heißen, auf einer einsam gelegenen Landstraße an einer roten Ampel stehen zu bleiben, obwohl nicht die geringste

Gefahr besteht, erwischt zu werden. Oder Eier zu bezahlen, die am Straßenrand unbeaufsichtigt angeboten werden. In einer idealen Welt könnten wir uns ganz auf moralische Normen zur Beschränkung unseres Verhaltens in der Anarchie verlassen. Wir würden uns alle nach Immanuel Kants kategorischem Imperativ richten – uns in einer Weise verhalten, die als allgemeines Gesetz formuliert werden könnte: Unser moralisches Verhalten wäre selbst wie ein Gesetz. Doch sich auf die Moral des Einzelnen zu verlassen, ist riskant. Was, wenn Sie am Ende von Ihren weniger moralischen Mitbürgern ausgebeutet werden?

Eine andere Möglichkeit, uns selbst zu kontrollieren und Anarchie vorzubeugen, sind »quasimoralische Normen«. Sie kommen ins Spiel, wenn man nicht sehen kann, was wir tun, aber was andere tun, zumindest im Gesamtbild. Antanas Mockus – ein Mathematiker und Philosoph, der Bürgermeister im kolumbianischen Bogotá war – liefert ein unterhaltsames Beispiel dafür. Wie viele Städte im Binnenland hatte auch Bogotá ein Wasserproblem. Um der Wasserknappheit zu begegnen, zeigte Mockus jeden Abend im Fernsehen den Gesamt-Wasserverbrauch. Die Behörde konnte zwar nicht die einzelnen Bürger überwachen, doch jeder konnte sehen, dass der Wasserverbrauch insgesamt gesunken war. Es ließe sich nun vermuten, dies sei Anlass genug für alle gewesen, sich wieder zu bedienen, denn sie wussten ja, wie sehr sich andere bemühten, Wasser einzusparen. Stattdessen sahen die Leute, dass die anderen dies eben nicht als Freifahrtschein nahmen, und verzichteten dementsprechend selbst auf stundenlanges Duschen. Es schadete auch nicht, dass Mockus persönlich als Vorbild in der Sendung erschien, vor laufenden Kameras duschte und, während er sich einseifte, das Wasser abdrehte. Vielleicht würden wir nicht jedem Regierungschef so gern beim Duschen zusehen, aber es wirkte.

Mockus arbeitete weiter mit sozialen Normen, als er versuchte, das Verhalten von Bogotás anarchischen Autofahrern zu beein-flussen. Eleonora Pasotti führte ein Interview mit Mockus über seine ungewöhnlichen Strategien. Er musste sich mit zwei Arten der Verkehrsanarchie auseinandersetzen: Auto gegen Auto und Auto gegen Fußgänger. Um dem Problem Auto gegen Auto zu begegnen, ließ er 35 000 Karten mit Daumen hoch und Dau-men runter drucken, die die Autofahrer sich gegenseitig zeigen konnten, wenn sie zufrieden miteinander oder, was häufiger der Fall war, wütend aufeinander waren. Die Idee war, die Raserei auf den Straßen einzudämmen, indem die Verkehrsteilnehmer sich gegenseitig zur Einhaltung der sozialen Normen drängten – durch Respekt bzw. Verachtung –, obwohl offensichtlich ist, dass dies auch nach hinten losgehen könnte.

Autos gegen Fußgänger ist ein ungleicher Kampf. Verkehrs-polizisten wurden von den Autofahrern in Bogotá normaler-weise ignoriert, wenn sie versuchten, diese davon abzuhalten, Kreuzungen zu blockieren. Mockus' Idee war – ob Sie es glau-ben oder nicht –, Polizisten durch Pantomimen zu ersetzen, Typ Marcel Marceau. Pantomimen stärkten Normen auf eine Weise, über die die Polizei nicht verfügte. Laut einem Mitarbeiter von Mockus »zeigte der Pantomime einen Zebrastreifen und gab dem Fahrer zu verstehen, dass er Bürger überfahren würde. Es war ein Theaterspiel, eine typische schauspielerische Darbie-tung, doch es weckte bei den Bürgern ein Bewusstsein für ihr Handeln.« Manchmal lassen sich Normen durchsetzen, indem man Überraschung erzeugt.

Anarchische Verkehrszustände sind das eine, aber was passiert, wenn es gar keine Regierung gibt? Die Bürger wohl-habender Länder mussten sich über diese Frage jahrhunderte-lang keine Gedanken machen, da der Nationalstaat jeden Qua-dratmeter Europas, Nordamerikas und Japans kontrollierte. Dennoch kommt es immer wieder zum Zusammenbruch von

Regierungen, und manchmal dauert es lang, bis er überwunden wird. Somalia hat seit 1991 keinerlei funktionierende Regierung mehr. Es war das Jahr, in dem die zwei Jahrzehnte währende Diktatur von Generalmajor Mohamed Siad Barre endete. Nach einem Bürgerkrieg war Barre durch einen Putsch gestürzt worden. Doch es folgte kein »Staat«. Zuerst spalteten sich die nordwestlichen, später die östlichen Provinzen ab. Der Rest des Landes hatte keinerlei Regierung und wurde von rivalisierenden Warlords untereinander aufgeteilt.

Was passiert mit der Sicherheit, wenn ein ganzer Staat den Geist aufgibt? Im Grunde wird sie privatisiert. Mogadischu, Somalias Hauptstadt, wurde von privaten Sicherheitsdiensten »beschützt«. Zeitweise sorgten solche Firmen erfolgreich für Frieden, aber es gibt keine funktionierenden Gerichte, um Verträge durchzusetzen. Sie sind also regelmäßig mit neuen Akteuren konfrontiert, die Profit und Macht anstreben. Rivalisierende Warlords heuerten Privatarmeen an, die aus verarmten Teenagern bestanden. Sie agierten wie Olsons vagabundierende Räuber – sie besetzten vormals staatliche Einrichtungen, von Seehäfen bis Flughäfen, und erhoben Steuern von den Bürgern. Geschäftsleute, die es leid waren, Schutzgeld zu bezahlen, versuchten, das Chaos zu beenden, indem sie die islamistische Bewegung unterstützten. Doch die Islamisten wurden selbst bald von ihrem radikalen Flügel übernommen und erklärten Äthiopien den Krieg. Sie wurden ebenfalls entmachtet, und Somalia ist nach wie vor gespalten in die nominell einer 2012 eingesetzten Zentralregierung unterstehenden Regionen, die von islamistischen Milizen besetzte Gebiete und die abtrünnigen Regionen.

Somalia ist sicherlich kein gutes Aushängeschild für Anarchie. Aber auch hier gibt es Schattierungen. Es hängt davon ab, womit wir das heutige Somalia in Beziehung setzen. Verglichen mit den stabileren ostafrikanischen Ländern – Äthiopien und Kenia zum Beispiel – ist Somalia gefährlich und arm. Doch verglichen mit der Diktatur unter Siad Barre ist das Leben für normale Somalis wahrscheinlich besser. Der amerikanische Ökonom Peter Leeson vertritt die Ansicht, dass die Anarchie in Somalia den Sieg über die Diktatur davonträgt. Die Lebenserwartung, die Kindersterblichkeit, Abwasser- und Abfallentsorgung sowie Zugang zum Telefonnetz, all dies verbesserte sich in Somalia zwischen 1990 und 2005, sogar im Vergleich zu den Nachbarstaaten. Auch der wichtigste Export – der Viehhandel – boomte in den 1990er-Jahren. Obwohl Leeson die vielen anhaltenden Probleme Somalias kennt, ist er der Meinung, dass sich der Wechsel von der Diktatur in die Anarchie gelohnt haben könnte. Manchmal ist zu wenig Herrschaft besser als zu viel. Doch die meisten Somalis wollen der Anarchie entkommen – die UN schätzt, dass 2015 zwei Millionen Somalis ausgewandert sind, häufig nur in Flüchtlingslager jenseits der Grenze.

Das Problem mit der Ordnung

Die Skandinavier leben in den reichsten und sichersten Ländern der Welt. Sie müssen sich nicht wie die Somalis groß Gedanken darüber machen, ob Tyrannei oder Anarchie die bessere Option ist. Doch ist diese Art der Sicherheit, was sie zu sein verspricht? Das »Jante-Gesetz« ist eine ironische Zusammenstellung von Regeln für das Leben in Dänemark, die der Schriftsteller Aksel Sandemose in den 1930er-Jahren aufgestellt hat. Das »Gesetz« besteht aus zehn Regeln von »Du sollst nicht glauben, dass *du* etwas Besonderes bist« bis »Du sollst nicht glauben, dass *du uns* etwas beibringen kannst«. Sandemose spottete über den Konformismus im Alltagsleben in dänischen Kleinstädten, wo jedes Auffallen als verdächtig galt und soziale Normen höflich, aber rücksichtslos durchgesetzt wurden, um Gehorsam zu gewähr-leisten. Nonkonformisten, Rebellen, alle, die über die Beengt-heit hinauswuchsen, wurden ausgestoßen oder gedemütigt. Es gab nichts Anarchisches oder Tyrannisches im Jante-Leben. Es herrschte Sicherheit und Ordnung. Doch auf viele von uns wirkt eine solche Ordnung kleingeistig.

Das Jante-Gesetz ist völlig ungeeignet, besondere individuelle Leistungen zu fördern oder Erfolge anzuerkennen. Der schwe-dische Schauspieler Alexander Skarsgård witzelte in Stephen Colberts *Late Show*, dass ihm das Jante-Gesetz verbiete, öffent-lich zuzugeben, dass er einen Golden Globe gewonnen habe. Doch manchmal hindere diese Art des Konformismus die Men-schen daran, noch die geringsten Leistungen zu bekennen, sei es seine Reise, um die Eltern zu besuchen, ohne die Lektüre eines anspruchsvollen Romans.

Zur Schaffung eines sozialen Zusammenhangs könnte Jante aber von Vorteil sein: die Basis des skandinavischen sozialen Ver-trauens, das den teuren Wohlfahrtsstaat und die niedrige Ver-brechensquote untermauert. Als zwei norwegische Soziologen untersuchten, ob die Billigung des Jante-Gesetzes tatsächlich das »allgemeine Vertrauen« in andere Bürger stärkte, stellten sie fest, dass es umso *geringer* war, je weitreichender die Jante-Gesinnung. Möglicherweise schafft Konformität also eine geordnete Gesell-schaft, in der es *so aussieht, als ob* jeder dem anderen traute, doch in Wahrheit ist sie auf die Angst vor dubiosen Regelbrechern gebaut.

Der Soziologe und Politologe Robert Putnam nannte dies in seiner berühmten Studie *Bowling Alone* die »dunkle Seite des sozialen Kapitals«. Soziales Kapital ist das, worüber multinatio-nale Konzerne in ihren Jahresberichten so gern sprechen. Ge-meint ist das Maß an gegenseitigem Vertrauen in einer Gesell-schaft, das einerseits wie ein sozialer Klebstoff wirkt, der alle aneinander bindet, andererseits wie ein ökonomisches Lösungsmittel, das das Misstrauen beim Abschluss von Geschäften beseitigt. Laut Putnam ist es das Fehlen von sozialem Kapital, das die politischen und wirtschaftlichen Probleme und die Abhängigkeit von einem »amoralischen Familismus« im Süden Italiens erklärt – ein Moralkodex, in dem ausschließlich die Familie als wichtig gilt und alle anderen als potenzielle Bedrohung oder Naivlinge wahrgenommen werden. Das Fehlen von sozialem Kapital ähnelt den Fällen von Anarchie, über die wir bereits gesprochen haben.

Doch Sozialkapital ist nicht immer etwas Gutes. Wie Putnam feststellt, können Gesellschaften mit großem gegenseitigem Vertrauen wie in Skandinavien oder ihrem amerikanischen Ableger, meinem früheren Wohnort Minnesota, konformistisch und wenig gastfreundlich sein. Besitzen die Menschen ein hohes Maß an sozialem Kapital, sind aber Außenstehenden gegenüber intolerant, mündet dies leicht in Engstirnigkeit und Sektierertum.

Allzu viel Ordnung erzeugt nicht nur Konformismus, sie kann auch Stagnation bewirken. Schnelles Wirtschaftswachstum gehorcht häufig der Maxime: »Wo gehobelt wird, da fallen Späne.« Diese Späne sind bestehende Unternehmen. Der berühmte Joseph Schumpeter schrieb, Wachstum entstehe durch »schöpferische Zerstörung«. Technischer Fortschritt unterwandert bestehende Unternehmen, die aus dem Geschäft gedrängt werden.

Von der Wirtschaft her gedacht, hat dieses Konzept seine Berechtigung, aber es wirft ein politisches Problem auf. Warum sollte man, wenn man über Macht verfügt und einem diese Unternehmen gehören, diese Art von Geschäftsschädigung zulassen? Warum sollte jemand wollen, von dieser »schöpferischen Zerstörung« betroffen zu sein? Politische Eliten, insbesondere solche, die von reichen Industriellen finanziert werden, versuchen nicht selten, innovative Technologien aufzuhalten.

Konformistische Gesellschaften dürften sich gegen neue Techniken besonders wehren, und es kommt zu einer unflexiblen, festgefahrenen Wirtschaft. Wo immer man neue Ideen leicht blockieren kann, egal ob durch Diktatoren oder Konformisten, erntet man Stagnation.

Da Ordnung lähmend wirkt, ist es vielleicht wenig erstaunlich, dass ihr im Lauf der Geschichte viele entkommen wollten und es vorzogen, außerhalb an den Grenzen zu leben. Der Politologe James C. Scott nennt dies »die Kunst, nicht regiert zu werden« (*The Art of Not Being Governed* ist der entsprechende Titel eines seiner Bücher). Regiert zu werden, kann heißen, gewaltsam unterdrückt zu werden, aber auch, beobachtet und wegrationalisiert zu werden. Scott vertritt die These, dass Staaten versuchen, ihre Bürger zu kontrollieren und einer Ordnung zu unterstellen – nicht im Sinne eines Hobbes'schen Herrschers, unter dem eine Diktatur droht, sondern im Sinne obsessiver Sammler, die noch die allerletzte Bürgerin und den letzten Zentimeter Natur nach Kategorien ordnen wollen.

Unsere Nachnamen gehen auf die frühesten Versuche von Staaten zurück, ihre Bürger in einer Volkszählung zu erfassen. In kleinen Dörfern, wo jeder jeden kennt, reichen die Vornamen. Johann, der Sohn des Metzgers, das genügt völlig, falls zwei Johanns auseinanderzuhalten sind. Für eine Volkszählung ist das Verfahren allerdings nicht gerade ideal. »Sohn des Metzgers« lässt sich nicht rasch in die Spalten eintragen. Also erhielt jeder Johann noch einen Nachnamen. Der eine Johann war der Sohn von Peter, also Johann Peters. Der andere Johann ist Metzger, und so heißt er eben Johann Metzger. Sobald der eine Johann vom anderen zu unterscheiden war, konnten sie vom Staat registriert, zu Steuerzahlungen oder zum Militärdienst herangezogen und von einem Gericht bestraft werden. Man hatte Ordnung geschaffen, aber ganz im Sinne des Staates.

Diese Art der Ordnung war für diejenigen, die ihr unterworfen waren, nicht immer reizvoll. Bis ins späte 20. Jahrhundert gab es dafür eine einfache Lösung: weglaufen. Die meisten Regierungen konnten ihre Souveränität außerhalb großer, gut bevölkerter Ebenen und Täler nicht wirklich ausüben. Schwer zugängliche Gebiete – Berge, Sümpfe, Inseln, Wüsten und Deltas – waren für den Staat schwer zu überwachen und zu beaufsichtigen. Und so verschwanden Bürgerinnen und Bürger, die sich über die Ansprüche des Staates auf ihr Geld oder ihr Leben ärgerten, still und leise in solchen Randbereichen.

Scott verweist auf Zomia, einen realen Ort, der allerdings keine realen politischen Grenzen besitzt: Er liegt in den Hügeln Südostasiens und umfasst Teile von Myanmar, Thailand, Kambodscha, Laos, Vietnam, China und Indien. Die Region erwies sich bis vor Kurzem als hartnäckig unregierbar. Entfernungen von nicht einmal zwanzig Kilometern zurückzulegen, konnte für die bewaffneten Staatsdiener mehrere Tage in Anspruch nehmen. Und so war es, laut Scott, »in den letzten Jahrhunderten eine reale Option, das Gebiet zu meiden«. Man konnte dem Ordnungsdrängen der Staaten widerstehen, indem man sich in dieses Hochland zurückzog. Es wurde weiter Handel mit den Städten betrieben, aber zu den eigenen Bedingungen – die Leute dort waren »mit Absicht unzivilisiert« und entzogen sich der strengen sozialen Hierarchie des Tieflands. Und das Hochland war keine Anarchie. Es brachte eine große Bandbreite politischer Organisationsformen hervor – manche waren egalitär, andere hierarchisch mit Häuptling –, doch was ihnen immer fehlte, waren die Instrumente der Tyrannei: eine stehende Armee und Steuerbeamte.

Könnten wir heute die Freiheiten von Scotts inzwischen im Verschwinden begriffenem Zomia wiederherstellen? Würden wir damit die Ordnung der Anarchie opfern? Können wir Sicherheit schaffen und zugleich die innovative Energie schöpferischer Zerstörung fördern? In den letzten zehn Jahren entstand eine Bewegung, die aus der internationalen Ordnung souveräner Staaten ausbrechen will. *Charter Cities*, eine Art Sonderverwaltungszonen, sollten Orte schöpferischer Zerstörung werden, an denen man sich frei von staatlicher Bevormundung entfalten kann.

Charter Cities experimentieren mit den Regeln, die wir zur Steuerung unseres Verhaltens aufstellen. Wenn Politiker die Regeln ändern, ändern sie auch unser Verhalten – eine City-Maut in London und Stockholm beispielsweise. Sollte das Ergebnis dieses kleinen sozialen Experiments gut sein – saubere Luft in Innenstädten statt verstopfter Straßen mit fluchenden Autofahrern –, dann deshalb, weil Ideen kostenlos weitergegeben und erfolgreiche Regeln anderswo übernommen werden können. Doch dafür sind unzählige Experimente nötig. Und wissen Sie, wem das Experimentieren besonders wenig liegt? Großen, konformistischen, wohlgeordneten Nationalstaaten. Städte dagegen sind deutlich flexibler.

Ein bemerkenswertes Beispiel sind Hongkong und sein Widerpart jenseits der Grenze zu Festland-China, Shenzhen. Als die Kommunistische Partei Chinas in den 1980er-Jahren in Shenzhen eine spezielle Exportzone errichtete, hatte die Region nur 30 000 Einwohner – eine Reihe kleiner Bauern- und Fischerdörfer. 2015 war sie mit über elf Millionen Einwohnern zur fünftgrößten Stadt Chinas herangewachsen. Ich besuchte Shenzhen 2005 im Rahmen einer britischen Studie zur Bildungspolitik. Die Stadt wirkte wie eine unvorstellbare, glänzende Festung aus Wolkenkratzern. Shenzhen sollte von den Regeln, die Hongkong so erfolgreich hatten werden lassen, lernen und sie in einer Sonderzone außerhalb der üblichen nationalen Restriktionen umsetzen. Ein vorsätzlich geschaffener Ort der Unordnung, wenn Sie so wollen.

Das Konzept der *Charter Cities* folgt diesem Modell. Ihre Verfechter schlagen vor, dass Entwicklungsländer Chartas aufstellen, auf deren Basis nach ähnlichen Modellen Städte in nicht besiedelten Küstenregionen gegründet werden sollten. Hier darf mit den Regeln und sogar mit Regierungssystemen experimentiert werden, sie können frei gewählt, verworfen oder beibehalten werden, je nachdem, was funktioniert hat.

Könnte das Erfolg haben? Trotz der enormen öffentlichen Aufmerksamkeit zu Beginn der Initiative gab es bislang noch keine großen Fortschritte, Entwicklungsländer davon zu überzeugen, die Energie der Unordnung für sich zu nutzen. Das hat zum Teil politische Gründe – nur wenige Länder wollen dazu aufgefordert werden, ihre Souveränität aufzugeben, noch dazu für eine Stadt, deren Erfolg sie dann im Rest des Landes in Verlegenheit bringen würde. Und autoritär geführte Länder, die *Charter Cities* errichten, könnten die den Städten garantierten Freiheiten leicht wieder rauben. Anstatt dass Shenzhen Hongkong ähnlicher wurde, bewirkte das harte Durchgreifen der Kommunistischen Partei Chinas gegen die freie Meinungsäußerung in beiden Städten inzwischen eher, dass Hongkong sich Shenzhen angleicht. Autokraten ziehen die Tyrannei der Anarchie im Allgemeinen vor.

Ein anderes Problem ist logistischer Natur – an der Küste einen Ort für Millionen neuer Bürgerinnen und Bürger zu finden, geschweige denn zu finanzieren, ist ein nahezu unvorstellbares Unterfangen, selbst für die größten Optimisten. Viele von westlichen Wirtschaftswissenschaftlern für Länder von Madagaskar über Honduras bis El Salvador entwickelten Pläne für eine *Charter City* haben sich zerschlagen. Zudem gibt es Kritik am Projekt an sich. Ist dies nicht letztlich nur ein weiteres neokoloniales Abenteuer in den Entwicklungsländern? Wären die »Metaregeln« nichts als eine Art libertäre Technokratie, die nur auf die

Tech-Eliten hört? Diese Probleme könnte man ausräumen, doch das würde eine enorme Anzahl an Schutzmaßnahmen erfordern, die nach Meinung der *Charter-City*-Befürworter die gesamte Idee des Experimentierens mit Regeln wieder verwässern würden. Statt einer *Charter City* hätte man am Ende eine schmutzige, überbevölkerte, chaotische, ansonsten aber ganz normale Stadt.

16 DER WEG AUS DER SICHERHEITSFALLE

Als Ausweg aus dem Dilemma der Sicherheitsfalle ist ein Umzug in eine *Charter City* für die wenigsten eine gangbare Lösung. Wir machen uns eher Gedanken, wie wir *unsere* Polizei wirksam davon abhalten können, ihre Grenzen zu überschreiten. Wir wollen Ordnung auf *unseren* Straßen und dass *unsere* Mitbürger sich angemessen verhalten. Was also können wir tun, um der Sicherheitsfalle zu entkommen?

Die Sicherheitsfalle stellt uns vor zwei Probleme: die Gefahr der Tyrannei und das Chaos der Anarchie. Es klingt verlockend, beide Probleme ohne das Chaos der Politik in den Griff bekommen zu können. Doch die anderen Lösungen sind auch nicht vielversprechend. Sobald eine Gesellschaft anarchisch wirkt, ertönen die Rufe nach einem »starken Führer«, der die Politik außer Acht lässt und die Dinge regelt. Doch sind solche Führungsfiguren einmal im Amt, von Wladimir Putin in Russland bis Recep Tayyip Erdoğan in der Türkei, gehen sie hart gegen friedliche Proteste vor und mähen jegliche Opposition nieder. Und so geraten wir von der Anarchie in eine Gewaltherrschaft.

Auch den Markt zum Vorbild zu nehmen, kann uns nicht aus der Sicherheitsfalle retten. Märkte arbeiten am effektivsten, wenn die Menschen ihre Güter und Dienstleistungen frei und selbstbestimmt austauschen können, wenn sie einen Handel, der ihnen nicht gefällt, ablehnen können. Anarchie respektiert bestehende Eigentumsrechte jedoch nicht. Und die Gewährleistung von Sicherheit hat keinerlei Ähnlichkeit mit einem Markt. Die Androhung von Gewalt kann einen zwingen, einem Handel zuzustimmen, den man gar nicht will. Sicherheit ist zudem ein Grundbedürfnis – wenn die Androhung von Gewalt existenziell ist, zahlt man für Sicherheit jeden Preis. Und schließlich hielte eine private Sicherheitsfirma nichts davon ab, ihren Kunden immer mehr Geld abzupressen, besonders wenn sie der einzige »lokale Anbieter« wäre. Märkte funktionieren nicht in einer Anarchie; auch sie können uns eine Gewaltherrschaft bringen.

Was ist mit der Technik? Neue Informationstechnologien erlauben uns, uns selbst zu überwachen – der Anarchie vorzubeugen – und genauso unsere Beschützer – zur Abwehr von Tyrannei. Doch wir sollten vorsichtig sein. Wenn nicht, löst der technische Fortschritt das eine Problem und verschärft damit ein anderes. Technik hat nie den Gesamtüberblick – maschinelles Lernen, Künstliche Intelligenz und Fernerkundung (*Remote Sensing*) sind lediglich Algorithmen – amoralisch und neutral –, und wenn ihr Ziel die Vermeidung von Anarchie ist, könnten sie uns in die Tyrannei geleiten. Es gibt keine Technik in einer politikfreien Welt.

Beginnen wir mit dem Weg aus der Anarchie. Anarchie ist wie eine Flüssigkeit, die durch die winzigsten Sicherheitslücken in unser Leben sickert. Wo immer wir Fehlverhalten nicht überwachen können, sollten wir mit Anarchie rechnen. Ein naheliegender Ansatzpunkt ist also die Verbesserung unserer Überwachungsmöglichkeiten. Noch vor wenigen Jahrzehnten bedeutete das nichts anderes, als die Zahl der Überwachungskräfte zu erhöhen, sprich mehr Polizeikräfte einzustellen. Oder in der kommunistischen Welt, mehr Informanten.

Das Aufkommen der Videoüberwachung und von Computeralgorithmen, die diese Fülle an visuellen Daten durch Gesichtserkennung interpretieren, hat die Kosten und Verfügbarkeit von Überwachung fundamental verändert. Nehmen Sie ein gängiges Beispiel: Geschwindigkeitsüberwachung. Vor dreißig Jahren musste jemand, der einen bei einer Geschwindigkeitsübertretung erwischen wollte, selbst schnell fahren – der Fahrer des Polizeiwagens, der den Raser einholen wollte. Radarfallen brauchten anfangs einen ausgebildeten Polizisten und ein Einsatzfahrzeug, um den Übeltäter zu stellen.

Videokameras mit automatischer Kennzeichenerkennung haben die physische Präsenz von Polizisten für die Geschwindigkeitskontrolle überflüssig gemacht. Jetzt kann eine Kamera die Geschwindigkeit messen, das zu schnell fahrende Fahrzeug fotografieren und das Nummernschild und den Fahrzeughalter ermitteln, sodass ein Polizeibeamter nur noch den Strafzettel versenden muss. Das mag uns ärgern, aber die Geschwindigkeitsüberwachung funktioniert: Die Präsenz der Kameras hat die Zahl der Unfälle und Verletzungen in Großbritannien um 40 Prozent gesenkt. Kameras in der Nähe von Schulen in Seattle konnten die gefahrene Geschwindigkeit dort halbieren. Wenn man sich beobachtet glaubt, fährt man sicherer, selbst wenn man genervt ist.

Lässt sich die Logik der Geschwindigkeitsüberwachung auf andere Bereiche ausweiten, wo Menschen sich schlecht verhalten, sobald sie sich unbeobachtet wähnen? Nun, wenn Sie in London leben, haben Sie das schon! Die Briten sind es gewohnt, von zahllosen Überwachungskameras verfolgt zu werden, die wie alles beobachtende Tauben auf jedem Laternenpfahl und jedem Buswartehäuschen angebracht sind. Doch bislang spielten sie lediglich eine abschreckende Rolle – vor Supermärkten aufgestellt, halten sie Diebe fern.

Die gleichen Kameras werden inzwischen aber von der Londoner Polizei proaktiver genutzt, die sie zur Gesichtserkennung einsetzt. Mit dieser Technik wurden anfangs Standbilder aufgenommen und mit einer Datenbank abgeglichen. Für Ermittler ist das hilfreich, allerdings erst »nach der Tat«. Die Innovation in London besteht darin, dies nun live zu verfolgen – die Kameras können von der Polizei gesuchte Passanten sofort identifizieren. Die Überwachung erfolgt in Echtzeit, so, als wäre an jeder Ecke ein Polizist mit Adleraugen und einem extrem guten Gedächtnis für Gesichter postiert.

Doch diese Systeme haben in der Vergangenheit nicht immer präzise gearbeitet. Ein unabhängiger Bericht über das Londoner Gesichtserkennungssystem brachte eine ganze Reihe von Bedenken zutage. Erstens ist der rechtliche Status der Technik ungeklärt, insbesondere seit der jüngsten Gesetzgebung zu Menschenrechten und Datenschutz. Zweitens ist nicht wirklich sicher, dass die Technik richtig funktioniert. In einem Pilotprojekt im Einkaufszentrum Westfield Stratford wurden 42 Personen vom System als von der Polizei gesucht erkannt, doch in lediglich acht Fällen lag die KI mit der Identifizierung richtig.

Noch grundlegender ist die Frage, ob Gesichtserkennungstechnologien mit einer demokratischen Gesellschaft vereinbar sind. Die größten Anwender einer KI-basierten Überwachsungstechnik, wie die Londoner Polizei, finden sich in den reichen Demokratien. Gleichzeitig ist der größte Produzent dieser Technik eine zunehmend reiche Autokratie: China. Huawei liefert diese Technik derzeit an über fünfzig Länder und behauptet, die Daten nicht mit der chinesischen Regierung zu teilen, aber dies widerspricht den chinesischen Gesetzen, die einen solchen staatlichen Zugang vorschreiben.

Das bekannteste System der Überwachung von Bürgern, kombiniert mit den Daten von Aufnahmen mit Gesichtserkennung, ist das entstehende Sozialkreditsystem in China. Es besteht aus einem ganzen Netz von Systemen, von privaten Social-Media-Unternehmen über Kleinstädte bis hin zu zentralen Datenbanken, in denen die Informationen über chinesische Bürgerinnen und Bürger gesammelt werden und dazu verwendet werden können, sie zu bestrafen oder zu belohnen. Die Idee des Sozialkredits ist, dass schlechtes Verhalten, etwa eine unterlassene Zahlung von Gebühren, öffentliche Ruhestörung oder Verkehrsverstöße mit dem Sozialkredit des jeweiligen Bürgers verrechnet werden, bei dem »wünschenswertes« Handeln, wie Ehrenämter oder Blutspenden, den Kredit erhöht. Was bringt einem eine zusätzliche Gutschrift? Das ist weniger klar. Aber es scheint Ermäßigungen auf Reisen zu geben, den Anspruch auf mehr Bücher in der Bibliothek oder Erwähnungen in der lokalen Presse. Wie mir Yuan Yang von der *Financial Times* erzählte, erscheint das Sozialkreditsystem allumfassender und zentralisierter, als es in Wirklichkeit ist. Es wurde auf kommunaler Ebene eingeführt, und die meisten Städte haben gar kein Sozialkreditsystem. Und zumindest in Bezug auf die Vorteile, die sich aus dem Sammeln von »Kreditpunkten« ergeben, ähnelt es eher den Treuepunkten eines Ladens – die Botschaft des Staates, so formulierte es Yang, lautet: »Hier bitte, ein hübscher Aufkleber.« Das System wird von einem etwas maroden Netz an Kommunalregierungen und Behörden zusammengehalten, das sich eher auf die Arbeitskraft von Hunderten Beamten auf der unteren Ebene stützt denn auf technische Hexerei.

Die eigentliche Zugkraft entsteht mithilfe der sogenannten schwarzen Liste. Es handelt sich um eine Liste auf nationaler Ebene, die von den chinesischen Aufsichtsbehörden erstellt wird und Personen enthält, die Gesetze oder Vorschriften missachtet haben. Auf dieser Liste zu stehen, hat reale Konsequenzen: Man darf nicht mehr fliegen, und den eigenen Kindern wird der Zutritt zu angesehenen Schulen verwehrt. Und hier trifft das 20. Jahrhundert mit seinen schwarzen Listen auf das 21. Jahrhundert und die Künstliche Intelligenz: Personen, die auf der schwarzen Liste stehen, können von der Kamera erfasst und überwacht und ihre Daten von privaten Unternehmen dem Staat übergeben werden. Sie können nicht einfach ins Hochland ausweichen. Es ist leicht zu erkennen, wie Sozialkredite in Tyrannei umzuschlagen drohen – ein missbräuchlich handelnder Staat kann politisch Unerwünschte ebenso leicht auf die schwarze Liste setzen wie Gesetzesbrecher. Doch viele Chinesen erachten das Sozialkreditsystem für notwendig, um der Anarchie zu begegnen.

Es ist oft schwer nachzuvollziehen, wie rasant China industrialisiert wurde. 1980 lebten 20 Prozent der Bevölkerung in städtischen Regionen – knapp unter 200 Millionen Menschen. Heute sind es 60 Prozent des chinesischen Volkes, über 800 Millionen Menschen. Die modernen Sicherheitsstrukturen aus Amerika, Großbritannien und Frankreich bildeten sich mit der Industrialisierung, als sich neue Städte mit unzähligen anonymen Migranten vom Land füllten und das alte Ordnungssystem zusammenbrach. Xin Yuan Wang, eine Anthropologin des University College London, fragte chinesische Bürgerinnen und Bürger, wie sie über Sozialkredite dächten. Sie folgert, dass es viele als notwendigen, wünschenswerten Weg des Staates betrachten, um in der dünnen Luft einer schnellen Urbanisierung Vertrauen zu schaffen.

Laut Wang wurde das traditionelle Verständnis individueller Vertrauenswürdigkeit und sozialer Bindungen durch die Umsiedlung der Menschen in Städte erschüttert. Ihrer traditionellen Bindungen und sozialen Normen beraubt, die die Menschen in ihren Dörfern zusammenhielten, wissen Stadtbewohner nicht, wem sie trauen können. Wang zitiert die folgende Antwort auf eine Befragung: »Das Leben in China ist anstrengend (…), man muss wachsam sein und sich immer vor den anderen in

Acht nehmen.« Das Sozialkreditsystem wird als Lösung für dieses Problem betrachtet. Am faszinierendsten fand Wang, dass viele Chinesen glauben, im Westen existiere ein solches Sozialkreditsystem längst. Es gibt weitverbreitete Legenden über die Menschen in Europa, denen angeblich die Arbeit verweigert wird, weil sie irgendwann einmal schwarzgefahren sind, und es herrscht Verwirrung über den Unterschied zwischen dem »Kreditscoring«, mit dem die finanzielle Kreditwürdigkeit zum Beispiel in Amerika und Deutschland gemessen wird, und einem Staat, der eine »Sozialkreditliste« führt.

Seit der Aufhebung der Grenzen ist es für Amerikaner und Europäer viel schwieriger geworden, einfach im Nebel zu verschwinden, nachdem sie einen Bankraub oder ein anderes Verbrechen begangen haben. Heutzutage können Prüfungen der Kreditwürdigkeit, Auszüge aus dem Strafregister und Steuerdaten leicht digital gesammelt und miteinander verknüpft werden. Und die Polizei kann diese Informationen mit neuen Technologien zur geografischen Verbrechensvorhersage kombinieren, um der Anarchie noch die letzte Luft zum Atmen zu nehmen.

Datenverarbeitung ist die neue Kavallerie der Kriminalprävention. Immer komplexere Algorithmen mit immer größerer Rechenleistung werden von Tech-Firmen genutzt, um in Gebieten einer Größe von 500 Quadratmetern die wahrscheinliche Verbrechensrate vorherzusagen, im Grunde also von einzelnen Stadtvierteln. Diese Firmen tragen frühere Verbrechensorte zusammen und nutzen geografische Vorhersagesysteme, um der Polizei Informationen liefern zu können, wo sie Verbrechen für wahrscheinlich halten.

Wie genau solche Algorithmen tatsächlich sind, ist umstritten – in einigen Fällen handelt es sich im Grunde nur um die veränderlichen Durchschnittswerte früherer Straftaten. Ein naheliegendes Problem bei dieser Herangehensweise ist, dass sie eine positive Verstärkung erzeugt – in Gebieten, in denen es Kriminalität gibt, wird mit noch mehr Kriminalität gerechnet –, was wiederum in »Staatsabhängigkeit« mündet – der Ort, an dem bereits Menschen verhaftet wurden, bestimmt darüber, wo in Zukunft Verhaftungen stattfinden werden. Wenn die Polizei in armen Vierteln oder in Vierteln mit einer hohen Zahl an Menschen aus ethnischen Minderheiten unverhältnismäßig aktiver war, bewirkt der Algorithmus, dass sie dort wieder verstärkt im Einsatz ist. Auf diese Weise wird Polizeiarbeit weniger neutral, und die eigenen Vorurteile werden noch verstärkt. Und angesichts des Zustands mancher Polizeibehörden ist das ein Problem. Wo einst Anarchie herrschte, kann Tyrannei wachsen.

Wenden wir uns nun diesem Problem zu: dem Fehlverhalten genau der Personen, die uns eigentlich beschützen sollen. Wir haben gesehen, dass Künstliche Intelligenz bei der Überwindung von Anarchie sehr behilflich sein kann, aber offensichtlich ist auch, dass sie genutzt – bzw. missbraucht – werden kann, um die Macht des Staates zu stärken. Wie schon gesagt, Technik allein ist neutral. Wir müssen sie zügeln, wenn wir die Hand, die uns beschützt, binden wollen.

Es wird niemanden überraschen, dass die USA der *Ground Zero* für die Debatten darüber sind, ob und wie die Polizei in Schranken gehalten werden soll. Die Morde an George Floyd und Breonna Taylor 2020 waren leider kein neues Phänomen. Anfang der 1990er-Jahre warf der tätliche Angriff auf Rodney King ein Schlaglicht auf die Polizeigewalt im gesamten Land. Jahrzehntelang gab es aktive Bewegungen für eine Reform der Polizei. Aber aktiv war auch die Polizeigewalt. Was ist dagegen zu unternehmen?

Bei der Frage, wie die Polizei reformiert werden kann, ist eine große Bandbreite denkbar: von technologischen Veränderungen bei den Einsätzen bis zu einer vollständigen Neukonzeption der Aufrechterhaltung der öffentlichen Ordnung, möglicherweise ganz ohne Polizei. In jedem Fall müssen wir die Sicherheitsfalle im Auge behalten – unsere Lösungen könnten sonst Tyrannei durch Anarchie ersetzen. Oder die Tyrannei wird ungewollt sogar noch gesteigert.

Beginnen wir mit technologischen Neuerungen, die die Polizei in ähnlicher Weise in ihre Schranken weist, wie es die Gesichtserkennung mit der Öffentlichkeit tut. Die bei der Polizei derzeit am weitesten verbreitete und manchmal sehr widerstrebend eingesetzte Technik sind Bodycams. Die Polizeibeamten befestigen sie an der Brust oder der Kopfbedeckung, und vor jedem Einsatz in der Öffentlichkeit sollen sie eingeschaltet werden, von der Verkehrskontrolle bis zum Schusswaffengebrauch. Wichtig ist, dass diese Geräte »immer eingeschaltet« sind – die dreißig Sekunden, bevor die Webcam angeschaltet wird, werden gespeichert, was die Versuchung für einen Polizisten, die Kamera erst unmittelbar nach einem Schusswechsel einzuschalten, verringert, wenn auch nicht völlig beseitigt. Die Daten werden auf verschlüsselte Datenbanken in der Polizeibehörde hochgeladen und einige Monate lang gespeichert.

Was verspricht man sich von den Bodycams? Zunächst dokumentieren sie natürlich, was tatsächlich geschieht, wenn Polizisten Autofahrer anhalten, ihre Waffe entsichern oder Verdächtige befragen. Die Kameras sind also von unmittelbarem Nutzen, wenn es darum geht, über Recht und Unrecht im Umgang der Polizei mit der Öffentlichkeit zu entscheiden.

Interessanter und vielversprechender sind jedoch die indirekten Auswirkungen der Bodycams. Wenn ein Polizist weiß, dass all seine Einsätze gefilmt werden, ändert er vielleicht sein Verhalten. Künftiges Videobeweismaterial bewirkt Zurückhaltung in der Gegenwart. Und wenn die Bürgerinnen und Bürger umgekehrt wissen, dass die Polizei Bodycams trägt, sollte dies ihr Vertrauen erhöhen, respektvoll oder zumindest vorschriftsmäßig behandelt zu werden. Die Kameras verringern die gegenseitige Unsicherheit, was, hoffentlich, das Vertrauen erhöht und das Verhalten verbessert.

So zumindest die Theorie. Funktioniert dies auch? Bodycams eignen sich sehr gut für sozialwissenschaftliche Studien, da man sie innerhalb von Polizeidienststellen randomisiert einsetzen kann. Nach dem Zufallsprinzip tragen einige Beamte aktive Kameras, andere nicht. Dann wird untersucht, ob die Polizisten mit Kameras weniger zu Gewalt neigen. In einer Studie aus dem Jahr 2012 mit der gesamten Polizeibehörde in Rialto, Kalifornien, wurden über ein Jahr lang nach dem Zufallsprinzip Dienstschichten mit Bodycams versorgt oder nicht. Während der Schichten, in denen Bodycams getragen wurden, ereigneten sich um die Hälfte weniger Vorfälle mit Gewaltanwendung. Doch die Dienstschichten nach dem Zufallsprinzip auszuwählen und nicht die Polizisten, sorgte zugleich dafür, dass irgendwann alle Polizisten Kameras trugen. Und wie sich herausstellte, gab es einen weiteren Nebeneffekt: Die Polizisten in den Schichten ohne Bodycams wandten ebenfalls weniger Gewalt an als in den Vorjahren. Es schien sich ein kultureller Wandel eingestellt zu haben, bei dem sich die Beamten immer so verhielten, *als wären sie* mit Bodycams ausgestattet, obwohl dies gar nicht der Fall war.

Es fanden sich klare Nachweise, dass Bodycams in einer gesamten Polizeibehörde Zurückhaltung bewirken, selbst wenn nicht alle Kameras tragen. Betrachtet man die allmähliche Einführung von Bodycams ab 2014, scheinen sie Polizeigewalt um die Hälfte zu reduzieren, insbesondere Tötungsdelikte. Auch die negativen Kommentare über die lokale Polizei auf Twitter und die Anzahl von Suchanfragen nach Black Lives Matter auf Google gingen zurück, sobald in den entsprechenden Polizeidienststellen Bodycams verwendet wurden.

Haben die Kameras keine Schattenseiten? Zwar filtern sie die »schwarzen Schafe« heraus oder halten sie zumindest in ihren Schranken, aber machen sie es nicht zugleich für die »Guten« schwieriger, ihrer Polizeiarbeit nachzugehen? Die Polizei zu überwachen, könnte sie vorsichtiger werden lassen und dazu führen, dass Kriminelle selbstbewusster auftreten, was letztlich höhere Verbrechensraten zur Folge hätte. Der damalige Direktor des FBI, James Comey, überlegte 2015, ob es sein könnte, dass »Polizeibeamte in der heutigen YouTube-Welt nur ungern aus ihren Autos steigen, um Gewaltverbrechen zu bekämpfen«. Das wäre tatsächlich keine gute Entwicklung, doch randomisierte Studien der Polizei in Spokane, Washington, ergaben keinerlei Hinweise auf mehr Passivität von Polizisten, wenn sie Kameras trugen.

Und vielleicht ist es unseren Beschützern auch einfach egal, dass sie gefilmt werden. Wir wissen in allen entsetzlichen Details, was geschehen ist, als der Polizeibeamte Derek Chauvin George Floyd tötete, weil das Video der Bodycam seines Kollegen Tou Thao veröffentlicht wurde. Kein Zweifel, die Bilder von Floyds Tod machten unmittelbar deutlich, wie brutal Polizisten sein können. Ein gefilmter Polizeibeamter kann sich nicht einfach herausreden und hoffen, das Problem wäre damit gelöst. Das Problem ist vielmehr, dass Chauvin sich nicht mäßigte, obwohl er wusste, dass er gefilmt wurde. Hinzu kommt, dass es die Smartphone-Kameras von Passanten waren, nicht die Bodycam von Chauvins Kollegen, von denen die Videos stammten, die die internationale Empörung auslösten. Ohne das gefilmte Beweismaterial der Zeugen ist kaum anzunehmen, dass die Aufzeichnungen der Bodycam überhaupt je veröffentlicht worden wären.

Man könnte zudem einwenden, dass die Probleme mit der Polizei über die Anwendung von Gewalt hinausreichen und auch den Umgang der Polizei mit der lokalen Bevölkerung ganz allgemein betreffen. Erinnern wir uns daran, dass das Problem in Ferguson, Missouri, nicht nur die Polizeigewalt war, sondern eine Kultur, in der Polizisten die Bevölkerung, die zu beschützen und der zu helfen sie ihren Eid geleistet hatten, als ständige Bedrohung oder als Einnahmequelle begriffen.

Die umfassendste Vision für eine Polizeireform wäre eher eine Revolution als eine Evolution. 2020 entstand der Slogan »Defund the Police«, zu Deutsch »Entzieht der Polizei die Mittel«. Was genau damit gemeint war, wurde zu einem heiß umstrittenen Thema. Für manche stand der Slogan für eine Reihe von Polizeireformen, darunter Bodycams, die Aufhebung der Immunität und eine Neuorganisation der Behördenstruktur. Andere verstanden ihn wörtlich – dass also der Polizei, womöglich sämtliche, Mittel gestrichen werden sollten. Was bedeutet das?

Beim kompletten *Defund-the-Police*-Modell würden die Funktionen der Polizei auf andere Sozialdienste übertragen werden: Sozialarbeiterinnen, Psychiater, Spezialistinnen für die Drogenrehabilitation. Und es beinhaltet einen gewissen Grad an kommunaler Selbstkontrolle. Für die Vertreter dieser Position heizt die Polizei die Kriminalität an, indem sie in armen Gegenden Handlungen kriminalisiert, die sie in reicheren ignorieren würde, indem sie Proteste gewaltsam niederschlägt und Bürger mit hohen Geldstrafen belegt und sie so in die Armut treibt. Schaut nach Westeuropa, sagen die *Defund*-Befürworter, dort sind die Ausgaben für die Polizei deutlich niedriger, und die Kriminalitätsrate ist niedriger. Und sie stellen die Frage, ob mehr Geld für die Polizei das Problem nicht eher verschärfe, statt es zu lösen.

Ließe sich beides, die Verbrechensrate und die Polizeigewalt, in den USA durch die Kürzung der Ausgaben verringern? Oder würde in der Folge Anarchie entstehen? Einfach nur die Polizeiausgaben zu kürzen, ohne die tieferen sozialen Probleme der

Vereinigten Staaten anzugehen, wird die Kriminalität eher nicht verringern. Doch die europäischen Sozialfürsorgesysteme zu kopieren, würde einen beispiellosen – zumindest in den USA – Anstieg öffentlicher Ausgaben erfordern, der weit über mögliche Ersparnisse in der Justiz und im Strafvollzug hinausginge. Mit anderen Worten, um Sicherheit zu erlangen, ist Solidarität nötig. Und Amerika ist, vorsichtig formuliert, nicht immer solidarisch.

Bislang haben wir über die Möglichkeiten gesprochen, der Sicherheitsfalle im Bereich *persönlicher* und *nationaler* Sicherheit zu entkommen. Die große Herausforderung, die *internationale* Sicherheit, haben wir uns bis zum Schluss aufgehoben. Es wundert einen nicht, wenn der Wunsch nach dem »Weltfrieden« eher mit abgedroschenen Sonntagsreden assoziiert wird – es scheint ein ebenso offensichtlich erstrebenswertes wie hoffnungslos unerreichbares Ziel. Und auch wenn Theoretiker wie Steven Pinker behaupten, wir würden in einer friedlicheren Welt leben als unsere Vorfahren, wird dies, wie bereits erwähnt, angesichts so vieler Bürgerkriege, Terroranschläge und Grenzkonflikte, die sich seit dem Ende des Kalten Krieges ereigneten, heftig bestritten. Was also ist zu tun, um Kriege und internationale Konflikte zu verringern?

Wir können internationaler Anarchie einfach durch Zusammenarbeit begegnen, sowohl informelle wie offizielle. Manchmal reicht eine informelle Kooperation aus, um friedliche Beziehungen aufrechtzuerhalten; manchmal wollen wir sie noch »festzurren« und unterzeichnen Verträge oder schließen ein Bündnis. Informelle Zusammenarbeit kann aus einfachen Handelsbeziehungen bestehen oder einem ähnlichen politischen System. Eines der wenigen Gesetze der Politikwissenschaft ist, dass Demokratien nicht gegeneinander Krieg führen. Das ist die

Idee des »demokratischen Friedens« – ein Begriff, der so bekannt ist, dass ihn schon die US-Präsidenten Clinton, Bush und Obama verwendeten. Es gibt eine ganze Reihe von Gründen, warum es unwahrscheinlich ist, dass zwischen Demokratien Kriege ausbrechen. Demokratien repräsentieren besser den »Willen des Volkes«, das dann auch in den Kampf geschickt wird; sie verhandeln besser miteinander, weil ihr politisches System vor allem auf der Auseinandersetzung und einem Geben und Nehmen basiert; und demokratische Politiker fürchten die Konsequenzen in der öffentlichen Meinung, wenn sie in einen teuren Krieg eintreten.

Demokratien haben in der Regel auch freie Märkte und treiben untereinander Handel, was einen Krieg noch teurer macht – dieser Aspekt wird manchmal als »Kapitalistischer Frieden« bezeichnet. Auf diesem Argument basiert die berühmte Theorie der »goldenen Brücke« des *New-York-Times*-Kolumnisten Thomas Friedman: dass noch nie zwei Länder mit McDonald's-Filialen gegeneinander Krieg geführt haben. Leider musste diese Theorie unter den Trümmern der NATO-Bombenangriffe auf Serbien und den verschiedenen Konflikten zwischen Russland und Georgien sowie der Ukraine begraben werden. Schockierend genug, dass die friedenstiftende Macht des Fast Food diese Konflikte nicht friedlich beilegen konnte.

Theorien darüber, dass wirtschaftliche Verflechtungen Kriege verhindern, blicken ohnehin auf eine reichlich tragische Geschichte zurück. Eines der berühmtesten Bücher über internationale Beziehungen stammt von Norman Angell, es heißt *Die große Täuschung* und erschien 1909 im Original unter dem Titel *The Great Illusion*. Darin vertritt der britische Publizist und Friedensaktivist die These, dass internationaler Handel und Investitionen Kriege und Plünderungen sinnlos machten. Das Buch war schlecht getimt. Dennoch leuchtet es ein, dass engere

Wirtschaftsbeziehungen den Frieden eher stärken – Krieg ist generell schlecht für die Wirtschaft, nicht zuletzt wegen der Steuern, die nötig werden, um ihn zu finanzieren, und des dadurch entstehenden Inflationsdrucks.

Bringt uns das weiter bei der Suche nach Lösungen? Nun, zumindest werden es recht umfangreiche Lösungen sein: die Förderung von Demokratie im Ausland mit besonderem Augenmerk auf die Friedensförderung. Das ist keineswegs unmöglich: Seit 1990 ist genau dies Teil der amerikanischen Außenpolitik. Organisationen wie die US-amerikanische National Endowment for Democracy oder die deutsche Konrad-Adenauer-Stiftung sowie internationale Organisationen von der Europäischen Union bis zur Weltbank haben die Förderung der Demokratie zu ihren wichtigsten Zielen erklärt. Aber wie man sich vorstellen kann, schenkte man den drängenden Stimmen aus den reichen Ländern nicht immer Gehör. Und die Erfahrung aus den Kriegen im Irak und in Afghanistan sowie die aggressive Gegenwehr aus Russland und China haben einen Schatten auf die Demokratieförderung geworfen. Nur noch Lateinamerika und die jüngeren Demokratien in Afrika sind ohne Krieg geblieben und zeigen, dass doch noch ein wenig Leben im »demokratischen Frieden« steckt.

Der direktere Weg zur Friedenssicherung zwischen den Nationen ist die Unterzeichnung gegenseitiger Abkommen zur kollektiven Sicherheit. Das ist im Grunde, wofür die NATO steht: Ihre Mitglieder sichern sich nicht nur zu, untereinander keinen Konflikt zu beginnen, sondern verpflichten sich auch zur kollektiven Verteidigung eines Mitglieds, das von außen angegriffen wird. Darum kam die NATO zum Beispiel nach den Anschlägen vom 11. September in Afghanistan ins Spiel, und deshalb halten Griechenland und die Türkei seit dem Zweiten Weltkrieg Frieden (wenngleich einen wackligen).

Die Zusammensetzung der NATO erklärt zugleich, warum die Ukraine, die kein NATO-Mitglied ist, und die baltischen Staaten, die seit 2004 Mitglieder sind, die militärische Aggression Russlands unter Wladimir Putin so unterschiedlich erlebt haben. Die NATO mit ihrem kollektiven Sicherheitsabkommen verlangt, dass die USA, Frankreich, Großbritannien und andere Mitglieder Estland, Lettland und Litauen verteidigen, wenn es angegriffen wird. Auch wenn Präsident Trump seine Unzufriedenheit mit der NATO lautstark verkündete und sie »überholt« nannte, obwohl unter seiner Führung eine russische Invasion im Baltikum erfolgreich verhindert werden konnte.

Die Beziehung der Ukraine zu westlichen Militärmächten war dagegen ein deutlich lockereres Militärbündnis. Seit 2008 verspricht die NATO der Ukraine, aufgenommen zu werden, doch den »Aktionsplan für die Mitgliedschaft«, das standardisierte Beitrittsverfahren, hat sie nie vorgelegt. Tim Frye, Professor für postsowjetische Außenpolitik, nennt dies »die schlechteste aller Welten«, da auf diese Weise die Ukraine enttäuscht, die Spaltung innerhalb der NATO sichtbarer und die russische Paranoia verstärkt wurde. Entscheidend war, dass die westlichen Verbündeten der Ukraine gegenüber keine verbindlichen Verpflichtungen eingingen. Nichts, was die Ukraine allein hätte unternehmen können, hätte einen Unterschied bewirkt – 2019 änderte das ukrainische Parlament die Verfassung, um den Beitritt zu erleichtern, 2020 wurde der Ukraine ein »beschleunigter Beitritt« in die NATO zugesichert.

Aber das alles war keine Mitgliedschaft. Und in einer anarchischen Welt kamen all die anderen Vereinbarungen mit den NATO-Mitgliedern ungedeckten Schecks gleich. Russland ist nicht wegen des Expansionsdrangs der NATO in der Ukraine einmarschiert, obwohl es sich damit rechtfertigt. Der US-Botschafter in Russland unter Barack Obama, Michael McFaul, erklärt, es habe »nicht ein einziges ernsthaftes Gespräch über die NATO-Erweiterung zwischen Obama und einem russischen Regierungsvertreter« gegeben. Auch Putins Behauptungen, dass die Ukraine kein eigenständiges Land sei, teilte der Großteil der Russen nicht – im Januar 2020 waren über 80 Prozent der Meinung, die Ukraine solle unabhängig bleiben. Russland marschierte ein, weil Wladimir Putin persönlich eine unliebsame Führung im Nachbarland beseitigen und Gebiete besetzen wollte, in denen Russisch gesprochen wird, und Russlands Position als Weltmacht gewaltsam unterstreichen wollte. Und das konnte er, weil die Ukraine kein NATO-Mitglied ist und die NATO-Verbündeten somit nicht gezwungen waren, sie zu verteidigen.

Aus der russischen Invasion in der Ukraine lernen wir, wie wichtig formelle Verträge sind, zumindest unter Verbündeten. Sie sind das einzig glaubwürdige Signal, das unter anarchischen Bedingungen ausgesendet werden kann. Und ein »Beitrittsstaat« zu sein, wie ein Verbündeter behandelt zu werden, ja sogar die Bereitstellung von Waffen sind nicht das Gleiche wie die aktuelle Mitgliedschaft. Die NATO-Mitgliedschaft hat die baltischen Staaten vor der Invasion geschützt. Die fehlende Mitgliedschaft der Ukraine, aber auch Georgiens und Moldawiens belässt diese Länder im Schattenland der Anarchie und der leeren Versprechungen.

Verträge zwischen Verbündeten zu schließen, scheint vergleichsweise noch ein leichtes Spiel. Aber wie steht es mit Feinden? Kann die Unterschrift auf einem Stück Papier Gegner tatsächlich davon abbringen, zu tun, was sie gern tun würden, wenn es keine globalen Richter, Geschworenen und Vollstrecker gibt, die die Köpfe der Kontrahenten gegeneinanderschlagen könnten?

Die Erfahrung mit Atom- und Chemiewaffenverträgen deutet darauf hin, dass es möglich wäre. Die erfolgreichsten

modernen Abkommen zur Rüstungskontrolle waren Atom-
waffenverträge. Seit Ende der 1960er-Jahre trat eine ganze Reihe
neuer Abkürzungen in den internationalen Beziehungen auf den
Plan: Atomwaffensperrvertrag (NVV), die SALT-Verträge, der
START-Vertrag. Und sie erreichten weitgehend ihre Ziele der
Nichtverbreitung bestimmter Waffen und des Rüstungsabbaus,
wenngleich sie den Kalten Krieg nicht direkt beendeten.

Die andere tödlichste Waffe des 20. Jahrhunderts waren Chemiewaffen – sie wurden im Ersten Weltkrieg mit grauenvollen
Folgen und mehr als einer Million Opfer eingesetzt. Und doch
wurden sie im Großen und Ganzen seither nicht mehr verwendet, mit Ausnahme von Diktatoren wie Saddam Hussein und
Baschar al-Assad, die ihr eigenes Volk vergifteten.

Woran liegt das? Der Grund für den Frieden – oder zumindest eine weniger abscheuliche Kriegsführung – scheint unseren Normen und den Verträgen, die sie verkörpern, geschuldet.
Das Genfer Protokoll untersagt die Verwendung, nicht aber den
Besitz von Chemiewaffen. Die Chemiewaffenkonvention von
1993 verbietet auch ihre Entwicklung. Der Chemiewaffenein-
satz wurde zum Tabu, das weitgehend Bestand hat. Heute diskutieren wir sogar darüber, ob Staaten eine gesetzliche »Fürsorge-
pflicht« gegenüber ihren Bürgern haben, die von internationalen
Gerichtshöfen kontrolliert wird, ähnlich dem, der nach den
Jugoslawienkriegen eingerichtet wurde. Wir können zwar den
Krieg nicht per Gesetz abschaffen, aber die internationale Zusammenarbeit lässt doch hoffen, dass wir es schaffen könnten,
unsere schlimmsten Impulse im Zaum zu halten.

Atom- und Chemiewaffen sind beides Bespiele für in ihrer
Zeit neue Militärtechniken. Wir sollten uns also fragen, ob tatsächlich die Zusammenarbeit ausschlaggebend war, ihre weitere Verwendung zu verhindern. Oder lag es an der Technologie selbst? Könnte es am Ende sein, dass die Wahrscheinlichkeit

eines Krieges umso geringer ist, je ausgefeilter – und tödlicher – unsere Waffentechnologie ist? Das wäre ein Erfolg, wenn auch kein wirklich beruhigender.

Atomwaffen sind die mit Abstand zerstörerischsten Waffen, die die Menschheit entwickelt hat. Und doch vertreten nicht wenige Forscherinnen und Forscher auf dem Gebiet der internationalen Beziehungen die Ansicht, dass wir ihnen das Ausbleiben eines Dritten Weltkrieges zu verdanken haben. Der Grund dafür ist, dass Atomwaffen zu einem Gleichgewicht des Schreckens beitragen (auch MAD-Doktrin genannt, von *Mutually Assured Destruction*, eine treffende Abkürzung, denn das englische *mad* bedeutet »irrsinnig, verrückt«). Besitzt man die Möglichkeit zum Gegenschlag – eigene Raketen abschießen zu können, bevor man selbst von den Raketen des Gegners vernichtet wird –, wird man damit den Gegner davon abhalten, die Waffen jemals als Erster einzusetzen. Mit anderen Worten, wenn der Feind weiß, dass man sich am Ende »gegenseitig vernichtet«, sobald man Atomwaffen einsetzt, wird er keinen Erstangriff starten.

Die Ironie dabei ist, dass die tödlichsten Waffen, die es gibt, den Frieden erhalten – solange niemand einen Fehler begeht. Der berühmteste »Nuklear-Fehlalarm« unserer Zeit war ein Ereignis, bei dem Stanislaw Petrow, ein russischer Oberstleutnant, sich gegen einen Gegenschlag auf die USA entschied, als sein Frühwarnsystem einen Angriff mit Nuklearwaffen meldete. Er hatte richtig vermutet – die Raketen waren lediglich Sonnenlicht, das von hohen Wolken gespiegelt wurde. Deshalb sind wir heute noch am Leben und Sie können dieses Buch lesen. Das ist die Gefahr von MAD: Es hält den Frieden aufrecht, *sofern* nichts schiefgeht.

Welche militärischen Waffen werden die kommenden fünfzig Jahre prägen, und werden sie den Frieden zwischen den Völkern stärken – oder schwächen? Neue Waffensysteme profitieren vom technischen Fortschritt bei der Bild- und Datenverarbeitung ebenso wie die Bodycams und das Sozialkreditsystem. Drohnen sind die neuen Augen des Militärs. Sie erlauben sowohl eine Massenüberwachung wie die zielgenaue Ausrichtung. Künstliche Intelligenz ermöglicht es den Streitkräften, Terabytes solcher Informationen zu verarbeiten, um ihre Ziele aufzuspüren und – unverblümt gesagt – zu zerstören.

Die interessanteste technische Entwicklung kombiniert Drohnen mit Künstlicher Intelligenz – das sogenannte LAWS (eine Abkürzung für *Lethal Autonomous Weapon System* – System tödlicher autonomer Waffen). Wenn Sie jetzt an *Terminator* oder *RoboCop* denken, liegen Sie richtig, nur die Dimension stimmt nicht. Waffen sind immer tödlich, das ist nichts Neues. Neu ist die Autonomie. Man stattete Waffen mit der Möglichkeit aus, ohne den direkten Eingriff eines Menschen ein Ziel zu wählen, sich dorthin zu bewegen und es zu zerstören. Das hört sich nach Science-Fiction an, doch das ist es mittlerweile nicht mehr. Der amerikanische MQ-9 Reaper, der 2007 eingeführt wurde, um vorgegebene Ziele autonom anzufliegen und dann seine Ladung abzuwerfen, wurde inzwischen mit Künstlicher Intelligenz ausgestattet, damit er die Ziele selbst wählt und nur noch die Freigabe durch einen Menschen braucht. Diese Freigabe ist die schmale Grenze, jenseits der diese spezielle Art von Beschützer nicht mehr zu überwachen ist.

Was bedeutet LAWS für den Frieden durch Abschreckung? Können wir unsere Roboterfreunde davon abhalten, uns gegenseitig zu vernichten? Wir behalten zwar die letzte Kontrolle über die Entscheidung eines Einsatzes, aber die Unsicherheit, was die Zielgenauigkeit von LAWS betrifft, kann Kämpfe verhindern – 2003 töteten automatisierte US-Patriot-Raketen aufgrund fehlerhafter Information amerikanische Truppen. Möglicherweise hält die Angst vor fehlgeleiteten Schlägen Konflikte im Zaum.

Aber selbst wenn LAWS unfehlbar werden sollte, könnte es noch abschreckend wirken. Autonome Waffen sind von Haus aus schwer zu erkennen – Drohnen sind klein, und man kann nicht wissen, welche KI-Systeme sie bedienen. Das heißt, sie können wirksam abschrecken. Wenn man seinem Gegner sagt, dass man über LAWS verfügt, die man bei einem Angriff einsetzen würde, ist er kaum in der Lage, herauszufinden, ob man blufft, die Konsequenzen jedoch könnten schrecklich sein. Wie bei Atomwaffen trägt ironischerweise die schiere Tödlichkeit von LAWS zur Sicherung des Friedens bei. Nun, zumindest solange sich die Roboter nicht unserer Kontrolle entziehen.

Angefangen bei der Verkehrssicherheit, dem Schutz vor Kriminalität und manchmal vor der Polizei selbst bis hin zum Schutz vor globaler Vernichtung erfordern alle Lösungen für die Sicherheitsfalle einen permanenten Kampf gegen die doppelte Gefahr der Anarchie einerseits und der Tyrannei andererseits.

Wir können manche dieser Probleme selbst lösen. Die Sicherheit im Alltag beruht auf gegenseitigem Vertrauen. Unsere Straßen müssen nicht zu anarchischen Räumen werden, wenn wir bereit sind, einander Platz zu machen. Dazu brauchen wir vielleicht nicht einmal Pantomimekünstler, die den Verkehr regeln. Die sozialen Normen, die sich natürlich entwickeln, um Menschen, die gegen Regeln verstoßen, auszugrenzen oder anzuprangern, mögen wir als erdrückend empfinden, aber sie schenken uns im Alltag Sicherheit. Die neue anonyme Onlinewelt jedoch droht unsere Fähigkeit zu stören, Normen durchzusetzen, wie regelmäßige Twitter-Nutzer nur allzu gut wissen. Wir bräuchten eine Art zentraler Instanz, die mit großer Umsicht unsere Interaktionen moderiert. Unsere dezentralisierten Online-Geldtransaktionen werden normalerweise von zentralen Garanten, so wie bei eBay, gesteuert, abgesehen vom Wilden

Westen der Kryptowährungen. Ob wir bereit sind, unsere Kommunikation auf diese Weise steuern zu lassen, ist eine andere Frage.

Wir leben dank der Entwicklung der Videotechnologie und der Künstlichen Intelligenz in einer Welt unablässiger Massenüberwachung. Dieses Panoptikum zeichnet jeden unserer Schritte auf und alles, was wir online posten, und verdrängt damit langsam die Anarchie aus unserem Alltag. Es erhöht zwar unsere Sicherheit, wenn Verbrecher von der Videoüberwachung erfasst werden oder Terroristen in Online-Chat-Gruppen auffliegen, aber man kann sich leicht vorstellen, wie die Überwachung nach dem Vorbild von Chinas Sozialkreditsystem in die Tyrannei kippt. Zurückdrehen lässt sich diese Entwicklung nicht mehr, wir müssen vielmehr Institutionen schaffen, die das Gleichgewicht gegenüber der Überwachung wiederherstellen. Wenn wir Institutionen schaffen, die uns überwachen, um die Anarchie zu beenden, müssen wir gleichzeitig welche schaffen, die die Überwachung im Auge behalten.

Der Einsatz von Bodycams hindert die Polizei, ihre Macht über die Bürger auszunutzen, auch wenn er den Mörder von George Floyd nicht aufhalten konnte. Doch wir müssen einen Schritt weiter gehen. Wir brauchen Transparenz über den Einsatz der neuen Überwachungssysteme durch den Staat: eine Offenlegung der Algorithmen, die zur Vorhersage von Verbrechen verwendet werden, einen Überblick über die Verwendung von Gesichtserkennung in Echtzeit, die Verwendung von Satellitenbildern für Militäreinsätze.

Wenn wir eine konsensbasierte Polizeiarbeit und ein zivil geführtes Militär beibehalten wollen, benötigen wir klare Systeme der Rechenschaftspflicht und politischen Intervention bei Vertuschungen durch die Polizei oder Sicherheitsdienste. Dies wiederum heißt, die Politik zu ermächtigen und ihr zu vertrauen, dass sie diese Aufsicht gewährleistet. Auf internationaler Ebene bedeutet es eine ständige Weiterentwicklung des rechtlichen Rahmens, der es ermöglicht, Kriegsverbrechen zu bestrafen, auch dann – und vor allem dann –, wenn die Großmächte sich widersetzen. Dies wird jedoch eine unablässige Aufgabe bleiben – diejenigen, von denen wir fordern, diese Regeln durchzusetzen, sind genau dieselben, vor denen wir geschützt werden müssen. Die Sicherheitsfalle ist allgegenwärtig.

TEIL V
WOHLSTAND

*Was uns kurzfristig
reicher macht, macht uns
auf lange Sicht ärmer*

17 PARIS: SAMSTAG, 12. DEZEMBER 2015

Laurent Fabius kam mit Verspätung. Es war der Schlussakt des Pariser Klimaabkommens, ein entscheidender, vielleicht der letzte Moment für eine globale Zusammenarbeit bei der Reduzierung der Treibhausgasemissionen. Der französische Premierminister stand im Mittelpunkt der zweiwöchigen hitzigen Verhandlungen, die in der außergewöhnlichen Umgebung eines alten Militärflugplatzes stattfanden, auf dem man für die Zusammenkunft von über 190 Ländern temporäre Zelte errichtet hatte.

Das letzte Treffen dieser Art in Kopenhagen 2009 war ein erbärmlicher Misserfolg gewesen – es waren keine bindenden Zusagen gemacht worden, die Zusammenarbeit gegen den Klimawandel war in eine Sackgasse geraten. Doch in Paris lief es deutlich besser. Die Big Player – die großen CO_2-Emittenten – hatten sich nicht zurückgezogen. Dieses eine Mal waren die USA, China, Indien und Russland auf Kurs geblieben. Doch wo steckte Laurent Fabius? Es war schon nach 19 Uhr – der Abschluss der Konferenz sollte bereits vor neunzig Minuten stattfinden.

Um 19.13 Uhr betrat Fabius die Bühne. Er hatte alle Teilnehmerländer von Paris auf das gleiche Ziel eingeschworen: sich zur Reduzierung der CO_2-Emissionen und Begrenzung des Temperaturanstiegs zu verpflichten. Jetzt war der Moment zu handeln. Doch die Politik zur Bekämpfung des Klimawandels ist alles andere als einfach. Fabius hatte versucht, die Teilnehmerländer zu bezirzen – um Indien ins Boot zu holen, hatte er allen Delegierten ein Buch mit Zitaten indischer und französischer Philosophen geschenkt. Die Diplomatie war der Schlüssel für die schwierigen Verhandlungen – wie Fabius sich ausdrückte: »Staaten sind keine kaltblütigen Monster.« Doch es gab bereits Meinungsverschiedenheiten: Der Verhandler für Südafrika, der im Namen von über einhundert Entwicklungsländern und von China sprach, behauptete, der Entwurf des Abschlussberichts sei »wie Apartheid«, und die ärmeren Länder würden damit »entrechtet«.

Es war eine besondere diplomatische Herausforderung, da Einigkeit erforderlich war. Das bedeutete, dass alle 197 Vertragsparteien dem »Rahmenübereinkommen der Vereinten Nationen über Klimaänderungen« zustimmen mussten. Und jedes Land konnte das gesamte Verfahren zum Stillstand bringen. Dazu musste man lediglich mündlich Einspruch erheben. Gerade als die Konferenz ihren Höhepunkt erreicht hatte, stand der Delegierte aus Nicaragua auf und tat genau das.

Fabius trat ans Rednerpult und sprach rasch ins Mikrofon. Er wirkte nervös, und die Nicaraguaner fragten sich, was mit ihrem Einspruch passiert war. Er wurde ignoriert. Fabius verkündete schnell: »Ich blicke in die Runde der Anwesenden und nehme eine positive Reaktion wahr, damit ist das Pariser Klimaabkommen angenommen.« Mit diesen Worten schwang er den Hammer und erklärte das Klimaabkommen für verabschiedet. Trotz des Einspruchs aus Nicaragua.

Nur, es war lediglich beinahe verabschiedet. Die Amerikaner hatten bereits bemerkt, dass sich das Wörtchen *shall* (sollen) in das Dokument geschlichen hatte, das rechtliche Verpflichtungen nach sich zöge, die das gesamte Abkommen zum Scheitern bringen könnten. Denn es bedeutete, dass die USA den Kongress einbeziehen müssten, wo die Republikaner, die das Pariser Abkommen ablehnten, über die Mehrheit verfügten. Die französischen Delegierten versicherten schnell, dies sei nur ein »technischer Fehler« und *shall* werde durch *should* ersetzt werden, die mildere Form von »sollen« im Sinne einer Empfehlung, womit die Welt wieder in Ordnung wäre. Anders als Kopenhagen war Paris ein Riesenerfolg. Es ließ die Hoffnung auf eine kollektive Lösung für einen nachhaltigen globalen Wohlstand aufkommen. Aber hatte das Abkommen tatsächlich Bedeutung?

Der Klimawandel ist das gravierendste politische Problem der Menschheit. Wenn wir bei seiner Bekämpfung Fortschritte machen können, dann können wir vielleicht auch die anderen globalen Herausforderungen stemmen. Der Klimawandel ist zudem wortwörtlich ein globales Problem – er betrifft uns alle, und wir werden alle gemeinsam handeln müssen, um ihn abzuschwächen. Es gibt keine globale Regierung, die sich des Problems annehmen könnte, nur Nationalstaaten mit ihrem jeweiligen Energieverbrauch und eigenen Produktionsbedingungen, die oft mit legitimen historischen Forderungen einhergehen. Irgendwie brachte das Pariser Abkommen alle wichtigen Akteure in denselben Raum – na ja, in dasselbe Zelt –, um sich auf einen zukunftsweisenden Weg zu einigen. Doch das gelang nur, weil vieles über Bord geworfen wurde, was das Funktionieren internationaler Abkommen ausmacht: verbindliche Verpflichtungen, Sanktionen und die Überwachung der Umsetzung.

Das Pariser Abkommen wurde als Reaktion auf das vermeintliche Versagen seines Vorgängers, des Kyoto-Protokolls, und auf die gescheiterten Verhandlungen in Kopenhagen konzipiert. Das Kyoto-Protokoll, das 1997 verabschiedet wurde, war der erste Versuch eines verbindlichen globalen Abkommens zur CO_2-

Reduktion. Im japanischen Kyoto wurde festgelegt, dass sich die Industrieländer zu einer bestimmten Verringerung ihrer Treibhausgasemissionen verpflichten müssten. Länder, die diese Ziele verfehlten, würden offiziell mit finanziellen Sanktionen belegt. Es war ein rechtlich bindender Vertrag mit einer Durchsetzungsinstanz. Hört sich solide und zielführend an? Das war es nicht.

Das Kyoto-Protokoll stand unmittelbar nach seiner Verabschiedung vor einem Problem. Obwohl es die Vereinigten Staaten mitunterzeichnet hatten, bedeutete das noch nicht, dass es für die USA bindend war. Zunächst musste es im US-Senat ratifiziert werden. Und das war das Problem. Während der Verhandlungen in Kyoto beschloss der Senat ein Gesetz, dass die USA kein Abkommen unterzeichnen dürften, das ihnen eine Reduzierung von Emissionen vorschreibe, den Entwicklungsländern aber nicht. Genau das aber tat das Kyoto-Protokoll. So schaffte es die Übereinkunft noch nicht einmal zur Ratifizierung in den Senat.

Warum stemmten sich US-Politiker so sehr gegen Kyoto? Vielleicht aufgrund der Lobbyarbeit von Energiekonzernen oder eines Misstrauens gegenüber der Wissenschaft. Doch der eigentliche Knackpunkt war, dass Amerika hätte Opfer bringen müssen, um den Klimawandel aufzuhalten, andere Länder aber nicht. Das führt uns zum zentralen Punkt, warum der Klimawandel politisch so komplex ist. Um ihm zu begegnen, müssen die Menschen heute individuelle Opfer zum Wohl unserer kollektiven Zukunft bringen. Doch das liegt nicht in ihrem unmittelbaren Interesse. Und das setzt die Wohlstandsfalle in Gang: *Was uns kurzfristig reicher macht, macht uns auf lange Sicht ärmer.*

In der Einleitung habe ich im Zusammenhang mit der Kabeljaufischerei bereits von der »Tragik der Allmende« gesprochen. Wenn es den Fischern nicht gelingt, ihre Fangquoten von sich aus zu beschränken, werden sie die Fischbestände wohl vollständig dezimieren. Jetzt fischen wir sozusagen in einem größeren Pool. Die Erdatmosphäre ist das größte Gemeingut überhaupt. Die CO_2-Emissionen, die ein Land produziert, halten sich nicht an nationale Grenzen. Emissionen sind von Natur aus reisefreudige Kosmopoliten. Da sie die Atmosphäre durchdringen, tragen sie zu den globalen Treibhausgasen bei, die die Erde erwärmen, und zwar für alle, egal wie viel CO_2 die Länder jeweils ausgestoßen haben.

Um die Emissionen weltweit zu verringern, müssen wir alle an Bord holen. Emissionen zu verringern, ist aber teuer. Nicht nur, weil Kosten für die Produktion von Solarpanelen und Windrädern anfallen; ganze Branchen, nicht zuletzt die Industrie fossiler Brennstoffe, müssen grundlegend umgebaut oder, wahrscheinlicher noch, stillgelegt werden. Man muss also Opfer bringen, indem man Kohlekumpel in die Arbeitslosigkeit entlässt und Fabriken abwickelt.

Aber wenn nicht jedes Land mitzieht, könnte alles vergeblich gewesen sein. Wenn einige wenige Länder die Kosten für eine Politik der Klimaneutralität zahlen, während andere nichts tun, schreitet die Erderwärmung weiter fort. Schlimmer noch, die Versuchung für kleinere Länder – von Bangladesch über Brunei bis Großbritannien –, nichts zu tun und von den Bemühungen anderer als »Trittbrettfahrer« zu profitieren, ist groß. Wenn alle anderen das Ziel der Nullemissionen verfolgen, kann ich ja getrost Benzin verprassen, wohl wissend, dass der Effekt, den ich auf das globale Klima erzeuge, zu vernachlässigen ist. Doch wenn alle so denken, steigen die Emissionen unkontrollierbar weiter. Der Klimawandel ist das größte Problem kollektiven Handelns überhaupt.

Die USA sind kein kleiner Akteur. Hier die Emissionen zu reduzieren, die 1990 etwa 22 Prozent der weltweiten Gesamtemissionen ausmachten, hätte einen spürbaren Beitrag gegen die Erderwärmung geleistet. Doch 2017 waren ihre Emissionen kaum höher als zwei Jahrzehnte zuvor und machten jetzt nur noch 12,6 Prozent der weltweiten Emissionen aus. Die neuen Verschmutzer waren genau jene Entwicklungsländer, die im Kyoto-Protokoll nicht zur Reduktion ihrer Emissionen verpflichtet wurden – China (von 11 Prozent 1990 auf 25,9 Prozent der weltweiten Emissionen im Jahr 2017) und zunehmend auch Indien (von 2 auf 7,3 Prozent). Doch war das aus chinesischer und indischer Perspektive nicht gerecht? Die USA – und die Länder Europas – hatten jahrzehntelang ihren Schmutz in die Luft geblasen. Sie waren schon »an der Reihe« gewesen, jetzt waren die Entwicklungsländer dran. Waren sie wirklich »Trittbrettfahrer«? Oder war das nur gerecht?

Dass die USA das Kyoto-Protokoll nicht unterschrieben haben, mag es in fataler Weise geschwächt haben, aber sie waren nicht der einzige Saboteur. Kanada stieg 2011 aus dem Kyoto-Protokoll aus, als klar wurde, dass es keine Chance hatte, die Ziele zu erreichen, nicht zuletzt, weil das Land damit begonnen hatte, aus dem Teersand von Alberta lukratives Öl zu fördern. Die meisten Länder, die ihren Verpflichtungen nachkamen, lagen in Osteuropa, die von der Schließung von Fabriken und Kraftwerken aus der kommunistischen Ära profitierten. Sie hielten sich an das Abkommen, wenn dies leicht war, und sie stiegen aus, wenn es sich als schwierig erwies.

Das Pariser Abkommen wiederum arbeitete mit Ermessensspielräumen und blieb absichtlich vage. Jedes Land konnte sich die Ziele zur CO_2-Reduktion, idealerweise ehrgeizige Ziele, nach eigenem Ermessen setzen. Es gab keinen Versuch, den Ländern die Ziele weltweit vorzugeben – man verfolgte eher den Ansatz von unten nach oben als von oben nach unten. Das einzige kollektive Ziel war ein Ergebnis: den Anstieg der globalen Temperaturen auf 1,5 Grad Celsius zu beschränken. Globale Temperaturen in der Zukunft stellen keine verbindliche Verpflichtung dar – sondern eine Zielsetzung. Der Emissionsabbau wurde zur innerstaatlichen Ermessenssache.

Das Vage war der Tatsache geschuldet, dass auch die Emissionsziele nicht verbindlich waren. Ob die Länder sie einhalten würden oder nicht, blieb offen. Und obwohl alle Länder die gleiche Gesamtverpflichtung, die globalen Temperaturen zu senken, unterschrieben, mussten die Entwicklungsländer nicht die gleichen Emissionsziele verfolgen wie die Industrieländer. Dies hatte dazu beigetragen, Südafrika, China und andere betroffene Industrienationen zu überzeugen. Die Länder würden einfach alle fünf Jahre ihre Ziele vorlegen und neue, hoffentlich noch ehrgeizigere entwickeln. Damit wollte man den Effekt einer Ratsche erzielen, der die Länder dem Nullemissionsziel näher und näher bringt. Doch es gibt keine Emissionspolizei, kein Emissionsschiedsgericht. Die großen Akteure – die USA, China und Indien – hätten dem niemals zugestimmt.

Das Pariser Abkommen stellte für die internationale Gemeinschaft einen Strategiewechsel in Sachen Klimawandel dar. Eine verbindliche internationale Zusammenarbeit hatte sich als unmöglich erwiesen. Die Länder waren nicht bereit, kurzfristig hohe Kosten zu akzeptieren, um die Emissionsziele einzuhalten, und ebenso wenig, sich der absoluten Autorität eines internationalen Gesetzes zu unterwerfen. Aber auf lange Sicht wollte man eine gemeinsame Richtung einschlagen, wenn auch auf zerbrechlicher Basis. Der halbe Weg aus der Wohlstandsfalle. Vielleicht war dies ein realistischerer Ansatz als die vorherigen. Vielleicht würden die USA dieses Mal zumindest an Bord bleiben.

Am 8. November 2016 schien sogar diese Hoffnung enttäuscht zu werden. Donald Trump war jetzt designierter US-Präsident. Am 1. Juni des folgenden Jahres kündigte Trump an, das Verfahren zum Ausstieg aus dem Pariser Klimaabkommen auf den Weg zu bringen, wie er es im Wahlkampf versprochen hatte. Umweltschützer auf der ganzen Welt waren bestürzt. Für sie fühlte es sich an, als stünden sie wieder ganz am Anfang. Aber ... vielleicht war dem nicht so.

In einem wenig beachteten Absatz des Pariser Klimaabkommens war festgelegt worden, dass die Unterzeichner ein Austrittsverfahren aus dem Abkommen frühestens drei Jahre nach ihrer Unterschrift beginnen könnten. Damit wollte man verhindern, dass kurzfristige politische Schwankungen das Abkommen zu Fall brächten. Ein weiteres Jahr dauerte es dann, das Verfahren abzuschließen. Volle vier Jahre also. Genau zum Ende von Trumps erster Amtszeit. Wie praktisch ... Vielleicht war ein nachhaltiger Wohlstand doch nicht dem Untergang geweiht.

18 WAS BEDEUTET WOHLSTAND?

Was bedeutet Wohlstand, und woher kommt er? Einfach gesagt bedeutet Wohlstand »ein gutes Leben«. Genug zu haben, um zufrieden zu sein. Vielleicht auch, den Kindern und Enkelkindern ein besseres Leben zu sichern. Wer von uns aus den reichen Ländern der Erde stammt, hat sich an einen hohen materiellen Komfort und an eine ständig wachsende Wirtschaft gewöhnt. Nicht alle teilen diesen Komfort. Und es gibt keine Garantie für Wirtschaftswachstum. Natürlich ist »mehr Besitz« auch nicht die einzige Quelle menschlichen Glücks. Doch verglichen mit unseren Vorfahren vor nur einem Jahrhundert – wortwörtlich unseren Urgroßeltern –, leben wir in einer Welt unvorstellbarer Reichtümer.

Unsere Erfahrung aus der Geschichte lehrt uns, dass dieser Wohlstand keineswegs garantiert ist. In vielen Weltgegenden hat sich das Schicksal gewendet, und einst reiche Zivilisationen und Länder gingen unter. Die Welt von heute ist zweifellos um vieles reicher als die Welt im Jahr 1500. Aber wo einst Tenochtitlán, Kairo und Peking die größten und reichsten Städte waren, sind es heute New York, Tokio und, tja, Peking.

Es gibt Aufstieg und Fall, weil wirtschaftspolitische Maßnahmen, die kurzfristig verlockend scheinen, ein nachhaltiges Wachstum untergraben können. Alle Länder, alle Städte sind mit den Risiken der Wohlstandsfalle konfrontiert: *Was uns kurzfristig reicher macht, macht uns auf lange Sicht ärmer.*

Bevor wir verstehen können, warum wir in die Wohlstandsfalle tappen, müssen wir klären, was wir unter Wohlstand verstehen. Das gängigste Maß, das Bruttoinlandsprodukt (BIP), ist ein guter Ausgangspunkt, wenngleich wir bald sehen werden, wo seine Grenzen liegen. Das BIP kann auf drei Arten berechnet werden, die den gleichen Wert ergeben sollten: Gesamtwert der Produktion einer Volkswirtschaft; Gesamtsumme des Arbeitsentgelts für die Arbeitnehmer und der Einkommen der Unternehmenseigentümer; oder Gesamtbetrag der privaten und staatlichen Konsumausgaben, der Investitionen und der Exporte (minus Importe). Mit anderen Worten, der Wert der in einer Volkswirtschaft produzierten Waren und Dienstleistungen sollte dem entsprechen, was die Bürgerinnen und Bürger verdienen, und dieses Geld sollte dem entsprechen, was sie für die heimische Produktion ausgeben.

Wenn wir reiche und arme Länder einander gegenüberstellen, beziehen wir uns dabei in der Regel auf das BIP pro Kopf. Wir vergleichen also die Durchschnittseinkommen. Es ist jedoch irreführend, wenn wir bestimmen, wie reich ein Land ist, und einfach nur wie in einer Wechselstube die Währung umrechnen. Wenn alle Güter und Dienstleistungen international gehandelt würden, wäre dies sinnvoll, aber das ist bei vielen gar nicht der Fall, und sie sind in den ärmeren Ländern deutlich billiger. Ein berühmtes Beispiel dafür ist der Big-Mac-Index des *Economist*. Den größten Anteil an den Kosten eines Big Mac verursachen die Kosten vor Ort. Es beruhigt Sie vielleicht zu wissen, dass Big Macs nicht international gehandelt und mit Schiffen über die ganze Welt transportiert werden. Im Januar 2022 kostete ein Big Mac in den USA 5,81 Dollar. In Indien und Südafrika, wo die Löhne und Kosten deutlich niedriger sind, kostete ein Big Mac umgerechnet 2,50 Dollar. In der teuren Schweiz dagegen müssten Sie sieben Dollar für einen Big Mac berappen.

Statistiker nutzen hier den Kaufkraftvergleich, der weit über Big Macs hinausreicht, um die niedrigeren Preise in ärmeren Ländern zu berücksichtigen. Der Internationale Währungsfonds (IWF) schätzt für das Jahr 2020, dass Indiens Pro-Kopf-Einkommen knapp unter 2000 US-Dollar liegen würde, wenn man die Rupie zum jeweils geltenden Wechselkurs in Dollar umrechnen würde; wenn man dagegen die Lebenshaltungskosten im Land insgesamt berücksichtigte, käme man auf rund 6500 Dollar, mehr als das Dreifache. In der Schweiz dagegen liegt das Pro-Kopf-Einkommen bei 86 489 Dollar und sinkt auf 72 874 Dollar, sobald man die Kaufkraft berücksichtigt.

Den Wohlstand verschiedener Länder miteinander zu vergleichen, ist also schwierig. Über längere Zeiträume gestaltet es sich noch einmal komplexer, und ganz besonders schwierig ist es auf sehr lange Sicht. Unser modernes Konzept des Bruttoinlandsproduktes ist nicht einmal hundert Jahre alt – es wurde ursprünglich während der Großen Depression entwickelt, als sich Politiker und Wirtschaftswissenschaftler bemühten, herauszufinden, wie viel ärmer ihre Länder wurden. Das heißt, dass es sehr schwer ist, zu berechnen, wie reich moderne Länder vor Jahrhunderten, ja manchmal sogar nur vor Jahrzehnten waren. Es fehlen uns schlicht die Ausgangsdaten. Stattdessen gibt es die schier unglaublichen Leistungen von Wirtschaftshistorikern wie dem verstorbenen Angus Maddison, der in mühevoller Kleinarbeit Daten aus verstreuten historischen Quellen zusammentrug, um zu schätzen, wie hoch vor zweitausend Jahren das BIP pro Kopf lag.

Trotz seiner Omnipräsenz geriet das BIP in den letzten Jahren in die Kritik. Warum? Das erste Problem ist, was das BIP weglässt. Märkte, die sich dem offiziellen Blick des Staates entziehen – von der Schwarzarbeit einer nicht angemeldeten Kinderfrau bis hin zu völlig illegalen Märkten wie dem Drogenhandel –, fließen in die Berechnung des BIP nicht mit ein. Als die italienischen Statistikbehörden 1987 beschlossen, Schätzungen dieser »informellen« Produktion mit einzubeziehen, schnellte das Nationaleinkommen über Nacht um 20 Prozent in die Höhe und katapultierte das BIP Italiens noch vor das Großbritanniens.

Das BIP berücksichtigt auch die Produktion in den privaten Haushalten nicht. Milliarden an Arbeitsstunden im Haushalt, bei der Kinderbetreuung, der Pflege kranker und älterer Angehöriger sind aus der Sicht des BIP nicht existent oder, schlimmer noch, werden als »Freizeit« verbucht. Das bedeutet, je mehr Arbeiten, die früher von der Familie erledigt wurden, dem Markt übertragen werden – Kochen, Putzen, Kinderbetreuung –, desto mehr steigern wir das BIP – auch wenn in der Summe letztlich gar keine zusätzliche Arbeit geleistet wird. Angesichts der systematischen Unterbewertung von jahrhundertelang typischerweise von Frauen geleisteter Arbeit gibt es – was verständlich ist – einen feministischen Widerstand gegen das BIP.

Auch um menschliches Glück und Wohlbefinden zu verstehen, ist das BIP ein unzureichendes Instrument. Aus Amartya Sens Perspektive ist nicht das Einkommen als solches für den Wohlstand ausschlaggebend, sondern die Möglichkeiten, die es einer Person bietet, ihr Leben so zu gestalten, wie sie möchte. Das Einkommen ist selbstverständlich hilfreich, die Mittel zur Existenzsicherung zu beschaffen und Zugang zu den Möglichkeiten der Lebensgestaltung zu erhalten. Aber es gibt noch andere Wege, um dies zu erreichen.

Bildung und Gesundheit sind notwendig, um Chancen zu erkennen und sie zu ergreifen. Der Index der menschlichen Entwicklung (Human Development Index, HDI) bezieht nicht nur das BIP mit ein, sondern auch die Lebenserwartung und das Bildungsniveau. Dies bewirkt eine Verschiebung im Ranking der Länder – Katar fällt vom 6. auf den 45. Platz, während Schweden vom 27. auf den 7. Platz aufrückt. Unser langfristiger Wohlstand hängt schließlich stärker von anhaltender Gesundheit und langfristiger Bildung der Bevölkerung ab als vom kurzfristigen Nationaleinkommen. Den HDI ernst zu nehmen, könnte helfen, der Wohlstandsfalle zu entgehen, da er sich auf das konzentriert, was langfristig für Wachstum wichtig ist.

Das BIP wird auch dafür kritisiert, was es mit aufnimmt. Vieles am Marktgeschehen ist schädlich. Die Förderung fossiler Brennstoffe fließt als positiver Posten in das BIP ein, doch die Umweltbelastung, die sie verursacht, sei es die Verschmutzung nahe gelegener Flüsse oder die Erhöhung des Kohlendioxidgehalts in der Atmosphäre, wird nicht abgezogen. In den 1940er-Jahren plädierte der amerikanische Ökonom Simon Kuznets für einen Wohlstandsindex, der das Wohlbefinden der Menschen misst, nicht die Produktion. Das würde bedeuten, dass alle Tätigkeiten, die insgesamt schädlich sind, außen vor blieben, inklusive der Rüstungsindustrie. Das Problem des Ausschlusses solcher Tätigkeiten ist natürlich, dass Soldaten und Grubenarbeiter zugleich Konsumenten sind – fällt deren Produktion weg, würde die volkswirtschaftliche Produktion, also Einkommen und Ausgaben, nicht mehr übereinstimmen.

Im BIP steckt also bereits der Keim für die Wohlstandsfalle. Generationen von Politikwissenschaftlern konnten zeigen, dass Wirtschaftswachstum unmittelbar vor Wahlen die Chancen amtierender Politiker und Politikerinnen auf Wiederwahl erhöht. Diese Erkenntnis aber schafft Anreize, die Energieerzeugung oder Aufrüstung zu subventionieren, selbst wenn dies auf lange Sicht eindeutig schädlich ist, schließlich liegen die langfristigen Auswirkungen vermutlich in einem Zeitraum nach der jeweils anstehenden Wahl.

Um dieser Fehlentwicklung entgegenzuwirken, entwickelte der amerikanische Wirtschaftswissenschaftler Martin Weitzman das Konzept des Nettonationaleinkommens. Das NNE kann man als die potenzielle jährliche Rendite begreifen, die wir mit dem aktuellen Kapitalbestand eines Landes, inklusive seiner natürlichen Ressourcen, erzielen können. Wenn wir mehr verbrauchen als das NNE, gehen unsere Ausgaben heute auf Kosten des Saatguts von morgen.

Die Inanspruchnahme fossiler Brennstoffe und anderer endlicher Ressourcen ist eine Form der Abschreibung einer Subvention aus der Natur, die vom Nationaleinkommen abgezogen werden sollte. Daher kann man das NNE als Maß für die *Nachhaltigkeit* des Wachstums betrachten.

Nachhaltiges Wachstum ist der zentrale Begriff, wenn politische Ökonomen über Wohlstand nachdenken. Nachhaltigkeit wurde von der Brundtland-Kommission, der Weltkommission für Umwelt und Entwicklung der Vereinten Nationen, 1987 so definiert: »Dauerhafte Entwicklung ist eine Entwicklung, die die Bedürfnisse der Gegenwart befriedigt, ohne zu riskieren, dass künftige Generationen ihre eigenen Bedürfnisse nicht befriedigen können.« Keine schlechte Definition der Risiken, die mit der Wohlstandsfalle einhergehen. Doch Nachhaltigkeit ist erstaunlich schwer zu erreichen, besonders für Länder, die von ihren natürlichen Ressourcen abhängig sind.

Eine Gruppe von Wirtschaftswissenschaftlern unter der Leitung von Kenneth Arrow – der Arrow, der auch das Unmöglichkeitstheorem entwickelte – fand 2004 heraus, dass viele afrikanische Länder südlich der Sahara und, vielleicht weniger überraschend, im Nahen Osten die Kriterien für Nachhaltigkeit nicht erfüllen, weil ihre Investitionen zur Ausbeutung der natürlichen Ressourcen viel zu hoch waren. Die Weltbank stellte fest, dass Länder von Nigeria über Aserbaidschan bis Burundi im Jahr 2000 negative »echte Ersparnisse« aufwiesen, wenn man die Ausbeutung der natürlichen Ressourcen mitberücksichtigt.

Demnach betrug das Kapitalvermögen Nigerias nur ein Fünftel dessen, was möglich wäre, wenn die Erträge aus den Ressourcen sorgfältiger genutzt und zurückgehalten worden wären.

Selbst bei der Definition und Messung des Wohlstands sind wir mit der Wohlstandsfalle konfrontiert: Wie können wir der Zukunft einen Wert zuschreiben, wenn die Anreize dahin gehen, sie für kurzfristige Ziele zu untergraben? Wir sind nicht die Ersten, die vor der Herausforderung stehen, kurzfristige Versuchungen gegen Nachhaltigkeit auf lange Sicht auszutarieren; die Geschichte der wirtschaftlichen Entwicklung ist eine Geschichte darüber, wie unsere Vorfahren mit der Wohlstandsfalle gerungen haben.

Die Geschichte des Wohlstands

Wie konnten wir so reich werden? Einige Leserinnen und Leser werden nicht gerade das Gefühl haben, im Überfluss zu schwimmen. Andere lesen das Buch vielleicht in der Business Class. Und doch leben wir alle in einer Welt, deren Reichtum vor Jahrhunderten, ja vielleicht sogar noch vor Jahrzehnten, unmöglich schien. Der reichste Mensch im frühen 19. Jahrhundert, Nathan de Rothschild, starb an einem Abszess, der heute mit einem Antibiotikum geheilt werden könnte, das für ein paar Cent zu haben ist. Wie Rothschilds Schicksal hängt auch unser relativer Reichtum vom technischen und wissenschaftlichen Fortschritt ab sowie von den gewaltigen Summen, die seither in die Produktion und den Vertrieb von Waren investiert wurden.

Nicht nur auf dem Gebiet der Medizin erlebt der heutige Durchschnittsbürger mehr Wohlstand als die Millionäre früherer Zeiten. Ich halte ein elektronisches Kästchen in der Hand, das mir einen Zugang zu nahezu dem gesamten Wissen der Menschheit ermöglicht. Ich kann auf der Stelle mit einem Freund in San Diego sprechen und gleichzeitig den optimalen Weg zu dem Restaurant finden, wo ich gerade reserviert habe. Ich sehe verärgerte Reaktionen aus aller Welt auf einen unbedachten Tweet, den ich gerade abgesetzt habe. Aus der Sicht einer gar nicht so lang zurückliegenden Vergangenheit leben wir in einem Zeitalter der Wunder.

Früher glich ein Tag dem anderen. Die Menschen waren mehr oder weniger so wohlhabend wie ihre entfernten Vorfahren und ihre ungeborenen Nachkommen. Es war die Ära der Malthusianischen Falle, benannt nach dem anglikanischen Pfarrer und Wirtschaftsprofessor Thomas Malthus. Der südlich von London geborene Malthus, der von 1766 bis 1834 lebte, war der Meinung, die Menschheit sei zu ewiger Armut verdammt. Die meisten würden immer gerade so viel verdienen, dass sie ihren täglichen Lebensunterhalt bestreiten könnten. Wenn sie aufgrund technischer Fortschritte höhere Löhne erhielten, würden sie mehr Kinder in die Welt setzen. Da das Bevölkerungswachstum aber exponentiell verlaufe, würde die landwirtschaftliche Produktion irgendwann nicht mehr zur Versorgung ausreichen. Dann würde die Sterblichkeit steigen – auf direktem Weg durch Hunger oder indirekt durch Krankheit und Krieg. Malthus bezeichnete dies irritierenderweise als »positive Kontrolle«.

Es sind die ersten Hinweise auf die Wohlstandsfalle. Natürlich wäre es für die Bevölkerung insgesamt besser, ihre Neigung zur Zeugung von Nachkommen zu zügeln, doch aus der Sicht einer einzelnen Familie kann sie nicht verhindern, dass andere Kinder bekommen, damit ihre Kinder zum Wohl der Familie beitragen. Oder sie haben Kinder einfach gern. Egal wie, die individuellen und die gesellschaftlichen Interessen klaffen auseinander. Das Verhängnis ist nicht aufzuhalten.

Heute leben wir nicht mehr in einer Malthusianischen Welt.

Wir können die exponentiell wachsende Weltbevölkerung ernähren, die sich in den letzten einhundert Jahren auf acht Milliarden vervierfacht hat. Was war falsch an Malthus' Rechnung? Zweierlei. Erstens war etwas möglich, was er ausgeschlossen hatte: freiwillig die Zahl der Kinder zu beschränken. Entsprechend den Vorurteilen seiner Zeit war Malthus der Meinung, dass dies in den »gehobenen Schichten« Europas noch denkbar sei, nicht aber bei ärmeren Bürgern und außerhalb Europas. Zweitens ist es irgendwie gelungen, eine exponentiell wachsende Bevölkerung zu ernähren, zu kleiden, zu beherbergen und zu schützen.

Kehren wir zur Welt vor 1800 zurück, als sich die Einkommen und die Bevölkerungszahlen noch in Schranken hielten. Angus Maddison schätzte das weltweite jährliche Durchschnittseinkommen im ersten Jahrtausend auf etwa 450 US-Dollar pro Kopf (gemessen in Dollar auf dem Stand von 1990). Genug zum Überleben, aber auch nicht mehr. Im Zeitraum vom Jahr 1000 bis 1820 stieg das Durchschnittseinkommen auf 670 Dollar. Doch es zeigten sich leichte regionale Unterschiede: Die Einkommen in Afrika und Asien bewegten sich zwischen 400 und 600 Dollar, während sich die Jahreseinkommen in Westeuropa und den englischsprachigen Kolonien 1200 Dollar näherten. In jährlichen Wachstumsraten über diesen Zeitraum ausgedrückt, lag der Unterschied zwischen buchstäblich Nullwachstum und 0,14 Prozent im »boomenden« Westeuropa.

Und dann plötzlich ein echter Boom. Einer, den keine Malthusianischen »Kontrollen« wie Hungersnöte zunichtemachten. Einer, der sich weiter steigerte. Aus heutiger Sicht nicht ganz so schnell – selbst im florierenden Westeuropa wuchsen die Einkommen Mitte des 19. Jahrhunderts nur um 1 Prozent pro Jahr. Aber Wachstum verstärkt sich. Westeuropa erreichte bis zum Ersten Weltkrieg Durchschnittseinkommen von 4000 Dollar.

Nach der Katastrophe der Zwischenkriegsjahre stiegen sie bis 1970 auf 12 000 Dollar und in den 1990ern auf 20 000 Dollar.

Zwischen 1820 und 1998 war das jährliche Wachstum in Westeuropa mehr als zehnmal so hoch wie in den vorangegangenen acht Jahrhunderten: 1,51 gegenüber 0,14 Prozent. Noch höhere langfristige Wachstumsraten gab es in den englischsprachigen Kolonien Europas, insbesondere auch in Japan. Eine Wachstumsrate von 1,51 Prozent sieht aus moderner Perspektive eher mittelmäßig aus, aber damit waren die Europäer im 21. Jahrhundert mehr als fünfzehnmal so reich wie 1820.

Wenn wir andere Regionen der Welt betrachten, sieht die Geschichte völlig anders aus. Lateinamerika und Osteuropa wuchsen, aber erheblich langsamer. Asien, mit Ausnahme von Japan, wuchs von 1820 bis 1992 mit unter 1 Prozent pro Jahr und Afrika mit 0,67 Prozent. Im Verlauf von zwei Jahrhunderten machte einen das Wachstum in Westeuropa zwanzigmal, in Afrika etwas unter viermal reicher. Heute haben Länder wie Norwegen, die Schweiz und die USA ein Durchschnittseinkommen von über 60 000 Dollar, Mosambik, Liberia und die Demokratische Republik Kongo unter 1500 Dollar (kaufkraftbereinigt). Ein Unterschied um das Vierzigfache. Eine »gewaltige Divergenz«, wie der US-Ökonom Lant Pritchett es nennt.

Woran liegt das? Wissenschaftler, die sich mit Wirtschaftswachstum befassen, betrachten Länder als riesige »Produktionsfunktionen«, in denen ein Input, also Arbeit (Arbeiter) und Kapital (Maschinen und Fabriken), einen volkswirtschaftlichen Output produziert. Um es ganz offen zu sagen, es gibt bei diesem Ansatz zwei Arten, das BIP zu erhöhen: Entweder steigert man die schiere Menge an Input, etwa durch Bevölkerungswachstum oder den Aufbau des Kapitalstocks, oder man erhöht die Effizienz des Inputs durch die Verbesserung der Arbeit sowie des Kapitalstocks durch Bildung und Technologie. Traditionelle

Wachstumstheorien setzten den Fokus auf Ersteres – die Länder werden reicher, wenn sie höhere Sparquoten aufweisen, um einen Kapitalstock aufzubauen. Obwohl das etwas moralisierend ist, passt es doch gut in die Logik der Wohlstandsfalle – Länder, die der Versuchung des Konsums in der Gegenwart widerstehen und mehr investieren, haben eine bessere Zukunft.

In jüngerer Zeit betonen Wirtschaftswissenschaftler die Bedeutung höherer Bildungsinvestitionen, um Ideen zu generieren und in der Lage zu sein, Technik effizient einzusetzen. Dieses Wachstum steigert sich lawinenartig, da technische Ideen kostenfrei repliziert werden können und alle Firmen davon profitieren, ob sie diese Idee nun selbst entwickelt haben oder nicht. Man denke an James Maxwell, der die elektromagnetischen Wellen entdeckt hat, die Innovationen vom Radio über den Fernseher bis hin zur Mikrowelle ermöglichten.

Doch diese Art Wachstum ist von Menschen abhängig, die zu kurzfristigen Innovationen bereit sind, auch wenn sie nicht alle langfristigen Vorteile der Innovation abschöpfen können. Auf individueller Ebene ist es eher unwahrscheinlich, wenn man nicht gerade ein Newton, Maxwell oder Edison ist, dass die eigenen Entscheidungen einen großen Einfluss auf das kollektive Wachstum haben. Oder dass wir, selbst wenn das so wäre, die Vorteile, die wir für alle geschaffen haben, individuell nutzen können. Für uns besteht also eher der Anreiz, sofort zu konsumieren und von den Vorteilen eines reicheren Landes, das auf den Ersparnissen und Innovationen anderer aufbaut, später zu profitieren. Doch wenn wir alle so handeln, stockt die Innovation, und wir bleiben auf Dauer ärmer. Wieder erhebt die Wohlstandsfalle ihr Haupt, denn was für uns in der Gegenwart sinnvoll ist, schadet uns langfristig.

Inwiefern bringt uns das der Antwort näher, warum manche Länder reicher sind als andere? Sicher haben manche mehr gespart oder mehr in Bildung investiert. Doch was setzt die Räder in Bewegung? Wie gehen die Länder mit der Wohlstandsfalle um? Und wie bringt man die Menschen dazu, sich für das langfristige Wachstum zu entscheiden statt für die kurzfristigen Versuchungen? Hier kommt die Politik ins Spiel.

Die wichtigste Untersuchung über die Auswirkungen der Politik auf das Wachstum stammt von den amerikanischen Wirtschaftswissenschaftlern Daron Acemoğlu und James Robinson, die feststellen, dass die Einkommensdifferenzen unserer Tage auf das Jahr 1500 und die damals geschaffenen politischen Institutionen zurückgeführt werden können. Das hört sich recht unblutig an. Doch mit »geschaffen« meine ich, dass sie von den europäischen Kolonisatoren mit der Muskete aufgezwungen wurden. Die politischen Institutionen bezogen entweder alle Menschen, die in einer Kolonie lebten, mit ein oder nur eine kleine Gruppe von Kolonisten, und die ursprüngliche Bevölkerung wurde politisch nicht vertreten. Wo inklusive Institutionen geschaffen wurden, kam es zu langfristigem Wachstum, ausgrenzende Institutionen bewirkten langfristig Stagnation. Die Politik schafft das Wachstum.

Die politischen Institutionen, die die Europäer in den Kolonien errichteten, waren daran geknüpft, wie viele von ihnen dort lebten. Waren die Sterberaten aufgrund tropischer Krankheiten hoch, war die Wahrscheinlichkeit geringer, dass die europäischen Siedler überlebten. In diesen Regionen begann eine kleine, abstoßende europäische Elite, der einheimischen Bevölkerung so viele Arbeitskräfte und Ressourcen wie möglich zu rauben, indem sie sie versklavte oder zu Pachtverträgen zwang.

Politisch führte dies zu hochexklusiven Institutionen, die ausschließlich die Interessen einer winzigen imperialistischen Schicht repräsentierten. Wirtschaftlich wurde mithilfe der Zwangsarbeit unmittelbarer Reichtum in Form von Tabak, Silber und Zucker geschaffen. Die Investitionen in industrielles Kapital oder Bildung dagegen waren begrenzt, was langfristig den wirtschaftlichen Untergang nach sich zog. Die ausbeuterischen Institutionen bewirkten eine »Wohlstandswende«, und die außereuropäischen Regionen mit einer großen, vermögenden Bevölkerung – das aztekische Mexiko, das indische Mogulreich – erlebten unter der plündernden europäischen Herrschaft einen dramatischen Niedergang, bis sie im späten 19. Jahrhundert verarmten.

In Regionen dagegen, in denen wenige Krankheiten grassierten, siedelten massenhaft Europäer und forderten politische Institutionen, die ihr Privateigentum schützten. So entstanden inklusive politische Institutionen einschließlich des Wahl- und Eigentumsrechts, die schließlich einen breiten Wohlstand ermöglichten. Allerdings nur unter den Europäern. Man darf nicht unterschlagen, dass in den größten Kolonien mit wenigen Krankheiten und vielen europäischen Einwanderern – den Vereinigten Staaten von Amerika – zwar inklusive Institution geschaffen wurden, aber nur für diejenigen, die nicht versklavt waren.

Man kann in dieser Geschichte die Wohlstandsfalle gut erkennen. Wo man unmittelbar Reichtümer ausbeuten konnte, stürzten die Europäer sich habgierig und häufig gewaltsam darauf und schufen im 16. Jahrhundert unermessliche Vermögen. Doch im Verlauf der Jahrzehnte versäumten sie es, in politische und wirtschaftliche Institutionen zu investieren, die einen langfristigen, nachhaltigen Wohlstand hätten schaffen können – nicht nur in den unglücklichen Kolonien Lateinamerikas, sondern auch in den Ländern einiger der skrupellosesten Kolonialmächte, Portugal und Spanien.

Warum sich manche Länder Europas rasch industrialisierten, während andere Teile des Kontinents bis Mitte des 20. Jahrhunderts landwirtschaftlich geprägt und arm blieben, lässt sich nicht allein aus der Geschichte des Kolonialismus erklären. Waren einst Venedig und Madrid, Lissabon und Konstantinopel die reichsten Städte Europas, so wurden sie um 1800 von London, Amsterdam und Antwerpen übertrumpft. Warum begann die industrielle Revolution in Manchester und nicht in Madrid?

Wieder sind politische Institutionen, die einen Ausweg aus der Wohlstandsfalle boten, der Schlüssel. Ein eindringliches Beispiel ist der plötzliche Aufstieg Englands zu einer Wirtschaftssupermacht. Wirtschaftshistoriker verweisen auf die sogenannte Glorious Revolution von 1688 als den entscheidenden Moment, in dem Englands Parlament den katholischen König Jakob II. durch seine protestantische Tochter Maria und ihren Mann Wilhelm III. von Oranien ersetzte. Was als religiöse Auseinandersetzung begann, hatte epochale wirtschaftliche Folgen.

Mit dem Jahr 1688 verlor die Monarchie die Möglichkeit, der Öffentlichkeit einseitig finanzielle Forderungen zu stellen. Der Englische Bürgerkrieg in den 1640er-Jahren war durch königliche Monopole und »Zwangsanleihen« des Königs ausgelöst worden. Das Streben nach Pachteinnahmen und Enteignungen durch den Monarchen war dem Parlament, das die wohlhabenden Grundbesitzer und Kaufleute repräsentierte, die von Zwangsanleihen betroffen waren und sich über königliche Privilegien für bevorzugte Unternehmen ärgerten, ein Gräuel. So wurde die Ernennung von Wilhelm und Maria von einer Reihe neuer Maßnahmen zur parlamentarischen Kontrolle der Monarchie und zunehmenden parlamentarischen Vormachtstellung begleitet.

Obwohl die Monarchie von nun an in parlamentarischen Ketten lag, wurde ihre Möglichkeit, Steuern zu erheben, ironischerweise noch gestärkt, weil das Parlament Gesetze erließ, die garantierten, dass die Monarchen die Kreditbedingungen nicht willkürlich ändern konnten. Die Staatsausgaben stiegen von jährlich über einer Million Pfund kurz vor der Revolution auf sieben Millionen Pfund im Jahr 1750. Die Verschuldung stieg von einer Million Pfund auf horrende 78 Millionen Pfund. Dies war nachhaltig, weil der Zinssatz an die Krone von 14 auf 3 Prozent fiel. Englische Vermögensbesitzer waren viel eher bereit, einem vom Parlament kontrollierten Monarchen Geld zu leihen. Politischen Versprechen konnte nun vertraut werden.

Dieses Vertrauen schlug sich auch in der Entwicklung komplexer Kapitalmärkte nieder, der Wert der Londoner Börse stieg bis in die 1720er-Jahre um das Dreißigfache. Aufgrund der parlamentarischen Kontrolle des Monarchen konnte sich auf breiter Basis Wohlstand entwickeln. Indem man dem Monarchen die Möglichkeit nahm, den Versuchungen kurzfristiger Enteignungen zu erliegen, schuf man den Nährboden für langfristigen Wohlstand, vielleicht sogar für die industrielle Revolution, die Großbritannien vor der Malthusianischen Falle bewahrte.

Was lehren uns diese lang zurückliegenden historischen Episoden heute? Dass es gefährlich ist, die Politik zu ignorieren, wenn wir über Wachstum nachdenken. Politische Institutionen legen fest, wer an der Wirtschaft teilhaben darf und unter welchen Bedingungen. Sie gestalten unsere Anreize und damit auch, ob wir kurzfristigen Versuchungen erliegen, statt langfristig zu investieren. Und sie machen politische Versprechungen sicherer und glaubwürdiger. Sie können uns vor der Wohlstandsfalle bewahren oder uns geradewegs hineinführen.

19 DIE WOHLSTANDSFALLE

Für morgen wünschen wir uns Wohlstand. Doch das Heute versucht, uns von diesem Morgen wegzulocken. Der Zauber sofortigen Reichtums lenkt uns auf Abwege. Und die kurzfristigen Lockungen können langfristig Stagnation bewirken, wenn nicht den Untergang. Die Wohlstandsfalle beruht auf dem Dilemma: *Was uns kurzfristig reicher macht, macht uns auf lange Sicht ärmer.*

Die Wohlstandsfalle tut sich auf, obwohl wir durch Zusammenarbeit mit anderen Menschen auf die Dauer bessergestellt wären. Nicht selten zahlen sich Betrug, Vertragsbruch oder sonstiges Ausnutzen von Vorteilen sofort aus. Wenn wir uns nicht selbst in Schranken halten, uns in Fesseln legen, erliegen wir der kurzfristigen Versuchung, die Leistungen anderer auszunutzen. Und wenn nur einer von uns an der falschen Stelle spart, kann das ganze Kartenhaus einstürzen. Viele durch Zusammenarbeit erzielte Ergebnisse, von denen wir wissen, dass sie gut für uns sind – der Verzicht auf den Ausstoß von Kohlendioxid, das Zahlen von Steuern für öffentliche Dienstleistungen –, können rasch wieder zunichtegemacht werden.

Die Wohlstandsfalle kann sich jedoch auch auftun, wo Zusammenarbeit gar nicht nötig ist. Manchmal können wir alle von wertvollen Ressourcen sofort profitieren, egal ob es sich um Öl oder Diamanten oder ein anderes Manna als Geschenk des Himmels handelt. Doch wie die Heuschrecke aus Äsops Fabel versäumen wir, darüber nachzudenken, ob diese Wohltaten von Dauer sein werden und was wir tun, wenn sie aufgebraucht sind. Und Reichtum, der sich auf Ressourcen stützt, kann die Politik in vielfältiger Weise dysfunktional verzerren. Wir sind dem »Fluch der Ressourcen« jedoch keineswegs hilflos ausgesetzt – Norwegen zum Beispiel ging umsichtig mit seinem Ölreichtum um und schuf einen Staatsfonds im Wert von einer Viertelmillion Dollar für jeden Norweger. Doch Ölvorkommen können auch zu Bürgerkriegen führen wie in Nigeria, zu Autoritarismus wie in Saudi-Arabien und – völlig verrückt – zu einer Fußballweltmeisterschaft in Katar.

Schließlich gibt es noch eine Art der Wohlstandsfalle, die sich auftut, obwohl wir erfolgreich zusammenarbeiten, dies aber in einer Weise, die ein falsches Gefühl von Wohlstand schafft und nicht nachhaltig ist. Ein klassisches Beispiel sind völlig überdrehte Finanzmärkte – und die darauffolgende Panik. Wir können uns alle jederzeit darauf verständigen, Tulpen, Eigentumswohnungen in Phoenix oder Kryptowährungen einen großen Wert zuzuschreiben. Solange dies der Fall ist, ist es sinnvoll, sich einzukaufen – der finanzielle Wert berechnet sich schließlich aus dem, was die Menschen für Anlagegüter zu zahlen bereit sind. Wenn wir allerdings den fundamentalen Wert der Anlage oder ihren voraussichtlichen künftigen Wert falsch eingeschätzt haben, schleichen sich Zweifel ein, und es kann zu einem plötzlichen Wertverlust kommen. Solche Blasen bilden sich, weil wir offenbar unweigerlich davon überzeugt sind, »dass es dieses Mal anders ist«. Können wir solche Überreizungen schon auf dem Weg stoppen oder wenigstens der Panik vorbeugen, wenn Zweifel gestreut werden?

Kollektives Handeln

Ein Gespenst geht um in den vorangehenden Kapiteln dieses Buches: das Gespenst des kollektiven Handelns. Sämtliche Fallen wurden durch den Konflikt zwischen individuellen Interessen und unseren kollektiven Zielen ausgelöst. Bei der Demokratie war es der Impuls, kollektives Wahlverhalten zu untergraben, indem wir unsere Stimmen strategisch manipulieren. Bei der Gleichheit war es die Spannung zwischen individueller Freiheit und der kollektiven Gleichheit der Lebensumstände. Bei der Solidarität war es unser individueller Anspruch, dem Gemeinwesen nur dann aus der Patsche zu helfen, wenn wir sicher sein können, dass wir selbst davon profitieren. Und bei der Sicherheit war es die individuelle Versuchung, allgemeine Regeln zu umgehen, wenn sie für einen selbst unbequem sind.

Beim Wohlstand dagegen tauchen wir ins Zentrum des Problems kollektiven Handelns ein. Beim Wohlstand geht es um Wachstum, darum, dass es jede Generation besser hat als die Generation zuvor. Das muss nicht unbedingt stärkeres Wirtschaftswachstum bedeuten. Aber die Menschen sollen immer glücklicher werden. Der entscheidende Punkt dabei ist, dass jeder Einzelne bessergestellt sein kann, als er es aktuell ist.

Wir nennen dieses erfreuliche Ergebnis ein »positives Gesamtergebnis«. Stellen Sie sich ein politisches Ereignis vor: die Unterzeichnung eines Handelsabkommens, die Verabschiedung eines Umweltschutzgesetzes, Steuersenkungen. Ein positives Gesamtergebnis liegt vor, wenn wir hinterher sagen können, dass die Verbesserungen und Verschlechterungen in der Summe positiv waren. Im Durchschnitt wären alle nach dieser politischen Maßnahme besser dran, auch wenn Einzelne Verluste hinnehmen müssten. Wenn dies der Fall ist, könnten – die Betonung liegt auf »könnten« – wir es allen besser gehen lassen, indem wir einen Teil der Gewinne der Profiteure umverteilen und den Verlierern zukommen ließen.

Ein »negatives Gesamtergebnis« liegt vor, wenn es allen schlechter geht, selbst wenn einige wenige durch die Maßnahme bessergestellt wurden. Garantiert wird man, mögen Sie jetzt denken, eine so schlechte Bilanz für die Allgemeinheit zu vermeiden suchen. Ach, Sie liebes Kind der Unschuld! Dieses Buch handelt von der traurigen Allgegenwart negativer Gesamtergebnisse, die zustande kommen, weil individueller Eigennutz unsere kollektiven Ziele untergräbt.

Und schließlich gibt es den Fall, dass die Profite der Gewinner die Einbußen der Verlierer exakt ausgleichen. Ein solches Nullsummenspiel funktioniert wie die meisten Sportarten und Spiele. Denken Sie an den simplen Münzwurf zu Beginn eines Fußballspiels. Die Münze landet auf einer von zwei möglichen Seiten. Wir haben ein Team, das gewinnt, eines, das verliert. Doch Nullsummenspiele sind auch in der Politik verbreitet. Ein klassisches Beispiel sind Territorialansprüche: Land kann immer nur einem souveränen Staat gehören. Eine friedliche Übergabe von Land ist ein Nullsummenergebnis. Ebenso eine Wahl – in Kanada oder den USA kann man nur einen Kandidaten wählen. Wenn Sie bei der nächsten Wahl anders wählen, gibt es eine Gewinnerin (die neue Kandidatin) und einen Verlierer (den Amtsinhaber).

Wenden wir uns wieder unserem Thema Wohlstand zu. Was ist hier mit positivem oder negativem Gesamtergebnis bzw. Nullsummenspiel gemeint? In der Wirtschaft können wir auf zweierlei Weise ein positives Gesamtergebnis erzielen. Erstens, indem wir Wege finden, mehr zu produzieren, sei es durch eine Entdeckung (Sieh an, eine Ölquelle!), durch mehr Einsatz (Strengt euch an, Bauern!) oder durch Erfindungen (Heureka!). Zweitens, indem wir einen Weg finden, die Waren, über die wir bereits verfügen, so zu verteilen, dass alle zufriedener sind. Das sind die sagenumwobenen »Handelsgewinne«.

Mehr zu produzieren und die Waren besser zu verteilen, erfordert eine gewisse Zusammenarbeit – gemeinsame Investition in Forschung, Konstruktion oder Entdeckungen, den Abbau von Handelsbarrieren, das Schaffen rechtlicher Rahmen, damit wir einander vertrauen können, und so weiter. Dazu brauchen wir nicht unbedingt eine zentrale Planung – individuelle Leistung und Eigeninteressen werden uns den größten Teil der Arbeit abnehmen –, aber wir brauchen kollektive Rahmenbedingungen, um all dies stabil zu halten.

Wie steht es mit einem wirtschaftlichen Nullsummenspiel und einem negativen Gesamtergebnis? Für das Nullsummenspiel ist es am einfachsten, sich vorzustellen, den sprichwörtlichen Kuchen aufzuteilen, dessen Größe festgelegt ist. Eine naheliegende Analogie sind Grundstücke. Laut dem Spruch jovialer Immobilienmakler kann man die nicht beliebig vermehren (aber sagen Sie das mal einem Niederländer). Denken wir zum Beispiel an die Aufteilung von landwirtschaftlichen Flächen zwischen den Bauern und ihren Feudalherren im Mittelalter. Wenn Grundherren Land, das zuvor im gemeinsamen Besitz der Bauern war, für sich beanspruchten, war dies ein reiner Nullsummentransfer von den Dorfbewohnern an den Grundherrn. An begrenzt vorhandenem Gut – Öl, Diamanten, Erdgas – ändert sich nichts: Es gibt eine bestimmte Menge davon, und wenn es der eine nicht mehr besitzt, hat es ein anderer.

In Nullsummensituationen wird sich niemand freiwillig auf die Verliererseite stellen. Nullsummenspiele, geschweige denn negative Gesamtergebnisse würde es in einer idealtypischen Marktwirtschaft, in der alle Transaktionen freiwillig sind, gar nicht geben. Doch in der Politik können sie sehr wohl vorkommen. In der Menschheitsgeschichte hat größtenteils die Macht das Recht geschaffen. Gewalt und nicht der freie Handel auf dem Markt war, was zählte. Und das bedeutet, dass die Wirtschaft sehr oft ein Spiel mit negativem Gesamtergebnis war. Im Zuge der Beschlagnahmung von Land wurde viel Blut vergossen. Beide Seiten wären besser dran gewesen, wenn das Land ohne Blutvergießen übergeben worden wäre, auch wenn es noch immer einen klaren Verlierer und einen klaren Gewinner gegeben hätte. Doch so sollte es nicht sein. In einer Welt, in der die meisten wertvollen Ressourcen knapp und im Angebot begrenzt sind und Gewalt der einzige Weg ist, Meinungsunterschiede zu lösen, wird es nur minimales Wachstum und permanenten Konflikt geben. Nicht gerade ein Rezept für Wohlstand.

Wohlstand und Interaktionen mit positivem Gesamtergebnis gehen Hand in Hand. Und Nullsummenspiele (oder, Gott bewahre, negative Gesamtergebnisse) hören sich nicht gut an. Doch selbst wenn wir theoretisch positive Gesamtergebnisse erreichen könnten, ist es möglich, dass wir in der Praxis damit scheitern. Unser individueller Eigennutz kann allgemein nutzbringende Ziele überlagern.

Das klassische Beispiel für die Schwierigkeit, ein positives Gesamtergebnis zu erzielen, ist das berüchtigte Gefangenendilemma. In der Standardversion geht es um zwei Gefangene, die entscheiden müssen, ob sie sich gegenseitig verpfeifen oder schweigen, doch kann es für alle Arten politischer und wirtschaftlicher Dilemmata herangezogen werden. Das Gefangenendilemma zeigt, wie schwer es ist, eine kollektive Zusammenarbeit der beteiligten Akteure sicherzustellen, wenn es individuelle Anreize gibt, die Zusammenarbeit aufzugeben – mit anderen Worten zu betrügen.

Während des Kalten Krieges wurde das Wettrüsten zwischen den USA und der Sowjetunion häufig als Gefangenendilemma bezeichnet. Beim Gefangenendilemma mit zwei Akteuren hat jede Seite nur zwei Möglichkeiten: zu kooperieren oder den anderen zu verraten. In einem Rüstungswettlauf würde die Zusammenarbeit darin bestehen, auf den Bau neuer Atomwaffen zu verzichten. Verrat zu üben, hieße, welche zu bauen. Eine Situation wird zu einem Gefangenendilemma, wenn die beste Wahl, die beide Seiten jeweils treffen können, von der Entscheidung der anderen Seite abhängt.

Der Bau von Atomwaffen war eindeutig kostspielig und erhöhte die Gefahr, dass etwas schiefging und es zu einem Atomkrieg kam, der gar nicht beabsichtigt war. Sowohl die USA als auch die Sowjetunion hätten mehr davon gehabt, zu kooperieren und davon abzusehen, Atomwaffen herzustellen, als Verrat zu üben und das Wettrüsten fortzusetzen. Doch beide standen vor dem Problem, dass, wenn die eine Seite auf Atomwaffen verzichtete, während die andere im Geheimen weiter Atomwaffen baute, sie einen schwerwiegenden strategischen Nachteil in Kauf nehmen müssten. Angesichts des Risikos übten beide Seiten Verrat und trieben den Rüstungswettlauf weiter voran. Beide Parteien *wären* bessergestellt gewesen, wenn sie kooperiert hätten. Doch der individuelle Anreiz führt einen immer zum Verrat, egal was die andere Seite tut. Also tut man es.

Das Gefangenendilemma beschreibt viele soziale Situationen mit bestimmten Merkmalen: keine Kommunikation, kein Vertrauen, keine Möglichkeit, einen Vertrag zu schließen, und den Umstand, dass es sich um eine Einzelfallentscheidung handelt. Das Gefangenendilemma kann menschliches Verhalten in anarchischen Situationen, wie wir sie im letzten Kapitel gesehen haben, sehr gut erklären, etwa die Gewalt zwischen den Clans in Albanien. Solange es keine dritte Instanz gibt, die die Vereinbarungen durchsetzen kann, und keine Möglichkeit besteht, Beziehungen aufzubauen, wird das Gefangenendilemma auftreten. Das erklärt, warum es so schwer sein kann, Wohlstand in Gang zu bringen, wo Bürgerkrieg oder großes Misstrauen zwischen ethnischen oder religiösen Gruppen oder gar Nationen herrscht.

Doch das Gefangenendilemma kann auch weniger offensichtlich von Gewalt geprägte wirtschaftliche Situationen beschreiben. Immer wenn wir nicht genau wissen, wer die anderen sind, oder sie nicht vertraglich festlegen können und man von einem Verrat profitieren würde, sollten wir davon ausgehen, dass die Zusammenarbeit platzt. Auf Märkten, auf denen Käufer und Verkäufer anonym und unregelmäßig aufeinandertreffen, von Craigslist und Straßenverkäufern bis hin zu illegalem Handel mit Drogen oder gestohlenen Waren, wird die Versuchung für beide Seiten immer groß sein, Verrat zu üben.

Sogar Regierungen stehen vor dem Gefangenendilemma. In Ländern mit einem hohen Maß an Korruption und geringem Vertrauen kann es schwierig werden, die Menschen dazu zu bringen, ihre Steuern zu zahlen. Wenn jeder seine Steuern bezahlen würde, wäre mehr Geld im Umlauf, und das Land könnte eine effiziente moderne Bürokratie unterhalten – ein positives Gesamtergebnis. Doch der einzelne Steuerzahler ist besser dran, wenn er die Steuern hinterzieht und andere zahlen lässt. Mit diesem Wissen will keiner der Naivling sein, und am Ende wird Steuerhinterziehung zu einem Massenphänomen.

In Süditalien zum Beispiel zeigen Steuerprüfungen bei Selbstständigen, dass sie etwa zwei Drittel ihres Einkommens vor den Steuerbehörden »verstecken«. Wirtschaftswissenschaftler konnten zeigen, dass das Verhalten des einzelnen Steuerzahlers in Italien nicht nur vom Risiko, geprüft zu werden, bestimmt wird, sondern auch davon, was er bei anderen sieht – die Anzahl an Steuerprüfungen zu erhöhen, wirkt sich auf die Gesamtgesellschaft dreimal so stark aus wie auf den einzelnen Steuerzahler. Steuerhinterziehung ist ansteckend.

Die Besteuerung ist eine besondere Herausforderung, weil sie deutlich mehr als nur zwei Akteure betrifft. Je mehr Akteure im Spiel sind, desto stärker profitieren wir davon, wenn alle zusammenarbeiten, aber desto leichter ist es für jeden von uns, zu betrügen und damit durchzukommen. Schließlich wird es ja kaum die Staatseinnahmen verringern, wenn ich der Einzige bin, der Steuern hinterzieht. Doch wenn alle so denken, brechen die Einnahmen ein, und am Ende stehen alle mit leeren Händen da.

Das ist das »Problem des kollektiven Handelns«. Sobald wir individuelle Beiträge für ein kollektives Ziel leisten müssen, besteht für alle der Anreiz, sich als Trittbrettfahrer am kollektiven Bemühen schadlos zu halten. Doch es ist wie bei einem offenen Reißverschluss: Wenn eine Person Verrat übt, scheitern die anderen mit, und wir rutschen ins Nichts. Wir wissen, dass wir dem kollektiven Plan treu bleiben sollten, aber für uns ganz individuell ist es das nicht wert, besonders wenn wir die anderen im Verdacht haben, ebenfalls Trittbrettfahrer zu sein.

Der Klimawandel ist ein Problem kollektiven Handelns par excellence. Jedes Land muss sich verpflichten, die Kohlendioxidemissionen zu reduzieren, weil der Temperaturanstieg auf der Erde von den globalen Emissionswerten abhängt. Aber jedes Land, insbesondere die kleinen, kann die Verschmutzung genauso weiterbetreiben und dann von einem stabilen Erdklima profitieren, solange alle anderen sich an die Ziele halten. Nur sind alle anderen in genau derselben Lage. Niemand will die Kosten für die Rettung umweltschädlicher Industrien übernehmen, vor allem dann nicht, wenn dies sinnlos ist, weil ja alle anderen die Umwelt weiter verschmutzen.

Können wir in dieser Situation denn gar nichts tun? Nun, wenn wir in einem einzelnen kurzen Gefangenendilemma mit zahlreichen Ländern oder Menschen stecken, womöglich nicht allzu viel. Aber führen wir uns noch einmal die Merkmale des Gefangenendilemmas vor Augen. Es gibt nicht nur den Anreiz,

Verrat zu üben. Ein Merkmal ist zudem, dass es sich um eine Einzelfallentscheidung handelt. Und das Fehlen einer dritten Instanz, die die Maßnahmen überwachen und durchsetzen kann. Außerdem das Ausbleiben von Kommunikation und der Mangel an Vertrauen. Was würde passieren, wenn wir versuchten, alle entstehenden Gesetze, Institutionen und politischen Maßnahmen dahingehend zu ändern, dass unsere schlimmsten Impulse außer Gefecht gesetzt wären?

Beginnen wir mit dem Merkmal der Einzelentscheidung beim Gefangenendilemma. Die meisten Begegnungen im Leben wiederholen sich. Freunde, Kundinnen, Angestellte und Vorgesetzte – solche Beziehungen gehen wir immer wieder ein, unser gesamtes Leben lang. Auch auf internationaler Ebene begegnen sich die Länder nicht nur ein einziges Mal. Wenn sie einen Verbündeten übers Ohr hauen oder einen Gegner austricksen, wird er sich das für morgen merken. Diplomatie wird auf lange Sicht betrieben. Wir treffen uns wieder und wieder, um unsere Differenzen zu erörtern. Was aber passiert mit der finsteren Welt des Gefangenendilemmas, wenn wir die Einzelentscheidung wiederholen?

Aus dem Dunkel ins Licht? Vielleicht. Wenn wir das Gefangenendilemma endlos wiederholen, kommt das »Folk-Theorem« ins Spiel: Es gibt immer eine Strategie, die die Zusammenarbeit aufrechterhält. Wir könnten zum Beispiel die »Grim-Trigger-Strategie« anwenden. Das hört sich ominös an ... Die Grim-Trigger-Strategie verlangt, dass wir, wenn wir betrogen werden, die Zusammenarbeit einstellen. Wir kooperieren so lange, wie alle kooperieren, aber wenn dies nicht geschieht, lassen wir die Kampfhunde von der Leine. Wenn wir den Preis kennen, den uns ein Betrug kostet, ist der Anreiz groß genug, auf der Spur zu bleiben.

Das scheint eine ziemlich drakonische Taktik. Können wir uns wirklich darauf einigen, jemanden für ein vielleicht eher kleineres Vergehen auf ewig zu bestrafen? Inwiefern ist dies besser als ständiger Verrat von Anfang an? Es gibt glücklicherweise eine Alternative, das *Tit for Tat* (Wie du mir, so ich dir): Kooperation, wenn die anderen kooperieren, und abtrünnig werden, wenn die anderen abtrünnig werden, man kooperiert *nur* dann wieder, wenn der bestrafte Gegner wieder kooperiert. Mit anderen Worten, diese Strategie belohnt gutes und bestraft schlechtes Verhalten.

Ein »Wie du mir, so ich dir« kann in den unwahrscheinlichsten Situationen auftreten. Der amerikanische Politologe Robert Axelrod, der die Strategie entwickelte, verweist auf die stillschweigende Übereinkunft von deutschen und britischen Truppen in den Schützengräben während des Ersten Weltkrieges, einander in bestimmten Zeiträumen nicht unter Beschuss zu nehmen, darunter das erste Kriegsweihnachten, selbst dann nicht, wenn die Vorgesetzten entsprechende Befehle gaben.

Diese Art der Zusammenarbeit in ansonsten von Gewalt geprägten anarchischen Situationen kann Jahrhunderte andauern. Das Grenzgebiet zwischen England und Schottland, die sogenannten *Marches* waren vom 13. bis ins 16. Jahrhundert weitgehend gesetzloses Gebiet. Die Clans, die dort lebten, hielten die Konflikte permanent am Köcheln, sie überfielen Regionen jenseits der Grenze und erbeuteten das Vieh oder plünderten Dörfer.

Die Raubzüge und Morde hätten sich negativ auswirken und zu Armut und Hunger führen müssen. Aber im Lauf der Zeit entwickelten sich grenzüberschreitende Regeln, die *Leges Marchiarum*. Die Regeln beendeten zwar die bestehende Praxis nicht, denn das konnten sie nicht. Aber sie kodifizierten eine lockere Zusammenarbeit, die auf der Gegenseitigkeit eines »Wie du mir, so ich dir« gründete. Wenn ein *border reiver*, wie die Banditen im Grenzland genannt wurden, jemanden auf der anderen Seite zu Unrecht getötet hatte, sahen die Regeln die Praxis des *manbote* vor – wenn der Mörder gefasst wurde, wurde er über die Grenze geschickt und entweder hingerichtet oder, was lukrativer war, freigekauft. Wenn Vieh gestohlen worden war, durften die Diebe über die Grenze verfolgt werden, und die Einheimischen auf der anderen Seite waren gezwungen, bei der Verfolgung zu helfen – durchaus im großen Stil, mit Jagdhunden und -hörnern.

Schließlich, und das erinnert am stärksten an »Wie du mir, so ich dir« gab es *days of truce*, »Tage des Waffenstillstands«, wenn sich die beiden Seiten trafen, um Streitigkeiten beizulegen. Für die Verurteilung von Gesetzesbrechern wurden Schwurgerichte eingesetzt, allerdings mit einer interessanten Variante: Die schottischen Juroren wurden von den Engländern ausgewählt und umgekehrt. Diese Praxis bewirkte ein Handeln, das auf Wechselseitigkeit beruhte. Verhielt sich die andere Seite fair, tat man es auch. Versuchte sie, die Jury zu manipulieren, verhielt man sich genauso. Obwohl England und Schottland in praktisch permanenter Feindschaft lebten, hielten die *Leges Marchiarum* von ihrer Entstehung 1249 bis zur Vereinigung der englischen und schottischen Krone 1603 die Anarchie in mancher Hinsicht in Schach.

Was können wir aus dieser Quelle scheinbar ewiger Kooperation lernen? Nun, sie zeigt eine Möglichkeit auf, in Situationen, in denen der Anreiz zum Betrug besteht, wirksam Vertrauen aufzubauen: Es müssen die langfristigen Perspektiven auf dem Tisch liegen. Das heißt, obwohl das vielleicht kontraintuitiv ist, ist es besser, die Beziehungen zu Menschen, denen wir nicht vertrauen, zu vertiefen. Wenn wir Tag für Tag immer weiter Versprechungen machen und diese dann einhalten, müssen wir uns nicht auf eine (nicht vorhandene) dritte Instanz stützen, die sie durchsetzt. Wir können uns stattdessen auf die Zeit verlassen.

Tatsächlich hat das Beenden von Beziehungen für das Gefangenendilemma höchst unangenehme Folgen. Wenn wir wissen, dass
wir jemanden zum letzten Mal treffen, kommen wir mit unserem
Betrug vielleicht durch. Und dieses Wissen beschädigt zugleich alle
vorausgehenden Interaktionen, da wir nun auch beim vorletzten
Treffen betrügen können und so weiter bis zurück zum Anfang.

Das ist einer der Gründe, warum Amtszeitbeschränkungen
von Politikern nach hinten losgehen können. Wenn Politikerinnen und Politiker wissen, dass sie in ihrer letzten Amtsperiode
keine Anerkennung für ihr Tun mehr erhalten und man sie dafür nicht mehr bestrafen kann, könnten sie »Verrat üben« und ihr
eigenes Nest polstern. Da jedoch alle Politiker dieser Versuchung
ausgesetzt sind, hat die Wählerschaft bei allen vorherigen Wahlen nur Kandidatinnen und Kandidaten zur Auswahl, die sie am
Ende betrügen werden. Man könnte also Verständnis dafür aufbringen, wenn sie schon bei den ersten Wahlen davon ausgehen,
dass alle Politiker gleich sind, und jemanden wählen, der bereits
jetzt und nicht erst später korrupt ist.

Unsere Beziehungen zu potenziellen Gegnern auszuweiten,
stellt die Wohlstandsfalle auf den Kopf. Was uns langfristig reicher macht, hält uns davon ab, kurzfristigen Versuchungen zu
erliegen. Unsere kollektiven Ziele können sich durchsetzen, weil
sie immer über die unmittelbaren Eigeninteressen siegen, vorausgesetzt, unser Gegenüber ist bereit, uns zu bestrafen. Daher ist es
besser, mit jemandem zu verhandeln, der bereit ist, hart, aber fair
zu agieren, weil er uns auf Linie hält – sofern man sich darauf ein-
lässt, umgekehrt das Gleiche zu tun. Traurigerweise hat sich das
»Wie du mir, so ich dir« trotz seiner unumstößlichen Logik als bemerkenswert unbrauchbar erwiesen, als ich es zu meiner Erzie-
hungsstrategie machen wollte – was die unangenehme Frage aufwirft, ob meine Kinder wirklich glauben, dass unsere Beziehung
dauerhaft ist.

Unseren Zeithorizont zu erweitern, ist eine Lösung, um den Wohlstand zu sichern. Aber sie funktioniert nicht immer. Bei anonymen Interaktionen hilft sie nicht. Welche Alternativen haben wir? Eine naheliegende ist die dritte Instanz. Wenn wir von der Polizei überwacht und von Gerichten für Regelverstöße bestraft werden, können wir auch die Einhaltung der Zusammenarbeit auslagern. Wir müssen keine Drohungen ausstoßen und Versprechungen für die Zukunft machen – wir verlassen uns auf das Gesetz.

Doch wenn Politik nichts anderes als ein Versprechen und deshalb nicht immer über eine dritte Instanz durchsetzbar ist, wird uns das im politischen Kontext nicht weiterbringen. Wir brauchen noch andere Strategien. Eine ist, für die Zusammenarbeit zu bezahlen, statt Trittbrettfahrer zu belohnen. Die Idee stammt von Mancur Olson, der für einen Sozialwissenschaftler etwas reichlich Provokantes tat: Er bestritt die Möglichkeit, dass Gruppen von Menschen kohärent handeln können.

Olson vertrat die Ansicht, dass, selbst wenn alle in der Gruppe dasselbe Ziel verfolgen, dennoch der Anreiz besteht, die Bemühungen der anderen Mitglieder als Trittbrettfahrer zu nutzen, um ans Ziel zu gelangen. Stellen Sie sich vor, Sie sind eine Angestellte, für die die Tarifverträge gelten. Wäre es nicht schön, eine Lohnerhöhung zu bekommen, ohne streiken zu müssen? Oder Sie gehören zu den Vertretern einer Gruppe von Erdölförderländern, die versuchen, das Angebot zu verringern, um die Preise hoch zu halten. Wäre es nicht reizvoll, ein paar zusätzliche hochpreisige Fässer auf den Markt zu schmuggeln?

Wie bringt man Gruppen dazu, zusammenzuarbeiten und die omnipräsente Versuchung zu vermeiden, die Situation auszunutzen? Zuckerbrot und Peitsche. Die Peitsche ist eine Norm zur Bestrafung der Gruppenmitglieder, die sich nicht an die Abmachungen halten. Dies lässt sich mithilfe einer Institution umsetzen, die Regeln festsetzt und Trittbrettfahrern Geldstrafen auferlegt. Ein Beispiel dafür sind die Bestimmungen für eine Mitgliedschaft in einer Gewerkschaft. Oder man könnte die Art sozialer Normen einführen, die uns bei der Sicherheitsfalle begegnet sind, von den albanischen Rachegesetzen bis hin zum Konformismus in dänischen Dörfern.

Das Zuckerbrot nennt Olson »selektive Anreize« – Extras, die man nur erhält, wenn man liefert. Wieder sind es Institutionen, die dafür sorgen, dass wir unsere Versprechen in die Tat umsetzen – Bestimmungen für den Zugang zu Clubvorteilen, wie die Gewerkschaftsbar oder das Schwimmbad. Oder wir nutzen Normen – Beerdigungen und Zuwendungen für die Familien der Verstorbenen in organisierten Verbrecherbanden.

Doch Olson merkt an, dass wir nun ein neues Problem haben. Wer beaufsichtigt das Zuckerbrot und die Peitsche? Wer zahlt für die selektiven Anreize? Wer übernimmt die Kosten für die Überwachung und Bestrafung von Gruppenmitgliedern, die die anderen ausnutzen? Wir haben das Problem kollektiven Handelns einfach nur ein wenig nach hinten verschoben.

Olson zufolge können Gruppen ihre kollektiven Ziele nur dann effektiv erreichen, wenn mindestens ein Mitglied groß oder reich genug ist, selbst für das Ziel zu bezahlen. Diesem Mitglied würde das Erreichen des Ziels einen so großen Vorteil sichern, dass es in jedem Fall dafür zahlen würde – das bedeutet, dass die anderen Mitglieder Trittbrettfahrer bleiben können! Das war eine treffende Beschreibung der NATO während des Kalten Krieges – den USA gewährte die Erhaltung der NATO während des Kalten Krieges genug Vorteile, sodass sie damit leben konnten, den Löwenanteil der Kosten zu tragen, was hieß, dass Deutschland, Italien, die Niederlande etc. den amerikanischen Sicherheitsschirm wunderbar ausnutzen konnten. Möglicherweise hat Donald Trump Olson gelesen …

Das Problem kollektiven Handelns taucht immer auf, wenn man die anderen nicht leicht überwachen kann, in der großen Politik wie im Kleinen. Um ein Beispiel für Letzteres zu geben: Wenn man italienischen Büffelmozzarella kauft, lässt sich getrost die Frage stellen, ob die Milch, aus der der Käse hergestellt wurde, tatsächlich von Büffeln stammt, die durch die Sümpfe Kampaniens streifen, oder nicht doch eher aus norditalienischen Milchviehbetrieben. Kuhmilch ist billiger und kann der Büffelmilch zugesetzt werden, ohne dass die meisten von uns etwas davon bemerken würden. Das war für die Büffelmozzarella-Hersteller in Süditalien, wo das soziale Vertrauen gering ist und organisierte Kriminalität und Korruption an der Tagesordnung sind, eine besondere Herausforderung.

Die Lösung der Hersteller, um die Panscherei mit Kuhmilch zu verhindern, erinnert an die von Olson. Die großen Büffelmozzarella-Hersteller zahlten die Kosten für die Bildung eines Konsortiums, das vorschrieb, dass jedes Stück Käse in Papier mit dem Namen des Herstellers eingewickelt wurde, was das Problem der Überwachung löste. Sie setzten sich bei der Regierung dafür ein, ein DOC-Label einzuführen (wie bei den Weinen), das für die Hersteller einen selektiven Anreiz schuf.

Doch selbst dann konnten kleine Hersteller noch versuchen, auf dem DOC-Label mitzufahren und ihren Käse zu strecken – in den frühen 1990er-Jahren zeigte eine Prüfung, dass über ein Drittel des Mozzarellas verfälscht war. Hier nun kam Olsons Prinzip der Bestrafung ins Spiel: Ein erster Verstoß zog eine Geldstrafe nach sich, beim dritten Mal wurde man aus dem Konsortium ausgeschlossen. Der Plan war teuer, aber er funktionierte – die Betrugsrate fiel in den späten 1990ern auf unter 10 Prozent. Heute kann man Vertrauen haben, wenn man den teuren Büffelmozzarella kauft.

Kehren wir zum wichtigsten Thema unseres Jahrhunderts

zurück – dem Klimawandel. Hier tut sich eine denkbar extreme Version der Wohlstandsfalle auf. Auf lange Sicht können wir den Planeten auf ein unhaltbares Niveau erwärmen, doch die kurzfristigen Anreize treiben uns meist dazu, weiter zu verschmutzen und Kohlendioxid auszustoßen, um unser Leben weiterführen zu können, wie wir es gewohnt sind.

Was haben wir aus dem Gefangenendilemma gelernt, und wie kann uns dies helfen, die drohende Katastrophe abzuwenden? Das erste Klimaabkommen von Bedeutung – das Kyoto-Protokoll von 1997 – ist gescheitert. Oberflächlich betrachtet hatte es das Problem kollektiven Handelns gelöst. Es verfügte über ein Überwachungs- und Kontrollsystem, um sicherzustellen, dass die Länder sich an ihre Zusagen hielten. Es verfügte über Durchsetzungsmechanismen, die Rückschritte und Trittbrettfahren verhindern sollten, etwa Geldbußen für Länder, die die Vorgaben nicht einhielten, und den Ausschluss vom Emissionshandel. Schließlich waren regelmäßige Treffen vorgesehen, um die Emissionsziele anzupassen und den »Schatten der Zukunft«, wie die Spieltheorie dies nennt, zu verlängern.

Warum hat es nicht funktioniert? Erstens ist »internationale Durchsetzung« ein Oxymoron – das internationale System ist anarchisch, es gibt dort keine Hierarchie, die eine Bestrafung durchsetzen könnte. Statt seine Geldstrafe zu bezahlen, trat Kanada aus dem Kyoto-Protokoll aus. Zweitens sind die Kosten sehr hoch, wenn man den Bestimmungen nachkommt, besonders für manche Länder. Die Anreize, die kollektiven Maßnahmen zu behindern, sind für große Energieproduzenten wie die Golfstaaten und Amerika und die größeren Industrienationen wie China riesig. Sie sind nicht nur Trittbrettfahrer, sondern Saboteure.

Das Pariser Klimaabkommen dagegen hat eine deutlich breitere Akzeptanz erfahren. Aber wird es funktionieren? Es fehlen ihm sowohl die Überwachungs- wie die Durchsetzungsinstrumente von Kyoto. Aber es betont den »Schatten der Zukunft«. Die Länder müssen ihre Emissionsziele alle fünf Jahre neu festsetzen; sie müssen sich immer wieder treffen und ihre Emissionen senken. Vorgeführt und angeprangert zu werden, hat wohl keine rechtliche Wirkung, aber es kratzt an den Egos von Politikerinnen und Politikern, und vielleicht ändert das ihr Verhalten.

Das Gefangenendilemma erklärt nur einige Aspekte der Umweltpolitik, denn es geht davon aus, dass die Parteien die gleichen Kosten und Vorteile haben, wenn sie sich an den kollektiven Maßnahmen beteiligen. Doch zwischen den Ländern gibt es große Unterschiede, wer von der globalen Erwärmung bzw. ihrer Eindämmung profitiert und wer verliert. Die großen Energieproduzenten in nördlichen Klimazonen – Russland und Kanada – können im Moment Vorteile aus dem Klimawandel ziehen, weil bislang gefrorenes Land für die Landwirtschaft nutzbar wird, während sie eine Reduzierung von Emissionen wirtschaftlich belastet. Andere Länder, darunter tief liegende Inselstaaten wie die Seychellen und die Malediven, bedroht der steigende Meeresspiegel, der mit dem Klimawandel einhergeht, und sie haben keine emissionsintensive Industrie, die es zu schützen gilt. Wir könnten den Klimawandel besser in den Griff bekommen, wenn sich die Verlierer verbündeten und die Gewinner mit Geld überzeugten – oder politisch besiegten.

Dies gilt auch für Unternehmen und verschiedene Branchen. Natürlich sind Energieunternehmen von Emissionssenkungen betroffen, wenn sie nicht schnell genug auf erneuerbare Energien umsteigen. Doch die Versicherungsbranche und der Finanzsektor werden unter den Verlusten, die der Klimawandel verursacht, leiden. Das haben wir bei den Flut- und Feuerkatastrophen in Deutschland und Griechenland 2021 gesehen. Für manche

Länder oder Branchen könnten die Vorteile eines Alleingangs die Kosten sogar mehr als ausgleichen.

Schließlich werden mit fortschreitendem Klimawandel immer mehr Menschen in Mitleidenschaft gezogen, was der Umweltkoalition Zuwachs beschert. Da erneuerbare Energien auf dem Vormarsch sind, werden sie immer billiger; wer frühzeitig investiert hat, kann mit steigenden Renditen rechnen. Und in der breiten Öffentlichkeit scheinen sich, zumindest in den Demokratien, die Normen in Richtung Umweltschutz zu entwickeln, wodurch der Druck auf widerstrebende Politikerinnen und Politiker wächst.

Es ist eine Art »katalytische Zusammenarbeit« – ist sie einmal in Gang gekommen, verstärkt sie sich selbst. Das Pariser Klimaabkommen steht im Einklang mit diesem Von-unten-nach-oben-Ansatz zur Sicherung unseres kollektiven Wohlstands – vielleicht ist es ein Versprechen, das hält. Ob ein solches Versprechen ausreicht, um eine fundamentale Veränderung des Klimas auf der Erde aufzuhalten und all die damit verbundenen Erschütterungen und Schrecken zu verhindern – darüber steht das Urteil noch aus.

Der Ressourcenfluch

Die Geschichte des globalen Wohlstands erzählte über lange Zeit vor allem davon, wie neuer Reichtum geschaffen wird. Doch was ist mit den glücklichen Gebieten, in denen der Reichtum in der Erde steckt und darauf wartet, erschlossen zu werden? Etwas auszugraben oder zu fördern, ist einfach im Vergleich zu den komplexen Netzwerken der Zusammenarbeit und des Vertrauens, auf die Branchen wie Finanzen, Pharmaindustrie und Hightech angewiesen sind. Und es kann von einem einzelnen Unternehmen oder Staat bewerkstelligt werden, was die Risiken einer scheiternden Kooperation zwischen Unternehmen oder Personen verringert.

Wenn wir uns auf der Welt umschauen und insbesondere die vom Glück bevorzugten Regionen betrachten, die über enorme Reserven an wertvollen Rohstoffen verfügen, was sehen wir? Manchmal zeigen sich tatsächlich die Früchte dieser natürlichen Reichtümer – die glänzenden Hochhaustürme von Dubai. Andernorts sehen wir endemische Konflikte – die Diamantenkriege von Sierra Leone, die gescheiterten erdölreichen Staaten Libyen und Irak. Selbst wo Reichtum und Frieden herrschen wie in den Vereinigten Arabischen Emiraten, gründen sie auf schlecht behandelten eingewanderten Arbeitskräften, während die Bürger des Landes ihre Zeit in gut bezahlten, aber sinnlosen Verwaltungsjobs verbringen. Und in den meisten Fällen geht die Verfügbarkeit natürlicher Ressourcen mit einem autoritären politischen System einher.

Dieses Ungleichgewicht zwischen den Segnungen der Natur und dem Leid der Menschen nennt man den »Ressourcenfluch«. Der Ressourcenfluch wirkt wie eine Fabel von Äsop, nur ohne sprechende Tiere: Reichtum schafft Verlockungen, denen die Menschen auf tragische Weise erliegen. Doch die Probleme sind andere als beim Gefangenendilemma. Bei Letzterem konnten wir nicht zusammenarbeiten, um den Wohlstand zu sichern. Hier ist es der Wohlstand selbst, der uns vergiftet.

Die Wohlstandsfalle zeigt sich in einer neuen Form. Plötzlicher Wohlstand erzeugt alle Arten kurzfristiger Versuchungen und rückt unser unmittelbares Eigeninteresse in den Vordergrund, sodass wir uns von unseren langfristigen kollektiven Zielen entfernen.

Beginnen wir mit dem grundlegenden Problem der Entdeckung neuer Ressourcen – sie lenken von anderen Branchen der

Wirtschaft ab. Ein berühmtes Beispiel sind die Niederlande, wo in den 1960er-Jahren riesige Erdgasvorkommen entdeckt wurden – die Auswirkungen wurden als »Holländische Krankheit« bekannt. Als die Niederlande das Erdgas förderten, stiegen die Investitionen im Bereich Rohstoffgewinnung. Dies ließ auch das Nationaleinkommen wachsen und trieb die Preise für Waren und Eigentum sowie die Löhne der Arbeitnehmer in die Höhe.

Das war für viele lukrativ, insbesondere wenn man in der Immobilienbranche tätig war. Doch für Herstellerunternehmen, die Waren für den Export produzierten, war es schlecht, für sie bedeuteten die höheren Kosten sinkende Verkäufe. Sie mussten die Löhne und Preise niedrig halten, verloren damit aber Mitarbeiter an andere Branchen, in denen die Löhne stiegen. Schlimmer noch, die ausländischen Geldströme in den Rohstoffsektor werteten die Inlandswährung auf. Die exportorientierten produzierenden Betriebe verloren an Wettbewerbsfähigkeit, und Konkurse häuften sich.

Ein zweites Problem ist, dass die Rohstoffpreise stark schwanken. Man denke etwa an die Ölpreise. Ein Barrel Rohöl aus West Texas kostete im Jahr 2000 rund 20 Dollar, der Preis kletterte Anfang 2008 auf 140 Dollar, bevor er während der Finanzkrise auf gerade einmal 40 Dollar abstürzte. Beim Ausbruch der Corona-Pandemie fiel der Preis von 60 auf 20 Dollar ins Bodenlose. Als die Pandemie endete, marschierte Russland in der Ukraine ein, und der Preis lag wieder bei über 110 Dollar. Dabei sprechen wir hier über einen Rohstoff, dessen Preis eigentlich durch ein internationales Kartell, die OPEC, reguliert wird.

Eine solche Volatilität bedeutet, dass rohstoffabhängige Länder bei internationalen Erschütterungen von Angebot und Nachfrage extrem betroffen sind. Und das gilt nicht nur für Erdöl: Gas, Kupfer, Kaffee und eine Vielzahl anderer volatiler Exporte machen den Wohlstand eines Landes von globalen Launen abhängig. In den ersten Jahren seiner Unabhängigkeit, in den 1960ern und Anfang der 1970er, erlebte Sambia einen großen wirtschaftlichen Boom, der sich vor allem auf Kupfer stützte, das 95 Prozent des Exports ausmachte. Es war eine Phase der Zuversicht, in der die jungen Leute in Sambia »Samrock-Bands« ins Leben riefen und das Land seine erste Fluglinie gründete. Doch der Preis für Kupfer halbierte sich 1975, und Sambia wurde rasch zu einem der am höchsten verschuldeten Länder der Welt. Es dauerte bis ins Jahr 2005, bis sich die Durchschnittseinkommen erholten.

Das ist nichts Neues. Ende des 19. Jahrhunderts wurden die europäischen Weizenbauern dahingerafft, als zuerst die USA, später Kanada, Argentinien, Australien und Russland in die globalen Weizenmärkte einstiegen, sodass sich das Angebot drastisch erhöhte und einen Preisverfall nach sich zog. Dieselben europäischen Bauern, die aus dem Geschäft gedrängt worden waren, waren nun die verarmten Einwanderer in die Weizen produzierenden Gigantennationen.

Volatilität richtete auch in der Politik Chaos an. Wenn Rohstoffexporte für das Nationaleinkommen entscheidend sind, überrascht es nicht, dass sich die Regierungen beim Staatshaushalt ebenfalls stark darauf verlassen. Doch diese Abhängigkeit ist gefährlich. Die Steuereinnahmen aus Rohstoffverkäufen schießen in die Höhe, solange die globale Wirtschaft boomt, brechen in schlechten Zeiten jedoch sofort ein, gerade dann, wenn sie gebraucht würden, um der Arbeitslosigkeit zu begegnen. Manche ölreiche Länder setzen in Zeiten der Hochkonjunktur die übliche Einkommensteuererhebung aus. Saudi-Arabiens Steuerbehörde erwirtschaftete in den 1950er-Jahren fast die Hälfte der Einnahmen des Landes, 1978 waren es weniger als 2 Prozent. Wenn der Ölboom nachlässt, sind rohstofffreie Länder oft mit einem sehr instabilen Steuersystem konfrontiert, das eher von volatilen Ölpreisen abhängig ist als von stabilen Einkommens- und Verbrauchsstrukturen.

Die Rohstoffbranche ist damit politisch sehr einflussreich, denn sie sichert die Subventionen, Steuererleichterungen und Kreditvergünstigungen. Mit den Steuereinnahmen so sehr von einer politisch verflochtenen Branche abhängig zu sein, ist äußerst gefährlich – es läuft leicht darauf hinaus, dass man einen hochprofitablen Rohstoffsektor hat, der aber nur minimal Steuern zahlt. In den USA beispielsweise zahlen Öl- und Erdgasunternehmen einen wesentlich niedrigeren Steuersatz als andere Firmen.

Die Holländische Krankheit und Volatilität sind im Kern wirtschaftliche Probleme. Doch die Politik ist vom wirtschaftlichen Geschehen nicht abgeschottet. Da Rohstoffe in der Regel langfristige Investitionen erfordern und hohe Sicherheitsansprüche erfüllen müssen, sind sie ein »natürliches« Feld für staatliches Engagement. Doch die Folgen sind nicht schön, wenn der Staat dem nachgibt.

Michael Ross vertritt die These, dass Öl und andere natürliche Rohstoffe zu politischen Hindernissen werden. Erstens machen die Einnahmen aus natürlichen Ressourcen Staaten zu »Rentenempfängern«, die auf unverdientes Einkommen angewiesen sind – wie die Parodie eines viktorianischen Investors, der faul auf seiner Chaiselongue liegt und zusieht, wie die Kapitalerträge hereinströmen. Warum ist unverdientes Einkommen schlecht für die Demokratie? Erstens kann man verärgerte Bürger mit Geld ruhigstellen. Mehr Brot, mehr Spiele. Wenn man die Staatseinnahmen dafür verwendet, allen Bürgern sechsstellige Gehälter für überflüssige Jobs in einem Ölministerium zu bezahlen, fordern sie voraussichtlich weniger ihre politischen Rechte ein, zumal ein Regimewechsel ihre lockeren Jobs bedrohen würde.

Zudem kann man den Steuersatz auf niedrigem Niveau halten. Wenn Bürger Steuern zahlen, ist ihnen auch wichtig, wer das Sagen hat. Wenn nicht, sind wir bei *no taxation with no representation* (»keine Besteuerung ohne Vertretung«), dreht man den berühmten amerikanischen Aufruf zur Unabhängigkeit einmal um.

Zweitens finanzieren die Einnahmen durch natürliche Ressourcen autoritären Regimen die Aufwendungen für die Sicherheit – gegenüber den eigenen Bürgern ebenso wie gegen Bedrohungen aus dem Ausland. Es wird billiger, ein autoritäres Regime aufrechtzuerhalten. Man kann beides haben, Waffen *und* Butter. In Oman und Saudi-Arabien liegt der Anteil der Militärausgaben bei über 5 Prozent des Bruttoinlandsprodukts, in Kuwait und den Vereinigten Arabischen Emiraten sind es über 8 Prozent. Die USA wenden dafür 3,5 Prozent des BIP auf, Großbritannien 2,2 Prozent und Japan lediglich 1 Prozent. Keine Frage, die Golfregion ist in Sachen internationale Beziehungen nicht gerade eine friedliche Region; die Bedrohung von außen ist real. Aber das Militär ist nicht nur für einen Zweck einsetzbar – man kann es leicht auch gegen eine rebellische Bevölkerung in Stellung bringen.

Schließlich führen Rohstoffe dazu, dass andere Wirtschaftszweige vernachlässigt werden, die auf lange Sicht für den Wohlstand des Landes *und* für demokratische Reformen vorteilhaft wären. Die Rohstoffindustrie beutet natürliche Ressourcen aus. Damit geht einher, dass auch die politischen Institutionen im Namen einer kleinen Elite ausbeuterisch arbeiten. Die Rohstoffgewinnung mag technisch komplex sein, aber soziologisch ist sie simpel – man braucht nur einige wenige Personen am richtigen Ort mit dem entsprechenden Instrumentarium. Die Dienstleistungsbranche dagegen, wie das Finanzwesen, Softwareentwicklung und Marketing, sind soziologisch komplex – man braucht dezentralisiert eine Menge sehr gut ausgebildeter Fachkräfte, die außerhalb des staatlichen Zuständigkeitsbereichs interagieren. Solche Branchen erfolgreich zu fördern, ist für einen autoritären Staat deutlich schwieriger.

Die Rohstoffindustrie braucht nicht viele qualifizierte Arbeitskräfte, und typischerweise beschäftigt sie nur Männer. Daher geben Länder, die von natürlichen Ressourcen abhängig sind, in der Regel weniger für Bildung aus, insbesondere für die Ausbildung von Mädchen. In einer meiner Forschungsarbeiten konnte ich zeigen, dass Erdöl exportierende Länder 1,5 Prozentpunkte ihres BIP weniger für Bildung ausgeben als andere Länder – das ist etwa ein Drittel weniger. Und da die Rohstoffindustrie unverhältnismäßig viele Männer beschäftigt, sind Frauen nicht nur bei der Beschäftigung unterrepräsentiert, es fehlt ihnen zudem an politischem Einfluss. 2003 war im ölfreien Tunesien ein Viertel der Parlamentarier weiblich, im ölreichen Saudi-Arabien, in Kuwait, Katar und den Vereinigten Arabischen Emiraten nicht eine einzige. Die geringe politische Repräsentation von Frauen im Nahen Osten liegt nicht unbedingt daran, dass die Regime islamisch sind (siehe Tunesien), es liegt am Öl.

Kehren wir zur Wohlstandsfalle zurück. Die negativen Effekte eines Rohstoffbooms treten auf, weil es für Staatsoberhäupter immer leichter ist, kurzfristige Maßnahmen zu beschließen anstatt langfristige, die für das Land besser wären, vor allem wenn das Öl unweigerlich zur Neige geht. Wenn man ständig um das kurzfristige politische Überleben des eigenen autoritären Regimes fürchten muss, ist die Versuchung groß, die scheinbar endlos verfügbaren Ressourcen zu verwenden, um die Bürger zu bestechen oder zu unterdrücken. Als Bürger eines dieser Länder ist es einfacher, direkt das Geld oder den Job anzunehmen, als einen Regimewechsel zu riskieren, selbst wenn dies auf lange Sicht besser wäre.

Und zuletzt, wenn man sich als Regierung auf die unmittelbaren Gewinne aus den Rohstoffen konzentriert, die buchstäblich aus dem Boden strömen, erscheint die langwierige und mühsame Entwicklung eines zuverlässigen Rechts-, Bildungs- und Finanzsystems unattraktiv. Natürliche Ressourcen sind eine schnelle Lösung für kurzfristiges Überleben. Statt sich der mühevollen Arbeit zu widmen, politische Versprechen zu machen und sie durchzusetzen, öffnen rohstoffreiche Länder einfach den Ölhahn. Was diese Staaten brauchen, ist mehr Politik, nicht weniger.

In den vergangenen Jahrzehnten haben sich einige Ölförderstaaten, etwa Katar und die Vereinigten Arabischen Emirate, bemüht, dem Ressourcenfluch zu entkommen. Sie haben versucht, ihre Bürger zu verändern. Natürlich wollen Staaten schon lange die Herzen und Gedanken ihrer Bürger steuern. Neu ist, dass die Golfstaaten die ihren von dem unvorstellbaren Ressourcenreichtum entwöhnen wollen, ohne ihr autoritäres politisches Regime zu destabilisieren.

Die Herrscher dieser Staaten wollen für den Tag, an dem das Öl ausgeht, unternehmerisch denkende Bürger schaffen. Das geschieht mithilfe von enormen Bildungsinvestitionen inklusive einer Übernahme westlicher Lehrpläne und des Aufbaus wichtiger Universitätspartnerschaften, etwa die New York University Abu Dhabi und die Carnegie Mellon University Katar. Sie setzen auch auf Show: den Bau des Burj Khalifa, Kunstmuseen wie Louvre und Guggenheim in Abu Dhabi und globale Großveranstaltungen wie das Festival of Thinkers in den Vereinigten Arabischen Emiraten oder die erfolgreiche Bewerbung Katars für die Fußballweltmeisterschaft.

Ob diese Strategien im gewünschten Sinn funktionieren oder überhaupt je funktionieren können, ist unklar. Sie haben nicht etwa unternehmerisch denkende Bürger hervorgebracht, die sich anders als ihre amerikanischen und europäischen Pendants damit zufriedengeben, keine politischen Rechte zu haben, sondern »anspruchsberechtigte Patrioten«. Die Bürger sind glücklich damit, das Boot nicht durch einen Regimewechsel ins Wanken zu bringen, und wurden zunehmend nationalistisch (siehe den kalten Krieg zwischen Katar und den Vereinigten Arabischen Emiraten). Aber sie waren nicht bereit, die Sicherheit hoher Staatsgehälter in überflüssigen Behördenjobs aufzugeben. Und das gesamte Regime ist auf dem Rücken schlecht bezahlter Wanderarbeiter gebaut, denen politische und wirtschaftliche Rechte verweigert werden. Einen Fluch kann man, so scheint es, nur schwer abschütteln.

Hypes und Panik

Seit es moderne Finanzmärkte gibt, gibt es Spekulationsblasen. Es werden zahllose Legenden erzählt über Exzesse von Amateuranlegern, die sich auf alles stürzten, von Tulpenzwiebeln in den 1630er-Jahren in Amsterdam bis zu Immobilien in Florida in den 1920ern und unseren modernen Entsprechungen, den Kryptowährungen wie Bitcoin und Ethereum. Jedes Mal kommt es zu einem plötzlichen Preisanstieg für Wirtschaftsgüter mit scheinbar endloser Nachfrage, bis die Werte einen unvorstellbaren Höchstwert erreichen und jäh wieder abstürzen, oft auf den Wert, mit dem sie begannen.

In Großbritannien entstand – ironischerweise wegen der Entwicklung des Landes zu stabilem Wohlstand nach 1688, nachdem das Parlament die Möglichkeiten der Monarchie zu unsolider Kreditaufnahme begrenzt hatte – die Südseeblase von 1720. Anfang des 18. Jahrhunderts gingen die Kosten für Kredite drastisch zurück. Doch die Krone hatte noch immer hohe Schulden, die sie nun abbauen wollte. Das geschah, indem sie den Gläubigern Anteile an einem neuen, vom König finanzierten Unternehmen versprach – der South Sea Company –, das gegründet worden war, um den Handel im Südatlantik zu übernehmen. Die Grenzen dieses Projekts hätten offensichtlich sein müssen – die Briten hatten keinen Zugang zu den von Spanien kontrollierten Gewässern. Doch die Chance, Anteile an diesem Unternehmen zu erwerben, begeisterte die Anleger enorm, und die britischen Finanzmärkte konnten die Nachfrage befriedigen.

Im Lauf von nur wenigen Monaten im Jahr 1720 stieg der Wert der Anteile an dem Unternehmen um das Zehnfache und schuf unvermittelt Vermögen. Unter den bestehenden Eliten sorgte dies für einigen Wirbel. Der frühere Lord Mayor von London, Sir Gilbert Heathcote, klagte, dass »große Ländereien von Schurken erworben wurden, die vor zwölf Monaten nicht einmal zum Kammerdiener der Gentlemen taugten, die sie nun ruiniert haben«. Tatsächlich landeten viele im Ruin. Mitte der Jahres 1721 lagen die Preise niedriger als zu Beginn.

Waren die Engländer im 18. Jahrhundert verrückt geworden? Wer weiß. Viele Finanzunternehmen hatten durch das »Reiten auf der Blase« ein Vermögen gemacht. Solange andere Investoren einstiegen, war es sinnvoll, die Aktien zu halten. Das Kunststück war, den Zeitpunkt nicht zu verpassen, an dem man aussteigen musste. Individueller Eigennutz und kollektives Verhalten tanzten einen unbehaglichen Reigen.

Rückblickend sind solche Hypes leichter zu erkennen, als wenn man mittendrin steckt. Doch wer sein Geld jedes Mal waghalsig in die neuesten Trends investiert, wird am Ende selbst bankrott sein. Schlimmer noch, wenn sich alle so verhalten – angesteckt vom Fieber des »Diesmal ist es anders« –, sind wir am Ende alle ärmer, denn die Branchen, die auf solideren Füßen stehen, erhalten keine Mittel mehr, weil das Geld für Eintagsfliegen vergeudet wird.

Solche Hypes und die nachfolgende Panik liefern ein sehr anschauliches Beispiel für die Wohlstandsfalle. Wir alle wollen schnelles Geld machen. Und das können wir auch, wenn wir nur schnell genug verkaufen, solange der Marktwert noch steigt. Aber an jedem Punkt der Achterbahn ist die Versuchung groß, durchzuhalten, noch zuzukaufen und abzuwarten, ob der Preis nicht doch noch ein klein wenig höher klettert. Und das tut er, solange wir alle in den Markt drängen. Bis er es nicht mehr tut. Und dann haben wir plötzlich Interesse daran, so schnell wie möglich zu verkaufen und unsere Haut zu retten. Aber da das jeder will, wird der Albtraum wahr, und Panik bricht los. Lassen wir uns immer davon leiten, was uns kurzfristig als das Beste erscheint, stürzen wir am Ende alle ab und stehen vor geplatzten Träumen.

Man bezeichnet dieses Phänomen ziemlich abwertend als »Herdenverhalten«. Doch langsam. Herden sind manchmal sinnvoll. Es gibt gute Gründe dafür, dass Tiere in Herden leben. Zu tun, was alle tun, ist mitunter die beste Entscheidung. Im Tierreich können Herden Raubtiere verwirren und verunsichern. Vögel fliegen synchron und verhindern auf diese Weise Zusammenstöße.

Selbst bei willkürlichen Entscheidungen kann eine Zusammenarbeit sinnvoll sein. Auf welcher Straßenseite wollen Sie fahren? Leserinnen und Leser aus Kontinentaleuropa und Amerika werden sich zweifellos für die rechte Seite entscheiden. Und ich vermute, ein paar britische, japanische und indische Leser werden für den Linksverkehr plädieren. Doch ungeachtet dessen, was wirklich »besser« ist, nehme ich an, dass wir alle übereinstimmen werden, dass es sinnvoller ist, auf der *gleichen* Seite der Straße zu fahren, als dieselbe Straße zu nehmen und auf unseren unterschiedlichen Vorstellungen zu beharren, welche Seite die *richtige* ist.

Sich abzustimmen, lebt von gegenseitigem Vertrauen. Wenn ich davon ausgehe, dass Sie wissen, dass wir uns abstimmen müssen, und Sie Ihrerseits umgekehrt davon ausgehen, werden wir gut miteinander klarkommen, vorausgesetzt, jeder vertraut dem anderen. Sobald wir glauben, jemand könnte einen Fehler begehen, kann alles auseinanderfallen. Je mehr Menschen involviert sind, desto komplizierter wird es. Müssen wir alle das Gleiche tun, müssen wir unser Vertrauen ins schwächste Glied setzen.

Angesichts dessen wirken Hypes und Panikverkäufe wie ein Koordinierungsproblem. Wenn wir unser Geld in ein und dieselbe Sache investieren, erhöht die Tatsache, dass wir alle dies tun, ihren Wert. In der modernen Wirtschaft ergibt sich der »Wert« einer Sache daraus, wie viele Menschen bereit sind, dafür zu zahlen. Wenn sich also alle darauf einlassen, riesige Summen für Tulpenzwiebeln auszugeben, sind sie wohl wirklich ein Vermögen wert. Letztlich behandeln wir Diamanten ebenso.

Genau das ist der Grundgedanke von Kryptowährungen. Die verbreitetste Kryptowährung, Bitcoin, ist eine knappe Ressource – die Zahl an Bitcoins wird von einem Algorithmus begrenzt, und es wird immer teurer, sie durch das Lösen mathematischer Probleme »abzubauen«. Im Kern jedoch ist ein Bitcoin wertvoll, weil wir ihn alle für wertvoll halten. So wie Gold nur deshalb als Tauscheinheit wertvoll ist, weil wir uns über seinen Wert geeinigt haben. Natürlich ist es nur begrenzt vorhanden. Aber vieles ist nur begrenzt vorhanden. So wie mehr oder weniger alles.

Wir können den Wert einer Sache also beeinflussen, indem wir uns alle darüber abstimmen. Was aber, wenn es da den einen Pessimisten gibt, das eine rotzfreche Kind, das sagt, dass der Kaiser ohne Kleider dasteht? Unsere Übereinstimmung verpufft und damit der Wert, den wir der Sache gemeinsam zuerkannt haben. Bis wir es nicht mehr taten. Kurzfristig haben sich alle rational verhalten, aber langfristig und kollektiv gedacht ist es irrational. Solche Hypes sind nichts anderes als eine Extremform der Wohlstandsfalle.

Wahrscheinlich werden wir sie künftig häufiger erleben, denn wir haben eine Phase niedriger Zinsen hinter uns. Und Investoren sind besser beraten, ihr Geld in Sachwerte wie Häuser oder wertvolle Gemälde anzulegen, da die Renditen beim traditionellen Sparen so niedrig sind. Das wiederum erzeugt einen Ansturm auf die Immobilien- und Antiquitätenmärkte und sogar auf die seltsame Welt der *Non-Fungible Tokens*, wo man das Recht erwirbt, ein digitales Kunstwerk dauerhaft zu besitzen, bzw. im Fall von Leuten, die NFTs von Tweets und Katzen-Gifs kaufen, Nichtkunst.

Doch das bemerkenswerteste Beispiel für die Spekulation mit neuen Vermögenswerten ist der Markt für Kryptowährungen. Diese sind auch politisch reizvoll – sie versprechen Unabhängigkeit von den Währungen, die Staaten oder internationale Finanzinstitute ausgeben. Doch die starken Schwankungen, denen sie unterliegen, können uns direkt in die Wohlstandsfalle treiben.

2021 hat der Präsident von El Salvador, Nayib Bukele, Bitcoins als gesetzliches Zahlungsmittel zugelassen. Bukele, ein wankelmütiger Populist, behauptete, die Menschen in El Salvador würden jenseits der regulären Wirtschaft davon profitieren – jeder Bürger, jede Bürgerin hatte Anspruch auf eine Bitcoin-Wallet im Wert von dreißig US-Dollar – und das Land werde zu einer Stätte der Innovation werden. Er legte im September des Jahres 21 Millionen US-Dollar in Bitcoin als Reserven des Landes an und kündigte für die Folgemonate weitere Käufe in ähnlicher Größenordnung an.

Es ist durchaus möglich, dass dies langfristig gesehen ein kluger Schritt war. Doch in den ersten Monaten des Jahres 2022 brach der Bitcoin-Wert ein und kostete den Staatshaushalt von El Salvador zig Millionen Dollar an Rücklagen. Der kurzfristige Energieschub des Bitcoin-Booms kann sich rasch in einen Kater verwandeln, wenn die Kryptowährungspanik ausbricht, jedoch mit enormen Auswirkungen auf den Haushalt eines kleinen und relativ armen Landes. Auch langfristig bestanden Risiken: Die Bitcoin-Wallet, die man in El Salvador nutzte, wurde von ungenannten Personen privat betrieben, und internationale Kreditgeber wurden immer unzufriedener und forderten ein Ende der Bitcoin-Konvertibilität. Das Spiel auf den kurzfristigen Erfolg könnte für das Land langfristig schwerwiegende Folgen haben.

20 DER WEG AUS DER WOHLSTANDSFALLE

Wie können wir dafür sorgen, dass Politik auf lange Sicht erfolgreich ist? Kurzfristige Versuchungen, die uns von unseren langfristigen Zielen ablenken, lösen die Wohlstandsfalle aus. Wenn es Aufgabe der Politik ist, Versprechen für die Zukunft zu machen, welche Art Maßnahmen, Institutionen und Normen geben diesen Versprechen ein Fundament? Wir brauchen Ideen, die uns helfen, Wohlstand zu schaffen und sicherzustellen, ihn dann auch klug zu nutzen. Und wir müssen Wege finden, uns davon abzuhalten, dabei den Planeten zu zerstören.

Kann uns der Staat helfen, reich zu werden? Zwischen den beiden Hälften der Politischen Ökonomie herrscht ein bemerkenswertes Spannungsverhältnis. In der Politikwissenschaft weiß man, dass Regierungen eher Wahlen gewinnen, wenn die Wirtschaft boomt. Die Ökonomen dagegen weisen darauf hin, dass gewählte Regierungen den Markt nicht allzu stark beeinflussen sollten und dass sich staatliche Eingriffe auf lange Sicht oft negativ auswirken. Regierungen haben also kurzfristige Anreize, in einer Weise zu intervenieren, die langfristig schadet – ein klassischer Fall der Wohlstandsfalle.

Aber stimmt das auch, wenn es um nachhaltiges Wachstum und Innovation geht? Die meisten staatlichen Investitionen in technologischen Fortschritt und Bildung brauchen Jahre, bis sie sich auszahlen – nicht gerade der Stoff, aus dem die Träume von Wahlkampfstrategen sind. So stehen wir vor dem umgekehrten Problem: Was uns nachhaltig reich macht, ist auf kurze Frist betrachtet für Regierungen nicht gut, eine Situation, die wir von der Solidaritätsfalle kennen. Wahlkampfslogans wie »Ein besserer Neustart« oder »Mehr für alle« mögen reizvoll klingen. Aber als politische Wahlversprechen sind sie nicht ideal: Die Förderung des Wachstums ärmerer Städte und Regionen ist ein langsamer, schrittweiser Prozess, der sich schlecht in Wahlkampfzyklen zwängen lässt.

Ein nachhaltiges Wirtschaftswachstum erfordert stabile, verlässliche politische Institutionen, die verhindern, dass Politikerinnen und Politiker kurzfristigen Versuchungen erliegen, um wiedergewählt zu werden, oder schlimmer noch, öffentliche Gelder zu veruntreuen. Wir können uns auch nicht allein auf die »Magie« des Marktes verlassen, wenn wir stabile Eigentumsrechte, eine verlässliche Justiz, allgemeine Bildung und soziales Vertrauen brauchen, um Innovationen zu stärken. Und ganz sicher können wir uns nicht auf die Phrasen eines »starken Führers« verlassen, der verspricht, die Wirtschaft anzukurbeln, indem er Sonderinteressen niedermäht: Ein starker Führer ohne Kontrolle wird bald seine eigenen Geschäfte machen und Geld auf Schweizer Bankkonten leiten. Wir brauchen die Politik. Aber welche?

Wie können wir Regierungen dazu bringen, in innovative Maßnahmen zu investieren, die ein nachhaltiges, breites Wachstum schaffen? Das deutsche Modell der »diversifizierten Qualitätsproduktion« galt politischen Entscheidungsträgern, insbesondere in der englischsprachigen Welt, häufig als sehr attraktiv. Deutsche Unternehmen beherrschen die Märkte für hochwertige Massenprodukte von Autos über Haushaltsgeräte bis hin zu Werkzeugmaschinen. Deutsche Marken stehen für Qualität. Und das Wachstum in Deutschland war in den letzten beiden Jahrzehnten hoch bei niedriger Arbeitslosigkeit und nicht allzu hoher Ungleichheit. Als wir die Gleichheitsfalle untersuchten, konnten wir zeigen, dass für diesen Erfolg zum Teil das deutsche Bildungs- und Ausbildungsmodell verantwortlich ist. Doch da ist noch etwas, das für diese spezielle »Spielart des Kapitalismus« zentral ist: nachhaltige Finanzmärkte.

Deutsche Banken vergeben an deutsche Industrieunternehmen langfristige Darlehen, sogenanntes geduldiges Kapital. Als Teil der Vereinbarung stehen ihnen Sitze in den Vorständen dieser Unternehmen zu, damit sie sicherstellen können, dass ihre Darlehen sinnvoll genutzt werden. Ein langfristiger Horizont ermöglicht den Unternehmen schrittweise Innovationen und die kontinuierliche Verbesserung der Qualität ihrer Produkte. Jeder Geschirrspüler von Bosch und jeder 3er-BMW baut auf den Produktions- und Konstruktionserfahrungen der Vorgängermodelle auf. All dies wiederum basiert auf dem bewährten Berufsbildungssystem und der Koordination von Gewerkschaften und Arbeitgeberverbänden. Dieses dichte Gewebe miteinander verflochtener Institutionen macht es deutschen Firmen leichter, langfristig zu planen und der Wohlstandsfalle zu entkommen: Die Mitarbeiter haben die Sicherheit, in spezifische Qualifikationen investieren zu können und ihren Arbeitsplatz zu behalten; die Firmen können sich die Zeit nehmen, kontinuierlich an der Verbesserung ihrer Produkte zu arbeiten.

Aufgrund der Bedeutung all dieser komplementären Institutionen ist ein simpler Export des deutschen Modells in andere Länder nicht möglich. Gibt es realistischere politische Optionen, wenn ein Land Innovation fördern will? Eine Möglichkeit ist die Einrichtung einer öffentlichen Innovationsstelle, die Mittel oder

Unterstützung für innovative Unternehmen bereitstellt – also das, was die Ökonomin Mariana Mazzucato als »unternehmerischen Staat« bezeichnet.

Finnland wird oft als leuchtendes Beispiel genannt wegen seiner Innovationsagentur Tekes (heute Business Finland) und des Innovationsfonds bzw. Thinktanks Sitra (in dessen Vorstand Mazzucato sitzt). Als ich im Bereich Bildungspolitik für die britische Regierung arbeitete, trafen wir uns mit den Leitern von Tekes, die uns stolz ihre Dachsauna zeigten, was für verstaubte britische Beamte durchaus innovativ ist. Tekes war gegründet worden, um in finnischen Unternehmen und im Hochschulbereich Forschung und Entwicklung finanziell zu fördern. Die Agentur finanzierte in den 1990er-Jahren etwa ein Viertel der Projekte von Nokia und markierte damit den Übergang Finnlands zu einer technologiebasierten Wirtschaft. Und als Nokia zu schrumpfen begann, verlagerte Tekes sein Engagement und finanzierte Start-ups mit enormen Summen, über eine halbe Milliarde Euro im Jahr.

Tekes war zwar eine eigenständige Agentur, unterstand aber letztlich dem Arbeits- und Wirtschaftsministerium. Sitra ist deutlich kleiner, aber operativ unabhängig von der Regierung: Finanziert wird es durch unabhängiges Stiftungskapital von fast einer Milliarde Euro, und es fördert ausdrücklich Start-ups. Zwar kann jede Agentur für Forschung und Entwicklung Fehler machen, aber die relative Unabhängigkeit dieser finnischen Einrichtungen in Kombination mit den skandinavischen Normen verhinderte möglicherweise, dass sie von scheiternden Unternehmen vereinnahmt wurden, die Unterstützung brauchten. Auf jeden Fall arbeitete es der politischen Versuchung entgegen, favorisierte Unternehmen für kurzfristige Ziele zu finanzieren. Durch die Entkoppelung politischer Innovationsmaßnahmen von den Wahlzyklen konnten sich politische Entscheidungsträger die Zeit nehmen, eine Industriestrategie für Finnland mit einem Horizont von Jahrzehnten statt von Monaten zu erstellen.

Dennoch hat auch dieses Innovationsmodell Risiken. Eines ist, dass der Staat seine gesamte Energie nicht unbedingt nur auf Spitzeninnovationen konzentrieren sollte. Regierungen begehen einen Fehler, wenn sie ein »neues Silicon Valley« wollen. Das Problem mit dem Silicon Valley ist, dass das Modell der Risikokapitalfinanzierung hervorragend für Riesenkonzerne von der Größe von Google oder superinnovative Start-ups funktioniert, aber reichlich schlecht für »Tech-Teens«, also Firmen, die zwischen fünf und zehn Jahre alt sind. Doch in der Regel bescheren den Kommunen weder die Mega-Tech-Konzerne noch Start-ups hohe Steuereinnahmen: Die Riesenunternehmen sind multinational verankert, und die Start-ups fahren Verluste ein. Noch schlimmer sind sie in Sachen Ungleichheit: Große Tech-Unternehmen verlagern den Großteil ihrer Produktion ins Ausland und behalten nur die gut bezahlten Führungskräfte in den Unternehmenszentralen. Tech-Teens dagegen brauchen ein geduldigeres Finanzierungsmodell, das es ihnen ermöglicht, lokal zu wachsen und sich zu entwickeln, hoffentlich mit einer großen Bandbreite an Arbeitsplätzen.

Noch besser sind Unternehmen, die Technologien nutzen und schrittweise verbessern, statt sie neu zu erfinden – solche Firmen, vom Fahrradhersteller Giant in Taiwan bis zu den Maschinenwerkzeugherstellern in Deutschland, sind stabile, profitable, dauerhafte Arbeitgeber. Wieder Deutschland. Ein weiteres Mal wird uns der Wert geduldiger Investition bewusst sowie die Notwendigkeit institutioneller Regulierung und Wirtschaftsnormen, die große Zeithorizonte fördern. Es ist nicht anders als bei der Zusammenarbeit, auch Innovation braucht Zeit.

Die *Financial Times* veröffentlicht für ihre wohlhabende Leserschaft eine Wochenendbeilage mit dem provokanten Titel »How to Spend It« (»Wie das Geld ausgeben«), das einen ganzen Katalog mit Luxusessen, -gütern und -immobilien präsentiert. Für gewöhnlich neigen Länder mit boomenden Ressourcen, oder besser gesagt deren Führungsriege, dazu, ihr Geld für ähnliche Dinge auszugeben und das Ölvermögen in Schnellboote, Schmuck und Penthäuser umzusetzen. Wie bereits erwähnt, haben einige der Öl fördernden Emirate einen Wandel vollzogen und ihre Ausgaben im Bereich Bildung und Infrastruktur erhöht. Doch solange ein Großteil der riesigen Ressourcen der Petrostaaten kaum kontrolliert in die Hände der königlichen Familien fließt, wird weiter fröhlich Geld in Luxusgüter strömen, von Immobilien in London bis hin zu defizitären Fußballvereinen.

Gibt es denn keine besseren Möglichkeiten, den Ressourcenreichtum zu verwalten? Ein bemerkenswertes Gegenbeispiel ist Europas eigener Ölförderstaat: Norwegen. Bis zur Entdeckung der Ölquellen in den 1970er-Jahren war es deutlich ärmer als sein skandinavischer Nachbar Schweden. Seither erhöhte sich das Vermögen eines durchschnittlichen Norwegers im Vergleich zu einem Durchschnittsschweden von zwei Drittel so reich auf um die Hälfte reicher. Das ist an sich noch nicht überraschend – Erdöl macht die Bürger reicher. Beachtlicher ist, dass Norwegen es geschafft hat, eine Reihe politischer Maßnahmen durchzusetzen, die es dem Land ermöglichen, stabil etwa 6 Prozent des Nationaleinkommens für Staatsausgaben aufzuwenden. Mit anderen Worten, Norwegen kann dank Erdöl und Erdgas ein beträchtliches dauerhaftes Staatsdefizit ausgleichen. Öl und Gas sind nicht erneuerbare Ressourcen – irgendwann werden sie aufgebraucht sein, doch aufgrund der Art und Weise, wie Norwegen seinen neuen Reichtum einsetzt, wird dieser Haushaltsbonus noch mindestens weitere fünfzig Jahre reichen.

Norwegens Modell fußt auf drei zentralen Maßnahmen. Die erste ist eine sehr starke Kontrolle und Besteuerung der Rohstoffgewinnung. Norwegen hat ein eigenes Erdölunternehmen, Statoil. Das Land ist souveräner Eigentümer aller Ölfelder – sämtliche Lizenzen zur Erschließung und Förderung erteilt der Staat. Und es besteuert private Energieunternehmen mit satten 78 Prozent auf ihre Gewinne. Das erklärt, woher die Haushaltseinnahmen stammen. Damit wird auch sichergestellt, dass der Löwenanteil des aus den norwegischen Öl- und Gasfeldern gewonnenen Reichtums der norwegischen Öffentlichkeit und nicht Aktionären ausländischer Energieunternehmen zugutekommt.

Sie werden sich fragen, warum diese Firmen dann noch investieren. Die Steuern sind hoch, aber sie sind transparent und konsistent – die Unternehmen wissen, was sie bezahlen müssen, sie wissen aber zugleich, dass sie nicht willkürlich enteignet werden, und können selbst entscheiden, ob sich Investitionen lohnen. Die norwegische Politik kann der Branche stabile Zusicherungen geben, weil Norwegen demokratisch ist und die Eigentumsrechte sicher sind.

Dieser institutionelle Vorteil untermauert auch die beiden anderen wesentlichen Aspekte des norwegischen Modells. Der erste ist, wohin die Einnahmen aus der Energiesteuer und den Gewinnen von Statoil fließen. Statt in undurchsichtigen Kassen eines Ölministeriums zu landen, das von den Geschäftskunden der Regierungspartei oder der Monarchie geleitet wird, wandert das norwegische Energievermögen in einen Staatsfonds, der von der Norges Bank Investment Management (NBIM) verwaltet wird, um das Geld in ausländische Vermögenswerte zu investieren.

Dieses System vermeidet viele politische Risiken. Die Verwaltung der Reichtümer Norwegens geschieht abseits der Regierung und wird regelmäßig geprüft. Das ist möglich, weil NBIM eine formal unabhängige Institution ist, aber auch, weil die Politik informelle Normen der Nichteinmischung etabliert hat. Die Klausel, dass das Geld im Ausland investiert werden muss, wirkt zudem der Korruption und einem möglichen Einfluss von Sonderinteressen entgegen, wenn norwegische Unternehmen Lobbyarbeit für Investitionen betreiben.

Der letzte wichtige Aspekt des norwegischen Modells ist, wie das Geld ausgegeben wird. Es liegt nicht einfach unbefristet in einem staatlichen Vermögensfonds. Die normalen Norwegerinnen und Norweger sollen von den Ölvorkommen profitieren. Doch wie vermeidet man das doppelte Risiko von stark schwankenden Ausgaben und Geld, das für nutzlose und Kosten verursachende Dinge vergeudet wird (Norwegen hat nicht vor, acht neue Stadien für eine Fußballweltmeisterschaft zu bauen)? Norwegen hat eine fiskalische Regel eingeführt, nach der die »erwartete reale Rendite« des Staatsfonds an die Regierung übertragen wird, um das strukturelle Haushaltsdefizit Norwegens zu decken. Die Rendite von etwa 4 Prozent pro Jahr erlaubt es dem Land, ein Defizit von 6 Prozent zu erzielen, und das heißt, dass Norwegen die laufenden Staatsausgaben im Wesentlichen aus diesem Fonds finanziert. Norwegen kann sich einen Wohlfahrtsstaat von der Wiege bis zum Grab leisten – Mutterschaftsurlaub bei vollem Gehalt für ein Jahr, mit die höchsten Sozialausgaben und einige der besten Universitäten Europas.

Eine solche stabilisierende, nachhaltige Politik beruht auf ihrem Konsenscharakter. Dies lässt sich nicht leicht auf andere Länder übertragen. Das norwegische Wahlsystem hat zur Folge, dass Koalitionen normal sind. Die beiden Mitte-links- und Mitte-rechts-Parteien befürworten die drei Komponenten des Modells. Beide treten für die umfangreichen Sozialleistungen ein, die aus dem Staatsfonds finanziert werden. Beide unterstützen es, die Verantwortung für den Fonds einer unabhängigen, nicht demokratischen Institution wie dem NBIM zu übertragen. Und sie sind sich einig über die hohen Steuern für Energiekonzerne. Letztlich hängt der Erfolg des norwegischen Modells vom Erfolg der norwegischen Politik ab.

Doch vielleicht geht das Lob für Norwegens umsichtiges Verwalten seiner Ressourcen am Kern der Sache vorbei. Der Reichtum des Landes stammt von nicht erneuerbaren fossilen Brennstoffen – genau die Ressourcen, die das globale Klima gefährden. Auch wenn wir uns alle einig sind, dass es besser ist, mit den Einnahmen aus fossilen Brennstoffen verantwortungsbewusst umzugehen, fühlt es sich doch ein wenig so an, als würden wir den Henker für die Sauberkeit seiner Axt loben.

Die wenigsten Länder haben so viel Glück wie Norwegen. Das bedeutet aber noch lange nicht, dass es dort keine Booms gäbe. Das Problem ist, dass viele der aktuellen Booms auf Sand gebaut scheinen: der Immobilienboom von Anfang der 2000er-Jahre, der auf zweitklassige Hypotheken zurückging, der Web3-Boom, der sich auf instabile Kryptowährungen stützte. Lassen sich solche Booms von vornherein verhindern? Eine einfache, vielleicht wenig verlockende Möglichkeit sind höhere Steuern. Dass Steuern auf Immobilientransaktionen und andere Vermögenswerte dazu beitragen, Spekulationen zu bremsen, ist klar. Aber was ich hier meine, sind höhere Einkommensteuern.

Höhere Steuern unterbinden ausufernde Kreditblasen. Einfach ausgedrückt, schränken höhere Steuern den Handlungsspielraum der Menschen auf zweierlei Weise ein. Erstens sind die Reichen damit weniger reich und können für solcherart Vermögenswerte weniger Geld ausgeben. Aber es gibt auch einen Trickle-Down-Effekt, der durch den Konsum ausgelöst wird. Oder vielmehr durch die Tendenz, sich für den Konsum anderer zu interessieren. Wir wollen immer »mit den Reichen mithalten«. Wir orientieren uns am Konsum der Wohlhabenden und nehmen ihn zum Vorbild. Wenn die Reichen über weniger Geld verfügen, wird dieser Drang gedämpft – sie sind uns ähnlicher.

Auf welche Weise sich Ungleichheit in demonstrativem Luxuskonsum und Kreditblasen niederschlägt, hängt von den Steuern ab. In Ländern mit niedrigen Steuern wirkt sich ein hohes Niveau an Einkommensungleichheit sehr rasch auf die Kreditaufnahmen und -vergaben aus. Man denke nur an die riesige Immobilienblase in den USA, Großbritannien und Irland Anfang der 2000er-Jahre. Überall dort, wo die Reichen stärker besteuert werden, ist dieser Zusammenhang deutlich schwächer.

Es wird Sie freuen, zu hören, dass Steuern nicht die einzige Antwort sind. Kreditkrisen sind nicht etwa der zwangsläufige Preis des modernen Lebens. Nehmen Sie etwa die beiden Seiten des 49. Breitengrades, der Kanada und die USA trennt. Seit 1800 wurden die Vereinigten Staaten von 14 Bankenkrisen heimgesucht, während es in Kanada nur zwei waren, die letzte 1839. Das liegt nicht an der Begrenztheit des kanadischen Finanzsektors. Tatsächlich lag der Anteil der Bankkredite am Nationaleinkommen 2007 in Kanada fast doppelt so hoch wie in den USA.

Stattdessen wird die Stabilität des kanadischen Bankensystems durch politische Maßnahmen untermauert. Beide sind föderale Staaten. Doch der Föderalismus in den USA geht deutlich weiter. In Kanada übernimmt die Zentralregierung alle Befugnisse, die nicht direkt an die Provinzen delegiert werden – das Gegenteil des US-Systems. Die kanadische Regierung konnte das Bankensystem von Ottawa aus regeln, ohne sich um die Politiker und Politikerinnen aus den Provinzen kümmern zu müssen. In den USA dagegen hüten die Bundesstaaten eifersüchtig ihre Macht über das Bankwesen innerhalb ihrer Grenzen.

Das Ergebnis waren extrem unterschiedliche Bankensysteme. In Kanada gewann eine kleine Anzahl sehr großer Banken die Übermacht. Das verschaffte ihnen Größenvorteile und diversifizierte Kreditportfolios, mit denen sie Krisen wirksam abfedern konnten. Auch wenn dies das Risiko eines kartellartigen Verhaltens unter den wenigen großen Banken erhöhte, bedeutete ein nationales Bankensystem zugleich, dass die Banken einer staatlichen Regulierung unterliegen, und ein Bundesgesetz zum Bankwesen unterwirft die Banken einer strengen Kontrolle. Die kanadischen Banken blieben stabil, und Kreditnehmer hatten zu günstigeren Krediten Zugang als die Amerikaner.

In den USA dagegen war die Regulierung des Privatkundengeschäfts weitgehend den Bundesstaaten vorbehalten. Jeder von ihnen entwickelte unter der Lobbyarbeit der ansässigen Banken eigene Regeln. Es entstand ein protektionistisches System, in dem bis in die letzten Jahrzehnte hinein keine wirklich nationale Bank existierte. Örtliche »Einzelbanken« beherrschten den lokalen Zugang zu Kapital und waren kaum diversifiziert, sodass sie dafür anfällig wurden, von den Einlegern gestürmt zu werden, wenn diese plötzlich befürchteten, ihre Bank sei bald nicht mehr in der Lage, ihre Einlagen zu bedienen. Dennoch war dieses ineffiziente System stabil, weil auch die Regulierung lokal erfolgte. Die Banken konnten ihre Marktmacht bewahren, indem sie größere Marktteilnehmer am Markteintritt hinderten.

Im Kern gehen Kreditkrisen, Hypes und Paniken also auf die Erfolge oder Misserfolge politischer Versprechen zurück. Das sollte uns nicht weiter überraschen. Kredite sind eine Frage des Vertrauens. Und Vertrauen beruht auf Versprechen über eine ungewisse Zukunft. Kanadische Banken verfügten über mehr Klarheit, was die langfristige Regulierung betrifft, und über weniger Möglichkeiten, lokale Politiker zu bestechen, um die Regeln zu manipulieren. Politische Institutionen und Normen bestimmen das Vertrauen in das Handeln anderer und prägen, welche Anreize wir haben, den politischen Entscheidungsträgern zu folgen. Selbst auf einem globalen Kreditmarkt spielen lokale Unterschiede eine Rolle.

Kehren wir zu unserem Ausgangsproblem zurück: dem Klimawandel. Können wir uns von einer Welt, in der wir die Erlöse aus fossilen Brennstoffen verantwortungsvoller nutzen, zu einer Welt hinbewegen, in der wir gar keine mehr verbrennen? Schließlich müssen wir die Kohlendioxidemissionen in die Erdatmosphäre reduzieren, um das Risiko zu senken, die globalen Temperaturen weiter in die Höhe zu treiben. Um das zu erreichen, können wir sie verbieten, besteuern oder Alternativen subventionieren. Was wäre am besten? Welche politischen Versprechen zur Verringerung der Kohlenstoffemissionen wären am leichtesten zu halten?

Um Klimaneutralität zu erreichen – bei der wir nicht mehr Kohlendioxid in die Atmosphäre entlassen, als wir ihr entziehen –, haben wir drei Optionen. Die erste scheint die einfachste. Wir sagen den Unternehmern und Verbrauchern, dass sie kein CO_2 mehr emittieren dürfen. Wir können zu diesem Zweck Vorschriften erlassen, indem wir etwa den Kohleabbau verbieten oder Normen für den Verbrauch von Neuwagen festsetzen. Das hört sich konkret und vernünftig an, also wo ist das Problem?

Erstens sind diese Vorschriften nicht so umfassend, wie sie erscheinen – in der Regel gelten sie nur für *neue* Rohstofferzeuger oder Autos. Das wiederum erhöht den Wert der *alten*, umweltschädlichen Fahrzeuge, die noch im Umlauf sind – sie werden verknappt. Zweitens bergen die Vorschriften eine politische Gefahr. Sie sind in den betroffenen Branchen, die hohe unmittelbare Kosten zu tragen haben, natürlich zutiefst unpopulär. Also betreiben diese Lobbyarbeit, um die Vorschriften zu beeinflussen. Und in der Politik ist nichts von Dauer. Regierungen können das Handeln ihrer Nachfolger nicht kontrollieren, es sei denn, sie sind in der Lage, die Verfassung zu ändern. Präsident Obamas *Executive Order* zur Regulierung der Treibhausgasemissionen wurde von Trumps Umweltschutzbehörde einfach außer Kraft gesetzt. Und drittens

sind Vorschriften in der Regel nicht flexibel – starre Ziele können nicht auf spätere Änderungen der Emissionen reagieren. Feste
Versprechen sind oft schwerer einzuhalten.

Wenn die Regulierung von Brennstoffen Nachteile hat, was
ist dann mit der Subventionierung von erneuerbaren Energien?
Viele Länder haben Solaranlagen und Windenergie direkt subventioniert – die berühmte »Einspeisevergütung« in Deutschland – oder den Kauf von Elektrofahrzeugen – Großbritannien
zum Beispiel gewährt einen Zuschuss von bis zu 2500 Pfund pro
Elektroauto. Subventionen verändern die Anreize für Unternehmen und Konsumenten. Sie sind zudem weniger starr als festgelegte Zielvorgaben, da sie an Wert zulegen, je mehr Menschen
in erneuerbare Energien investieren oder sie nutzen. Doch sie
haben auch einige kontraproduktive Folgen: Billigere Energie
könnte zu einem Verbrauch beitragen, der höher liegt als zuvor,
und den Vorteil wieder aufheben.

Das andere Probleme von Subventionen ist ein Phänomen,
dem wir schon bei der Solidaritätsfalle begegnet sind – es ist
schwer zu sagen, wer wirklich Subventionen braucht und ob
man dasselbe nicht auch ohne Subventionen erreicht hätte. Ein
Informationsproblem, das bedeutet, dass womöglich zwei Drittel der Käufe ohnehin erfolgt wären, ohne dass der Steuerzahler
dafür hätte aufkommen müssen. Ebenso könnten Unternehmen
in zweifelhafter finanzieller Lage durch saftige Subventionen
vom Staat unbegrenzt am Leben gehalten werden.

Die von Wirtschaftswissenschaftlern bevorzugte Antwort
auf den Klimawandel sind weder Regulierung noch Subvention, sondern – schon wieder das gefürchtete Wort – Steuern.
Im Prinzip gibt es zwei Arten von Umweltsteuern: eine direkte
CO_2-Steuer pro emittierter Tonne Kohlendioxid oder ein »Cap-
and-Trade-System« für den Emissionshandel, bei dem eine Obergrenze (engl. *cap*) für die Gesamtemissionen festgelegt wird,

Emissionszertifikate ausgegeben werden und die Unternehmen innerhalb dieser Grenze mit den »Verschmutzungsrechten« handeln *(trade)* können. Im ersten Fall legt der Staat den Preis für das emittierte Treibhausgas selbst fest, während im zweiten Fall der Preis für die Emissionen vom Markt geregelt wird.

Der große Vorteil beider Lösungen ist, dass *jede* Entscheidung von Unternehmern und Verbrauchern, die mit höheren Emissionen verbunden ist, Kosten verursacht. Das schafft einen Anreiz, nur dann CO_2 auszustoßen, wenn es dafür sehr gute Gründe gibt, und nach Möglichkeiten zu suchen, dieselbe Menge Energie auf erneuerbare Weise zu erzeugen oder zu verbrauchen. Und man vermeidet es, strikte Vorschriften zu erlassen oder unrentable Unternehmen zu subventionieren.

Wir leben bereits in einer Welt, in der es CO_2-Steuern und *Cap-and-Trade*-Systeme im Überfluss gibt, doch ihr Einfluss auf die CO_2-Emissionen ist minimal. CO_2-Steuern haben sich durchgesetzt, nachdem Schweden sie als erstes Land 1991 eingeführt hatte. Sie unterscheiden sich deutlich in ihrer Höhe: Manche sind minimal, etwa in Japan, Mexiko und der Ukraine, und liegen unter fünf US-Dollar pro Tonne, andere sind recht massiv, wie die in Norwegen und Finnland, wo sie bei über 65 Dollar pro Tonne liegen, und in Schweden betragen sie noch einmal doppelt so viel. *Cap-and-Trade*-Systeme sind ebenfalls weit verbreitet, vom US-Bundesstaat Kalifornien bis zum Europäischen Emissionshandel (ETS), bei dem 2020 mit Zertifikaten im Wert von zweihundert Milliarden Euro gehandelt wurde.

Wie sehen die politischen Vorteile und Herausforderungen der beiden Systeme aus? Beginnen wir mit *Cap and Trade*. Die gute Nachricht ist, dass es sich nicht nach Steuer anhört! In Anbetracht der öffentlichen Meinung ist das ein echter Trumpf. Doch es gibt auch schlechte Nachrichten. Wirksame Emissionsobergrenzen festzulegen, ist schwierig. Die ETS-Obergrenze war nicht ehrgeizig genug angesetzt, das half zu Beginn, sie politisch durchzusetzen, aber zugleich war der Preis für die Emissionen damit zu niedrig, um einen Anreiz zu schaffen, sie zu reduzieren.

Auch die Verwaltung von *Cap-and-Trade*-Systemen ist äußerst komplex und erfordert eine umfangreiche Bürokratie, was Kenner der Europäischen Union kaum überraschen wird. Zudem können Emissionszertifikate, genauso wie eine verlorene Bitcoin-Wallet, den rechtmäßigen Besitzern leicht aus der Hand genommen werden. 2011 kam es zu einem großen Skandal um ETS, als Hacker Zertifikate von Accounts in der Tschechischen Republik, Österreich und Estland im Wert von mehreren Millionen Euro erbeuteten. Und schließlich bergen *Cap-and-Trade*-Systeme das große politische Risiko, dass eine künftige Regierung die bestehenden Zertifikate entwertet, indem sie die Regeln ändert. Der Markt allein kann dieses Problem nicht lösen. *Cap-and-Trade*-Systeme setzen voraus, dass die Unternehmen sich auf die politischen Versprechen der Regierungen verlassen können.

CO_2-Steuern dagegen vermeiden viele dieser administrativen Probleme. Sie kommen von unten nach oben, nicht umgekehrt: Sie werden direkt an der Quelle von den Energieerzeugern erhoben. Die Steuer ist in der Regel transparent und einfach. Wenn sie sich aufgrund einer neuen Regierung ändert, betrifft das nur künftige Zahlungen, nicht den Wert aktueller Lizenzen, sodass auch das politische Risiko geringer ist.

Tatsächlich sind intelligente CO_2-Steuersysteme wie das der Schweiz dynamisch: Die Steuern steigen, wenn die Schweiz ihre Emissionsziele nicht einhält. Damit wird die Kohlendioxidabgabe zu einem glaubwürdigeren Versprechen: Die Regierungen können die Effekte der Steuer zu einem sich selbst verstärkenden System machen, indem sie auf die tatsächlich produzierten Verschmutzungen reagieren. Geradezu ein »Wie du mir, so ich dir«-System der Besteuerung.

Noch reizvoller ist, dass sich CO_2-Steuern ihre eigene »Fangemeinde« schaffen, wenn die Einnahmen an die Menschen zurückgegeben werden. Die CO_2-Steuern in der kanadischen Provinz British Columbia wurden für Steuernachlässe von Unternehmen, eine »Klimasteuergutschrift« für einkommensschwache Familien und eine »Klimadividende« von hundert Dollar für alle Einwohnerinnen und Einwohner genutzt.

Doch es ist und bleibt eine Steuer. Und Steuern sind mit all den Problemen konfrontiert, denen wir bei der Auseinandersetzung mit der Gleichheits- und der Solidaritätsfalle bereits begegnet sind: insbesondere, dass die Menschen keine Steuern für Vorteile zahlen wollen, von denen sie glauben, nicht selbst profitieren zu können. Bei der CO_2-Steuer ist das eine besondere Schwierigkeit, da die tatsächlichen Vorteile nicht einmal anderen Personen zugutekommen, sondern noch ungeborenen Menschen. Moralisch mögen wir es künftigen Generationen schulden, doch wenn die Leute schon Probleme haben, Steuern zu akzeptieren, die ihrem eigenen künftigen Ich nutzen, wird man schwerlich davon ausgehen können, sie wären bereit, für künftige Nachkommen zu zahlen. Wir wissen, dass Zusammenarbeit im Umweltschutz erst auf lange Sicht Erfolge zeigt. Aber wir sind noch immer sterblich.

Umfragen, die herausfinden sollen, ob die Menschen bereit wären, CO_2-Steuern zu akzeptieren, wecken ein klein wenig Hoffnung. Die Wahrscheinlichkeit, dass Kohlendioxidabgaben unterstützt werden, ist höher, wenn man davon ausgeht, dass die Einnahmen entweder in Form niedrigerer Steuern zurückfließen oder für die Schadensminderung eingesetzt werden. Eine knappe Mehrheit der Befragten in Frankreich, Deutschland und Großbritannien unterstützt eine CO_2-Abgabe, und die Zustimmung steigt signifikant, wenn sie erfahren, dass auch andere Länder eine solche Abgabe einführen. Dies trifft den Kern der

Wohlstandsfalle: Wir wissen, dass der Klimawandel ein Problem kollektiven Handelns ist, bei dem nur dann Fortschritte erzielt werden, wenn viele, womöglich alle Länder bereit sind, ihren Anteil zu tragen.

Dies wirft jedoch die Frage auf, ob wir nicht eine globale CO_2-Steuer brauchen, damit es funktioniert. Politisch dürfte dies ziemlich schwierig werden. Umfragen haben ergeben, dass es erhebliche Unterschiede zwischen den Ländern dahingehend gibt, was die Menschen von einer globalen CO_2-Abgabe mit einer einheitlichen internationalen Klimadividende für alle Weltbürger halten. Wenig überraschend kam diese Idee in ärmeren Ländern wie Indien besser an als in den USA. Wir mögen alle auf demselben Planeten leben, aber wir sind es nicht gewohnt, dasselbe Steuersystem zu haben.

Um der Wohlstandsfalle zu entkommen, müssen wir uns langfristig verpflichten – wir müssen uns Beschränkungen auferlegen, um zu verhindern, kurzfristigen Versuchungen zu erliegen. Manchmal geschieht dies mithilfe von Institutionen, wie einer Bankenregulierung, um zu verhindern, dass Spekulationsblasen unser Finanzsystem destabilisieren. Manchmal können wir Normen schaffen, die uns helfen, uns auf nachhaltige Ziele zu konzentrieren – vom »Wie du mir, so ich dir« auf dem Schlachtfeld bis hin zu einer wechselwirksamen Umweltpolitik. Nachhaltige Versprechen mögen am schwersten zu halten sein, doch Glaubhaftigkeit ist das Herzstück des Wohlstands.

WIE POLITIK GELINGEN KANN

Kommen wir zum Titel dieses Buches. Warum versagt die Politik? Politik versagt, wenn wir so tun, als könnten wir ohne sie auskommen. Sie scheitert, wenn wir sie nicht ernst nehmen. Wenn wir versuchen, sie zu unterdrücken, zu verdrängen oder zu verbannen. Wir können unsere Unterschiede nicht wegwischen. Jeder Versuch, dies zu tun und sie durch die Eindeutigkeit und Klarheit einer einzigen Lösung oder einer Repräsentationsfigur zu ersetzen, ist zum Scheitern verurteilt. Wir werden trotzdem weiter unterschiedlicher Meinung sein, aber wir haben uns der Fähigkeit beraubt, unseren Meinungsverschiedenheiten Ausdruck zu verleihen und darauf zu reagieren.

Es gibt unzählige Bücher, in denen die These vertreten wird, unsere globalen Probleme ließen sich lösen, wenn wir Politik vermieden – ein besseres Leben dank der Technik oder des Markts, durch eine starke Führungsfigur oder einen moralischen Fortschritt. Dieses Buch geht andere Wege. Ich möchte eine Lanze für die Politik brechen, für ihre fundamentale Bedeutung zum Erreichen unserer gemeinsamen Ziele. Doch wir dürfen nicht naiv herangehen, wir müssen uns bewusst sein, dass uns die falsche Politik, zu viel oder zu wenig davon, immer weiter von den Träumen über unsere Zukunft abbringen kann.

Alternativen zur Politik können nur enttäuschen. Es existiert eine Art Techno-Libertarismus, der Politiker, Bürokraten, ja sogar Wähler als Fortschrittshindernisse betrachtet. Wenn die

Politik nur endlich aufhören würde, die Tech-Konzerne zu regulieren, könnten diese Unternehmen einen innovativen Weg zur Lösung unserer globalen Probleme finden. Globale Gewalt könnte mithilfe einer allwissenden Satellitenüberwachung eingedämmt werden. Dem Klimawandel könnte man mit Geoengineering entgegenwirken. Lasst einfach schlaue Leute ran und sich eine Lösung ausdenken.

Doch technische Lösungen funktionieren besser, wenn das Objekt, dem sie sich widmen, nicht widersprechen kann. Noch leben wir in einer Welt, in der die Menschen intelligenter sind als Computer. Algorithmen erzielen nicht immer das Ergebnis, das sie erreichen sollten. Man kann sie manipulieren oder umgehen. Viele Algorithmen scheitern auch daran, den gesellschaftlichen Kontext zu begreifen: Sie verstärken bestehende geschlechterspezifische oder rassistische Diskriminierungen.

Und technische Lösungen sind häufig antidemokratisch: Sie können versuchen, freie, individuelle Wünsche und Entscheidungen auszublenden. Solange die Menschen die Kontrolle innehaben, lassen sich ihre Wünsche letzten Endes nicht ignorieren. Die Politik verfügt über die Möglichkeit, der Technik Fesseln anzulegen, wenn die Wähler und Politiker das wollen. Wir können die Politik nicht durch Innovation ersetzen.

Eine andere populäre Lösung ist der Vorwurf, die Politik stehe dem Markt im Weg. Ist der Klimawandel ein Problem? Dann legen wir eben einen Preis für CO_2 fest und handeln damit. Regiert die Demokratie nicht auf die Missstände in der Bevölkerung? Dann erlauben wir den Menschen doch, mit Wählerstimmen zu handeln und Stimmen zu häufen. Das Problem ist, dass es so gut wie keine perfekten Märkte gibt, und das liegt nicht etwa daran, dass ihnen Regierungen »im Weg stehen«. Viele unserer Konflikte werden in Bereichen ausgetragen, in denen unklare Eigentumsverhältnisse herrschen, die Überwachung nicht funktioniert, dritte Instanzen unter einem negativen Einfluss stehen und so weiter. Es gibt Unklarheiten, die durch Verträge nicht ausgeräumt werden können und die sich letztlich auf politische Versprechen stützen müssen.

In den vergangenen zehn Jahren konnte man einen weiteren Trend beobachten: das Wiederaufleben des Wunsches nach einem starken Staatenlenker, der sich über streitende Politiker hinwegsetzen kann. Die herkömmliche Politik wird als Verschwörung einer Elite gegeißelt, um den einfachen Bürgern ihre Handlungsmöglichkeiten zu rauben und sie zu schwächen. Politische Zusagen sind dazu da, von einem Staatenlenker gebrochen zu werden, der sich an keine Regeln halten muss.

Ein solcher Impuls ist ein grundlegendes Missverständnis demokratischer Politik. Er leugnet das Vorhandensein unterschiedlicher Präferenzen in der Bevölkerung. Und er proklamiert die Dekonstruktion und Verurteilung genau der politischen Institutionen und Normen, die eine stabile Demokratie zusammenhalten. In Großbritannien führte das dazu, dass Richter als »Feinde des Volkes« verunglimpft wurden, und zu einer unrechtmäßigen Suspendierung des Parlaments (*prorogation*) während der Brexit-Debatte. In den Vereinigten Staaten begann Trumps Präsidentschaft mit dem Aufruf, die politischen Gegner einzusperren, und endete mit der missbräuchlichen Leugnung des Ergebnisses einer Präsidentschaftswahl und dem Sturm auf das Kapitol. Institutionen können verletzlich sein, denn sie werden von einem Staat gestützt, der sich selbst gegen sie wenden kann. Noch verletzlicher sind Normen. Und doch sind sie zusammengenommen das, was uns davor bewahrt, dass die Politik versagt.

Es gibt auch von links eine lange Tradition, die den Einfluss vermeintlich böser Akteure aus der Politik tilgen möchte. Haltet die Wirtschaft aus der Politik heraus. Verbietet Wahlkampfspenden. Weg mit dem Egoismus in der Politik. Setzt an deren Stelle eine wohlwollende Regierung, die erfüllt, was die Menschen wollen und was sie brauchen. Doch Eigennutz lässt sich nicht von der Politik fernhalten. Und so etwas wie einen unumstrittenen »Willen des Volkes« gibt es genauso wenig. Selbst wenn wir uns in den Zielen einig sind, sind wir doch oft unterschiedlicher Meinung, wie dieses Ziel zu erreichen ist oder wie genau es am Ende aussehen soll. Diese Meinungsverschiedenheiten lassen sich nicht einfach wegwünschen, und sie sind auch nicht einfach nur das Produkt böser Einflüsse und Sonderinteressen. Sie sind die Grundlage des Zusammenlebens.

Die falschen Gewissheiten von Technologen, Marktfundamentalisten, Propheten von links oder rechts können die Notwendigkeit nicht beseitigen, uns gegenseitig Versprechen für eine ungewisse Zukunft zu machen. Dafür brauchen wir die Politik.

Politik ist unumgänglich

Kann Politik gelingen? Sicher nicht immer. Das ist Teil des Geschäfts. Die Fallen, denen wir gegenüberstehen, sind unvermeidlich, und wir müssen wachsam bleiben, um ihnen auszuweichen oder ihnen wieder zu entkommen. Wir leben in einer unsicheren Welt. In einer Welt, in der wir alle unterschiedlicher Meinung sind und in unserem eigenen Interesse handeln. Trotzdem haben wir gemeinsame Ziele. Und um die zu erreichen, müssen wir einander Versprechen geben. Versprechen, die wir nicht vollkommen werden einhalten können. Versprechen, die von Haus aus politisch sind.

Wie können wir diese Versprechen einlösen? Wir müssen sie irgendwie verankern. Wir müssen dafür sorgen, dass sie länger Bestand haben als der Atemhauch, mit dem sie ausgesprochen wurden. Wir müssen Struktur in die Ungewissheit bringen. Das können wir erreichen, indem wir politische Institutionen und Normen entwickeln, die unsere Versprechen glaubwürdig machen.

Institutionen sind offiziell getroffene Vereinbarungen. Sie sind nicht aus Titan gefertigt, man kann sie ignorieren oder brechen. Aber das hat seinen Preis, den zu zahlen wir vielleicht bereuen, wenn wir die Stabilität dieser Institutionen brauchen. Wir müssen die Institutionen vor den Angriffen populistischer Bilderstürmer schützen. Sie helfen uns, unser Handeln zu koordinieren, sie verhängen Strafen für Fehlverhalten und belohnen Kooperation.

Bürgerversammlungen, ob vor Ort oder online, helfen, ein Gespür dafür zu entwickeln, wo wir übereinstimmen, und schaffen einen bindenden Konsens. Sozialpolitische Maßnahmen und Ausbildungsförderung können die Ungleichheit verringern und auch jungen Menschen ohne Hochschulstudium einen gesicherten Berufsweg bieten. Durch universelle Sozialversicherungen lässt sich in der Mittelklasse eine stabile Unterstützung für den Wohlfahrtsstaat schaffen. Abkommen zur kollektiven Sicherheit tragen deutlich besser dazu bei, verwundbare Länder zu schützen, als »Absichten« und »Pläne«. Unabhängige Staatsfonds können verhindern, dass Regierungen den Verlockungen ihres Rohstoffreichtums erliegen. Und flexible Klimaverträge bilden eine Möglichkeit, den unbehaglichen Weg zwischen Umweltanarchie und nicht einklagbaren Klimaabkommen zu überbrücken.

Diese Institutionen funktionieren am besten, wenn wir uns um Normen zur Einlösung unserer Versprechen und zum Aufbau langfristigen Vertrauens kümmern. Damit die Demokratie funktioniert, müssen wir lernen, uns auseinanderzusetzen und miteinander zu diskutieren, damit wir herausfinden, wo wir

übereinstimmen, und sicherstellen, dass die Verlierer nicht zu
ewigen Verlierern werden. Was die Gleichheit für alle betrifft,
so müssen wir einen schwammigen Kompromiss zwischen gleichen Rechten und gerechten Lebensbedingungen akzeptieren.
Für mehr Solidarität müssen wir ein umfassenderes Verständnis
des »Wir« entwickeln, das unsere Zukunft ebenso einschließt wie
unsere Mitbürgerinnen und Mitbürger, unabhängig von ihrer
ethnischen Zugehörigkeit oder Religion. Sicherheit können wir
erreichen, indem wir bereit sind, diejenigen zu bestrafen, die uns
eigentlich schützen sollen, uns stattdessen aber ausbeuten. Und
um den Wohlstand zu sichern, müssen wir langfristiges Denken fördern, um Vertrauen zu schaffen und kurzfristigen Versuchungen nicht zu erliegen.

Die Fallen, die sich vor uns auftun, verstärken sich häufig
gegenseitig: Eine polarisierte Demokratie kann die Ungleichheit
noch verschlimmern, ein lückenhaftes soziales Sicherheitsnetz
die Kriminalität verschärfen, ein unkontrollierter Klimawandel
den Weltfrieden bedrohen. Doch es gibt auch große Lösungen,
die uns aus mehreren Fallen gleichzeitig befreien können.

Nehmen wir die Verhältniswahl. Als Wahlsystem ist sie in der
Lage, uns aus der Demokratiefalle zu befreien, einmal weil sie die
Vielfalt dessen widerspiegelt, was uns unterscheidet, zum anderen weil sie die Zusammenarbeit zwischen den Parteien fördert. Die Verhältniswahl wirkt sich nicht nur auf die Wahlergebnisse aus. Länder mit Verhältniswahlsystemen, wie Schweden
und Norwegen, scheinen auch anderen Fallen leichter zu entkommen.

Vergleichen wir etwa das Niveau der Ungleichheit in Ländern mit Verhältniswahlsystem, wie die genannten skandinavischen Länder oder die Niederlande, und in Ländern, die ein
Mehrheitswahlsystem haben, wie Australien, Großbritannien
und die USA. In den Ländern mit Verhältniswahlsystem sind

nicht nur die Einkommensunterschiede etwas geringer – wahrscheinlich ein Erbe des hohen Anteils an gewerkschaftlicher Organisation –, drastisch geringer ist auch die Ungleichheit bei den verfügbaren Einkommen, weil in Ländern mit Verhältniswahl die Umverteilung deutlich ausgeprägter ist – was zum Teil daran liegt, dass dort häufiger linke Parteien mit in der Regierung sind. Höhere Steuern und mächtige Gewerkschaften sind ein Preis, den sicher nicht alle bereitwillig zahlen wollen, um der Gleichheitsfalle zu entkommen, aber das Verhältniswahlsystem scheint sie zu fördern.

Länder mit Verhältniswahlsystem tappen offenbar auch weniger leicht in die Solidaritäts- und Wohlstandsfalle. Sie haben tendenziell großzügigere und deutlicher sichtbare Wohlfahrtsstaaten, die die Mittelklasse mit einbeziehen, und sie sind weniger anfällig für drastische Kürzungen in Zeiten der Sparpolitik, wie es zum Beispiel in Großbritannien der Fall ist. Die Verhältniswahl erzeugt zudem eine stabilere Politikgestaltung, da sich bei weitreichenderen Änderungen mehr Parteien abstimmen müssen: Koalitionen senken also Schwankungen im Wirtschaftswachstum. Auch hinter dem Erfolg Norwegens, das seine Ölgewinne in einen Staatsfonds investiert hat, steckt eine konsensorientierte Politik – in drastischem Gegensatz zu Großbritannien, wo die Gelder aus dem Geschäft mit Nordseeöl größtenteils zur Finanzierung kurzfristiger Steuersenkungen verwendet wurden; dabei gingen schätzungsweise 354 Milliarden Pfund verloren, die nicht investiert wurden.

Natürlich lassen sich nicht alle unsere Probleme durch das Wahlsystem lösen, viele sind globaler Natur. Um der Sicherheits- und Wohlstandsfalle zu entkommen, brauchen wir internationale Zusammenarbeit.

Hier gibt es einen verblüffenden Widerspruch. Was uns hilft, der Sicherheitsfalle zu entkommen, ist für die Vermeidung der

Wohlstandsfalle nicht unbedingt das Richtige. Die internationale Sicherheitsfalle ist in der Regel ein Problem mit *den anderen*: Ein einzelner Akteur, Staat oder wer immer böse Absichten hegt, soll daran gehindert werden, uns zu schaden. Die jüngste Invasion Russlands in der Ukraine zeigt, dass internationale Zusammenarbeit im Bereich Sicherheit nur dann glaubwürdig sein kann, wenn sie verbindlich und stabil ist. Die Ukraine mag unverbindliche Vereinbarungen zur Zusammenarbeit mit der NATO getroffen haben und sich sogar auf dem Weg zum Beitritt befinden, aber sie war kein Mitglied. Die westlichen Länder waren nicht gezwungen, aktiv zu intervenieren, wie sie es gewesen wären, hätte Russland die baltischen Staaten angegriffen. Sicherlich hat die Lieferung von Waffen und Hilfsgütern der Ukraine im Krieg geholfen, dennoch hat dies Russland weder abgeschreckt noch gezwungen, in einen Krieg gegen mehrere Länder einzutreten. Um der Sicherheitsfalle zu entkommen, müssen wir uns durch Abkommen strikt binden.

Die Wohlstandsfalle dagegen ist ein Problem mit *uns selbst*. Wir alle sind versucht, kurzfristigen Verlockungen nachzugeben und die für nachhaltigen Wohlstand erforderlichen Opfer zu vermeiden. Nirgendwo ist das frappanter und bedeutsamer als beim Klimawandel. Doch strenge, offizielle Regeln, wie sie das Kyoto-Protokoll aufgestellt hatte, haben versagt. Niemand war bereit oder in der Lage, sie zu erfüllen. Es war kein Militärbündnis, sondern ein Verschmutzungsabkommen. In diesem Fall müssen wir realistisch sein, was Staaten tatsächlich tun, wenn es keine wirklichen Sanktionsmöglichkeiten gibt – wir brauchen Flexibilität und Informalität. Das funktioniert vielleicht nicht, aber es ist realistisch, und es gelang, alle größeren Nationen ins Boot zu holen. Um der Wohlstandsfalle zu entkommen, werden wir Normen der Gegenseitigkeit entwickeln und gelegentliche Verstöße verzeihen müssen.

Dies sind die großen Lösungen, auf nationaler oder internationaler Ebene. Niemand von uns kann sie allein auf den Weg bringen, aber natürlich können wir uns dafür starkmachen. Was vermögen wir selbst zu tun? Wir sollten die Grenzen der Möglichkeiten des Einzelnen nicht als Aufruf zur Apathie missverstehen.

Zu Beginn dieses Buches habe ich über die Verbreitung des Eigeninteresses gesprochen. Zuallererst sollten wir uns bewusst machen, dass Eigeninteresse unvermeidlich und nicht unmoralisch ist, weder bei einem selbst noch bei anderen. Was uns davon abbringt, unsere kollektiven Ziele zu erreichen, ist, dass unsere individuellen Eigeninteressen zueinander in Widerspruch stehen. Statt also über Eigeninteressen zu klagen, sollten wir Institutionen schaffen und Normen befolgen, die sie lenken. Das bedeutet zugleich, dass wir die politischen Institutionen um uns herum nicht vorschnell als ineffektiv oder korrupt verteufeln sollten (auch wenn sie es manchmal sind!). Mithilfe von Institutionen lassen sich die Erwartungen an das Handeln anderer und unser eigenes Handeln festlegen. Wir sollten sie nicht unbedacht niederreißen – sonst könnten wir einer noch weniger kontrollierten, noch unbeständigeren und vielleicht gewalttätigeren Welt entgegensehen.

Und so ist dieses Buch auch ein Plädoyer für mehr Verständnis. Wir sollten das Handeln anderer nicht unbedacht als eigennützig verurteilen, wenn wir selbst blind und ungeniert unseren Interessen folgen. Wir sollten vorsichtig sein und den Sirenengesängen von Demagogen widerstehen, die den Sumpf trockenlegen und unsere Institutionen niederreißen wollen. Die Tabula rasa machen wollen, aber nicht erkennen, dass im Hintergrund jeder Revolution die Politik lauert. Wir leben in einer Welt, die nicht perfekt ist, aber ihre Fehler und Mängel sind oft der Kitt, der sie zusammenhält.

Die Lösungen, die ich in diesem Buch anbiete, werden nicht immer funktionieren. Oft genug werden sie uns enttäuschen. Wir werden viele Stunden harter Arbeit investieren müssen, sie den neuen Herausforderungen, vor denen wir stehen, anzupassen. Max Weber nannte die Politik »ein starkes, langsames Bohren von harten Brettern«. Veränderung ist schwer. Die Institutionen und Normen, die wir in der Vergangenheit unter Mühen aufgebaut haben, taugen für die Gegenwart nicht immer. Und wir werden wieder und immer wieder neue politische Versprechen abgeben müssen.

Doch die ungewissen Versprechen der Politik sind besser geeignet, die tiefgreifendsten und schwerwiegendsten Probleme zu lösen, vor denen die Menschheit steht, als die falschen Versprechen von Technologen und Populisten. Wir werden uns immer uneinig sein. Wir brauchen Lösungen, die genau dies akzeptieren, statt sich darüber hinwegzusetzen. Die Politik wird niemals enden. Aber versagen muss sie nicht.

ANHANG

DANK

Wenn man an einem Buch schreibt, das die gesamte Bandbreite der Politischen Ökonomie abdeckt, häuft man eine ganze
Menge intellektueller Schulden an. Und die Schulden fangen
zu Hause an.

An erster Stelle und zuvorderst habe ich meinen Eltern zu
danken für ihre Ermutigung, ihre Unterstützung, ihre Großzügigkeit und ihr kritisches Urteil. Ihnen widme ich dieses Buch.
Mein Vater, Tony Ansell, war immer ein hartnäckiger Debat-
tierer – ein unermüdlicher, scharfsinniger Quälgeist und Sven-
gali. Ein Großteil dieses Buches wurde auch in seinem Keller geschrieben und überarbeitet! Danke, Dad, für all die Diskussionen
und manchmal sogar Zustimmung. Meine Mutter, Penny Ansell,
war die Sozialwissenschaftlerin in der Familie – Psychologie-
und Soziologielehrerin für Generationen genervter Abiturien-
ten. Ihr sorgfältiges Urteil, ihre Unterstützung, ihr Wohlwollen
und ihre Weigerung, mir unbedachte Äußerungen durchgehen
zu lassen, haben mich gelehrt, worauf es wirklich ankommt,
wenn man ernsthaft untersucht, warum Menschen so handeln,
wie sie es tun. Danke, Mum.

Ohne die Unterstützung meiner Frau, Jane Gingrich, hätte ich
nicht ein einziges Wort dieses Buches zu Papier bringen können.
Sie hat unzählige Opfer gebracht, um mir zu helfen, es fertigzu-
stellen, sie hat mich bestärkt, mir die Zeit für dieses Projekt zu
gönnen, und sie hat die Last meiner häufigen Abwesenheit auf

sich genommen. Mein Dank und meine Liebe gehören dir, Jane. Meine zwei Söhne, Theo und Eli, sind die Freude meines Lebens. Danke euch beiden, dass ihr zwei so energiegeladene, wundervolle junge Menschen seid.

Ich will auch einigen lebenslangen Freunden für ihre Unterstützung bei der Entstehung dieses Buches danken, die zum Teil auf einem Narrowboat auf der Themse stattfand. So danke ich insbesondere Ed Ansell, Jack Stilgoe, Faith Hummerstone, Tom Edge, Jim McTavish, Rupert Russell und James Shaw (Jas, entschuldige, dass ich deinem Namen keinen deiner nicht druckbaren Titel vorangestellt habe).

Hoch in meiner intellektuellen Schuld stehe ich bei den Menschen, die mich in meinem Studium begleitet und in der Anfangsphase meiner akademischen Laufbahn unterstützt haben. Ich hätte diesen Weg sicher nicht eingeschlagen, und gewiss nicht in den USA, wäre ich Mark Micale nicht begegnet, mit dem ich die soziale Konstruktion psychischer Erkrankungen untersucht habe. Das hat nicht viel mit Politischer Ökonomie zu tun und doch auch nicht so wenig. In der Politikwissenschaft haben drei Persönlichkeiten mein Interesse an der Politischen Ökonomie geweckt und waren letztlich ausschlaggebend dafür, dass ich der Wissenschaftler wurde, der ich heute bin. Meine Doktormutter Beth Simmons begeisterte mich für die Politische Ökonomie und brachte mir bei, strenge empirische Forschung ernst zu nehmen. Torben Iversen und David Soskice, die ich in Harvard kennenlernte, machten mir vor, was ich für mich selbst anstrebte: Ihre Arbeit, die immer zwischen formaler Eleganz und politischer Relevanz angesiedelt ist, war immer mein Vorbild. Alle drei haben mich über die Maßen unterstützt, als mich mein beruflicher Weg in aufregende und unerwartete Regionen führte.

Ich habe noch viele – allzu viele – weitere Schulden bei Politik- und Wirtschaftswissenschaftlern angehäuft, denen ich unmöglich gerecht werden kann. Meine Mitautoren – besonders David Samuels, Johannes Lindvall, John Ahlquist und Jane Gingrich – haben die Zusammenarbeit mit mir gemeistert und sind meine größten Kreditgeber. Ich danke ihnen sehr, dass sie meine Unpünktlichkeit geduldet haben.

Neben Hunderten anderen Politikwissenschaftlern gilt mein Dank Jim Alt, David Art, Pablo Beramendi, David Doyle, Peter Hall, Silja Häusermann, Des King, Jonah Levy, Julie Lynch, Cathie Jo Martin, dem verstorbenen, großen Bob Powell, David Rueda, Kathy Thelen, Maya Tudor, Stefanie Walter und John Zysman. Von den Wirtschaftswissenschaftlern möchte ich besonders Tim Besley, Paul Johnson und Dani Rodrik danken, dass sie mich in ihre Welt aufgenommen haben.

Besonderen Dank möchte ich meinen Kollegen an der University of Oxford und dem Nuffield College aussprechen. Mein spezieller Dank gilt Sir Andrew Dilnot, der nicht nur der beste Chef ist, den ich je hatte (und wahrscheinlich haben werde), sondern darüber hinaus eine Inspiration, weil er die wissenschaftliche Forschung, Politik und Öffentlichkeit miteinander verbindet.

Für ihre Interviews und ihre Beiträge zu diesem Buch möchte ich mich ausdrücklich bei David Adler, Tom Chivers, Tom Hale, Iain McLean und Yuan Yang bedanken. Mein aufrichtiger Dank geht an Tamsin Mather, die mir zu meinen ersten Entwürfen ein unglaublich hilfreiches Feedback gegeben hat.

Dass dieses Buch überhaupt existiert, verdanke ich meinem Agenten Jack Ramm, der einst mein potenzieller Lektor war. Mit dir zu arbeiten, Jack, war eine der großartigsten beruflichen Erfahrungen meines Lebens.

Dieses Buch hätte auch nicht geschrieben – oder zumindest nicht lesbar gemacht – werden können ohne das fantastische Team bei Penguin und Viking, insbesondere meine Lektoren Connor Brown und Greg Clowes, deren Lektorat, Kommentare und durchdachte Ratschläge die guten Passagen des Buches besser und schlechte seltener gemacht haben. Ich hatte zudem das große Glück, dass Mark Handsley dieses Buch redigiert und Ellie Smith die Herstellung übernommen hat. Mein Dank gilt außerdem Daniel Crewe, der sich so sehr für mich und dieses Projekt interessiert hat. Auch John Mahaney von PublicAffairs war ein wunderbarer Lektor, der mit Con und Greg zusammenarbeitete und mich immer wieder zur Kernfrage zurückbrachte: »Warum versagt Politik so oft?« Ich hoffe, dass dieses Buch ein gutes Stück dazu beiträgt, diese Frage zu beantworten.

ANMERKUNGEN

Einleitung

Der weitsichtige Artikel von Waldemar Kaempffert ist abrufbar unter www.nytimes.com/1956/10/28/archives/science-in-review-warmer-climate-on-the-earth-may-be-due-to-more.html.

Über die Schätzungen einer Erwärmung um im günstigsten Fall 1,5 °C siehe Weltklimarat (IPCC) (2019). Die IPCC-Vorhersagen für 2040 siehe www.ipcc.ch/report/ar6/wg1/figures/summary-for-policymakers.

Die Unterstützung für die Demokratie ergab der *World Values Survey*: Frage 238, 2017–2022, siehe Haerpfer, Inglehart, Moreno et al. (2022). Die Daten zu den Einkommensunterschieden stammen vom International Social Survey Program (2019) über soziale Ungleichheit: Fragen V21, V22, V26. Die Unterstützung für eine aktive Rolle des Staates bei der Gesundheitsversorgung zeigt das International Social Survey Program (2016): Frage V23. Zum Vorrang der Sicherheit gegenüber der Freiheit und zu den Erhebungen über das Vertrauen in die Polizei siehe *World Values Survey*: Frage 150 und 69 von 2017–2022. Die Einschätzung des Jahres 2016 als gewalttätigstes Jahr seit Beginn der Aufzeichnungen stammt von Braumoeller (2019). Daten darüber, ob man das eigene Leben als besser einschätzt als das der Eltern, und über den Umweltschutz in *World Values Survey*: Frage 56 und 111, 2017–2022.

Über Bildung und Eigeninteressen siehe Ansell (2008a, 2008b, 2010). Eine hervorragende Zusammenfassung der Kabeljaukriege bei Kurlansky (2011).

TEIL I: DEMOKRATIE

1. Westminster

Iain McLeans Buch über die britische Verfassung siehe McLean (2010). Seine Analyse verschiedener Wahlsysteme im Kontext Großbritanniens in Hix, Johnston und McLean (2010).

2. Was bedeutet Demokratie?

Die Umfrage zur Demokratie in *World Values Survey*: Frage 238, 2017–2022. Schumpeters Definition der Demokratie stammt aus Schumpeter (dt. 2018, Original 1942).

Die Ergebnisse zum Vergleich von Demokratie und Autokratie im Bereich Säuglingssterblichkeit, Impfquote und Alphabetisierung siehe in Lake und Baum (2001). Zu den staatlichen Bildungsausgaben siehe Ansell (2010); zur Entwicklung der Grundschulbildung weltweit siehe Ansell und Lindvall (2021). Über das seltene Auftreten von Hungersnöten in Demokratien siehe Sen (1982). Zu Erfolg und Scheitern autoritärer Länder auf dem Gebiet der Wirtschaft siehe Rodrik (2000). Aktueller Konsens ist, dass Demokratie unmittelbar zu einem höheren Wirtschaftswachstum führt – langfristig ein Zuwachs von 20 Prozent –, siehe dazu Acemoglu, Naidu, Restrepo und Robinson (2019).

Was das Frauenwahlrecht betrifft, so erhielten Frauen über dreißig im Vereinigten Königreich 1918 das Wahlrecht, aber das Wahlalter wurde erst 1928 an das der Männer mit einundzwanzig Jahren angeglichen. Siehe Teele (2018) mit einer umfassenden und aufschlussreichen Analyse des Frauenwahlrechts. Zum antiken Athen siehe Carugati (2020). Die klassische Abhandlung über die Wellen der Demokratie stammt von Huntington (1993) – siehe auch Weyland (2014). Fukuyamas These vom »Ende der Geschichte« wird in Fukuyama (2006) dargelegt. Zum Wahlautoritarismus siehe Morse (2012) sowie Levitsky und Way (2002) – über die Risiken eines demokratischen Zusammenbruchs auch in Amerika siehe Levitsky und Ziblatt (2018).

3. Die Demokratiefalle

Jean-Jacques Rousseau entwickelt die Idee des *Volonté générale* im Buch 2 seines Werks *Vom Gesellschaftsvertrag: oder die Grundsätze des Staatsrechts* (dt. 1986, Original 1762). Es ist umstritten, ob Rousseau den Gemeinwillen als eine kollektiv getroffene Entscheidung oder als Abwägungsprozess betrachtete, der zu dieser Entscheidung führt; siehe Canon (2022). Über den polnischen Sejm und das *Liberum Veto* siehe Ekiert (1998). Eine allgemeinere Auseinandersetzung mit der Zustimmung der Verliererseite und der Spanischen Volksfront bei Anderson, Blais, Bowler et al. (2005), S. 4.

Zu Condorcets Jury-Theorem siehe Goodin und Spiekerman (2018), zur Weisheit der Vielen siehe Surowiecki (2005). Eine Diskussion im Sinne dieses Kapitels darüber, ob es überhaupt eine rationale Grundlage für das Jury-Theorem gibt, wenn die Beteiligten nicht ehrlich wählen, bei Austen-Smith und Banks (1996). Zum Condorcet-Paradoxon siehe McLean und Hewitt (1994). Was den Brexit und das Condorcet-Paradoxon betrifft, so wies Portes

(2016), noch bevor die Ergebnisse des Referendums bekannt waren, darauf hin, dass es voraussichtlich problematisch werden würde. Eggers (2021) zeigt, wie unterschiedliche Wahlsysteme auf die Optionen der Bürger angewandt zu unterschiedlichen Ergebnissen zwischen *Deal, No Deal* und *Remain* geführt hätten. In Arrow (1950) formulierte er erstmals das Unmöglichkeitstheorem. Maskin und Sen (2014) bieten mit hervorragenden Essays einen Überblick. Mein Lieblingsbeweis des Theorems bei Mueller (2003).

Die klassische Lösung für das Problem der Endlosschleifen sind »struktur-induzierte Gleichgewichte« – d. h. Institutionen, die manche Aspekte einer reinen Demokratie einschränken; siehe Shepsle und Weingast (1981). Über die Regierungsbildung in Belgien siehe Van Aelst und Louwerse (2014). Der Beweis, dass strategisches Wählen unvermeidlich ist, wenn es mindestens drei Optionen gibt, die Präferenzen nicht eingeschränkt sind und man keinen Diktator hat, stammt von Gibbard (1973) und Satterthwaite (1975) und trägt den Namen Gibbard-Satterthwaite-Theorem. Die Feststellung, dass strategisches Wählen häufig nach hinten losgeht, haben Herrmann, Munzert und Selb (2016) getroffen. Die »Stimmentausch«-Erklärung des Smoot-Hawley-Zollgesetzes stammt von Irwin und Kroszner (1996). Aidt, Grey und Savu (2021) bieten eine interessante Analyse der bedeutsamen Abstimmungen über den Brexit.

In Anthony Downs (1957) findet sich die zentrale Aussage über das Median-wählertheorem und die Positionierung der Parteien in Anlehnung an die These von Hotelling über Ladenstandorte (1929). Die eingipfeligen Präferenzen entwickelten Black (1948) und Arrow (1951). Das Konzept der Politik außerhalb der Mitte stammt von Hacker und Pierson (2005). Zur zunehmenden Polarisierung im US-Kongress siehe McCarty, Poole und Rosenthal (2016). Eine lesenswerte populärwissenschaftliche Darstellung bei Klein (2021).

Die Umfrage, in der Parteimitglieder die jeweils andere Partei als Bedrohung für die Nation sehen, wird in Pew Research Center (2016) beschrieben.

Die Umfragen zur Haltung gegenüber der Heirat eines Kindes mit dem Mitglied der anderen Partei (für die USA) sind abrufbar unter https://today.yougov.com/topics/politics/articles-reports/2020/09/17/republicans-democrats-marriage-poll und (für Großbritannien) unter https://yougov.co.uk/topics/lifestyle/articles-reports/2019/08/27/labour-voters-more-wary-about-politics-childs-spouse.

Jack Balkins Plan, eine Platinmünze zu prägen, wurde zuerst in Balkin (2011) erwähnt, eine Diskussion darüber in Buchanan und Dorf (2012). Eine hervorragende Auseinandersetzung mit der aktuellen Politik in Argentinien bei Lupu (2016). Das Zitat von Kuznet stammt aus *Economist* (2019). Brian Barry entwickelte seine These der »wechselnden Mehrheiten« in Barry (1989).

4. Der Weg aus der Demokratiefalle

Zur Ausrufung einer »neuen Weltordnung«, angeführt von China und Russland, siehe Rachman (2022a). Rachman (2022b) ist eine ausgezeichnete Auseinandersetzung mit dem Thema in Buchform. Bücher, in denen argumentiert wird, die Wähler seien zu irrational oder zu schlecht informiert, um zu wählen, bei Caplan (2011) und Brennan (2017). Zu Demokratie und Technik siehe Reich, Sahami und Weinstein (2021). Zur Erfassung von Eliten siehe Hacker und Pierson (2005). Über die Märkte in Demokratien, Quadratisches Wählen und viele weitere spannende Innovationen siehe Posner und Weyl (2019).

Über die epistemische Demokratietheorie und ihre Verbindung zu Condorcets Jury-Theorem siehe List und Goodin (2001). Über Maos »Großen Sprung nach vorn« siehe Yang (1996, S. 65). Über die Weisheit der Vielen vs. Expertenwissen siehe Tetlock (2017). Über die Weisheit der Vielen und Wahlvorhersagen siehe Murr (2011, 2015, 2016) und Graefe (2014). Zur deliberativen Demokratie als Lösung für mehrgipfelige Präferenzen siehe Dryzek und List (2003). Über Bürgerversammlungen in Irland siehe Farrell, Suiter und Harris (2019). Über vTaiwan und Audrey Tang siehe Horton (2018) und Leonard (2020).

Zu Empathie und stigmatisierten Gruppen siehe Batson, Daniel, Polycarpou, Harmon-Jones et al. (1997). Zu Empathie und größerer Polarisierung siehe Simas, Clifford und Kirkland (2020). Über das strategische Wählen bei den Vorwahlen in den USA siehe Hillygus und Treul (2014). Über die Wahlpflicht in Österreich siehe Hoffman, León und Lombardi (2017), für Australien siehe Fowler (2013). Zu Lincoln und dem *Heresthetics*-Konzept siehe Riker (1986) und McLean (2002).

Zu den Vorteilen des Verhältniswahlrechts bei der Durchsetzung von Minderheitsinteressen in Zusammenhang mit Endlosschleifen siehe McGann (2006). Systeme mit Verhältniswahlen haben höhere öffentliche Ausgaben und linksgerichtete Regierungen, siehe dazu Crepaz (1998) und Iversen und Soskice (2006). Über Verhältniswahlen und geringere Ungleichheit siehe Lijphart (1999), allerdings mit dem Vorbehalt, dass Scheve und Stasavage (2009) feststellten, dass sich dies vor dem Zweiten Weltkrieg nicht bestätigt hat. Zu Verhältniswahlrecht und größerer politischer Stabilität siehe McGann (2006) und Nooruddin (2010).

TEIL II: GLEICHHEIT

5. Jeff Bezos fliegt ins All

Das BBC-Zitat über Bezos' Einkommen als ein Vielfaches des durchschnittlichen Gehalts von Amazon-Angestellten stammt von Kim Gittleson, der Wirtschaftskorrespondentin der BBC in New York, abrufbar unter www.bbc.co.uk/news/business-45717768. James Bloodworths packendes Buch *Hired* berichtet von seinen Erfahrungen im Amazon-Logistikzentrum in Rugeley (Bloodworth, 2018). Die Zahlen über das oberste 1 Prozent und die unteren 50 Prozent der Lohn- und Einkommensempfänger stammen von Piketty, Saez und Zucman (2018). Die Zahlen über die Vermögen der obersten 0,1 Prozent stammen aus Saez und Zucman (2020, S. 10).

6. Was bedeutet Gleichheit?

Dworkin entwickelt sein Konzept des »egalitären Plateaus« in Dworkin (1983). Kymlicka gibt in Kymlicka (2002, dt. 1996) eine umfassende Darstellung von Egalitarismustheorien, das Zitat findet sich auf S. 10. Amartya Sen analysiert die Beziehung zwischen Unparteilichkeit und Gleichheit sowie die zentrale Frage »Welche Gleichheit?«, *Equality of What?*, in Sen (1995). Über Spencers Besessenheit von physiognomischen Merkmalen siehe Gondermann (2007). Das Nietzsche-Zitat stammt aus Nietzsche (1997) (*Die fröhliche Wissenschaft*, Nr. 377, S. 252; Original 1882). Die Belege für die diversen Vorzüge einer geringeren Ungleichheit finden sich in Wilkinson und Pickett (2012, Kapitel 6, 8, 10): Beachten Sie, dass diese Zahlen lediglich auf Länderebene korrelieren – es ist deutlich schwieriger, herauszufinden, ob Veränderungen der Ungleichheit innerhalb der Länder die Lebensumstände verbessern. Eine aktuelle Analyse über Ungleichheit und Gesundheitsversorgung bei Lynch (2020). Die Zahlen über die Ungleichheit vor und nach Steuern stammen aus der Datenbank der OECD, Income Distribution Database (2022). Zu den Daten über die Ungleichheit im Bereich Gesundheit siehe Pfeffer und Waitkus (2021).

Scheidel entwickelt seine Idee der »großen Entegalisierung« in Scheidel (2017), wo er auch Beweise für die Ungleichheit in Jäger- und Sammlergesellschaften (S. 50 in der deutschen Ausgabe: Scheidel, 2018) liefert, ebenso die These, dass Krieg, Hungersnot und Seuchen die »großen Gleichmacher« seien. Die Angaben über die Ungleichheit in der Antike und im Mittelalter finden sich in Milanovic, Lindert und Williamson (2011), die die Begriffe der »Grenze der möglichen Ungleichheit« und des »Ungleichheitsextraktionsverhältnisses« entwickelt haben, welche messen, wie ungleich Gesellschaften werden können und wie nahe sie diesem Punkt kommen. Über wachsende Ungleichheit bei steigendem Lebensstandard im Mittelalter siehe Alfani (2015, 2017). Das klassische Argument, dass die wirtschaftliche Entwicklung die Ungleichheit unter anderem durch die Verstädterung verstärkt, stammt von Kuznets (1955) – eine interessante Analyse dieses Arguments bei Acemoglu und Robinson (2002). Kuznets vertrat auch die Meinung, dass die Ungleichheit mit fortschreitender Entwicklung abnehmen würde, wie es im 20. Jahrhundert der Fall war. Dass sie in der Folge wieder ansteigen würde, sagte er jedoch nicht voraus, wie Piketty (2016) feststellt. W. Arthur Lewis brachte ein ähnliches Argument über Verstädterung und Ungleichheit vor, siehe Lewis (1954, 1976) – die Ungleichheit nimmt zu, weil die Einkommen im entwickelten Zentrum in die Höhe schießen, außerhalb aber stagnieren.

Goldin und Margo (1992) entwickeln das Konzept der Großen Kompression. Scheve und Stasavage (2009) vertreten die These, dass Kriege und wirtschaftliche Depression die Hauptgründe für einen Rückgang der Ungleichheit sind, eine These, die auch Scheidel (2017) teilt. Goldin und Katz (2010) sind eine klassische Abhandlung über die gegensätzliche Wirkung von Bildung und technologischer Innovation auf die Ungleichheit. Rueda und Pontusson (2000) stellen Erkenntnisse über Lohnverhandlungen und Ungleichheit bereit. Die Zahlen über den Anteil des obersten 1 Prozent am Einkommen in den verschiedenen Ländern stammen von der World Inequality Database: https://wid. world. Milanovic legt einen sehr lesenswerten Beitrag über Ungleichheit und Globalisierung vor, siehe Milanovic (2016).

7. Die Gleichheitsfalle

Eine gute Zusammenfassung der Zielkonflikte im demokratischen Kapitalismus findet sich in Iversen (2010). Das Meltzer-Richard-Modell wird in Meltzer und Richard (1981) beschrieben. Der »Robin-Hood-Effekt« wird in Lindert (2004) dargestellt. G. A. Cohen entwickelte sein Konzept des »egalitären Ethos« in Cohen (1989), das er in Cohen (2008) erweiterte. Jonathan Wolff legt in Wolff (1998) eine ausgezeichnete Analyse vor. Okun (2015, Original 1975) führte die »Undichter Eimer«-Analogie des vermeintlichen Zielkonflikts zwischen Effizienz und Gleichheit ein. Hopkin und Blyth (2012) stellen eine hilfreiche Kritik vor und zeigen die Möglichkeit einer »Zielharmonie« neben dem »Zielkonflikt« (»Trade-in« vs. »Trade-off«) auf. Das Ausbleiben von ineffizienten Steuern vom Typ der »Laffer-Kurve«, wo höhere Steuern geringere Steuereinnahmen in der realen Welt bewirken, wird in Saez, Slemrod und Giertz (2012) untersucht. Der Trend weg »von der Mitte« durch rechte Parteien lässt sich in Hacker und Pierson (2005) sowie McCarty, Poole und Rosenthal (2016) nachvollziehen; Bonica, McCarty, Poole und Rosenthal (2013) stellen die These auf, dass dies zu einem »Gridlock-Effekt«, einem Stillstand, geführt habe, der die Ausweitung des Wohlfahrtsstaats schwierig macht. Das Konzept des *Opportunity Hoarding*, des Hortens von Chancen, entwickelte Charles Tilly in Tilly (1998), populär wurde es durch Reeves (2018) – eine hervorragende Auseinandersetzung damit findet sich in Valentino und Vaisey (2022).

Bernie Sanders' Zitat über Skandinavien und demokratischen Sozialismus ist abrufbar unter https://edition.cnn.com/2016/02/17/politics/bernie-sanders-2016-denmark-democratic-socialism/. Eine hilfreiche Abhandlung über den demokratischen Sozialismus und die Schwerpunktsetzung auf mitarbeiterbeteiligte Unternehmen im Gegensatz zur reinen Umverteilung bei Bolton (2020). Das Rehn-Meidner-Modell und der Meidner-Plan werden in einem Interview mit Meidner in Silverman (1998) erörtert, ebenso in Pontusson (1993), Pontusson und Kuruvilla (1992) sowie in Rothstein (2020). Zu Sanders' Eintreten für die Mitarbeiterbeteiligung siehe Matthews (2019). Die »Great-Gatsby-Kurve« wurde von Alan Krueger (2012) entwickelt. Zur starken Regulierung der Märkte in Italien siehe Hopkin und Blyth (2012), zur Rolle der *notai* siehe *Economist* (2015). Zur Unterdrückung afroamerikanischer Pioniere siehe Cook (2014).

Das redistributivistische Modell der Demokratisierung bezieht sich auf Boix (2003) sowie Acemoglu und Robinson (2006a). Die These, dass Demokratisierung eher stattfindet, wenn die Ungleichheit höher ist, stammt von Ansell und Samuels (2014). Zur Ungleichheit im China des 19. Jahrhunderts siehe Milanovic, Lindert und Williamson (2011). Die Diskussion über das Schicksal der Oligarchen unter Putin findet sich in Frye (2022, S. 9).

Kleven und Landais (2017) sowie Bertrand (2020) liefern eine hervorragende Analyse der Beschäftigungsquote von Frauen und des geschlechtsspezifischen Unterschieds bei den Gehältern in den einzelnen Ländern. Zum Gendergap nach Ländern, den Unterschieden bei der Hausarbeit, dem Lohnschock nach der Geburt eines Kindes und den Auswirkungen von COVID siehe die umfassende Studie von Andrew, Bandiera, Costa-Dias und Landais (2021). Zur Elternzeit für schwedische Männer siehe Haas und Hwang (2019) sowie Ekberg, Eriksson und Friebel (2013); zu Norwegen siehe Dahl, Løken und Mogstad (2014); zu Japan siehe Miyajima und Yamaguchi (2017). Die Schätzung, dass die Ungleichheit in den USA ohne die zunehmende assortative Paarung um 25 bis 30 Prozent niedriger wäre, stammt von Greenwood, Guner, Kocharkov und Santos (2014). Zur Verringerung der intergenerativen Mobilität durch assortative Paarung siehe Ermisch, Francesconi und Siedler (2006). Zur assortativen Paarung in Dänemark siehe Breen und Andersen (2012), für ebenfalls Dänemark sowie Deutschland, Norwegen und Großbritannien siehe Eika, Mogstad und Zafar (2019). Zum Vergleich zwischen Osteuropa und Skandinavien siehe Eeckhaut und Stanfors (2021). Das Zitat von Christine Schwartz bei Schwartz (2010, S. 1524 f.). Schwartz (2013) bietet einen hervorragenden Überblick über die assortative Paarung.

8. Der Weg aus der Gleichheitsfalle

Die Auseinandersetzung zwischen Larry Summers und Emmanuel Saez ereignete sich anlässlich der zweijährlich stattfindenden Tagung des Peterson Institute for International Economics zum Thema »Ungleichheit bekämpfen« am 17. Oktober 2019, wo ich zuvor einen Vortrag gehalten hatte. Ein Video des spannenden Austauschs ist unter www.piie.com/events/combating-inequality-rethinking-policies-reduce-inequality-advanced-economies abrufbar. Saez und Zucman (2019) stellen ihren »radikalen« Vermögenssteuerplan neben jenem von Warren und Sanders vor und geben Schätzungen des Vermögens von Milliardären nach verschiedenen politischen Maßnahmen an. Zu Schwedens hoher Vermögensungleichheit siehe Pfeffer und Waitkus (2021). Zu Pikettys globaler Vermögenssteuer siehe Piketty (2016, Kapitel 15). Larry Bartels' Analyse der öffentlichen Meinung und der Steuersenkungen unter Bush siehe Bartels (2005, 2016). Die britische Umfrage aus dem Jahr 2015 über die Gerechtigkeit verschiedener Steuern stammt von YouGov, https://yougov.co.uk/topics/politics/articles-reports/2015/03/19/inheritance-tax-most-unfair. Meine eigene Studie über Vergünstigungen bei der Erbschaftssteuer bei Elkjaer, Ansell, Bokobza et al. (2022). Zum Anteil britischer Nachlässe, auf die Erbschaftssteuer erhoben wird, siehe: www.gov.uk/government/statistics/inheritance-tax-statistics-commentary/inheritance-tax-statistics-commentary. Zum Online-Laborversuch zur Besteuerung von Einkommen bzw. Vermögen siehe Ansell, Bokobza, Cansunar et al. (2022). Über den geringen Anteil, den Erbschaften an den lebenslangen Geldzuflüssen haben, siehe Black, Devereux, Landaud und Salvanes (2022).

Die Gefahren und Chancen einer Robotersteuer werden in Seamans (2021) erläutert. Belege für die Ablösung von Arbeitnehmern durch Roboter bei Acemoğlu und Restrepo (2020). Das Konzept der »Prädistribution« stammt von Jacob Hacker, siehe Hacker, Jackson und O'Neill (2013). Eine hervorragende Diskussion über soziale Investitionen und sozialen Konsum findet sich in der Einleitung von Baramendi, Häusermann, Kitschelt und Kriesi (2015), siehe auch mein Kapitel über die Politik der sozialen Investition mit Jane Gingrich in Gingrich und Ansell (2015). Über die Schieflage bei den Ausgaben für Hochschulbildung siehe Ansell (2008a, 2008b, 2010). Über inadäquat beschäftigte Akademiker siehe Ansell und Gingrich (2017). Über das deutsche Bildungssystem und die Bedeutung ergänzender Einrichtungen siehe Hall und Soskice (2001), und im Vergleich zu Großbritannien siehe Thelen (2004). Das Zitat von David Soskice stammt aus www.ft.com/content/f8bacb60-d640-11e4-b3e7-00144feab7de.

TEIL III: SOLIDARITÄT

9. Obamacare

Die Nachrichtenberichte über die Verunglimpfungen der Kongressabgeordneten Lewis, Carson und Cleaver stammen von CBS: www.cbsnews.com/news/rep-protesters-yelled-racial-slurs/ und, mit einem längeren Zitat aus Cleavers Büro, von der *New York Times*: https://prescriptions.blogs.nytimes.com/2010/03/20/spitting-and-slurs-directed-at-lawmakers/. Das Zitat von Clyburn, er habe solche Beleidigungen zuletzt 1960 gehört, siehe unter www.politico.com/story/2010/03/dems-say-protesters-used-n-word-034747. Die Zahlen zu den Gesundheitsausgaben in den USA und anderen Ländern stammen von der Weltbank, abrufbar unter https://data.worldbank.org: Indikatoren SH.XPD.CHEX.PC.CD und SH.XPD.GHED.GD.ZS. Zu Daten über den Prozentsatz an Nichtversicherten siehe Cohen, Terlizzi und Martinez (2019) sowie www.census.gov/library/publications/2021/demo/p60-274.html. Zur Geschichte des US-Gesundheitssystems und der Rolle von Steuervergünstigungen siehe Thomasson (2003) sowie Catlin und Cowan (2015). Über das Scheitern der Gesundheitsreform von Clinton siehe Hacker (1999). Über die Entstehung von Medicare in den USA und des NHS in Großbritannien siehe Jacobs (2019). Über den Ausbau von Medicaid und die öffentliche Meinung nach Hautfarbe siehe Grogan und Park (2017) sowie Michener (2018).

10. Was bedeutet Solidarität?

Émile Durkheim entwickelt sein Konzept der organischen und mechanischen Solidarität in Durkheim (1992, frz. Erstausgabe 1893). Eine interessante Analyse des Zusammenhangs mit sozialer Gerechtigkeit bei Herzog (2018). Allgemeine Darstellungen der verschiedenen Komponenten eines Wohlfahrtsstaates und seiner Entwicklung bei Esping-Andersen (1990) und de Swaan (1988). Über die mögliche Unterstützung der Sozialversicherung durch die Reichen siehe Moene und Wallerstein (2001) sowie Iversen und Soskice (2001). Die »Dekommodifizierung« wurde von Esping-Andersen (1990) entwickelt. Die Daten über die Sozialausgaben stammen von der OECD-Datenbank Social Expenditure Database (SOCX) für das Jahr 2017: abrufbar unter www.oecd.org/social/expenditure.htm. Die Daten über Spenden kommen von der Charities Aid Foundation 2016. Die Angaben über die Höhe der Renten stammen von McInnes (2021). Länderspezifische Informationen über den Anspruch auf Arbeitslosenunterstützung finden Sie unter https://ec.europa.eu/social/main.jsp?catId=858&langId=en. Die Geschichte der Solidarität zeichnen de Swaan (1988) nach sowie Ansell und Lindvall (2021), die den Begriff der »Eroberung nach innen« entwickelten. Das Zitat von Tilly stammt aus

Tilly (1975). Eine ausgezeichnete Darstellung des Anstiegs der Sozialausgaben bei Lindert (2004).

11. Die Solidaritätsfalle

Über optimistische Verzerrung (*Optimism Bias*) und Gesundheitsrisiken siehe Bränström und Brandberg (2010). Zu Kreditbeschränkungen und Zugang zu Hochschulbildung siehe Barr (2012). Barr (2001) legt eine hervorragende Einführung in die Politische Ökonomie des Wohlfahrtsstaates vor einschließlich adverser Selektion und Moral Hazard. Das großartige Buch von John Hills über Kosten und Nutzen des Wohlfahrtsstaates im Lauf eines Lebens ist Hills (2017). Das Beispiel von FDR und der Sozialversicherung stammt von Jacobs (2011, Kapitel 5). Tony Blairs »Baby Bonds« waren inspiriert von einem Konzept aus »Die Stakeholder-Gesellschaft«, einem Gegenmodell zum bedingungslosen Grundeinkommen, das vorsieht, allen Amerikanern bei der Geburt 80 000 US-Dollar zu überlassen; siehe Ackerman und Alstott (1999, dt. 2001).

Eine interessante Darstellung von Linda Taylor bei Kohler-Hausmann (2007). Martin Gilens' Analyse von politischen Maßnahmen entsprechend der Hautfarbe im US-Sozialsystem bei Gilens (2003, 2009). Die Literatur aus dem Gebiet der Politischen Ökonomie über ethnische Vielfalt und Sozialausgaben ist sehr umfangreich. Siehe Alesina und Glaeser (2004), Lieberman (2003), Habyarimana, Humphreys, Posner und Weinstein (2007) sowie Singh und vom Hau (2016). Miguel und Gugerty (2005) untersuchen die Mittelbeschaffung an öffentlichen Schulen in Kenia. Den Zusammenhang von ethnischer Vielfalt und dem Einkommen der Gruppen untersuchen Baldwin und Huber (2010). Über ethnische Vielfalt und Sozialhilfe in Form von Sachleistungen siehe Dancygier (2010); zum Wiener Modell des öffentlichen Wohnungsbaus siehe Cavaille und Ferwerda (2022). Schellings berühmtes Segregationsmodell findet sich in Schelling (2006, Ersterscheinung 1978). Kinder und Kam (2010) ist das Standardwerk über Ethnozentrismus und öffentliche Meinung, auch in Bezug auf die soziale Sicherheit und Entwicklungshilfe in den USA. Über die Haltung zur Entwicklungszusammenarbeit in Europa siehe Heinrich, Kobayashi und Bryant (2016). Über zivilgesellschaftlichen Nationalismus und die indische Landkarte in den Nationalfarben siehe Charnysh, Lucas und Singh (2015). Über das Wahlverhalten der weißen Arbeiterschicht und ihre Unterstützung für die radikale Rechte siehe Gest (2016) sowie Gest, Reny und Mayer (2018).

Über die Panama Papers und Steuerhinterziehung in Norwegen siehe Alstadsæter, Johannesen und Zucman (2019). Zum Schaden von sechs Milliarden Pfund durch Betrug bei Corona-Hilfen in Großbritannien siehe unter www.theguardian.com/world/2022/feb/11/hmrc-accused-of-ignorance-and-inaction-over-6bn-covid. Der riesige Corona-Hilfe-Betrug in Oklahoma ist abrufbar unter www.justice.gov/opa/pr/woman-pleads-guilty-438-million-covid-19-relief-fraud-scheme. Die überhöhten Schätzungen von Sozialleistungsbetrug in Großbritannien stellt Geiger (2018) vor. Die Schätzungen zu Adipositas und dem Zusammenhang mit den Todesfällen stammen vom Global Health Observatory der WHO bzw. IHME, Global Burden of Disease 2019; abrufbar unter https://ourworldindata.org/obesity. Über das Ausmaß, in dem Moral Hazard den Zusammenhang zwischen hohen Zahlungen bei Arbeitslosigkeit und der Dauer des Leistungsbezugs erklärt, siehe Chetty (2008). Zum positiven Verhältnis zwischen großzügigen Arbeitslosenbezügen und den Beschäftigungszahlen im Vergleich verschiedener Länder siehe Pontusson (2005). Der positive Zusammenhang zwischen großzügigen Leistungen bei Arbeitslosigkeit und der Investition in Zusatzqualifikationen stammt von Estevez-Abe, Iversen und Soskice (2001). Meine empirische Untersuchung dieser These findet sich in Ahlquist und Ansell (2022). Das Scheitern des britischen *Help-to-Buy*-Programms wird in Carozzi, Hilber und Yu (2020) analysiert. Über die Wahl der Schule und Absonderungsbewegungen in England und Wales siehe Gingrich und Ansell (2014). Über Wanderungsbewegungen ganz allgemein siehe den grundlegenden Aufsatz von Tiebout (1956).

12. Der Weg aus der Solidaritätsfalle

Das beste Buch zur Einführung des bedingungslosen Grundeinkommens (BGE), das auch Fälle früher Versuchsprojekte enthält, einschließlich Dauphin (MB), stammt von einem der maßgeblichen Befürworter dieser Politik, Standing (2017). Bidadanure (2019) hat eine sehr fundierte Auseinandersetzung mit der politischen Theorie des BGE vorgelegt. Sloman (2018) bietet eine interessante Auseinandersetzung mit dem BGE in Großbritannien und darüber hinaus. Der maßgebliche Erfinder des BGE ist Philippe van Parijs – eine gute Retrospektive siehe van Parijs (2017). Ein konservativer Plan eines BGE, das den Wohlfahrtsstaat ausdrücklich ersetzen soll, findet sich in Murray (2016). Die Gefahr von Künstlicher Intelligenz und Big Data für das existierende Versicherungsmodell wird in Iversen und Rehm (2022) sehr übersichtlich dargestellt.

Korpis und Palmes Paradox der Umverteilung entwickelten sie in Korpi und Palme (1998). Das umfassendste und überzeugendste Plädoyer für den universalistischen Ansatz und sein Potenzial, die Mittelschicht »einzukaufen«, bei Rothstein (1998). Die geschätzten Kosten für Kinderbetreuung in den USA finden Sie unter www.epi.org/child-care-costs-in-the-united-states/#/MA. Zum »untergetauchten« amerikanischen Wohlfahrtsstaat siehe Mettler (2011) und zum »unsichtbaren« siehe Howard (1999). Gingrich (2014) zeigt, wie die »Sichtbarkeit« des Wohlfahrtsstaates hilft, die Bürger für Politik zu interessieren.

Bleemer (2021) stellt fest, dass der kalifornische ELC die Zahl der Studierenden aus einkommensschwachen Schichten und Minderheiten an der UC erhöht hat. Die Beobachtung, dass Studierende, die in das UT-System aufgenommen wurden, bessere Bildungsergebnisse und höhere Einkommen hatten, bei Black, Denning und Rothstein (2020). Cullen, Long und Reback (2013) fanden heraus, dass Eltern umziehen, nur damit ihre Kinder in eine andere Schule wechseln können, die ihnen den Zugang zur Universität erleichtert.

TEIL IV: SICHERHEIT

13. Lockdown

Mein Dank gilt David Adler und Yuan Yang, die von ihren COVID-Erfahrungen berichteten. Die Gesamtzahlen der Todesfälle in China, Italien und den USA, die auf COVID-19 zurückzuführen sind, stammen von der WHO: https://covid19. who.int. Kristi Noem wird in Levenson (2020) zitiert. Der Berichte über Sturgis in der *New York Times* ist abrufbar unter www.nytimes.com/2020/11/06/us/ sturgis-coronavirus-cases.html. Meine Studie über Skepsis gegenüber der Corona-Impfung und Kontaktbeschränkungen in Ansell, Bauer, Gingrich und Stilgoe (2021). Die länderübergreifende Analyse zum Umgang mit Kontaktbeschränkungen in Ansell, Cansunar und Elkjaer (2021).

14. Was bedeutet Sicherheit?

Zu den negativen psychischen Effekten des Lebens in einem von Unruhen geprägten Viertel siehe Hill, Ross und Angel (2005). Zur Tatsache, dass Frühgeburten in Gegenden mit hoher Kriminalität häufiger vorkommen, siehe Messer, Kaufman, Dole et al. (2006). Olsons Begriff des »stationären Räubers« stammt aus Olson (1993). Zum Konzept des *hue and cry* im Mittelalter siehe Müller (2005). Zu den Anfängen von Polizei und Gefängnissen sowie für das Zitat von Daniel Defoe siehe Ansell und Lindvall (2021, S. 68). Das seltsame Buch über Gefängnisse in meinem Büro stammt von Johnston (2000). Die beste vergleichende Analyse der Geschichte der Gefängnisse stammt von Morris und Rothman (1998). Strafstatistiken aus dem frühen 19. Jahrhundert stammen aus Ansell und Lindvall (2021, S. 97). Über das Eastern State Penitentiary siehe Rubin (2021). Michel Foucaults Analyse des Spektakels frühneuzeitlicher Strafmaßnahmen in Foucault (1977). Gute Übersichten über die Ursprünge der Polizeiarbeit sind Bayley (1990) und Emsley (2014). Für das abfällige Zitat aus dem *Daily Universal Register* und zu den Ursprüngen der Polizei siehe Ansell und Lindvall (2021, Kapitel 3). Pinker vertritt seine These eines immer umfassenderen Friedens in Pinker (2011), Braumoeller antwortet in Braumoeller (2019).

15. Die Sicherheitsfalle

Das spieltheoretische Konzept, im Kontext mit Beschützern einen Kreis zu schließen, geht auf Binmore (2004) zurück. Die Anekdote mit dem Dichtungsring hat Kremer (1993) zu einer Theorie inspiriert. Die Demokratie als Lösung für dieses Problem geht auf Hurwicz (2008) zurück. Der Bericht des Justizministeriums über Ferguson, MO, kann in Shaw und United States (2015) nachgelesen werden. Quasimoralische Normen werden in Elster (2015) untersucht. Die Amtszeit von Antanas Mockus als Bürgermeister von Bogotá wird in Pasotti (2010) untersucht. Zur Analyse von Peter Leeson zu Somalia siehe Leeson (2007). Die Zahlen über somalische Flüchtlinge seit Beginn des Bürgerkrieges stammen von den Vereinten Nationen, abrufbar unter www.un. org/development/desa/pd/content/international-migrant-stock. Zum Jante-Gesetz als Untermauerung der sozialen Gleichheit in Dänemark siehe Uslaner (2017). Die norwegischen Soziologen Cappelen und Dahlberg (2018) haben herausgefunden, dass das Jante-Gesetz das Vertrauen der Menschen schmälert. Robert Putnam entwickelt seine Theorie des sozialen Kapitals in Putnam (1992, 2000).

Zur Abneigung bestehender Eliten gegen den technologischen Wandel siehe Acemoglu und Robinson (2006b). Schumpeter entwickelte das Konzept der »schöpferischen Zerstörung«, siehe Schumpeter (2013, Ersterscheinung 1942). Ja, in dem gleichen Buch, in dem er auch »Demokratie« definierte! James C. Scotts Analyse, wie die Bürger für die Staaten, in denen sie leben, »lesbar« werden, in Scott (2008), seine Erkenntnisse über die Menschen in Zomia in Scott (2010, S. 9). Der wichtigste Fürsprecher von *Charter Cities* ist Paul Romer in Romer (2010). In Sagar (2016) findet sich eine fundierte Kritik an ihrer Legitimität.

16. Der Weg aus der Sicherheitsfalle

Zum Rückgang von Verkehrsunfällen in Großbritannien, der auf Radarkameras zurückzuführen ist, siehe Gains, Heydecker, Shrewsbury und Robertson (2004). Zur Reduktion der Geschwindigkeitsübertretungen in der Nähe von Schulen in Seattle siehe Quistberg, Thompson, Curtin et al. (2019). Die unabhängige Überprüfung des Londoner Gesichtserkennungssystems findet sich in Fussey und Murray (2019). Yuan Yang von der *Financial Times* gab mir einen sehr hilfreichen Leitfaden an die Hand, was Chinas Sozialkreditsystem kann und was nicht. Xin Yuan Wangs Befragungen chinesischer Bürger über das Sozialkreditsystem kann man in Wang (2019) nachlesen. Rogier Creemers liefert eine ausgezeichnete Auseinandersetzung mit dem Sozialkredit in Creemers (2018). Das Problem, dass vorausschauende Polizeiarbeit zu »Staatsabhängigkeit« führt, wird in Lum und Isaac (2016) erörtert.

Die einjährige Studie über Bodycams in Rialto wird in Ariel, Farrar und Sutherland (2015) vorgestellt. Zum Nachweis, dass Bodycams in ganzen Polizeibehörden Zurückhaltung bewirken können, siehe Kim (2019), und zum Verhältnis zwischen Bodycams und den Berichten auf Social Media siehe Kim (2022). James Comey hielt seine Rede, in der er seine Besorgnis über zunehmende Passivität in der Polizeiarbeit äußerte, am 23. Oktober 2015 an der University of Chicago Law School. Zur Untersuchung in Spokane zum Thema zunehmender Passivität bei der Polizeiarbeit siehe Wallace, White, Gaub und Todak (2018). Eine wertvolle Analyse der Argumente für *Defund the Police* bei Cobbina-Dungy und Jones-Brown (2021).

Es gibt verschiedene Versionen des »demokratischen Friedens«, darunter Russett (1994), Owen (1994) sowie Tomz und Weeks (2013). Der »kapitalistische Frieden« geht zurück auf Gartzke (2007). Die Passage über die Ukraine und die NATO stützt sich auf Frye (2022, S. 162 f.). Eine ausgezeichnete Analyse von LAWS bei Horowitz (2019).

TEIL V: WOHLSTAND

17. Paris

Ich danke Thomas Hale für die Schilderung seiner Erfahrungen beim Pariser Klimaabkommen. Das Zitat von Laurent Fabius: »Staaten sind keine kaltblütigen Monster«, ist nachzulesen unter www.ft.com/content/c2a54a0e-89fb-11e5-90de-f44762bf9896. Den Vergleich des Berichtsentwurfs mit der Apartheid siehe unter https://mg.co.za/article/2015-10-20-south-africa-compares-global-climate-plan-to-apartheid/. Die in Prozent der globalen Emissionswerte angegebenen Emissionswerte stammen von Climate Trace: https://climatetrace. org/. Die These vom Erfolg des Pariser Klimaabkommens aufgrund des Ermessensspielraums und seiner Unbestimmtheit stammt aus Keohane und Oppenheimer (2016).

18. Was bedeutet Wohlstand?

Coyle (2015) bereitet die Geschichte des BIP unterhaltsam und informativ auf, darunter auch die Anekdote über Italiens informellen Wirtschaftszweig. Sie bespricht auch umfassend, was das BIP weglässt. Aktuelle Angaben zum Big-Mac-Index siehe www.economist.com/big-mac-index. Auf der interaktiven Karte des IWF unter www.imf.org/external/datamapper/PPPPC@WEO/OEMDC/ADVEC/WEOWORLD sieht man, wie sich die Kaukraftparität in den einzelnen Ländern unterscheidet. Angus Maddisons Schätzungen historischer

BIPs in Maddison (2006). Sen entwickelte seinen Ansatz, die Möglichkeiten zu betrachten, in Sen (1985). Der Wohlstandsindex von Kuznets wird in Coyle (2015) diskutiert. Die Vorteile für Politiker, vor Wahlen das Wirtschaftswachstum anzukurbeln, werden in Tufte (1978) sowie in Duch und Stevenson (2008) besprochen. Zum Nettonationaleinkommen (NNE) siehe Weitzman (2017). Zur deutschen Übersetzung des Brundtland-Berichts siehe Hauff (1987). Zur Auseinandersetzung von Arrow und Kollegen mit der Nachhaltigkeit siehe Arrow, Dasgupta, Goulder et al. (2004).

Eine Auseinandersetzung mit der Malthusianischen Falle bei Allen (2003). Zu den Wachstumsraten siehe Maddison (2006) und Pritchett (1997). Einen hilfreichen Überblick über die verschiedenen Phasen der Wachstumstheorie findet sich in Acemoglu (2008). Acemoglu, Johnson und Robinson (2001, 2002) entwickeln die Theorie der Wohlstandswende. Acemoglu und Robinson (2012) stellen das Konzept der inklusiven versus extraktiven, ausbeuterischen Institutionen vor. Zur Geschichte der Glorious Revolution und einer glaubwürdigen parlamentarischen Kontrolle siehe North und Weingast (1989).

19. Die Wohlstandsfalle

Hervorragende Einführungen in die Spieltheorie bieten Gibbons (1992) und Kydd (2015). Eine populäre Einführung bei Dixit und Nalebuff (1993). Zur Steuerhinterziehung in Süditalien siehe Galbiati und Zanella (2012). Zu »Wie du mir, so ich dir«/*Tit for Tat* siehe Axelrod (1987). Mit den *Leges Marchiarum* befasst sich Leeson (2009). Die Verlängerung des »Schattens der Zukunft« war in den internationalen Beziehungen der 1980er-Jahre ein wichtiges Diskussionsthema; siehe Axelrod und Keohane (1985). Olson entwickelte seine Theorie des kollektiven Handelns in seinem bahnbrechenden Werk Olson (1965), einem der bedeutendsten Bücher in der Politischen Ökonomie. Die Diskussion über die NATO und kollektives Handeln geht auf Olson und Zeckhauser (1966) zurück. Das Beispiel mit dem Büffelmozzarella stammt von Locke (2001). Zur These, dass der Klimawandel ein Verteilungsproblem – und kein Problem kollektiven Handelns – ist, siehe Aklin und Mildenberger (2020) sowie Colgan, Green und Hale (2021). Der Begriff »katalytische Zusammenarbeit« stammt von Hale (2020).

Die klassische Analyse der »Holländischen Krankheit« in Corden (1984). Zur Steuerbehörde in Saudi-Arabien siehe Chaudhry (1997). Der klassische Beitrag über den Ressourcenfluch ist Ross (2001). Über die geringeren Bildungsausgaben in Öl fördernden Ländern siehe Ansell (2010). Laut Ross (2008) ist es nicht der Islam, sondern das Öl, das die geringere Beteiligung von Frauen an der Politik im Nahen Osten verursacht. Mit den Versuchen einiger Golfstaaten, sich mithilfe von Bildung und kulturellen oder sportlichen Events zu modernisieren, befasst sich Jones (2015, 2017). Die Südseeblase und die Möglichkeit, sie zu »reiten«, werden in Temin und Voth (2004) behandelt. Das Zitat von Sir Gilbert Heathcote stammt aus Hoppit (2002). Von den Erfahrungen El Salvadors mit Bitcoin berichtet die *New York Times*, abrufbar unter www.nytimes.com/2021/10/07/world/americas/bitcoin-el-salvador-bukele.html.

20. Der Weg aus der Wohlstandsfalle

Über die »diversifizierte Qualitätsproduktion« in Deutschland siehe Sorge und Streeck (2018). Mazzucato entwickelt ihre Idee des »unternehmerischen Staats« in Mazzucato (2011). Eine hervorragende Analyse der Innovationspolitik in Finnland und in Skandinavien bei Ornston (2013) sowie in Breznitz und Ornston (2013). Breznitz (2021) analysiert die Bedeutung der »Tech Teens« und den Erfolg von Giant. Eine gute Erklärung des Erfolgs des norwegischen Modells des Ressourcenmanagements findet sich in Holden (2013). Die »steuerliche« Lösung für die Ungleichheit und Kreditblasen stammt von Ahlquist und Ansell (2017). Der Vergleich zwischen kanadischen und amerikanischen Banken stammt von Calomiris und Haber (2015). Über den Vergleich von CO_2-Steuern und *Cap-and-Trade*-Systemen wird eine breite Debatte geführt, eine hilfreiche Zusammenfassung gibt Stavins (2019). Die CO_2-Steuer in British Columbia und ihre Wirksamkeit werden in Harrison (2013) analysiert. Die Unterstützung in der Bevölkerung für eine CO_2-Steuer, wenn andere Länder ebenfalls eine solche Steuer einführen, zeigen Bechtel, Scheve und van Lieshout (2019). Wie man Unterstützung für eine CO_2-Steuer erzeugt, untersuchen Gaikwad, Genovese und Tingley (2022). Eine Übersichtsstudie zu einer globalen CO_2-Steuer stammt von Carattini, Kallbekken und Orlov (2019).

WIE POLITIK GELINGEN KANN

Zusätzliche Vorteile des Verhältniswahlrechts werden in McGann (2006) ausführlich erörtert. Die Berechnung des Verlusts, der Großbritannien durch das Fehlen eines Staatfonds entsteht, stammt aus Atkinson und Hamilton (2020).

BIBLIOGRAFIE

Acemoglu, Daron (2008). *Introduction to Modern Economic Growth*. Princeton: Princeton University Press.

Acemoglu, Daron, Simon Johnson und James A. Robinson (2001). »The colonial origins of comparative development: An empirical investigation«. *American Economic Review* 91.5: 1369–1401.

Acemoglu, Daron, Simon Johnson und James A. Robinson (2002). »Reversal of fortune: Geography and institutions in the making of the modern world income distribution«. *The Quarterly Journal of Economics* 117.4: 1231–1294.

Acemoglu, Daron, Suresh Naidu, Pascual Restrepo und James Robinson (2019). »Democracy does cause growth«. *Journal of Political Economy* 127.1: 47–100.

Acemoglu, Daron, und Pascual Restrepo (2020). »Robots and jobs: Evidence from US labor markets«. *Journal of Political Economy* 128.6: 2188–2244.

Acemoglu, Daron, und James A. Robinson (2002). »The political economy of the Kuznets curve«. *Review of Development Economics* 6.2: 183–203.

Acemoglu, Daron, und James A. Robinson (2006a). *Economic Origins of Dictatorship and Democracy*. Cambridge: Cambridge University Press.

Acemoglu, Daron, und James A. Robinson (2006b). »Economic backwardness in political perspective«. *American Political Science Review* 100.1: 115–131.

Acemoglu, Daron, und James A. Robinson (2012). *Why Nations Fail: The Origins of Power, Prosperity, and Poverty*. New York: Crown Publishers. [dt. (2013). *Warum Nationen scheitern: Die Ursprünge von Macht, Wohlstand und Armut*. Frankfurt/Main: S. Fischer.]

Ackerman, Bruce, und Anne Alstott (1999). *The Stakeholder Society*. Yale University Press. [dt. (2001). *Die Stakeholder-Gesellschaft: Ein Modell für mehr Chancengleichheit*. Frankfurt/Main: Campus-Verlag.]

Adler, David, und Ben W. Ansell (2020). »Housing and populism«. *West European Politics* 43.2: 344–365.

Aelst, Peter van, und Tom Louwerse (2014). »Parliament without government: The Belgian parliament and the government formation processes of 2007–2011«. *West European Politics* 37.3: 475–496.

Ahlquist, John S., und Ben W. Ansell (2017). »Taking credit: Redistribution and borrowing in an age of economic polarization«. *World Politics* 69.4: 640–675.

Ahlquist, John S., und Ben W. Ansell (2022). »Unemployment insurance, risk, and the acquisition of specific skills: An experimental approach«. Working Paper.

Aidt, Toke, Felix Grey und Alexandru Savu (2021). »The meaningful votes: Voting on Brexit in the British House of Commons«. *Public Choice* 186.3: 587–617.

Aklin, Michaël, und Matto Mildenberger (2020). »Prisoners of the wrong dilemma: Why distributive conflict, not collective action, characterizes the politics of climate change«. *Global Environmental Politics* 20.4: 4–27.

Alesina, Alberto, und Edward Glaeser (2004). *Fighting Poverty in the US and Europe: A World of Difference*. Oxford: Oxford University Press.

Alfani, Guido (2015). »Economic inequality in northwestern Italy: A long-term view (fourteenth to eighteenth centuries)«. *The Journal of Economic History* 75.4: 1058–1096.

Alfani, Guido (2017). »The rich in historical perspective: evidence for preindustrial Europe (ca. 1300–1800)«. *Cliometrica* 11.3: 321–348.

Allen, Robert C. (2003). »Progress and poverty in early modern Europe«. *The Economic History Review* 56, Nr. 3: 403–443.

Alstadsæter, Annette, Niels Johannesen und Gabriel Zucman (2019). »Tax evasion and inequality«. *American Economic Review* 109.6: 2073–2103.

Anderson, Christopher J., Andre Blais, Shane Bowler et al., Hg. (2005). *Losers' Consent: Elections and Democratic Legitimacy*. Oxford: Oxford University Press.

Andrew, Alison, Oriana Bandiera, Monica Costa-Dias und Camille Landais (2021). »Women and men at work«. *IFS Deaton Review of Inequalities*.

Ansell, Ben W. (2008a). »Traders, teachers, and tyrants: Democracy, globalization, and public investment in education«. *International Organization* 62.2: 289–322.

Ansell, Ben W. (2008b). »University challenges: Explaining institutional change in higher education«. *World Politics* 60.2: 189–230.

Ansell, Ben W. (2010). *From the Ballot to the Blackboard: The Redistributive Political Economy of Education*. Cambridge: Cambridge University Press.

Ansell, Ben W. (2014). »The political economy of ownership: Housing markets and the welfare state«. *American Political Science Review* 108.2: 383–402.

Ansell, Ben W. (2019). »The politics of housing«. *Annual Review of Political Science* 22.1: 165–185.

Ansell, Ben W., Martin Bauer, Jane Gingrich und Jack Stilgoe (2021). »Coping with Covid: Two wave survey«. Working Paper, https://rpubs.com/benwansell/729135.

Ansell, Ben W., Laure Bokobza, Asli Cansunar et al. (2022). »How do wealth and income affect individuals' attitudes towards redistribution and taxation?«. Working Paper.

Ansell, Ben, Asli Cansunar und Mads Andreas Elkjaer (2021). »Social distancing, politics and wealth«. *West European Politics* 44.5–6: 1283–1313.

Ansell, Ben und Jane Gingrich (2017). »Mismatch: University education and labor market institutions«. *PS: Political Science & Politics* 50.2: 423–425.

Ansell, Ben, Frederik Hjorth, Jacob Nyrup und Martin Vinæs Larsen (2022). »Sheltering populists? House prices and the support for populist parties«. *The Journal of Politics* 84.3: 1420–1436.

Ansell, Ben W., und Johannes Lindvall (2021). *Inward Conquest: The Political Origins of Modern Public Services.* Cambridge: Cambridge University Press.

Ansell, Ben W., und David J. Samuels (2014). *Inequality and Democratization.* Cambridge: Cambridge University Press.

Ariel, Barak, William A. Farrar und Alex Sutherland (2015). »The effect of police body-worn cameras on use of force and citizens' complaints against the police: A randomized controlled trial«. *Journal of Quantitative Criminology* 31.3: 509–535.

Arrow, Kenneth J. (1950). »A diffculty in the concept of social welfare«. *Journal of Political Economy* 58.4: 328–346.

Arrow, Kenneth J. (1951). *Social Choice and Individual Values.* New Haven: Yale University Press.

Arrow, Kenneth, Partha Dasgupta, Lawrence Goulder et al. (2004). »Are we consuming too much?«. *Journal of Economic Perspectives* 18.3: 147–172.

Atkinson, Giles, und Kirk Hamilton (2020). »Sustaining wealth: Simulating a sovereign wealth fund for the UK's oil and gas resources, past and future«. *Energy Policy* 139: 111–273.

Austen-Smith, D., und J. Banks (1996). »Information aggregation, rationality, and the Condorcet jury theorem«. *American Political Science Review*, 90.1: 34–45.

Axelrod, Robert (1984). *The Evolution of Cooperation.* New York: Basic Books. [dt. (1987). *Die Evolution der Kooperation.* München: Oldenbourg Verlag.]

Axelrod, Robert, und Robert O. Keohane (1985). »Achieving cooperation under anarchy: Strategies and institutions«. *World Politics* 38.1: 226–254.

Baldwin, Kate, und John D. Huber (2010). »Economic versus cultural differences: Forms of ethnic diversity and public goods provision«. *American Political Science Review* 104.4: 644–662.

Balkin, Jack (2011). »3 ways Obama could bypass Congress«. CNN-Website, 28. Juli 2011. https://edition.cnn.com/2011/OPINION/07/28/balkin. obama.options/.

Barr, Nicholas Adrian (2001). *The Welfare State as Piggy Bank: Information, Risk, Uncertainty, and the Role of the State.* Oxford: Oxford University Press.

Barr, Nicholas (2012). »The higher education White Paper: The good, the bad, the unspeakable – and the next White Paper«. *Social Policy & Administration* 46.5: 483–508.

Barry, Brian (1989). *Democracy, Power, and Justice: Essays in Political Theory.* Bd. 1. Oxford: Oxford University Press.

Bartels, Larry M. (2005). »Homer gets a tax cut: Inequality and public policy in the American mind«. *Perspectives on Politics* 3.1: 15–31.

Bartels, Larry M. (2016). *Unequal Democracy.* Princeton: Princeton University Press.

Batson, C. Daniel, M. P. Polycarpou, E. Harmon-Jones et al. (1997). »Empathy and attitudes: Can feeling for a member of a stigmatized group improve feelings toward the group?«. *Journal of Personality and Social Psychology* 72.1: 105.

Bayley, David H. (1990). *Patterns of Policing: A Comparative International Analysis.* New Brusnwick: Rutgers University Press.

Bechtel, Michael M., Kenneth Scheve und Elisabeth van Lieshout (2019). »What determines climate policy preferences if reducing greenhouse-gas emissions is a global public good?« SSRN 3 472 314.

Beramendi, Pablo, Silja Häusermann, Herbert Kitschelt und Hanspeter Kriesi, Hg. (2015). *The Politics of Advanced Capitalism.* Cambridge: Cambridge University Press.

Bertrand, Marianne (2020). »Gender in the twenty-first century«. *AEA Papers and Proceedings* 110: 1–24.

Bidadanure, Juliana Uhuru (2019). »The political theory of universal basic income«. *Annual Review of Political Science* 22: 481–501.

Binmore, Ken (2004). »Reciprocity and the social contract«. *Politics, Philosophy & Economics* 3.1: 5–35.

Black, Duncan (1948). »On the rationale of group decision-making«. *Journal of Political Economy* 56.1: 23–34.

Black, Sandra E., Jeffrey T. Denning und Jesse Rothstein (2020). *Winners and Losers? The Effect of Gaining and Losing Access to Selective Colleges on Education and Labor Market Outcomes.* No. w26821. Cambridge, Mass.: National Bureau of Economic Research.

Black, Sandra, Paul Devereux, Fanny Landaud und Kjell Salvanes (2022). *The (Un)Importance of Inheritance*. Nr. w29693. Cambridge, Mass.: National Bureau of Economic Research.

Bleemer, Zachary (2021). »Top percent policies and the return to post-secondary selectivity«. *Research & Occasional Paper Series: CSHE 1.*

Bloodworth, James (2018). *Hired: Six Months Undercover in Low-Wage Britain*. Atlantic Books.

Boix, Carles (2003). *Democracy and Redistribution*. Cambridge: Cambridge University Press.

Bolton, Matt (2020). »›Democratic socialism‹ and the concept of (post) capitalism«. *The Political Quarterly* 91.2: 334–342.

Bonica, Adam, Nolan McCarty, Keith T. Poole und Howard Rosenthal (2013). »Why hasn't democracy slowed rising inequality?«. *Journal of Economic Perspectives* 27.3: 103–124.

Bränström, Richard und Yvonne Brandberg (2010). »Health risk perception, optimistic bias, and personal satisfaction«. *American Journal of Health Behavior* 34.2: 197–205.

Braumoeller, Bear F. (2019). *Only the Dead: The Persistence of War in the Modern Age*. Oxford: Oxford University Press.

Breen, Richard, und Signe Hald Andersen (2012). »Educational assortative mating and income inequality in Denmark«. *Demography* 49.3: 867–887.

Brennan, Jason (2017). *Against Democracy*. Princeton: Princeton University Press. [dt. (2017). *Gegen Demokratie*. Berlin: Ullstein.]

Breznitz, Dan (2021). *Innovation in Real Places: Strategies for Prosperity in an Unforgiving World*. Oxford: Oxford University Press.

Breznitz, Dan, und Darius Ornston (2013). »The revolutionary power of peripheral agencies: Explaining radical policy innovation in Finland and Israel«. *Comparative Political Studies* 46.10: 1219–1245.

Buchanan, Neil H., und Michael C. Dorf (2012). »Nullifying the debt ceiling threat once and for all: Why the president should embrace the least unconstitutional option«. *Columbia Law Review* 112.

Calomiris, Charles W., und Stephen H. Haber (2015). *Fragile by Design: The Political Origins of Banking Crises and Scarce Credit*. Princeton University Press.

Canon, J. (2022). »Three general wills in Rousseau«. *The Review of Politics*, 84.3: 350–371.

Caplan, Bryan (2011). *The Myth of the Rational Voter*. Princeton: Princeton University Press.

Cappelen, Cornelius, und Stefan Dahlberg (2018). »The Law of Jante and generalized trust«. *Acta Sociologica* 61.4: 419–440.

Anhang

Carattini, Stefano, Steffen Kallbekken und Anton Orlov (2019). »How to win public support for a global carbon tax«. *Nature* 565.7739: 289–291.

Carozzi, Felipe, Christian A. L. Hilber und Xiaolun Yu (2020). »On the economic impacts of mortgage credit expansion policies: Evidence from Help to Buy«. CEPR Discussion Paper Nr. DP14620 (April 2020).

Carugati, Federica (2020). »Tradeoffs of inclusion: Development in ancient Athens«. *Comparative Political Studies* 53.1: 144–170.

Catlin, Aaron C., und Cathy A. Cowan (2015). »History of health spending in the United States, 1960–2013«. Baltimore: Centers for Medicare and Medicaid Services.

Cavaille, Charlotte, und Jeremy Ferwerda (2022). »How distributional conflict over in-kind benefits generates support for far-right parties«. *The Journal of Politics.*

Charities Aid Foundation (2016). *Gross Domestic Philanthropy: An International Analysis of GDP, Tax, and Giving.* London: The Trustees of the Charities Aid Foundation.

Charnysh, Volha, Christopher Lucas und Prerna Singh (2015). »The ties that bind: National identity salience and pro-social behavior toward the ethnic other«. *Comparative Political Studies* 48.3: 267–300.

Chaudhry, Kiren Aziz (1997). *The Price of Wealth: Economies and Institutions in the Middle East.* Ithaca: Cornell University Press.

Chetty, Raj (2008). »Moral hazard versus liquidity and optimal unemployment insurance«. *Journal of Political Economy* 116.2: 173–234.

Cobbina-Dungy, Jennifer E., und Delores Jones-Brown (2021). »Too much policing: Why calls are made to defund the police«. *Punishment & Society.*

Cohen, Gerald A. (1989). »On the currency of egalitarian justice«. *Ethics* 99.4: 906–944.

Cohen, Gerald Allan (2008). *Rescuing Justice and Equality.* Cambridge, Mass.: Harvard University Press.

Cohen, Robin, Emily Terlizzi und Michael Martinez (2019). »Health insurance coverage: Early release of estimates from the National Health Interview Survey, 2018«. Hyattsville: National Center for Health Statistics.

Colgan, Jeff D., Jessica F. Green und Thomas N. Hale (2021). »Asset revaluation and the existential politics of climate change«. *International Organization* 75.2: 586–610.

Cook, Lisa D. (2014). »Violence and economic activity: Evidence from African American patents, 1870–1940«. *Journal of Economic Growth* 19.2: 221–257.

Corden, Warner Max (1984). »Booming sector and Dutch disease economics: Survey and consolidation«. *Oxford Economic Papers* 36.3: 359–380.

Coyle, Diane (2015). *GDP: A Brief But Affectionate History*, revised and expanded edition. Princeton: Princeton University Press.

Creemers, Rogier (2018). »China's social credit system: An evolving practice of control«. SSRN 3 175 792.

Crepaz, Markus M. L. (1998). »Inclusion versus exclusion: Political institutions and welfare expenditures«. *Comparative Politics* 31.1: 61–80.

Cullen, Julie Berry, Mark C. Long und Randall Reback (2013). »Jockeying for position: Strategic high school choice under Texas' top ten percent plan«. *Journal of Public Economics* 97: 32–48.

Dahl, Gordon B., Katrine V. Løken und Magne Mogstad (2014). »Peer effects in program participation«. *American Economic Review* 104.7: 2049–2074.

Dancygier, Rafaela M. (2010). *Immigration and Conflict in Europe*. Cambridge: Cambridge University Press.

de Swaan, Abram (1988). *In Care of the State: Health Care, Education and Welfare in Europe and the USA in the Modern Era*. Oxford: Oxford University Press.

Dixit, Avinash K., und Barry J. Nalebuff (1993). *Thinking Strategically: The Competitive Edge in Business, Politics, and Everyday Life*. New York: W. W. Norton & Company.

Downs, Anthony (1957). *An Economic Theory of Democracy*. New York: Harper. [dt. (1968). *Ökonomische Theorie der Demokratie*. Tübingen: J. C. B. Mohr.]

Dryzek, John S., und Christian List (2003). »Social choice theory and deliberative democracy: A reconciliation«. *British Journal of Political Science* 33.1: 1–28.

Duch, Raymond M., und Randolph T. Stevenson (2008). *The Economic Vote: How Political and Economic Institutions Condition Election Results*. Cambridge: Cambridge University Press.

Durkheim, Émile (1992). *Über soziale Arbeitsteilung*. Frankfurt/Main: Suhrkamp Verlag (frz. Erstausgabe 1893).

Dworkin, Ronald (1983). »Comment on Narveson: In defense of equality«. *Social Philosophy and Policy* 1.1: 24–40.

Economist (2015). »Princes of paperwork«. 19. März.

Economist (2019). »How Argentina and Japan continue to confound macro-economists«. 28. März.

Eeckhaut, Mieke C. W., und Maria A. Stanfors (2021). »Educational assortative mating, gender equality, and income differentiation across Europe: A simulation study«. *Acta Sociologica* 64.1: 48–69.

Eggers, Andrew C. (2021). »A diagram for analyzing ordinal voting systems«. *Social Choice and Welfare* 56.1: 143–171.

Eika, Lasse, Magne Mogstad und Basit Zafar (2019). »Educational assortative mating and household income inequality«. *Journal of Political Economy* 127.6: 2795–2835.

Ekberg, John, Rickard Eriksson und Guido Friebel (2013). »Parental leave – A policy evaluation of the Swedish ›Daddy-Month‹ reform«. *Journal of Public Economics* 97: 131–143.

Ekiert, Grzegorz (1998). »Liberum Veto«. *The Encyclopedia of Democracy*, Hg. Seymour M. Lipset. London: Congressional Quarterly Books, 1340–1346.

Elkjaer, Mads, Ben Ansell, Laure Bokobza et al. (2022). »Why is it so hard to counteract wealth inequality? Evidence from England and Wales«. Working Paper.

Elster, Jon (2015). *Explaining Social Behavior: More Nuts and Bolts for the Social Sciences*. Cambridge: Cambridge University Press.

Emsley, Clive (2014). *The English Police: A Political and Social History*. Milton Park: Routledge.

Ermisch, John, Marco Francesconi und Thomas Siedler (2006). »Intergenerational mobility and marital sorting«. *The Economic Journal* 116.513: 659–679.

Esping-Andersen, Gosta (1990). *The Three Worlds of Welfare Capitalism*. Princeton: Princeton University Press.

Estevez-Abe, Margarita, Torben Iversen und David Soskice (2001). »Social protection and the formation of skills: A reinterpretation of the welfare state«. In: Hall und Soskice (2001), 145–183.

Farrell, David M., Jane Suiter und Clodagh Harris (2019). »›Systematizing‹ constitutional deliberation: The 2016–18 citizens' assembly in Ireland«. *Irish Political Studies* 34.1: 113–123.

Foucault, Michel (1976). *Überwachen und Strafen*. Frankfurt/Main: Suhrkamp.

Fowler, Anthony (2013). »Electoral and policy consequences of voter turn-out: Evidence from compulsory voting in Australia«. *Quarterly Journal of Political Science* 8.2: 159–182.

Frye, Timothy (2022). *Weak Strongman: The Limits of Power in Putin's Russia*. Princeton: Princeton University Press.

Fukuyama, Francis (2006). *The End of History and The Last Man*. New York: Simon & Schuster. [dt. (2022). *Das Ende der Geschichte*. Hamburg: Hoffmann und Campe.]

Fussey, Peter, und Daragh Murray (2019). »Independent report on the London Metropolitan Police Service's trial of live facial recognition technology«. https://repository.essex.ac.uk/24946/1/London-Met-Police-Trial-of-Facial-Recognition-Tech-Report-2.pdf.

Gaikwad, Nikhar, Federica Genovese und Dustin Tingley (2022). »Creating climate coalitions: Mass preferences for compensating vulnerability in the world's two largest democracies«. *American Political Science Review* 116.4: 1165–1183.

Gains, Adrian, Benjamin Heydecker, John Shrewsbury und Sandy Robertson (2004). »The national safety camera programme – three year evaluation report«. https://discovery.ucl.ac.uk/id/eprint/1338/1/2004_31.pdf.

Galbiati, Roberto und Giulio Zanella (2012). »The tax evasion social multiplier: Evidence from Italy«. *Journal of Public Economics* 96.5–6: 485–494.

Gartzke, Erik (2007). »The capitalist peace«. *American Journal of Political Science* 51.1: 166–191.

Geiger, Ben Baumberg (2018). »Benefit ›myths‹? The accuracy and inaccuracy of public beliefs about the benefits system«. *Social Policy & Administration* 52.5: 998–1018.

Gest, Justin (2016). *The New Minority: White Working Class Politics in an Age of Immigration and Inequality.* Oxford: Oxford University Press.

Gest, Justin, Tyler Reny und Jeremy Mayer (2018). »Roots of the radical right: Nostalgic deprivation in the United States and Britain«. *Comparative Political Studies* 51.13: 1694–1719.

Gibbard, Allan (1973). »Manipulation of voting schemes: A general result«. *Econometrica: Journal of the Econometric Society* 41.4: 587–601.

Gibbons, Robert S. (1992). *Game Theory for Applied Economists.* Princeton: Princeton University Press.

Gilens, Martin (2003). »How the poor became black: The racialization of American poverty in the mass media«. *Race and the Politics of Welfare Reform,* Hg. Sanford F. Schram, Joe Soss und Richard C. Fording. Ann Arbor: University of Michigan Press, 101 – 130.

Gilens, Martin (2009). *Why Americans Hate Welfare: Race, Media, and the Politics of Antipoverty Policy.* Chicago: University of Chicago Press.

Gingrich, Jane (2014). »Visibility, values, and voters: The informational role of the welfare state«. *The Journal of Politics* 76.2: 565–580.

Gingrich, Jane, und Ben W. Ansell (2014). »Sorting for schools: Housing, education and inequality«. *Socio-Economic Review* 12.2: 329–351.

Gingrich, Jane, und Ben Ansell (2015). »The dynamics of social investment: Human capital, activation, and care«. In Beramendi, Häusermann, Kitschelt und Kriesi, Hg. (2015), 282–304.

Goldin, Claudia und Lawrence F. Katz (2010). *The Race between Education and Technology.* Cambridge, Mass.: Harvard University Press.

Goldin, Claudia, und Robert A. Margo (1992). »The great compression: The wage structure in the United States at mid-century«. *The Quarterly Journal of Economics* 107.1: 1–34.

Gondermann, Thomas (2007). »Progression and retrogression in Herbert Spencer's Explanations of Social Inequality«. *History of the Human Sciences* 20.3: 21–40.

Goodin, Robert E., und Kai Spiekermann (2018). *An Epistemic Theory of Democracy*. Oxford: Oxford University Press.

Graefe, Andreas (2014). »Accuracy of vote expectation surveys in forecasting elections«. *Public Opinion Quarterly* 78. S1: 204–232.

Greenwood, Jeremy, Nezih Guner, Georgi Kocharkov und Cezar Santos (2014). »Marry your like: Assortative mating and income inequality«. *American Economic Review* 104.5: 348–353.

Grogan, Colleen M., und Sunggeun Park (2017). »The racial divide in state Medicaid expansions«. *Journal of Health Politics, Policy and Law* 42.3: 539–572.

Haas, Linda, und C. Philip Hwang (2019). »Policy is not enough – the influence of the gendered workplace on fathers' use of parental leave in Sweden«. *Community, Work & Family* 22.1: 58–76.

Habyarimana, James, Macartan Humphreys, Daniel Posner und Jeremy Weinstein (2007). »Why does ethnic diversity undermine public goods provision?«. *American Political Science Review* 101.4: 709–725.

Hacker, Jacob S. (1999). *The Road to Nowhere: The Genesis of President Clinton's Plan for Health Security*. Princeton: Princeton University Press.

Hacker, Jacob, Ben Jackson und Martin O'Neill (2013). »The politics of predistribution: Jacob Hacker interviewed by Ben Jackson and Martin O'Neill«. *Renewal* 21.2–3: 54–65.

Hacker, Jacob S., und Paul Pierson (2005). *Off Center: The Republican Revolution and the Erosion of American Democracy*. New Haven: Yale University Press.

Haerpfer, Christian, Ronald Inglehart, Alejandro Moreno et al., Hg. (2022). *World Values Survey: Round Seven – Country-Pooled Datafile Version 4.0.* JD Systems Institute & WVSA Secretariat. doi.org/10.14281/18241.18.

Hale, Thomas (2020). »Catalytic cooperation«. *Global Environmental Politics* 20.4: 73–98.

Hall, Peter A., und David Soskice, Hg. (2001). *Varieties of Capitalism: The Institutional Foundations of Comparative Advantage*. Oxford: Oxford University Press.

Harrison, Kathryn (2013). »The political economy of British Columbia's carbon tax«. *OECD Environment Working Papers* 63.

Hauff, Volker, Hg. (1987). *Unsere gemeinsame Zukunft: der Brundtland-Bericht der Weltkommission für Umwelt und Entwicklung*. Greven: Eggenkamp.

Heinrich, Tobias, Yoshiharu Kobayashi und Kristin A. Bryant (2016). »Public opinion and foreign aid cuts in economic crises«. *World Development* 77: 66–79.

Herrmann, Michael, Simon Munzert und Peter Selb (2016). »Determining the effect of strategic voting on election results«. *Journal of the Royal Statistical Society: Series A (Statistics in Society)* 179.2: 583–605.

Herzog, Lisa (2018). »Durkheim on social justice: The argument from ›organic solidarity‹«. *American Political Science Review* 112.1: 112–124.

Hill, Terrence D., Catherine E. Ross und Ronald J. Angel (2005). »Neighborhood disorder, psychophysiological distress, and health«. *Journal of Health and Social Behavior* 46.2: 170–186.

Hills, John (2017). *Good Times, Bad Times: The Welfare Myth of Them and Us.* Bristol: Policy Press.

Hillygus, D. Sunshine, und Sarah A. Treul (2014). »Assessing strategic voting in the 2008 US presidential primaries: The role of electoral context, institutional rules, and negative votes«. *Public Choice* 161.3: 517–536.

Hix, Simon, Ron J. Johnston und Iain McLean (2010). *Choosing an Electoral System.* London: The British Academy.

Hoffman, Mitchell, Gianmarco León und María Lombardi (2017). »Compulsory voting, turnout, and government spending: Evidence from Austria«. *Journal of Public Economics* 145: 103–115.

Holden, Steinar (2013). »Avoiding the resource curse the case Norway«. *Energy Policy* 63: 870–876.

Hopkin, Jonathan, und Mark Blyth (2012). »What can Okun teach Polanyi? Efficiency, regulation and equality in the OECD«. *Review of International Political Economy* 19.1: 1–33.

Hoppit, Julian (2002). »The myths of the South Sea Bubble«. *Transactions of the Royal Historical Society* 12: 141–165.

Horowitz, Michael C. (2019). »When speed kills: Lethal autonomous weapon systems, deterrence and stability«. *Journal of Strategic Studies* 42.6: 764–788.

Horton, Chris (2018). »The simple but ingenious system Taiwan uses to crowdsource its laws«. *MIT Technology Review*, 21. August 2018.

Hotelling, Harold (1929). »Stability in competition«. *The Economic Journal* 39.153: 41–57.

Howard, Christopher (1999). *The Hidden Welfare State: Tax Expenditures and Social Policy in the United States.* Princeton: Princeton University Press.

Huntington, Samuel P. (1993). *The Third Wave: Democratization in the Late Twentieth Century.* Norman: University of Oklahoma Press.

Hurwicz, Leonid (2008). »But who will guard the guardians?«. *American Economic Review* 98.3: 577–585.

Intergovernmental Panel on Climate Change (2019). *Global Warming of 1.5°C. Scientific report.*

International Social Survey Program: Role of Government (2016).

International Social Survey Program: Social Inequality (2019).

Irwin, Douglas A., und Randall S. Kroszner (1996). »Log-rolling and economic interests in the passage of the Smoot-Hawley Tariff«. *Carnegie-Rochester Conference Series on Public Policy:* 173–200 45 NBER.

Iversen, Torben (2010). »Democracy and capitalism«. *The Oxford Handbook of the Welfare State* Hg. Francis G. Castles, Stephan Liebfried, Jane Lewis et al. Oxford: Oxford University Press, 183 – 195.

Iversen, T., und P. Rehm (2022). *Big Data and the Welfare State: How the Information Revolution Threatens Social Solidarity.* Cambridge: Cambridge University Press.

Iversen, Torben, und David Soskice (2001). »An asset theory of social policy preferences«. *American Political Science Review* 95.4: 875–893.

Iversen, Torben, und David Soskice (2006). »Electoral institutions and the politics of coalitions: Why some democracies redistribute more than others«. *American Political Science Review* 100.2: 165–181.

Jacobs, Alan M. (2011). *Governing for the Long Term: Democracy and the Politics of Investment.* Cambridge University Press.

Jacobs, Lawrence R. (2019). *The Health of Nations.* Ithaca: Cornell University Press.

Johnston, Norman Bruce (2000). *Forms of Constraint: A History of Prison Architecture.* Champaign: University of Illinois Press.

Jones, Calvert W. (2015). »Seeing like an autocrat: Liberal social engineering in an illiberal state«. *Perspectives on Politics* 13.1: 24–41.

Jones, Calvert W. (2017). *Bedouins into Bourgeois: Remaking Citizens for Globalization.* Cambridge: Cambridge University Press.

Keohane, Robert O., und Michael Oppenheimer (2016). »Paris: Beyond the climate dead end through pledge and review?«. *Politics and Governance* 4.3: 142–151.

Kim, Taeho (2019). »Facilitating police reform: Body cameras, use of force, and law enforcement outcomes«. *Use of Force, and Law Enforcement Outcomes,* 23. Oktober.

Kim, Taeho (2022). »Measuring police performance: Public attitudes expressed in Twitter«. *AEA Papers and Proceedings* 112: 184–187.

Kinder, Donald R., und Cindy D. Kam (2010). *Us Against Them: Ethnocentric Foundations of American Opinion.* Chicago: University of Chicago Press.

Klein, Ezra (2020). *Why We're Polarized.* New York: Simon & Schuster [dt. (2021).

Der tiefe Graben: Die Geschichte der gespaltenen Staaten von Amerika. Hamburg: Hoffmann und Campe.]

Kleven, Henrik, und Camille Landais (2017). »Gender inequality and economic development: Fertility, education and norms«. *Economica* 84.334: 180–209.

Kohler-Hausmann, Julilly (2007). »›The crime of survival‹: Fraud prosecutions, community surveillance, and the original ›welfare queen‹«. *Journal of Social History* 41.2: 329–354.

Korpi, Walter, und Joakim Palme (1998). »The paradox of redistribution and strategies of equality: Welfare state institutions, inequality, and poverty in the Western countries«. *American Sociological Review* 63.5: 661–687.

Kremer, Michael (1993). »The O-ring theory of economic development«. *The Quarterly Journal of Economics* 108.3: 551–575.

Krueger, Alan (2012). »The rise and consequences of inequality«. *Presentation Made to the Center for American Progress*, 12. Januar.

Kurlansky, Mark (2011). *Cod: A Biography of the Fish That Changed the World.* Toronto: Vintage Canada. [dt. (1997). *Kabeljau. Der Fisch, der die Welt veränderte.* Hamburg: Claassen.]

Kuznets, Simon (1955). »Economic growth and income inequality«. *American Economic Review* 45.1: 1–28.

Kydd, Andrew H. (2015). *International Relations Theory.* Cambridge: Cambridge University Press.

Kymlicka, Will (2002). *Contemporary Political Philosophy: An Introduction.* New York: Oxford University Press. [dt. (1996). *Politische Philosophie heute. Eine Einführung.* Frankfurt/Main: Campus Verlag.]

Lake, David A., und Matthew A. Baum (2001). »The invisible hand of democracy: Political control and the provision of public services«. *Comparative Political Studies* 34.6: 587–621.

Leeson, Peter T. (2007). »Better off stateless: Somalia before and after government collapse«. *Journal of Comparative Economics* 35.4: 689–710.

Leeson, Peter T. (2009). »The laws of lawlessness«. The *Journal of Legal Studies* 38.2: 471–503.

Leonard, Andrew (2020). »How Taiwan's unlikely digital minister hacked the pandemic«. *Wired*, 23. Juli.

Levenson, Eric (2020). »These GOP governors long resisted mask mandates and coronavirus rules. Now their states are in crisis«. CNN website, 17. November. https://edition.cnn.com/2020/11/17/us/coronavirus-midwest-northern-governors/index.html.

Levitsky, Steven, und Lucan A. Way (2002). »Elections without democracy: The rise of competitive authoritarianism«. *Journal of Democracy* 13.2: 51–65.

Levitsky, Steven, und Daniel Ziblatt (2018). *How Democracies Die*. New York: Broadway Books. [dt. (2018). *Wie Demokratien sterben*. München: Deutsche Verlags-Anstalt.]

Lewis, William Arthur (1954). »Economic development with unlimited supplies of labour«. *The Manchester School* 22.2: 139–191.

Lewis, William Arthur (1976). »Development and distribution«. *Employment, Income Distribution and Development Strategy: Problems of the Developing Countries*. London: Palgrave Macmillan, 26 – 42.

Lieberman, Evan S. (2003). *Race and Regionalism in the Politics of Taxation in Brazil and South Africa*. Cambridge: Cambridge University Press.

Lijphart, Arend (1999). *Patterns of Democracy: Government Forms and Performance in Thirty-Six Countries*. New Haven: Yale University Press.

Lindert, Peter H. (2004). *Growing Public: Social Spending and Economic Growth since the Eighteenth Century*. Bd. 1: *The Story*. Cambridge: Cambridge University Press.

List, Christian, und Robert E. Goodin (2001). »Epistemic democracy: Generalizing the Condorcet jury theorem«. *Journal of Political Philosophy* 9.3: 227–306.

Locke, Richard M. (2001). »Building trust«. *Annual Meetings of the American Political Science Association, Hilton Towers, San Francisco, California*.

Lum, Kristian, und William Isaac (2016). »To predict and serve?«. *Significance* 13.5: 14–19.

Lupu, Noam (2016). »Latin America's new turbulence: The end of the Kirchner era«. *Journal of Democracy* 27.2: 35–49.

Lynch, Julia (2020). *Regimes of Inequality: The Political Economy of Health and Wealth*. Cambridge: Cambridge University Press.

Maddison, Angus (2006). *The World Economy*. OECD Publishing.

Maskin, Eric, und Amartya Sen (2014). *The Arrow Impossibility Theorem*. New York: Columbia University Press.

Matthews, Dylan (2019). »Bernie Sanders's most socialist idea yet, explained«. *Vox*, 29. Mai.

Mazzucato, Mariana (2011). »The entrepreneurial state«. *Soundings* 49: 131–142.

McCarty, Nolan, Keith T. Poole und Howard Rosenthal (2016). *Polarized America: The Dance of Ideology and Unequal Riches*. Cambridge, Mass.: MIT Press.

McGann, Anthony J. (2006). *The Logic of Democracy: Reconciling Equality, Deliberation, and Minority Protection*. Ann Arbor: University of Michigan Press.

McInnes, Roderick (2021). »Pensions: International comparisons«. *House of Commons Briefing Paper*. Nummer CBP00290, 9. April.

McLean, Iain (2002). »William H. Riker and the invention of heresthetic(s)«. *British Journal of Political Science* 32.3: 535–558.

McLean, Iain (2010). *What's Wrong with the British Constitution?* Oxford: Oxford University Press.

McLean, Iain, und Fiona Hewitt, Hg. (1994). *Condorcet: Foundations of Social Choice and Political Theory.* Cheltenham, Northampton: Edward Elgar Publishing.

Meltzer, Allan H., und Scott F. Richard (1981). »A rational theory of the size of government« *Journal of Political Economy* 89.5: 914–927.

Messer, Lynne C., Jay S. Kaufman, Nancy Dole et al. (2006). »Violent crime exposure classification and adverse birth outcomes: A geographicallydefined cohort study«. *International Journal of Health Geographics* 5.1: 1–12.

Mettler, Suzanne (2011). *The Submerged State: How Invisible Government Policies Undermine American Democracy.* Chicago: University of Chicago Press.

Michener, Jamila (2018). *Fragmented Democracy: Medicaid, Federalism, and Unequal Politics.* Cambridge: Cambridge University Press.

Miguel, Edward, und Mary Kay Gugerty (2005). »Ethnic diversity, social sanctions, and public goods in Kenya«. *Journal of Public Economics* 89.11–12: 2325–2368.

Milanović, Branko (2016). *Die ungleiche Welt. Migration, das Eine Prozent und die Zukunft der Mittelschicht.* Berlin: Suhrkamp.

Milanovic, Branko, Peter H. Lindert und Jeffrey G. Williamson (2011). »Preindustrial inequality«. *The Economic Journal* 121.551: 255–272.

Miyajima, Takeru, und Hiroyuki Yamaguchi (2017). »I want to but I won't: Pluralistic ignorance inhibits intentions to take paternity leave in Japan«. *Frontiers in Psychology* 8: 1508.

Moene, Karl Ove, und Michael Wallerstein (2001). »Inequality, Social Insurance, and Redistribution«. *The American Political Science Review* 95.4: 859–874.

Morris, Norval, und David J Rothman, Hg. (1998). *The Oxford History of the Prison: The Practice of Punishment in Western Society.* Oxford: Oxford University Press.

Morse, Yonatan L. (2012). »The era of electoral authoritarianism«. *World Politics* 64.1: 161–198.

Mueller, Dennis C. (2003). *Public Choice III.* Cambridge: Cambridge University Press.

Müller, Miriam (2005). »Social control and the hue and cry in two fourteenth-century villages«. *Journal of Medieval History* 31.1: 29–53.

Murr, Andreas Erwin (2011). »›Wisdom of crowds‹? A decentralised election forecasting model that uses citizens' local expectations«. *Electoral Studies* 30.4: 771–783.

Murr, Andreas E. (2015). »The wisdom of crowds: Applying Condorcet's jury theorem to forecasting US presidential elections«. *International Journal of Forecasting* 31.3: 916–929.

Murr, Andreas E. (2016). »The wisdom of crowds: What do citizens forecast for the 2015 British general election?« *Electoral Studies* 41: 283–288.

Murray, Charles (2016). *In Our Hands: A Plan to Replace the Welfare State.* Lanham: Rowman & Littlefield.

Nietzsche, Friedrich Wilhelm (1955). *Die fröhliche Wissenschaft. Werke in drei Bänden.* Hg. Karl Schlechta. Bd. 2, Nr. 377. München: Carl Hanser Verlag (Erstausgabe 1882).

Nooruddin, Irfan (2010). *Coalition Politics and Economic Development: Credibility and the Strength of Weak Governments.* Cambridge: Cambridge University Press.

North, Douglass C., und Barry R. Weingast (1989). »Constitutions and commitment: The evolution of institutions governing public choice in seventeenth-century England«. *The Journal of Economic History* 49.4: 803–832.

OECD Income Distribution Database (2015). https://stats.oecd.org.

Okun, Arthur M. (2015). *Equality and Efficiency: The Big Tradeoff.* Washington, D.C.: Brookings Institution Press (Erstausgabe 1975).

Olson, Mancur (1965). *The Logic of Collective Action.* Harvard University Press. [dt. (1968). *Die Logik des kollektiven Handelns.* Tübingen: Mohr Verlag.]

Olson, Mancur (1993). »Dictatorship, democracy, and development«. *American Political Science Review* 87.3: 567–576.

Olson, Mancur, und Richard Zeckhauser (1966). »An economic theory of alliances«. *The Review of Economics and Statistics* 48.3: 266–279.

Ornston, Darius (2013). »Creative corporatism: The politics of high-technology competition in Nordic Europe«. *Comparative Political Studies* 46.6: 702–729.

Owen, John M. (1994). »How liberalism produces democratic peace«. *International Security* 19.2: 87–125.

Parijs, Philippe van (2017). *Basic Income.* Cambridge, Mass.: Harvard University Press.

Pasotti, Eleonora (2010). *Political Branding in Cities: The Decline of Machine Politics in Bogotá, Naples, and Chicago.* Cambridge: Cambridge University Press.

Pew Research Center (2016). »Partisanship and Political Animosity in 2016«. www.pewresearch.org/politics/2016/06/22/partisanship-and-political-animosity-in-2016/.

Pfeffer, Fabian T., und Nora Waitkus (2021). »The wealth inequality of nations«. *American Sociological Review* 86.4: 567–602.

Piketty, Thomas (2014). *Das Kapital im 21. Jahrhundert.* München: C.H. Beck.

Piketty, Thomas, Emmanuel Saez und Gabriel Zucman (2018). »Distributional national accounts: Methods and estimates for the United States«. *The Quarterly Journal of Economics* 133.2: 553–609.

Pinker, Steven (2011). *The Better Angels of Our Nature: The Decline of Violence in History and Its Causes.* London: Penguin Books [dt. (2011). *Gewalt. Eine neue Geschichte der Menschheit.* Frankfurt/Main: S. Fischer.]

Pontusson, Jonas (1993). »The comparative politics of labor-initiated reforms: Swedish cases of success and failure«. *Comparative Political Studies* 25.4: 548–578.

Pontusson, Jonas (2005). *Inequality and Prosperity: Social Europe vs. Liberal America.* Ithaca: Cornell University Press.

Pontusson, Jonas, und Sarosh Kuruvilla (1992). »Swedish wage-earner funds: An experiment in economic democracy«. *ILR Review* 45.4: 779–791.

Portes, Jonathan (2016). »What do the people really want? The Condorcet paradox and the referendum«. *LSE Brexit Vote Blog*, 15. Juni. https://blogs.lse. ac.uk/brexit/2016/06/15/what-do-the-people-really-want-the-condorcet-paradox-and-the-referendum/.

Posner, Eric A., und E. Glen Weyl (2019). *Radical Markets: Uprooting Capitalism and Democracy for a Just Society.* Princeton: Princeton University Press. [dt. (2019). *Wir sind der Markt! Eine radikale Utopie für das digitale Zeitalter.* Darmstadt: wbg Theiss.]

Pritchett, Lant (1997). »Divergence, big time«. *Journal of Economic Perspectives* 11.3: 3–17.

Putnam, Robert D. (1992). *Making Democracy Work: Civic Traditions in Modern Italy.* Princeton: Princeton University Press.

Putnam, Robert D. (2000). *Bowling Alone: The Collapse and Revival of American Community.* New York: Simon & Schuster.

Quistberg, D. Alex, Leah L. Thompson, James Curtiu et al. (2019). »Impact of automated photo enforcement of vehicle speed in school zones: Interrupted time series analysis«. *Injury Prevention* 25.5: 400–406.

Rachman, Gideon (2022a). »Russia and China's plans for a new world order«. *Financial Times.* 23. Januar.

Rachman, Gideon (2022b). *The Age of the Strongman: How the Cult of the Leader Threatens Democracy around the World.* London: Random House. [dt. (2022). *Welt der Autokraten. Wie Putin, Xi, Trump und Co. die Demokratie bedrohen.* Berlin: Weltkiosk.]

Reeves, Richard V. (2018). *Dream Hoarders: How the American Upper Middle Class is Leaving Everyone Else in the Dust, Why That is a Problem, and What to Do About It.* Washington, D.C.: Brookings Institution Press.

Reich, Rob, Mehran Sahami und Jeremy M. Weinstein (2018). *System Error: Where Big Tech Went Wrong and How We Can Reboot*. London: Hodder & Stoughton.

Riker, William H. (1986). *The Art of Political Manipulation*. New Haven: Yale University Press.

Rodrik, Dani (2000). »Institutions for high-quality growth: What they are and how to acquire them«. *Studies in Comparative International Development* 35.3: 3–31.

Romer, Paul (2010). »Technologies, Rules, and Progress: The Case for Charter Cities«. Center of Global Development.

Ross, Michael L. (2001). »Does oil hinder democracy?«. *World Politics* 53.3: 325–361.

Ross, Michael L. (2008). »Oil, Islam, and women«. *American Political Science Review* 102.1: 107–123.

Rothstein, Bo (1998). *Just Institutions Matter: The Moral and Political Logic of the Universal Welfare State*. Cambridge: Cambridge University Press.

Rothstein, Bo (2020). »Why no economic democracy in Sweden? A Counterfactual Approach«. *Paper in Conference: Democratizing the Corporation*.

Rousseau, Jean-Jacques (1986). *Vom Gesellschaftsvertrag oder Grundsätze des Staatsrechts*. Stuttgart: Reclams Universal-Bibliothek (Original 1762).

Rubin, Ashley T. (2021). *The Deviant Prison: Philadelphia's Eastern State Penitentiary and the Origins of America's Modern Penal System, 1829–1913*. Cambridge: Cambridge University Press.

Rueda, David, und Jonas Pontusson (2000). »Wage inequality and varieties of capitalism«. *World Politics* 52.3: 350–383.

Russett, Bruce (1994). *Grasping the Democratic Peace: Principles for a Post-Cold War World*. Princeton: Princeton University Press.

Saez, Emmanuel, Joel Slemrod und Seth H. Giertz (2012). »The elasticity of taxable income with respect to marginal tax rates: A critical review«. *Journal of Economic Literature* 50.1: 3–50.

Saez, Emmanuel, und Gabriel Zucman (2019). »Progressive wealth taxation«. *Brookings Papers on Economic Activity* 2019.2: 437–533.

Saez, Emmanuel, und Gabriel Zucman (2020). »The rise of income and wealth inequality in America: Evidence from distributional macroeconomic accounts«. *Journal of Economic Perspectives* 34.4: 3–26.

Sagar, Rahul (2016). »Are charter cities legitimate?«. *Journal of Political Philosophy* 24.4: 509–529.

Satterthwaite, Mark Allen (1975). »Strategy-proofness and Arrow's conditions: Existence and correspondence theorems for voting procedures and social welfare functions«. *Journal of Economic Theory* 10.2: 187–217.

Scheidel, Walter (2017). *The Great Leveler: Violence and the History of Inequality from the Stone Age to the Twenty-first Century.* Princeton: Princeton University Press. [dt. (2018). *Nach dem Krieg sind alle gleich: Eine Geschichte der Ungleichheit.* Stuttgart: Konrad Theiss Verlag].

Schelling, Thomas C. (2006). *Micromotives and Macrobehavior.* New York: W. W. Norton & Company (Erstausgabe 1978).

Scheve, Kenneth, und David Stasavage (2009). »Institutions, partisanship, and inequality in the long run«. *World Politics* 61.2: 215–253.

Schumpeter, Joseph A. (2018). *Kapitalismus, Sozialismus und Demokratie.* Tübingen: A. Francke (Erstausgabe 1942).

Schwartz, Christine R. (2010). »Earnings inequality and the changing association between spouses' earnings«. *American Journal of Sociology* 115.5: 1524–1557.

Schwartz, Christine R. (2013). »Trends and variation in assortative mating: Causes and consequences«. *Annual Review of Sociology* 39: 451–470.

Scott, James C. (2008). *Seeing Like a State: How Certain Schemes to Improve the Human Condition Have Failed.* New Haven: Yale University Press.

Scott, James C. (2010). *The Art of Not Being Governed: An Anarchist History of Upland Southeast Asia.* New Haven: Yale University Press.

Seamans, Robert (2021). »Tax not the robots«. *Brookings Institute,* 25. August. www.brookings.edu/research/tax-not-the-robots/.

Sen, Amartya (1982). *Poverty and Famines: An Essay on Entitlement and Deprivation.* Oxford: Oxford University Press.

Sen, Amartya (1985). *Commodities and Capabilities.* London: North-Holland.

Sen, Amartya (1995). *Inequality Reexamined.* Cambridge, Mass.: Harvard University Press.

Shaw, T. M., und United States (2015). *The Ferguson Report: Department of Justice Investigation of the Ferguson Police Department.* New York: New Press.

Shepsle, Kenneth A., und Barry R. Weingast (1981). »Structure-induced equilibrium and legislative choice«. *Public Choice* 37.3: 503–519.

Silverman, Bertram (1998). »The rise and fall of the Swedish model: Interview with Rudolf Meidner«. *Challenge* 41.1: 69–90.

Simas, Elizabeth N., Scott Clifford und Justin H. Kirkland (2020). »How empathic concern fuels political polarization«. *American Political Science Review* 114.1: 258–269.

Singh, Prerna, und Matthias vom Hau (2016). »Ethnicity in time: Politics, history, and the relationship between ethnic diversity and public goods provision«. *Comparative Political Studies* 49.10: 1303–1340.

Sloman, Peter (2018). »Universal basic income in British politics, 1918–2018:

From a ›Vagabond's Wage‹ to a global debate«. *Journal of Social Policy* 47.3: 625–642.

Sorge, Arndt, und Wolfgang Streeck (2018). »Diversified quality production revisited: Its contribution to German socio-economic performance over time«. *Socio-Economic Review* 16.3: 587–612.

Standing, Guy (2017). *Basic Income: And How We Can Make It Happen*. London: Penguin Books.

Stavins, Robert N. (2019). »Carbon taxes vs. cap and trade: Theory and practice«. Harvard Project on Climate Agreements Discussion Paper ES 19–9.

Surowiecki, James (2005). *The Wisdom of Crowds: Why the Many are Smarter Than the Few*. New York: Anchor. [dt. (2005). *Die Weisheit der Vielen*. München: C. Bertelsmann.]

Teele, Dawn Langan (2018). *Forging the Franchise: The Political Origins of the Women's Vote*. Princeton: Princeton University Press.

Temin, Peter, und Hans-Joachim Voth (2004). »Riding the South Sea Bubble«. *American Economic Review* 94.5: 1654–1668.

Tetlock, Philip E. (2017). *Expert Political Judgment: How Good is It? How Can We Know?* Princeton: Princeton University Press.

Thelen, Kathleen (2004). *How Institutions Evolve: The Political Economy of Skills in Germany, Britain, the United States, and Japan*. Cambridge: Cambridge University Press.

Thomasson, Melissa A. (2003). »The importance of group coverage: How tax policy shaped US health insurance«. *American Economic Review* 93.4: 1373–1384.

Tiebout, Charles M. (1956). »A pure theory of local expenditures«. *Journal of Political Economy* 64.5: 416–424.

Tilly, Charles (1975). »Reflections on the history of European state-making«. Charles Tilly, Hg. *The Formation of National States in Western Europe*. Princeton: Princeton University Press, 3–89.

Tilly, Charles (1998). *Durable Inequality*. Berkeley: University of California Press.

Tomz, Michael R., und Jessica L. P. Weeks (2013). »Public opinion and the democratic peace«. *American Political Science Review* 107.4: 849–865.

Tufte, Edward R. (1978). *Political Control of the Economy*. Princeton: Princeton University Press.

Uslaner, Eric M. (2017). *The Historical Roots of Corruption: Mass Education, Economic Inequality, and State Capacity*. Cambridge: Cambridge University Press.

Valentino, Lauren, und Stephen Vaisey (2022). »Culture and durable inequality«. *Annual Review of Sociology* 48: 109–129.

Wallace, Danielle, Michael D. White, Janne E. Gaub und Natalie Todak
(2018). »Body-worn cameras as a potential source of depolicing: Testing
for camera-induced passivity«. *Criminology* 56.3: 481–509.

Wang, Xin Yuan (2019). »China's social credit system: The Chinese citizens'
perspective«. *Anthropology of Smartphones and Smart Ageing Blog* UCL,
9. Dezember. https://blogs.ucl.ac.uk/assa/2019/12/09/chinas-social-
credit-system-the-chinese-citizens-perspective/.

Weitzman, Martin L. (2017). »Sustainability and technical progress«.
The Economics of Sustainability, Hg. John C. V. Pezzey und Michael A.
Toman. Milton Park: Routledge, 329–341.

Weyland, Kurt (2014). *Making Waves: Democratic Contention in Europe and
Latin America since the Revolutions of 1848.* Cambridge: Cambridge
University Press.

Wilkinson, Richard G., und Kate Pickett (2012). *Gleichheit ist Glück: Warum
gerechte Gesellschaften für alle besser sind.* London: Allen Lane.

Wolff, Jonathan (1998). »Fairness, respect, and the egalitarian ethos«.
Philosophy & Public Affairs 27.2: 97–122.

Yang, Dali L. (1996). *Calamity and Reform in China: State, Rural Society, and
Institutional Change since the Great Leap Famine.* Redwood City: Stanford
University Press.

PERSONENREGISTER

SACHREGISTER